税务人员税费政策要点难点一本通

本书编写组　编

中国税务出版社

图书在版编目（CIP）数据

税务人员税费政策要点难点一本通 / 本书编写组编.
北京：中国税务出版社，2025. 3. -- ISBN 978-7-5678-1563-6

Ⅰ. F812.422

中国国家版本馆 CIP 数据核字第 2024XS3765 号

书　　名：税务人员税费政策要点难点一本通
SHUIWU RENYUAN SHUIFEI ZHENGCE YAODIAN NANDIAN YIBENTONG
作　　者：本书编写组　编
责任编辑：高莉贤
责任校对：姚浩晴
技术设计：林立志
出版发行：中国税务出版社
北京市丰台区广安路 9 号国投财富广场 1 号楼 11 层
邮政编码：100055
网址：https://www.taxation.cn
投稿：https://www.taxation.cn/qt/zztg
发行中心电话：(010) 83362083/85/86
传真：(010) 83362047/49
经　　销：各地新华书店
印　　刷：天津嘉恒印务有限公司
规　　格：787 毫米×1092 毫米　1/16
印　　张：32
字　　数：505000 字
版　　次：2025 年 3 月第 1 版　2025 年 3 月第 1 次印刷
书　　号：ISBN 978-7-5678-1563-6
定　　价：80.00 元

编者说明

2025年全国税务工作会议指出，全国税务系统要深入实施数字化转型条件下的税费征管“强基工程”，一体推进依法治税、以数治税、从严治税，着力建设效能税务。这一要求，为今后税务工作指明了方向，也对全体税务人员提出了更高挑战。为帮助税务人员夯实税费征管基础，提升业务本领，我们组织编写了《税务人员税费政策要点难点一本通》一书。本书从广大税务人员业务学习的现实需要出发，对税费政策和税费征管实践中的要点难点内容进行梳理，以专题的形式，针对每个要点难点，从“政策规定”“政策解读”“案例分析”等三个维度进行详解，为读者搭建从“弄懂”到“会用”的桥梁。

本书按照主要税种或税费类别分为七章，涵盖了税务机关负责组织征收的各种税费。全书行文力求简明、清晰，政策规定引用力求最新、精准，政策解读力求全面、准确，案例分析力求典型、实用。本书既可以作为税务人员税费政策学习的辅导材料，也可以作为其日常工作中查阅税费政策的工具书。

由于编者水平有限，疏漏之处在所难免，恳请读者批评指正。

本书编写组

2025年2月

目　　录

第一章　增值税

第一节　纳税人与征税范围

一、一般纳税人的登记管理

（一）政策规定

1. 根据《增值税一般纳税人登记管理办法》（国家税务总局令第 43 号）第二条、第四条的规定，增值税纳税人，年应税销售额超过财政部、国家税务总局规定的小规模纳税人标准的，除该办法第四条规定外，应当向主管税务机关办理一般纳税人登记。

该办法所称年应税销售额，是指纳税人在连续不超过 12 个月或四个季度的经营期内累计应征增值税销售额，包括纳税申报销售额、稽查查补销售额、纳税评估调整销售额。

销售服务、无形资产或者不动产有扣除项目的纳税人，其应税行为年应税销售额按未扣除之前的销售额计算。纳税人偶然发生的销售无形资产、转让不动产的销售额，不计入应税行为年应税销售额。

下列纳税人不办理一般纳税人登记：①按照政策规定，选择按照小规模纳税人纳税的；②年应税销售额超过规定标准的其他个人。

2. 根据《国家税务总局关于增值税一般纳税人登记管理若干事项的公告》（国家税务总局公告 2018 年第 6 号）第二条的规定，《增值税一般纳税人登记管理办法》（国家税务总局令第 43 号）第二条所称“纳税申报销售额”是指纳税人自行申报的全部应征增值税销售额，其中包括免税销售额和税务机关代开发票销售额。“稽查查补销售额”和“纳税评估调整销售额”

计入查补税款申报当月（或当季）的销售额，不计入税款所属期销售额。

3. 根据《增值税一般纳税人登记管理办法》（国家税务总局令第 43 号）第九条的规定，纳税人自一般纳税人生效之日起，按照增值税一般计税方法计算应纳税额，并可以按照规定领用增值税专用发票，财政部、国家税务总局另有规定的除外。生效之日，是指纳税人办理登记的当月 1 日或者次月 1 日，由纳税人在办理登记手续时自行选择。

4. 根据《增值税一般纳税人登记管理办法》（国家税务总局令第 43 号）第八条的规定，纳税人在年应税销售额超过规定标准月份（或季度）所属申报期结束后的 15 日内，按照规定办理一般纳税人登记手续；未按规定时限办理的，主管税务机关应当在规定时限结束后 5 日内制作《税务事项通知书》，告知纳税人应当在 5 日内向主管税务机关办理相关手续；逾期仍不办理的，次月起按销售额依照增值税税率计算应纳税额，不得抵扣进项税额，直至纳税人办理相关手续为止。

5. 根据《增值税一般纳税人登记管理办法》（国家税务总局令第 43 号）第六条的规定，纳税人办理一般纳税人登记的程序如下：

（1）纳税人向主管税务机关填报《增值税一般纳税人登记表》，如实填写固定生产经营场所等信息，并提供税务登记证件；

（2）纳税人填报内容与税务登记信息一致的，主管税务机关当场登记；

（3）纳税人填报内容与税务登记信息不一致，或者不符合填列要求的，税务机关应当场告知纳税人需要补正的内容。

（二）政策解读

1. 不办理一般纳税人登记的范围。

（1）符合政策规定并选择按照小规模纳税人纳税的纳税人：按照政策规定，选择按照小规模纳税人纳税的，无须办理一般纳税人登记。包括《中华人民共和国增值税暂行条例实施细则》（以下简称《增值税暂行条例实施细则》）第二十九条规定的非企业性单位、不经常发生应税行为的企业，以及《财政部 国家税务总局关于全面推开营业税改征增值税试点的通知》（财税〔2016〕36 号）附件 1《营业税改征增值税试点实施办法》第三条第三款规定的年应税销售额超过规定标准但不经常发生应税行为的单位和个体工商户。

（2）年应税销售额超过小规模纳税人标准的其他个人：年应税销售额超过规定标准的其他个人（即自然人）不办理一般纳税人登记。

2. 办理程序。

（1）提交资料：纳税人向主管税务机关填报《增值税一般纳税人登记表》，如实填写固定生产经营场所等信息，并提供税务登记证件。

（2）审核登记：纳税人填报内容与税务登记信息一致的，主管税务机关当场登记；填报内容与税务登记信息不一致，或者不符合填列要求的，税务机关应当场告知纳税人需要补正的内容。

3. 生效时间：纳税人在办理登记手续时可自行选择一般纳税人生效之日，可选时间为办理登记的当月 1 日或者次月 1 日。

4. 后续管理。

（1）不得转回小规模纳税人：纳税人登记为一般纳税人后，除国家税务总局另有规定外，不得转为小规模纳税人。

（2）纳税辅导期管理：主管税务机关应当加强对税收风险的管理。对税收遵从度低的一般纳税人，主管税务机关可以实行纳税辅导期管理，具体办法由国家税务总局另行制定。

5. 办理时限及逾期处理。

（1）按时办理：纳税人在年应税销售额超过规定标准月份（或季度）所属申报期结束后的 15 日内，应按照规定办理一般纳税人登记手续。

（2）逾期通知：未按规定时限办理的，主管税务机关应当在规定时限结束后 5 日内制作《税务事项通知书》，告知纳税人应当在 5 日内向主管税务机关办理相关手续。

（3）逾期后果：逾期仍不办理的，次月起按销售额依照增值税税率计算应纳税额，不得抵扣进项税额，直至纳税人办理相关手续为止。

（三）案例分析

某企业是一家新兴的软件技术服务公司，年应税销售额为 400 万元，未超过 500 万元的小规模纳税人标准。但是该企业会计核算健全，能够按照国家统一的会计制度规定设置账簿，并根据合法、有效凭证进行核算，同时可以提供准确税务资料。该企业申请办理增值税一般纳税人登记。按照相关税收政策，应当如何处理？

【分析】（1）登记要求分析：虽然该企业销售额未超过小规模纳税人标准，但由于其会计核算健全，它可以向主管税务机关办理一般纳税人登记。这体现了政策对于有意愿和有能力规范纳税的企业提供成为一般纳税人的途径。

（2）办理程序及生效时间选择：该企业向主管税务机关填报《增值税一般纳税人登记表》并提供税务登记证件。主管税务机关在审核时如果再发现一些信息需要补充，将当场告知该企业需要补正的内容。补正完成登记后，该企业考虑到与合作大客户的业务往来较多，需要一般纳税人资质尽快生效，可选择登记当月的1日作为一般纳税人生效之日。

（3）后续影响：作为软件技术服务公司，该企业提供软件技术服务适用6%的增值税税率。登记为一般纳税人后，该企业可以更好地与大型企业客户合作，因为很多大型企业在选择供应商时，更倾向于与一般纳税人合作，以获取更规范的发票用于进项税额抵扣。例如，该企业与一家大型制造企业签订了软件服务合同，收取服务费100万元（不含税），销项税额=100×6%=6（万元）。该企业购进用于软件开发的设备，不含税进价为30万元，取得增值税专用发票注明的增值税税额为3.9万元，那么当月应纳税额=6−3.9=2.1（万元）；而如果该企业按照小规模纳税人管理，那么当月应纳税额=100×1%=1（万元）（假设该企业享受增值税减按1%征收率征收增值税优惠政策），这种情况下，即使该企业按照1%税率开具增值税专用发票，自己少缴纳了增值税应纳税额=2.1−1=1.1（万元），但是却会造成下游客户少抵扣增值税进项税额5万元。这也体现了一般纳税人在产业链中的税收抵扣优势。

二、视同销售

（一）政策规定

1. 根据《增值税暂行条例实施细则》第四条的规定，单位或者个体工商户的下列行为，视同销售货物：

（1）将货物交付其他单位或者个人代销；

（2）销售代销货物；

（3）设有两个以上机构并实行统一核算的纳税人，将货物从一个机构移送其他机构用于销售，但相关机构设在同一县（市）的除外；

（4）将自产或者委托加工的货物用于非增值税应税项目；

（5）将自产、委托加工的货物用于集体福利或者个人消费；

（6）将自产、委托加工或者购进的货物作为投资，提供给其他单位或者个体工商户；

（7）将自产、委托加工或者购进的货物分配给股东或者投资者；

（8）将自产、委托加工或者购进的货物无偿赠送其他单位或者个人。

2. 根据《财政部 国家税务总局关于全面推开营业税改征增值税试点的通知》（财税〔2016〕36号）附件1《营业税改征增值税试点实施办法》第十四条的规定，下列情形视同销售服务、无形资产或者不动产：①单位或者个体工商户向其他单位或者个人无偿提供服务，但用于公益事业或者以社会公众为对象的除外；②单位或者个人向其他单位或者个人无偿转让无形资产或者不动产，但用于公益事业或者以社会公众为对象的除外；③财政部和国家税务总局规定的其他情形。

3. 根据《增值税暂行条例实施细则》第十六条的规定，纳税人有《增值税暂行条例实施细则》第四条所列视同销售货物行为而无销售额者，按下列顺序确定销售额：①按纳税人最近时期同类货物的平均销售价格确定；②按其他纳税人最近时期同类货物的平均销售价格确定；③按组成计税价格确定。组成计税价格的公式为：

$$组成计税价格=成本\times(1+成本利润率)$$

属于应征消费税的货物，其组成计税价格中应加计消费税税额。

公式中的成本，是指销售自产货物的为实际生产成本，销售外购货物的为实际采购成本。公式中的成本利润率由国家税务总局确定。

（二）政策解读

1. 增值税视同销售是指在某些特定情况下，企业的货物或服务虽然没有实际销售，但在税收政策上被当作销售行为来处理，需要计算缴纳增值税。这一政策的主要目的一是公平税负，二是保证增值税链条的完整性，防止企业通过非销售形式转移货物或服务而逃避纳税义务。

2. 货物和服务视同销售的主体不包括自然人，无形资产或者不动产视同销售主体可以是自然人。

3. 购进货物用于集体福利或者个人消费不属于视同销售情形，相应的进项税额不得从销项税额中抵扣。

（三）案例分析

1. 甲企业将自产的价值30万元（不含税，成本为20万元）的机械设备作为投资投入乙企业。对于该业务，甲企业增值税应如何处理？

【分析】甲企业发生该行为应作增值税视同销售处理。按照设备的市场价格，销售额为30万元，甲企业应确认增值税销项税额=30×13%=3.9（万元）。乙企业如果属于增值税一般纳税人，在接受投资时，取得的设备可以按照30万元确认购进成本，其进项税额3.9万元可以用于抵扣。

对财务和税务的影响：在财务核算上，甲企业确认长期股权投资增加33.9万元（含销项税额），同时确认收入30万元和销项税额3.9万元，并结转成本20万元。这种处理方式一方面保证了税负的公平，另一方面使投资环节的增值税链条得以延续，确保税收收入的正常征收，并且符合会计核算中对于非货币性资产交换（投资）的相关原则。

2. 丙企业将购进的价值15万元（不含税，成本为12万元）的一批商品分配给股东作为红利。对于该业务，丙企业增值税应如何处理？

【分析】丙企业此行为应按视同销售货物征收增值税。按照同类货物的市场销售价格，销售额为15万元。丙企业应计增值税销项税额=15×13%=1.95（万元）。

对财务和税务的影响：在财务核算上，丙企业确认应付股利增加16.95万元（含销项税额），同时确认收入15万元和销项税额1.95万元，并结转成本12万元。这样的处理保证了企业分配货物给股东的行为和正常销售货物一样，都缴纳了增值税，防止企业利用利润分配形式逃避纳税。当然，如果股东属于增值税一般纳税人，且将分得的货物用于应税项目，允许其抵扣进项税额。

3. 丁企业将自产的价值 8 万元（不含税，成本为 5 万元）的办公用品无偿赠送给某学校。对于该业务，丁企业增值税应如何处理？

【分析】 该业务应按视同销售货物征收增值税。按照丁企业最近时期同类办公用品的平均销售价格，销售额为 8 万元，应计的增值税销项税额 = 8 × 13% = 1.04（万元）。

对财务和税务的影响：在财务核算上，丁企业确认营业外支出增加 6.04 万元（含销项税额），会计上不确认销售收入，而是直接贷记“库存商品”5 万元，计提增值税销项税额 1.04 万元。这种增值税视同销售的处理方式确保了企业不会通过无偿赠送来逃避增值税纳税义务，维护了税收公平和正常的税收秩序。

三、不征收增值税的项目

（一）政策规定

1. 根据《财政部 国家税务总局关于全面推开营业税改征增值税试点的通知》（财税〔2016〕36 号）附件 1《营业税改征增值税试点实施办法》第十三条的规定，下列情形不属于在境内销售服务或者无形资产：①境外单位或者个人向境内单位或者个人销售完全在境外发生的服务；②境外单位或者个人向境内单位或者个人销售完全在境外使用的无形资产；③境外单位或者个人向境内单位或者个人出租完全在境外使用的有形动产；④财政部和国家税务总局规定的其他情形。

2. 根据《财政部 国家税务总局关于全面推开营业税改征增值税试点的通知》（财税〔2016〕36 号）附件 1《营业税改征增值税试点实施办法》第十条的规定，销售服务、无形资产或者不动产，是指有偿提供服务、有偿转让无形资产或者不动产，但属于下列非经营活动的情形除外：

（1）行政单位收取的同时满足以下条件的政府性基金或者行政事业性收费：①由国务院或者财政部批准设立的政府性基金，由国务院或者省级人民政府及其财政、价格主管部门批准设立的行政事业性收费；②收取时开具省级以上（含省级）财政部门监（印）制的财政票据；③所收款项全额上缴财政。

（2）单位或者个体工商户聘用的员工为本单位或者雇主提供取得工资的服务。

（3）单位或者个体工商户为聘用的员工提供服务。

（4）财政部和国家税务总局规定的其他情形。

3. 根据《财政部 国家税务总局关于进一步明确全面推开营改增试点有关再保险 不动产租赁和非学历教育等政策的通知》（财税〔2016〕68号）第五条的规定，各党派、共青团、工会、妇联、中科协、青联、台联、侨联收取党费、团费、会费，以及政府间国际组织收取会费，属于非经营活动，不征收增值税。

4. 根据《财政部 国家税务总局关于全面推开营业税改征增值税试点的通知》（财税〔2016〕36号）附件2《营业税改征增值税试点有关事项的规定》第一条第二项的规定，下列项目不征收增值税：①根据国家指令无偿提供的铁路运输服务、航空运输服务，属于《财政部 国家税务总局关于全面推开营业税改征增值税试点的通知》（财税〔2016〕36号）附件1《营业税改征增值税试点实施办法》第十四条规定的用于公益事业的服务；②存款利息；③被保险人获得的保险赔付；④房地产主管部门或者其指定机构、公积金管理中心、开发企业以及物业管理单位代收的住宅专项维修资金；⑤在资产重组过程中，通过合并、分立、出售、置换等方式，将全部或者部分实物资产以及与其相关联的债权、负债和劳动力一并转让给其他单位和个人，其中涉及的不动产、土地使用权转让行为。

5. 根据《国家税务总局关于取消增值税扣税凭证认证确认期限等增值税征管问题的公告》（国家税务总局公告2019年第45号）第七条的规定，纳税人取得的财政补贴收入，与其销售货物、劳务、服务、无形资产、不动产的收入或者数量直接挂钩的，应按规定计算缴纳增值税。纳税人取得的其他情形的财政补贴收入，不属于增值税应税收入，不征收增值税。

6. 根据《国家税务总局关于卫生防疫站调拨生物制品及药械征收增值税的批复》（国税函〔1999〕191号）的规定，卫生防疫站调拨生物制品和药械，属于销售货物行为，应当按照现行税收法规的规定征收增值税。对卫生防疫站调拨或发放的由政府财政负担的免费防疫苗不征收增值税。

7. 根据《财政部 国家税务总局关于全面推开营业税改征增值税试点的

通知》(财税〔2016〕36 号) 附件 1《营业税改征增值税试点实施办法》第十四条的规定，下列情形视同销售服务、无形资产或者不动产：①单位或者个体工商户向其他单位或者个人无偿提供服务，但用于公益事业或者以社会公众为对象的除外；②单位或者个人向其他单位或者个人无偿转让无形资产或者不动产，但用于公益事业或者以社会公众为对象的除外；③财政部和国家税务总局规定的其他情形。

8. 根据《财政部 国家税务总局关于创新药后续免费使用有关增值税政策的通知》(财税〔2015〕4 号) 第一条、第二条的规定，药品生产企业销售自产创新药的销售额，为向购买方收取的全部价款和价外费用，其提供给患者后续免费使用的相同创新药，不属于增值税视同销售范围。这里所称的创新药，是指经国家食品药品监督管理部门批准注册、获批前未曾在中国境内外上市销售，通过合成或者半合成方法制得的原料药及其制剂。

9. 根据《国家税务总局关于土地价款扣除时间等增值税征管问题的公告》(国家税务总局公告 2016 年第 86 号) 第七条的规定，纳税人出租不动产，租赁合同中约定免租期的，不属于《财政部 国家税务总局关于全面推开营业税改征增值税试点的通知》(财税〔2016〕36 号) 附件 1《营业税改征增值税试点实施办法》第十四条规定的视同销售服务。

(二) 政策解读

不征收增值税的项目主要包括以下几类：

1. 非境内发生的业务。

(1) 销售货物：货物的起运地或者所在地不在中华人民共和国境内。

(2) 销售劳务：加工、修理修配劳务的发生地不在境内。

(3) 销售服务或租赁不动产：服务的销售方或购买方都不在境内，或者租赁的不动产不在境内。例如，境外单位向境外个人提供在境外的咨询服务，该服务行为不征收我国的增值税；境外企业将其在境外的不动产出租给境外的其他企业，也不涉及我国增值税的征收。

(4) 销售无形资产：销售方或购买方都不在境内的无形资产 (自然资源使用权除外) 交易，不征收增值税；境外单位或者个人向境内单位或者个人销售完全在境外使用的无形资产，也不征收增值税。比如，境外公司将其在境外注册的商标权转让给另一家境外公司，该交易与我国增值税无关。

（5）销售不动产：若不动产在境外，则该项销售行为不属于在中华人民共和国境内销售不动产，不征收增值税。

2. 非经营活动。

（1）行政单位收费：由国务院或者财政部批准设立的政府性基金，由国务院或者省级人民政府及其财政、价格主管部门批准设立的行政事业性收费，且收取时开具省级以上（含省级）财政部门监（印）制的财政票据，所收款项全额上缴财政的，不征收增值税。例如，某些地方政府按照规定收取的城市道路占用费等行政事业性收费，符合上述条件的不缴纳增值税。

（2）财政补贴：纳税人取得财政补贴，除与其直接销售货物、劳务、无形资产、不动产的收入或数量挂钩情形外，均不属于增值税应税收入，不征收增值税。

（3）单位内部劳务：单位或者个体工商户聘用的员工为本单位或者雇主提供取得工资的服务，以及单位或者个体工商户为聘用的员工提供服务，属于非经营活动，不征收增值税。比如，企业内部的食堂为员工提供餐饮服务，不产生增值税纳税义务。

（4）特定组织的会费收取：各党派、共青团、工会、妇联、中科协、青联、台联、侨联收取党费、团费、会费，以及政府间国际组织收取会费，属于非经营活动，不征收增值税。

3. 特定业务或交易。

（1）用于公益事业或以社会公众为对象：根据国家指令无偿提供的铁路运输服务、航空运输服务，属于用于公益事业的服务，不征收增值税。无偿提供服务或转让无形资产、不动产，如果是用于公益事业或以社会公众为对象，无须缴纳增值税。

（2）存款利息：银行等金融机构吸收存款所支付的利息，不征收增值税。

（3）保险赔付：被保险人获得的保险赔付，不征收增值税。

（4）住宅专项维修资金：房地产主管部门或者其指定机构、公积金管理中心、开发企业以及物业管理单位代收的住宅专项维修资金，不征收增值税。

（5）融资性售后回租业务中承租方出售资产：融资性售后回租业务中

承租方出售资产的行为，不属于增值税和营业税征收范围，不征收增值税。

（6）资产重组涉及的资产转让：在资产重组过程中，通过合并、分立、出售、置换等方式，将全部或者部分实物资产以及与其相关联的债权、负债和劳动力一并转让给其他单位和个人，其中涉及的货物转让、不动产、土地使用权转让行为，不征收增值税。

（7）免费防疫苗或创新药：卫生防疫站调拨或发放由政府财政负担的免费防疫苗，以及药品生产企业销售符合条件的自产创新药后，免费向患者提供相同创新药的，不征收增值税。

（8）不动产出租的免租期：纳税人出租不动产并提供免租期的，免租期内无须缴纳增值税。

需要注意区分不征税项目和免税项目。不征税项目不属于增值税征收范围，免税项目则属于增值税征收范围但可以享受免税优惠政策。

（三）案例分析

1. 日本的甲公司为韩国的乙公司提供在韩国当地的市场调研服务。对于该业务，中国政府如何征收增值税？

【分析】服务的销售方（甲公司）和购买方（乙公司）都不在中国境内，并且服务的发生地也不在中国，所以这笔服务销售业务不征收增值税。这体现了增值税的地域性原则，即只对在本国境内发生的应税行为征税。

2. 某地方交通管理部门按照省级人民政府批准的收费标准收取公路养路费，收费时开具省级财政部门监（印）制的财政票据，并且所收款项全额上缴财政。上述业务是否需要征收增值税？

【分析】此公路养路费属于政府性基金或行政事业性收费，符合国务院或者省级人民政府及其财政、价格主管部门批准设立，且开具规定财政票据、全额上缴财政的条件，所以不征收增值税。这是因为这类收费主要是基于政府管理职能而非经营活动，与以营利为目的的商业收费性质不同。

3. 某工会组织向其会员收取会费，应当如何缴纳增值税？

【分析】工会收取会费是为了维持自身组织的运转和开展会员服务活动，属于非经营活动。这种会费收取不具有商业交易性质，所以不征收增值税。这确保了这些社会组织在正常履行职能、筹集资金过程中不会因增值税而增加额外负担。

4. 在发生重大自然灾害时，国家指令铁路部门无偿运输救灾物资。对于该业务，铁路部门如何缴纳增值税？

【分析】这种根据国家指令无偿提供的铁路运输服务属于用于公益事业的服务，不征收增值税。这体现了税收政策对公益性质服务的支持，鼓励企业在特殊情况下积极履行社会责任。

5. 某小区的物业管理公司代收了住宅专项维修资金，用于小区公共设施的维修。代收的住房专项维修资金应如何缴纳增值税？

【分析】物业管理公司代收的住宅专项维修资金不征收增值税。这是因为这笔资金是专款专用，用于小区公共设施的维护，不是物业管理公司的经营收入，不纳入增值税的征税范围。

6. 甲企业将一台设备以售后回租的方式融资，先将设备出售给金融租赁公司乙企业，然后再租回使用。对于该业务，甲企业如何缴纳增值税？

【分析】在这个过程中，甲企业出售资产的行为不属于增值税征税范围。这是因为售后回租业务重点在于融资，出售资产只是融资的一种手段，与一般的资产销售行为有本质区别，不征收增值税。

7. 丙公司通过资产重组，将其全部的生产设备、厂房以及相关的债权、负债和劳动力一并转让给丁公司。对于该业务，丙公司如何缴纳增值税？

【分析】在这个资产重组过程中，涉及的货物（生产设备）、不动产（厂房）转让行为不征收增值税。这是因为这种整体转让行为是企业战略调整或结构优化的一种方式，不是单纯的资产买卖行为，国家给予其增值税的不征税待遇，有利于企业的资源整合和转型升级。

第二节　税率与征收率

一、增值税税率的适用范围

（一）政策规定

1. 根据《中华人民共和国增值税暂行条例》（以下简称《增值税暂行条

例》）第二条和《财政部 税务总局关于简并增值税税率有关政策的通知》（财税〔2017〕37号）、《财政部 税务总局关于调整增值税税率的通知》（财税〔2018〕32号）、《财政部 税务总局 海关总署关于深化增值税改革有关政策的公告》（财政部 税务总局 海关总署公告2019年第39号），我国现行增值税的税率有13%、9%、6%和零税率四档。

2. 根据上述政策，我国现行增值税适用9%税率的项目包括：

（1）下列货物，税率为9%：①农产品、食用植物油、食用盐；②自来水、暖气、冷气、热水、煤气、石油液化气、天然气、二甲醚、沼气、居民用煤炭制品；③图书、报纸、杂志、音像制品、电子出版物；④饲料、化肥、农药、农机、农膜。

（2）下列营改增项目，税率为9%：①交通运输服务；②邮政服务；③基础电信服务；④建筑服务；⑤不动产租赁服务（包括经营性租赁和融资性租赁）；⑥销售不动产；⑦转让土地使用权（不含转让补充耕地指标）。

3. 根据上述政策，我国现行增值税适用6%税率的项目包括：①金融服务；②生活服务；③增值电信服务；④现代服务（有形动产租赁、不动产租赁除外）；⑤销售无形资产（转让土地使用权除外）。

4. 根据上述政策规定，纳税人销售货物、劳务、有形动产租赁服务或者进口货物，除以上第2点、第3点的规定外，税率为13%。

5. 根据《财政部 国家税务总局关于全面推开营业税改征增值税试点的通知》（财税〔2016〕36号）附件4《跨境应税行为适用增值税零税率和免税政策的规定》第一条的规定，中华人民共和国境内的单位和个人销售的下列服务和无形资产，适用增值税零税率：

（1）国际运输服务，是指：①在境内载运旅客或者货物出境；②在境外载运旅客或者货物入境；③在境外载运旅客或者货物。

（2）航天运输服务。

（3）向境外单位提供的完全在境外消费的下列服务：①研发服务；②合同能源管理服务；③设计服务；④广播影视节目（作品）的制作和发行服务；⑤软件服务；⑥电路设计及测试服务；⑦信息系统服务；⑧业务流程管理服务；⑨离岸服务外包业务；⑩转让技术。

（4）财政部和国家税务总局规定的其他服务。

6. 根据《财政部 国家税务总局关于明确金融房地产开发教育辅助服务等增值税政策的通知》（财税〔2016〕140号）第九条的规定，提供餐饮服务的纳税人销售的外卖食品，按照“餐饮服务”适用6%税率计算缴纳增值税。

7. 根据《财政部 国家税务总局关于全面推开营业税改征增值税试点的通知》（财税〔2016〕36号）附件1《营业税改征增值税试点实施办法》所附《销售服务、无形资产、不动产注释》第一条第一项的规定，出租车公司向使用本公司自有出租车的出租车司机收取的管理费用，按照“陆路运输服务”适用9%税率计算缴纳增值税。

8. 根据《国家税务总局关于国内旅客运输服务进项税抵扣等增值税征管问题的公告》（国家税务总局公告2019年第31号）第六条第一项的规定，在运输工具舱位承包业务中，发包方以其向承包方收取的全部价款和价外费用为销售额，按照“交通运输服务”缴纳增值税。承包方以其向托运人收取的全部价款和价外费用为销售额，按照“交通运输服务”适用9%税率计算缴纳增值税。

9. 根据《财政部 国家税务总局关于明确金融房地产开发教育辅助服务等增值税政策的通知》（财税〔2016〕140号）第十四条的规定，纳税人提供武装守护押运服务，按照“安全保护服务”适用6%税率计算缴纳增值税。

（二）政策解读

1. 增值税自设立以来，其税率经历了多次修改，可以简单总结如下：

（1）1994年1月1日至2011年12月31日。

根据《增值税暂行条例》规定，纳税人销售或者进口货物，除特定货物外，税率为17%纳税人销售或者进口特定货物，税率为13%（粮食、食用植物油，自来水、暖气、冷气、热水、煤气、石油液化气、天然气、沼气、居民用煤炭制品，图书、报纸、杂志，饲料、化肥、农药、农机、农膜，国务院规定的其他货物）。

纳税人出口货物，税率为零，但国务院另有规定的除外；纳税人提供加工、修理修配劳务，税率为17%。

（2）2012 年 1 月 1 日至 2017 年 6 月 30 日。

2012 年开始进行营业税改征增值税试点，在现行增值税 17%标准税率和 13%低税率基础上，新增 11%和 6%两档低税率：租赁有形动产等适用 17%税率；交通运输业、建筑业等适用 11%税率；其他部分现代服务业适用 6%税率。

（3）2017 年 7 月 1 日至 2018 年 4 月 30 日。

根据《财政部 国家税务总局关于简并增值税税率有关政策的通知》（财税〔2017〕37 号），自 2017 年 7 月 1 日起，简并增值税税率结构，取消 13%的增值税税率，纳税人销售或者进口部分货物，税率为 11%（农产品、自来水、暖气、石油液化气、天然气、食用植物油、冷气、热水、煤气、居民用煤炭制品、食用盐、农机、饲料、农药、农膜、化肥、沼气、二甲醚、图书、报纸、杂志、音像制品、电子出版物）。

（4）2018 年 5 月 1 日至 2019 年 3 月 31 日。

根据《财政部 税务总局关于调整增值税税率的通知》（财税〔2018〕32 号），自 2018 年 5 月 1 日起，纳税人发生增值税应税销售行为或者进口货物，原适用 17%和 11%税率的，税率分别调整为 16%、10%。

（5）2019 年 4 月 1 日起至今。

根据《财政部 税务总局 海关总署关于深化增值税改革有关政策的公告》（财政部 税务总局 海关总署公告 2019 年第 39 号），自 2019 年 4 月 1 日起，增值税一般纳税人发生增值税应税销售行为或者进口货物，原适用 16%税率的，税率调整为 13%；原适用 10%税率的，税率调整为 9%。

2. 纳税人进口或者销售货物，除另有规定外，一般是按照 13%征税。

3. 除另有规定以外，出口货物或者向境外销售服务或者无形资产适用零税率。

（三）案例分析

以下案例均按照增值税适用税率计算应缴纳的增值税销项税额。

1. 甲建筑公司为企业建设办公楼，合同总金额为 1000 万元（含税）。对于该业务，甲建筑公司应缴纳的增值税如何计算？

【分析】 建筑服务适用 9%的税率。甲建筑公司应确认增值税销项税额＝

1000÷（1+9%）×9%=82.57（万元）。由于建筑服务的上游一般是建材，下游一般是不动产销售，确定9%的税率，有助于合理确定建筑企业的税负，保障建筑行业的健康发展，同时也考虑到建筑成本对其他行业的影响，避免因税率过高导致建筑成本过高。

2. 乙房地产开发企业销售新建商品房，总售价为2000万元（含税）。对于该业务，乙房地产开发企业应缴纳的增值税如何计算？

【分析】销售不动产适用9%的税率。乙房地产开发企业应确认增值税销项税额=2000÷（1+9%）×9%=165.14（万元）。对于不动产销售采用9%的税率，是考虑到不动产交易金额较大，合理的税率既可以保障税收收入，又不至于对房地产市场造成过大冲击。

3. 丙企业将一块土地使用权转让给其他企业，转让价格为800万元（含税）。对于该业务，丙企业应缴纳的增值税如何计算？

【分析】转让土地使用权适用9%的税率。丙企业应确认增值税销项税额=800÷（1+9%）×9%=66.06（万元）。这确保了土地使用权转让环节的税收合理征收，同时也与不动产相关税收政策相配合。

4. 互联网服务提供商丁企业提供互联网接入服务，在一个月内取得收入100万元（含税）。对于该业务，丁企业应缴纳的增值税如何计算？

【分析】互联网接入服务属于增值电信服务，适用6%的税率。丁企业应确认增值税销项税额=100÷（1+6%）×6%=5.66（万元）。与基础电信服务相区分，增值电信服务的税率较低，有利于鼓励互联网产业的创新和发展，因为增值电信服务更多地依赖技术创新和服务质量提升。

5. 戊银行在一个季度内发放贷款取得利息收入500万元（含税）。对于该业务，戊银行应缴纳的增值税如何计算？

【分析】贷款服务属于金融服务，适用6%的税率。戊银行应确认增值税销项税额=500÷（1+6%）×6%=28.30（万元）。金融服务的税率设定考虑了金融行业的特点和经济稳定因素，6%的税率有助于金融机构在合理纳税的同时，保持金融服务的稳定性和可持续性。

6. 小王2024年10月从己公司购买了一台笔记本电脑，己公司免费提供3年质保，小王共向己公司支付价款5000元（含税）。一年后电脑显卡出现故障，小王前往己公司修复显卡，己公司为其更换了新显卡。对于该业务，己公司应缴纳的增值税如何计算？

【分析】保修期内免费保修业务作为销售合同的一部分，有关收入实际已经在销售时获得，己公司收到电脑购买价款5000元时应按照13%计算缴纳增值税，确认增值税销项税额＝5000÷（1+13%）×13%＝575.22（元）。提供免费保修时，己公司无须再缴纳增值税。

二、增值税征收率的适用范围

（一）政策规定

根据《财政部 国家税务总局关于全面推开营业税改征增值税试点的通知》（财税〔2016〕36号）附件1《营业税改征增值税试点实施办法》规定，增值税征收率一般为3%，特殊项目为5%。

（二）政策解读

1. 一般情况下小规模纳税人按照征收率计税，一般纳税人按照适用税率计税。但是一般纳税人选择按照简易计税办法计税的，按照征收率计税。

2. 适用征收率计税计算的税额是应纳税额，不是销项税额。这意味着纳税人不能抵扣该项目相关的进项税额。

3. 除另有规定外，一般纳税人选择适用简易计税办法可以开具增值税专用发票。

4. 截至2027年12月31日，对小规模纳税人适用3%征收率的应税销售收入，减按1%征收率征收增值税。这是一项阶段性的税收优惠政策，适用于小规模纳税人原本适用3%征收率的业务，如小规模纳税人销售货物、提供应税劳务等。

5. 一般纳税人销售自己使用过的属于不得抵扣且未抵扣进项税额的固定资产（开具增值税普通发票），小规模纳税人（除其他个人外）销售自己使用过的固定资产，纳税人销售旧货（不包括二手车经销业务），按照简易办法依照3%征收率减按2%征收增值税。

6. 个人（包括个体工商户和其他个人）出租住房，应适用5%的征收率减按1.5%计算应纳税额。

（三）案例分析

1. 甲公司是一般纳税人，从生产企业购进一批抗癌药品，销售给本地一家医院。甲公司销售抗癌药品如何计征增值税？

【分析】根据规定，增值税一般纳税人生产销售和批发、零售抗癌药品，可选择按照简易计税办法依照3%征收率计算缴纳增值税。

（1）甲公司是一般纳税人，如果该公司不选择简易计税，应按13%税率计算销项税额，同时对应的进项税额可以抵扣。

（2）甲公司如果选择简易计税，可以按照3%征收率计算缴纳增值税，但与此相对应的进项税额不允许抵扣。

2. 乙公交公司是一般纳税人，提供公共交通运输服务，选择适用简易计税办法。在一个月内，含税收入为309000元。乙公交公司应缴纳的增值税如何计算？

【分析】公共交通运输服务属于一般纳税人可选择按照简易计税办法计税的项目，适用3%征收率。乙公交公司应确认不含税销售额=309000÷（1+3%）=300000（元），应纳增值税税额=300000×3%=9000（元）。

3. 一般纳税人丙企业转让其在营改增前购入的一处商业房产，转让价格为1050000元（含税）。对于该业务，丙企业应缴纳的增值税如何计算？

【分析】因为是转让营改增前取得的不动产，企业选择适用简易计税办法，适用5%征收率。丙企业应确认不含税销售额=1050000÷（1+5%）=1000000（元），增值税税额=1000000×5%=50000（元）。

4. 个人丁将自己的住房出租，每月租金为1.5万元（含税）。对于该业务，个人丁应缴纳的增值税如何计算？

【分析】个人出租住房，适用5%征收率减按1.5%计税。个人丁应确认不含税租金收入=15000÷（1+5%）=14285.71（元），应纳增值税税额=14285.71×1.5%=214.29（元）。

第三节　税收优惠

一、增值税加计抵减税收优惠政策

（一）政策规定

1. 根据《财政部 税务总局 海关总署关于深化增值税改革有关政策的公告》（财政部 税务总局 海关总署公告 2019 年第 39 号）第七条的规定，自 2019 年 4 月 1 日至 2021 年 12 月 31 日，允许生产、生活性服务业纳税人按照当期可抵扣进项税额加计 10%，抵减应纳税额。

（1）该公告所称生产、生活性服务业纳税人，是指提供邮政服务、电信服务、现代服务、生活服务（以下称四项服务）取得的销售额占全部销售额的比重超过 50%的纳税人。四项服务的具体范围按照《财政部 国家税务总局关于全面推开营业税改征增值税试点的通知》（财税〔2016〕36 号）附件 1《营业税改征增值税试点实施办法》所附《销售服务、无形资产、不动产注释》执行。

（2）纳税人应按照当期可抵扣进项税额的 10%计提当期加计抵减额。按照现行规定不得从销项税额中抵扣的进项税额，不得计提加计抵减额；已计提加计抵减额的进项税额，按规定作进项税额转出的，应在进项税额转出当期，相应调减加计抵减额。计算公式如下：

$$\text{当期计提加计抵减额}=\text{当期可抵扣进项税额}\times 10\%$$

$$\text{当期可抵减加计抵减额}=\text{上期末加计抵减额余额}+\text{当期计提加计抵减额}-\text{当期调减加计抵减额}$$

（3）纳税人应按照现行规定计算一般计税方法下的应纳税额（以下称抵减前的应纳税额）后，区分以下情形加计抵减：

①抵减前的应纳税额等于零的，当期可抵减加计抵减额全部结转下期抵减；

②抵减前的应纳税额大于零，且大于当期可抵减加计抵减额的，当期可抵减加计抵减额全额从抵减前的应纳税额中抵减；

③抵减前的应纳税额大于零，且小于或等于当期可抵减加计抵减额的，

以当期可抵减加计抵减额抵减应纳税额至零。未抵减完的当期可抵减加计抵减额，结转下期继续抵减。

（4）纳税人出口货物劳务、发生跨境应税行为不适用加计抵减政策，其对应的进项税额不得计提加计抵减额。

纳税人兼营出口货物劳务、发生跨境应税行为且无法划分不得计提加计抵减额的进项税额，按照以下公式计算：

$$\text{不得计提加计抵减额的进项税额}=\text{当期无法划分的全部进项税额}\times\text{当期出口货物劳务和发生跨境应税行为的销售额}\div\text{当期全部销售额}$$

（5）纳税人应单独核算加计抵减额的计提、抵减、调减、结余等变动情况。骗取适用加计抵减政策或虚增加计抵减额的，按照《中华人民共和国税收征收管理法》（以下简称《税收征收管理法》）等有关规定处理。

（6）加计抵减政策执行到期后，纳税人不再计提加计抵减额，结余的加计抵减额停止抵减。

2. 根据《财政部 税务总局关于明确生活性服务业增值税加计抵减政策的公告》（财政部 税务总局公告 2019 年第 87 号）的规定，2019 年 10 月 1 日至 2021 年 12 月 31 日，允许生活性服务业纳税人按照当期可抵扣进项税额加计 15%，抵减应纳税额（以下称加计抵减 15%政策）。

（1）该公告所称生活性服务业纳税人，是指提供生活服务取得的销售额占全部销售额的比重超过 50%的纳税人。生活服务的具体范围按照《财政部 国家税务总局关于全面推开营业税改征增值税试点的通知》（财税〔2016〕36 号）附件 1《营业税改征增值税试点实施办法》所附《销售服务、无形资产、不动产注释》执行。

2019 年 9 月 30 日前设立的纳税人，自 2018 年 10 月至 2019 年 9 月的销售额（经营期不满 12 个月的，按照实际经营期的销售额）符合上述规定条件的，自 2019 年 10 月 1 日起适用加计抵减 15%政策。

2019 年 10 月 1 日后设立的纳税人，自设立之日起 3 个月的销售额符合上述规定条件的，自登记为一般纳税人之日起适用加计抵减 15%政策。

纳税人确定适用加计抵减 15%政策后，当年内不再调整，以后年度是否适用，根据上年度销售额计算确定。

（2）生活性服务业纳税人应按照当期可抵扣进项税额的 15%计提当期

加计抵减额。按照现行规定不得从销项税额中抵扣的进项税额，不得计提加计抵减额；已按照 15%计提加计抵减额的进项税额，按规定作进项税额转出的，应在进项税额转出当期，相应调减加计抵减额。计算公式如下：

当期计提加计抵减额 = 当期可抵扣进项税额×15%

当期可抵减加计抵减额 = 上期末加计抵减额余额 + 当期计提加计抵减额 − 当期调减加计抵减额

3. 根据《财政部 税务总局关于促进服务业领域困难行业纾困发展有关增值税政策的公告》（财政部 税务总局公告 2022 年第 11 号）第一条的规定，《财政部 税务总局 海关总署关于深化增值税改革有关政策的公告》（财政部 税务总局 海关总署公告 2019 年第 39 号）第七条和《财政部 税务总局关于明确生活性服务业增值税加计抵减政策的公告》（财政部 税务总局公告 2019 年第 87 号）规定的生产、生活性服务业增值税加计抵减政策，执行期限延长至 2022 年 12 月 31 日。

4. 根据《财政部 税务总局关于明确增值税小规模纳税人减免增值税等政策的公告》（财政部 税务总局公告 2023 年第 1 号）第三条的规定，自 2023 年 1 月 1 日至 2023 年 12 月 31 日，增值税加计抵减政策按照以下规定执行：

（1）允许生产性服务业纳税人按照当期可抵扣进项税额加计 5%抵减应纳税额。生产性服务业纳税人，是指提供邮政服务、电信服务、现代服务、生活服务取得的销售额占全部销售额的比重超过 50%的纳税人。

（2）允许生活性服务业纳税人按照当期可抵扣进项税额加计 10%抵减应纳税额。生活性服务业纳税人，是指提供生活服务取得的销售额占全部销售额的比重超过 50%的纳税人。

（3）纳税人适用加计抵减政策的其他有关事项，按照《财政部 税务总局 海关总署关于深化增值税改革有关政策的公告》（财政部 税务总局 海关总署公告 2019 年第 39 号）、《财政部 税务总局关于明确生活性服务业增值税加计抵减政策的公告》（财政部 税务总局公告 2019 年第 87 号）等有关规定执行。

5. 根据《财政部 税务总局关于先进制造业企业增值税加计抵减政策的公告》（财政部 税务总局公告 2023 年第 43 号）第一条的规定，自 2023 年 1 月 1 日至 2027 年 12 月 31 日，允许先进制造业企业按照当期可抵扣进项税额加计 5%抵减应纳增值税税额。

该公告所称先进制造业企业是指高新技术企业（含所属的非法人分支机构）中的制造业一般纳税人，高新技术企业是指按照《科技部 财政部 国家税务总局关于修订印发〈高新技术企业认定管理办法〉的通知》（国科发火〔2016〕32 号）规定认定的高新技术企业。先进制造业企业具体名单，由各省、自治区、直辖市、计划单列市工业和信息化部门会同同级科技、财政、税务部门确定。

6. 根据《财政部 税务总局关于集成电路企业增值税加计抵减政策的通知》（财税〔2023〕17 号）第一条的规定，自 2023 年 1 月 1 日至 2027 年 12 月 31 日，允许集成电路设计、生产、封测、装备、材料企业（以下称集成电路企业），按照当期可抵扣进项税额加计 15%抵减应纳增值税税额。

对适用加计抵减政策的集成电路企业采取清单管理，具体适用条件、管理方式和企业清单由工业和信息化部会同发展改革委、财政部、国家税务总局等部门制定。

7. 根据《财政部 税务总局关于工业母机企业增值税加计抵减政策的通知》（财税〔2023〕25 号）第一条、第二条的规定，自 2023 年 1 月 1 日至 2027 年 12 月 31 日，对生产销售先进工业母机主机、关键功能部件、数控系统（以下称先进工业母机产品）的增值税一般纳税人（以下称工业母机企业），允许按当期可抵扣进项税额加计 15%抵减企业应纳增值税税额。上述先进工业母机产品是指符合该通知附件《先进工业母机产品基本标准》规定的产品。

适用该通知规定加计抵减政策的工业母机企业需同时符合以下条件：①申请优惠政策的上一年度，企业具有劳动合同关系或劳务派遣、聘用关系的先进工业母机产品研究开发人员月平均人数占企业月平均职工总数的比例不低于 15%；②申请优惠政策的上一年度，研究开发费用总额占企业销售（营业）收入（主营业务收入与其他业务收入之和，下同）总额的比例不低于 5%；③申请优惠政策的上一年度，生产销售该通知规定的先进工业母机产品收入占企业销售（营业）收入总额的比例不低于 60%，且企业收入总额不低于 3000 万元（含）。对适用加计抵减政策的工业母机企业采取清单管理，具体适用条件、管理方式和企业清单由工业和信息化部会同财政部、国家税务总局等部门制定。

（二）政策解读

1. 生产、生活服务业加计抵减政策于 2023 年 12 月 31 日到期。

2. 2023 年加计抵减政策重点转向了国家大力扶持的集成电路企业、工业母机企业和先进制造业。

3. 适用政策要关注销售额的确定。加计抵减政策所称“销售额”，包括纳税申报销售额、稽查查补销售额、纳税评估调整销售额。其中，纳税申报销售额包括一般计税方法销售额，简易计税方法销售额，免税销售额，税务机关代开发票销售额，免、抵、退办法出口销售额，即征即退项目销售额。

4. 纳税人适用增值税差额征收政策的，以差额后的销售额确定适用加计抵减政策。

5. 纳税人可计提但未计提的加计抵减额，可在确定适用加计抵减政策当期一并计提。

（三）案例分析

甲制造业企业从事数控机床制造业务，属于国家认定的先进制造业。2024 年全年的销售额为 5000 万元，其中生产数控机床取得的销售额为 3500 万元，其余为销售货物的销售额，增值税适用税率为 13%。该企业全年可抵扣进项税额为 300 万元。则甲制造业企业应缴纳的增值税如何计算？

【分析】（1）确定销售额占比。数控机床制造业务属于先进制造业范畴。该企业现代服务销售额占全部销售额的比重 = 3500 ÷ 5000 × 100% = 70%，超过了 50%，符合享受生产性服务业增值税加计抵减政策的条件。

（2）计算加计抵减额。按照政策可加计 5%抵减应纳税额。加计抵减额为可抵扣进项税额乘以加计比例，即加计抵减额 = 300×5% = 15（万元）。

（3）计算增值税应纳税额。按照增值税法规定，适用 13%的税率，享受加计抵减政策后，增值税应纳税额 = 5000×13% − 300 − 15 = 335（万元）。

二、软件产品税收优惠政策

（一）政策规定

根据《财政部 国家税务总局关于软件产品增值税政策的通知》（财税〔2011〕100号）、《财政部 税务总局关于调整增值税税率的通知》（财税〔2018〕32号）和《财政部 税务总局 海关总署关于深化增值税改革有关政策的公告》（财政部 税务总局 海关总署公告2019年第39号）的规定：

（1）软件产品增值税政策。

①增值税一般纳税人销售其自行开发生产的软件产品，按13%税率征收增值税后，对其增值税实际税负超过3%的部分实行即征即退政策。

②增值税一般纳税人将进口软件产品进行本地化改造后对外销售，其销售的软件产品可享受财税〔2011〕100号文件第一条第一款规定的增值税即征即退政策。

本地化改造是指对进口软件产品进行重新设计、改进、转换等，单纯对进口软件产品进行汉字化处理不包括在内。

③纳税人受托开发软件产品，著作权属于受托方的征收增值税，著作权属于委托方或属于双方共同拥有的不征收增值税；对经过国家版权局注册登记，纳税人在销售时一并转让著作权、所有权的，不征收增值税。

（2）软件产品界定及分类：所称软件产品，是指信息处理程序及相关文档和数据。软件产品包括计算机软件产品、信息系统和嵌入式软件产品。嵌入式软件产品是指嵌入在计算机硬件、机器设备中并随其一并销售，构成计算机硬件、机器设备组成部分的软件产品。

（3）满足下列条件的软件产品，经主管税务机关审核批准，可以享受财税〔2011〕100号文件规定的增值税政策：

①取得省级软件产业主管部门认可的软件检测机构出具的检测证明材料；［《国家税务总局关于公布取消一批税务证明事项以及废止和修改部分规章规范性文件的决定》（国家税务总局令第48号）附件1《取消的税务证明事项目录》将“纳税人办理软件产品、动漫软件增值税即征即退手续时，需提供省

级软件产业主管部门认可的软件检测机构出具的检测证明材料。”改为“不再提交。主管税务机关应加强后续管理，必要时可委托第三方检测机构对产品进行检测，一经发现不符合免税条件的，应及时纠正并依法处理。”]

②取得软件产业主管部门颁发的《软件产品登记证书》或著作权行政管理部门颁发的《计算机软件著作权登记证书》。

（4）软件产品增值税即征即退税额的计算。

①软件产品增值税即征即退税额的计算方法。

$$即征即退税额=当期软件产品增值税应纳税额-当期软件产品销售额\times3\%$$

$$当期软件产品增值税应纳税额=当期软件产品销项税额-当期软件产品可抵扣进项税额$$

$$当期软件产品销项税额=当期软件产品销售额\times13\%$$

②嵌入式软件产品增值税即征即退税额的计算。

A. 嵌入式软件产品增值税即征即退税额的计算方法。

$$即征即退税额=当期嵌入式软件产品增值税应纳税额-当期嵌入式软件产品销售额\times3\%$$

$$当期嵌入式软件产品增值税应纳税额=当期嵌入式软件产品销项税额-当期嵌入式软件产品可抵扣进项税额$$

$$当期嵌入式软件产品销项税额=当期嵌入式软件产品销售额\times13\%$$

B. 当期嵌入式软件产品销售额的计算公式。

$$当期嵌入式软件产品销售额=当期嵌入式软件产品与计算机硬件、机器设备销售额合计-当期计算机硬件、机器设备销售额$$

$$减免税限额=年度减免税限额\div12\times实际经营月数$$

计算机硬件、机器设备销售额按照下列顺序确定：

a. 按纳税人最近同期同类货物的平均销售价格计算确定；

b. 按其他纳税人最近同期同类货物的平均销售价格计算确定；

c. 按计算机硬件、机器设备组成计税价格计算确定。

$$计算机硬件、机器设备组成计税价格=计算机硬件、机器设备成本\times(1+10\%)$$

（5）按照上述办法计算，即征即退税额大于零时，税务机关应按规定，及时办理退税手续。

（6）增值税一般纳税人在销售软件产品的同时销售其他货物或者应税劳务的，对于无法划分的进项税额，应按照实际成本或销售收入比例确定软件产品应分摊的进项税额；对专用于软件产品开发生产设备及工具的进项税额，不得进行分摊。纳税人应将选定的分摊方式报主管税务机关备案，并自备案之日起1年内不得变更。

专用于软件产品开发生产的设备及工具，包括但不限于用于软件设计的计算机设备、读写打印器具设备、工具软件、软件平台和测试设备。

（7）对增值税一般纳税人随同计算机硬件、机器设备一并销售嵌入式软件产品，如果适用财税〔2011〕100号文件规定按照组成计税价格计算确定计算机硬件、机器设备销售额的，应当分别核算嵌入式软件产品与计算机硬件、机器设备部分的成本。凡未分别核算或者核算不清的，不得享受财税〔2011〕100号文件规定的增值税政策。

（8）各省、自治区、直辖市、计划单列市税务机关可根据财税〔2011〕100号文件规定，制定软件产品增值税即征即退的管理办法。主管税务机关可对享受财税〔2011〕100号文件规定增值税政策的纳税人进行定期或不定期检查。纳税人凡弄虚作假骗取享受财税〔2011〕100号文件规定增值税政策的，税务机关除根据现行规定进行处罚外，自发生上述违法违规行为年度起，取消其享受财税〔2011〕100号文件规定增值税政策的资格，纳税人3年内不得再次申请。

（二）政策解读

1. 软件产品增值税超税负即征即退适用于两种类型的企业：一是自行开发生产并销售软件产品的企业，二是经过本地化改造后销售的进口软件产品。

2. 该项税收优惠政策是行业性政策。

（三）案例分析

1. 甲软件科技公司是增值税一般纳税人。2024年销售自行开发的软件产品取得收入500万元，该软件产品的进项税额为50万元。甲软件科技公司可享受即征即退税额为多少？

【分析】（1）计算当期软件产品销项税额：销项税额=当期软件产品销

售额×适用税率＝500×13%＝65（万元）。

（2）计算当期软件产品增值税应纳税额：应纳税额＝当期软件产品销项税额－当期软件产品可抵扣进项税额＝65－50＝15（万元）。

（3）确定即征即退税额：计算税负率，税负率＝应纳税额÷销售额＝15÷500×100%＝3%。因为该公司的税负率正好为3%，不满足超过3%的条件，所以即征即退税额为0。

2. 乙软件企业是增值税一般纳税人，2024年进口一款软件产品，花费100万元，本地化改造过程中的成本为200万元，进项税额共计39万元。进行本地化改造后销售取得收入800万元。乙软件企业可享受即征即退税额是多少？

【分析】（1）计算当期软件产品销项税额：销售额为800万元，销项税额＝800×13%＝104（万元）。

（2）计算当期软件产品可抵扣进项税额：进口软件及本地化改造的进项税额共计39万元。

（3）计算当期软件产品增值税应纳税额：应纳税额＝当期软件产品销项税额－当期软件产品可抵扣进项税额＝104－39＝65（万元）。

（4）计算税负率：税负率＝应纳税额÷销售额＝65÷800×100%＝8.13%。

（5）确定即征即退税额：即征即退税额＝当期软件产品增值税应纳税额－当期软件产品销售额×3%＝65－800×3%＝65－24＝41（万元）。

三、资源综合利用产品税收优惠政策

（一）政策规定

2021年12月30日，财政部、税务总局以联合公告的形式发布了《关于完善资源综合利用增值税政策的公告》（财政部 税务总局公告2021年第40号），是从财税政策保障角度完善资源综合利用税收优惠政策、服务于循环经济、保护环境的具体体现，是推进循环经济健康发展，完善资源综合利用增值税优惠的新趋势。具体规定如下。

1. 从事再生资源回收的增值税一般纳税人销售其收购的再生资源，可以选择适用简易计税方法依照3%征收率计算缴纳增值税，或适用一般计税方法计算缴纳增值税。

（1）所称再生资源，是指在社会生产和生活消费过程中产生的，已经失去原有全部或部分使用价值，经过回收、加工处理，能够使其重新获得使用价值的各种废弃物。其中，加工处理仅限于清洗、挑选、破碎、切割、拆解、打包等改变再生资源密度、湿度、长度、粗细、软硬等物理性状的简单加工。

（2）纳税人选择适用简易计税方法，应符合下列条件之一：

①从事危险废物收集的纳税人，应符合国家危险废物经营许可证管理办法的要求，取得危险废物经营许可证。

②从事报废机动车回收的纳税人，应符合国家商务主管部门出台的报废机动车回收管理办法要求，取得报废机动车回收拆解企业资质认定证书。

③除危险废物、报废机动车外，其他再生资源回收纳税人应符合国家商务主管部门出台的再生资源回收管理办法要求，进行市场主体登记，并在商务部门完成再生资源回收经营者备案。

2. 除纳税人聘用的员工为本单位或者雇主提供的再生资源回收不征收增值税外，纳税人发生的再生资源回收并销售的业务，均应按照规定征免增值税。

3. 增值税一般纳税人销售自产的资源综合利用产品和提供资源综合利用劳务，可享受增值税即征即退政策。

（1）综合利用的资源名称、综合利用产品和劳务名称、技术标准和相关条件、退税比例等按照该公告所附《资源综合利用产品和劳务增值税优惠目录（2022年版）》的相关规定执行。

（2）纳税人从事《资源综合利用产品和劳务增值税优惠目录（2022年版）》所列的资源综合利用项目，其申请享受该公告规定的增值税即征即退政策时，应同时符合下列条件：

①纳税人在境内收购的再生资源，应按规定从销售方取得增值税发票；适用免税政策的，应按规定从销售方取得增值税普通发票。销售方为依法依规无法申领发票的单位或者从事小额零星经营业务的自然人，应取得销售方开具的收款凭证及收购方内部凭证，或者税务机关代开的发票。所称小额零

星经营业务是指自然人从事应税项目经营业务的销售额不超过增值税按次起征点的业务。

纳税人从境外收购的再生资源，应按规定取得海关进口增值税专用缴款书，或者从销售方取得具有发票性质的收款凭证、相关税费缴纳凭证。

纳税人应当取得上述发票或凭证而未取得的，该部分再生资源对应产品的销售收入不得适用该公告的即征即退规定。

$$\text{不得适用该公告即征即退规定的销售收入}=\text{当期销售综合利用产品和劳务的销售收入}\times\left(\text{纳税人应当取得发票或凭证而未取得的购入再生资源成本}\div\text{当期购进再生资源的全部成本}\right)$$

纳税人应当在当期销售综合利用产品和劳务销售收入中剔除不得适用即征即退政策部分的销售收入后，计算可申请的即征即退税额：

$$\text{可申请退税额}=\left[\left(\text{当期销售综合利用产品和劳务的销售收入}-\text{不得适用即征即退规定的销售收入}\right)\times\text{适用税率}-\text{当期即征即退项目的进项税额}\right]\times\text{对应的退税比例}$$

各级税务机关要加强发票开具相关管理工作，纳税人应按规定及时开具、取得发票。

②纳税人应建立再生资源收购台账，留存备查。台账内容包括：再生资源供货方单位名称或个人姓名及身份证号、再生资源名称、数量、价格、结算方式、是否取得增值税发票或符合规定的凭证等。纳税人现有账册、系统能够包括上述内容的，无须单独建立台账。

③销售综合利用产品和劳务，不属于发展改革委《产业结构调整指导目录》中的淘汰类、限制类项目。

④销售综合利用产品和劳务，不属于生态环境部《环境保护综合名录》中的“高污染、高环境风险”产品或重污染工艺。

⑤综合利用的资源，属于生态环境部《国家危险废物名录》列明的危险废物的，应当取得省级或市级生态环境部门颁发的《危险废物经营许可证》，且许可经营范围包括该危险废物的利用。

⑥纳税信用级别不为 C 级或 D 级。

⑦纳税人申请享受该公告规定的即征即退政策时，申请退税税款所属期前6个月（含所属期当期）不得发生下列情形：

A. 因违反生态环境保护的法律法规受到行政处罚（警告、通报批评或单次10万元以下罚款、没收违法所得、没收非法财物除外；单次10万元以下含本数，下同）。

B. 因违反税收法律法规被税务机关处罚（单次10万元以下罚款除外），或发生骗取出口退税、虚开发票的情形。

（3）各省、自治区、直辖市、计划单列市税务机关应于每年3月底之前在其网站上，将本地区上一年度所有享受该公告规定的增值税即征即退或免税政策的纳税人，按下列项目予以公示：纳税人名称、纳税人识别号、综合利用的资源名称、综合利用产品和劳务名称。各省、自治区、直辖市、计划单列市税务机关在对本地区上一年度享受该公告规定的增值税即征即退或免税政策的纳税人进行公示前，应会同本地区生态环境部门，再次核实纳税人受环保处罚情况。

（二）政策解读

1. 增值税一般纳税人销售自产的资源综合利用产品和提供资源综合利用劳务，可享受增值税即征即退政策，退税比例有30%、50%、70%、90%和100%等档次。

2. 资源回收企业“反向开票”对应的销售额，符合规定的，可以享受资源综合利用增值税政策。

3. 企业以《资源综合利用企业所得税目录》中所列资源为主要原材料，生产该目录内符合国家或行业相关标准的产品取得的收入，在计算应纳税所得额时，减按90%计入当年收入总额。

4. 增值税小规模纳税人不可以享受资源综合利用即征即退优惠政策。

（三）案例分析

1. 甲工业企业，主要从事钢铁生产，在生产过程中会产生大量余热、余压。企业将这些余热、余压进行回收利用，用于发电。2024年，企业利用余热、余压生产的电力销售额为1000万元，进项税额为100万元。适用增值税税率为13%。甲工业企业利用余热、余压生产电力并销售，能否享受资源综合利用即征即退优惠政策？如能享受，退税额是多少？

【分析】（1）确定适用政策：该企业利用工业生产过程中产生的余热、余压生产电力，且发电原料中100%利用上述资源，符合增值税100%即征即退政策适用条件。

（2）计算销项税额：销项税额＝销售额×适用税率＝1000×13%＝130（万元）。

（3）计算应纳税额：应纳税额＝销项税额－进项税额＝130－100＝30（万元）。

（4）确定即征即退税额：由于可享受100%即征即退政策，即征即退税额为应纳税额，即30万元。

2. 乙木材加工企业，以三剩物、次小薪材和农作物秸秆等为原料生产木纤维板。2024年，该企业此类纤维板销售额为800万元，进项税额为80万元。乙木材加工企业能否享受增值税即征即退优惠？如能享受，退税额是多少？

【分析】（1）确定适用政策：企业以三剩物、次小薪材和农作物秸秆等三类农林剩余物为原料生产木（竹、秸秆）纤维板，符合增值税80%即征即退政策。

（2）计算销项税额：销项税额＝800×13%＝104（万元）。

（3）计算应纳税额：应纳税额＝销项税额－进项税额＝104－80＝24（万元）。

（4）确定即征即退税额：计算应退比例对应的应纳税额，即应退税额＝24×80%＝19.2（万元）。

3. 丙建材企业主要生产建筑砂石骨料。企业以建（构）筑废物为原料，且生产原料中建（构）筑废物的比重不低于90%。2024年，企业销售此类建筑砂石骨料的销售额为600万元。丙建材企业可以享受什么优惠政策？应纳税额是多少？

【分析】（1）确定适用政策：企业销售自产的以建（构）筑废物为原料生产的建筑砂石骨料，且生产原料比重符合要求，适用免征增值税政策。

（2）计算应纳税额：由于免征增值税，应纳税额为0。

4. 丁塑料厂是增值税一般纳税人，主营再生塑料制品生产业务，其再生塑料制品以回收废旧农膜为原料。假设 2024 年 12 月丁塑料厂可享受即征即退优惠政策的销售额为 1000 万元，销项税额为 130 万元，进项税额为 40 万元，退税比例为 100%。当月，丁塑料厂收购废旧农膜 5000 万元，其中 2000 万元应取得但未取得发票。丁塑料厂应如何计算即征即退税额？

【分析】（1）剔除不得即征即退的销售收入。

不得适用即征即退规定的销售收入=当期销售综合利用产品和劳务的销售收入×（纳税人应当取得发票或凭证而未取得的购入再生资源成本÷当期购进再生资源的全部成本）=1000×2000÷5000=400（万元）

（2）计算即征即退税额。财政部、税务总局公告 2021 年第 40 号明确，纳税人应当在当期销售综合利用产品和劳务销售收入中剔除不得适用即征即退政策部分的销售收入后，计算可申请的即征即退税额。

可申请退税额=［（当期销售综合利用产品和劳务的销售收入−不得适用即征即退规定的销售收入）×适用税率−当期即征即退项目的进项税额］×对应的退税比例

剔除不得即征即退的销售收入后，丁塑料厂可申请退税的销售收入=1000−400=600（万元），即征即退的税额=（600×13%−40）×100%=38（万元）。

四、起征点和小规模纳税人的优惠政策

（一）政策规定

1. 根据《财政部 国家税务总局关于修改〈中华人民共和国增值税暂行条例实施细则〉和〈中华人民共和国营业税暂行条例实施细则〉的决定》（财政部 国家税务总局令第 65 号）规定，自 2011 年 11 月 1 日起，增值税起征点的幅度规定如下：

（1）销售货物的，为月销售额 5000—20000 元；

（2）销售应税劳务的，为月销售额 5000—20000 元；

（3）按次纳税的，为每次（日）销售额 300—500 元。

2. 根据《财政部 国家税务总局关于全面推开营业税改征增值税试点的

通知》（财税〔2016〕36号）附件1《营业税改征增值税试点实施办法》第五十条的规定，增值税起征点幅度如下：

（1）按期纳税的，为月销售额5000—20000元（含本数）。

（2）按次纳税的，为每次（日）销售额300—500元（含本数）。

起征点的调整由财政部和国家税务总局规定。省、自治区、直辖市财政厅（局）和税务局应当在规定的幅度内，根据实际情况确定本地区适用的起征点，并报财政部和国家税务总局备案。

3. 根据《财政部 税务总局关于明确增值税小规模纳税人减免增值税等政策的公告》（财政部 税务总局公告2023年第1号）和《财政部 税务总局关于增值税小规模纳税人减免增值税政策的公告》（财政部 税务总局公告2023年第19号）的规定，自2023年1月1日至2027年12月31日，对月销售额10万元以下（含本数）的增值税小规模纳税人，免征增值税。

自2023年1月1日至2027年12月31日，增值税小规模纳税人适用3%征收率的应税销售收入，减按1%征收率征收增值税；适用3%预征率的预缴增值税项目，减按1%预征率预缴增值税。

4. 根据《国家税务总局关于增值税小规模纳税人减免增值税等政策有关征管事项的公告》（国家税务总局公告2023年第1号）第一条的规定，增值税小规模纳税人发生增值税应税销售行为，合计月销售额未超过10万元（以1个季度为1个纳税期的，季度销售额未超过30万元，下同）的，免征增值税。

小规模纳税人发生增值税应税销售行为，合计月销售额超过10万元，但扣除本期发生的销售不动产的销售额后未超过10万元的，其销售货物、劳务、服务、无形资产取得的销售额免征增值税。

根据该公告第二条的规定，适用增值税差额征税政策的小规模纳税人，以差额后的销售额确定是否可以享受“对月销售额10万元以下（含本数）的增值税小规模纳税人，免征增值税”政策。

《增值税及附加税费申报表（小规模纳税人适用）》中的“免税销售额”相关栏次，填写差额后的销售额。

根据该公告第三条的规定，《增值税暂行条例实施细则》第九条所称的其他个人，采取一次性收取租金形式出租不动产取得的租金收入，可在对应的租赁期内平均分摊，分摊后的月租金收入未超过10万元的，免征增值税。

根据该公告第四条的规定，小规模纳税人取得应税销售收入，适用“对月销售额10万元以下（含本数）的增值税小规模纳税人，免征增值税”的，纳税人可就该笔销售收入选择放弃免税并开具增值税专用发票。

根据该公告第五条的规定，小规模纳税人取得应税销售收入，适用“增值税小规模纳税人适用3%征收率的应税销售收入，减按1%征收率征收增值税；适用3%预征率的预缴增值税项目，减按1%预征率预缴增值税”的，应按照1%征收率开具增值税发票。纳税人可就该笔销售收入选择放弃减税并开具增值税专用发票。

根据该公告第六条的规定，小规模纳税人取得应税销售收入，纳税义务发生时间在2022年12月31日前并已开具增值税发票，如发生销售折让、中止或者退回等情形需要开具红字发票，应开具对应征收率红字发票或免税红字发票；开票有误需要重新开具的，应开具对应征收率红字发票或免税红字发票，再重新开具正确的蓝字发票。

根据该公告第七条的规定，小规模纳税人发生增值税应税销售行为，合计月销售额未超过10万元的，免征增值税的销售额等项目应填写在《增值税及附加税费申报表（小规模纳税人适用）》“小微企业免税销售额”或者“未达起征点销售额”相关栏次；减按1%征收率征收增值税的销售额应填写在《增值税及附加税费申报表（小规模纳税人适用）》“应征增值税不含税销售额（3%征收率）”相应栏次，对应减征的增值税应纳税额按销售额的2%计算填写在《增值税及附加税费申报表（小规模纳税人适用）》“本期应纳税额减征额”及《增值税减免税申报明细表》减税项目相应栏次。

根据该公告第八条的规定，按固定期限纳税的小规模纳税人可以选择以1个月或1个季度为纳税期限，一经选择，一个会计年度内不得变更。

根据该公告第九条的规定，按照现行规定应当预缴增值税税款的小规模纳税人，凡在预缴地实现的月销售额未超过10万元的，当期无须预缴税款。在预缴地实现的月销售额超过10万元的，适用3%预征率的预缴增值税项目，减按1%预征率预缴增值税。

根据该公告第十条的规定，小规模纳税人中的单位和个体工商户销售不动产，应按其纳税期、该公告第九条以及其他现行政策规定确定是否预缴增值税；其他个人销售不动产，继续按照现行规定征免增值税。

（二）政策解读

1. “纳税人销售额低于起征点的”不需要纳税，没有纳税义务。“免税”有纳税义务，但有税收优惠政策，实际免于缴纳。“起征点”适用于个人。“免税”优惠政策适用于小规模纳税人（包括个体工商户和其他个人）。

个人销售额未达到起征点的，免征增值税；达到起征点的，全额计算缴纳增值税。个人月销售额虽达到起征点，但不超过 10 万元的，可以适用增值税免税优惠政策。

2. 小规模纳税人适用月销售额 10 万元以下免征增值税政策的，纳税人可对部分或者全部销售收入选择放弃享受免税政策，并开具增值税专用发票。小规模纳税人适用 3%征收率销售收入减按 1%征收率征收增值税政策的，可对部分或者全部销售收入选择放弃享受减税，并开具增值税专用发票。

3. 按照文件规定小规模纳税人月销售额 10 万元以下应予减免的增值税，在公告下发前已征收的，可抵减纳税人以后纳税期应缴纳税款或予以退还。但是，纳税人如果已经向购买方开具了增值税专用发票，应先将增值税专用发票追回。

（三）案例分析

1. 个体工商户甲是按次纳税的个人，从事小规模商品零售业务。当地规定按次纳税的增值税起征点为每次（日）销售额 500 元（含本数）。假设征收率为 3%。

（1）情况一：未达到起征点。假设甲某日的销售额为 400 元。不考虑其他因素，请分析甲该日是否需要缴纳增值税？若需要，税额为多少？

【分析】因为 400 元低于起征点 500 元，所以甲该日的销售额免征增值税。

（2）情况二：达到起征点。假如甲某日的销售额为 600 元。不考虑其他因素，请分析甲该日是否需要缴纳增值税？若需要，税额为多少？

【分析】由于已经达到起征点，甲需要就这 600 元全额计算缴纳增值税，应纳税额＝600÷（1+3%）×3%＝17.48（元）。

2. 甲公司是小规模纳税人，在 2024 年 4 月销售货物取得收入 10 万元，5 月提供建筑服务取得收入 20 万元，同时向其他建筑企业支付分包款 12 万元，6 月销售自建的不动产取得收入 200 万元。甲公司 2024 年第二季度如何申报缴纳增值税？

【分析】 甲公司 2024 年第二季度（4—6 月）差额后合计销售额＝10+20−12+200＝218（万元），超过 30 万元，但是扣除 200 万元不动产销售额后的销售额＝10+20−12＝18（万元），不超过 30 万元，可以享受小规模纳税人免税政策。同时，纳税人销售不动产 200 万元应依法纳税。

3. 假设丙企业为小规模纳税人，在 2024 年第四季度提供加工劳务，取得含税销售收入 103 万元。丙企业 2024 年第四季度应缴纳的增值税如何计算？

【分析】 如果没有优惠政策，应纳税额＝103÷（1+3%）×3%＝3（万元）。根据优惠政策，丙企业可减按 1% 征收率缴纳增值税，此时，应纳税额＝103÷（1+1%）×1%＝1.02（万元）。通过征收率优惠，丙企业节省了 1.98 万元的增值税税款。

五、增值税减免税的适用与放弃

（一）政策规定

1. 根据《增值税暂行条例实施细则》第三十六条的规定，纳税人销售货物或者应税劳务适用免税规定的，可以放弃免税，依照条例的规定缴纳增值税。放弃免税后，36 个月内不得再申请免税。

2. 根据《财政部 国家税务总局关于全面推开营业税改征增值税试点的通知》（财税〔2016〕36 号）附件 1《营业税改征增值税试点实施办法》第四十八条的规定，纳税人发生应税行为适用免税、减税规定的，可以放弃免税、减税，依照该办法的规定缴纳增值税。放弃免税、减税后，36 个月内不得再申请免税、减税。

3. 根据《财政部 国家税务总局关于全面推开营业税改征增值税试点的通知》（财税〔2016〕36 号）附件 4《跨境应税行为适用增值税零税率和免

税政策的规定》第五条的规定，境内的单位和个人销售适用增值税零税率的服务或无形资产的，可以放弃适用增值税零税率，选择免税或按规定缴纳增值税。放弃适用增值税零税率后，36 个月内不得再申请适用增值税零税率。

4. 根据《财政部 国家税务总局关于增值税纳税人放弃免税权有关问题的通知》（财税〔2007〕127 号）第一条的规定，生产和销售免征增值税货物或劳务的纳税人要求放弃免税权，应当以书面形式提交放弃免税权声明，报主管税务机关备案。纳税人自提交备案资料的次月起，按照现行有关规定计算缴纳增值税。

根据该通知第二条的规定，放弃免税权的纳税人符合一般纳税人认定条件尚未认定为增值税一般纳税人的，应当按现行规定认定为增值税一般纳税人，其销售的货物或劳务可开具增值税专用发票。

根据该通知第三条的规定，纳税人一经放弃免税权，其生产销售的全部增值税应税货物或劳务均应按照适用税率征税，不得选择某一免税项目放弃免税权，也不得根据不同的销售对象选择部分货物或劳务放弃免税权。

5. 根据《国家税务总局关于明确二手车经销等若干增值税征管问题的公告》（国家税务总局公告 2020 年第 9 号）第五条的规定，自 2020 年 5 月 1 日起，一般纳税人可以在增值税免税、减税项目执行期限内，按照纳税申报期选择实际享受该项增值税免税、减税政策的起始时间。

一般纳税人在享受增值税免税、减税政策后，按照《财政部 国家税务总局关于全面推开营业税改征增值税试点的通知》（财税〔2016〕36 号）附件 1《营业税改征增值税试点实施办法》第四十八条的有关规定，要求放弃免税、减税权的，应当以书面形式提交纳税人放弃免（减）税权声明，报主管税务机关备案。一般纳税人自提交备案资料的次月起，按照规定计算缴纳增值税。

（二）政策解读

1. 增值税一般纳税人不得选择某一免税项目放弃免税权，也不得根据不同的销售对象选择部分货物或劳务放弃免税权。但是小规模纳税人可以。

2. 增值税一般纳税人可以在增值税免税、减税项目执行期限内，按照纳税申报期选择实际享受该项增值税免税、减税政策的起始时间。一旦享受，再放弃的，36 个月内不得再申请免税、减税。

3. 如果纳税人兼营免税、减税项目与应税项目，应当分别核算免税、减税项目的销售额。未分别核算销售额的，不得享受免税、减税优惠。

4. 纳税人在享受减免税期间，要确保自身的经营活动符合相关法律法规和税收政策的要求，否则可能会被取消减免税资格。

（三）案例分析

1. 甲公司是一家从事软件技术开发的企业，其提供的技术转让服务按照规定可以享受免征增值税的政策。但考虑到客户大多为增值税一般纳税人，需要增值税专用发票进行进项税额抵扣，为了获得更多的业务合作机会，甲公司决定放弃免税权。假设甲公司技术转让服务月销售额为 100 万元，适用的增值税税率 6%。甲公司应如何缴纳增值税？

【分析】 甲公司以书面形式提交放弃免（减）税权声明，报主管税务机关备案；并对所有技术转让服务按照现行有关规定计算缴纳增值税。

原本免税时无须缴纳增值税。放弃免税权后，每月需要缴纳增值税 = 100÷（1+6%）×6% = 5.66（万元）。并且，在 36 个月内，甲公司不得再申请免税，这期间公司所有的应税销售行为都要按照规定缴税。

2. 乙企业有一台使用过的生产设备准备出售，假设设备销售价格为 103 万元，该设备适用简易计税方法依照 3%征收率减按 2%征收增值税政策。乙企业考虑到购买方希望能够取得增值税专用发票进行足额的进项税额抵扣，以降低其采购成本，乙公司决定放弃减税权。乙企业应缴纳的增值税如何计算？

【分析】 乙企业可以放弃减税，按照简易计税方法依照 3%征收率缴纳增值税，并开具增值税专用发票。若按照减按 2%缴纳增值税，应纳税额 = 103÷（1+3%）×2% = 2（万元）；若放弃减税，应纳税额 = 103÷（1+3%）×3% = 3（万元）。虽然纳税额有所增加，但企业可以开具增值税专用发票，这可能会使设备的销售价格更具吸引力，加快设备的销售速度，从整体商业角度看可能对企业更有利。

六、即征即退、先征后退与先征后返的比较

（一）政策规定

1. 根据《财政部 国家税务总局关于软件产品增值税政策的通知》（财税〔2011〕100号）、《财政部 税务总局关于调整增值税税率的通知》（财税〔2018〕32号）和《财政部 税务总局 海关总署关于深化增值税改革有关政策的公告》（财政部 税务总局 海关总署公告2019年第39号）的规定，增值税一般纳税人销售其自行开发生产的软件产品或将进口软件产品进行本地化改造后对外销售，按13%税率征收增值税后，对其增值税实际税负超过3%的部分实行即征即退政策。

2. 根据《财政部 国家税务总局关于促进残疾人就业增值税优惠政策的通知》（财税〔2016〕52号）规定，自2016年5月1日起，对安置残疾人的单位和个体工商户，实行由税务机关按纳税人安置残疾人的人数，限额即征即退增值税的办法。

安置的每位残疾人每月可退还的增值税具体限额，由县级以上税务机关根据纳税人所在区县（含县级市、旗，下同）适用的经省（含自治区、直辖市、计划单列市）人民政府批准的月最低工资标准的4倍确定。

3. 根据《财政部 税务总局关于完善资源综合利用增值税政策的公告》（财政部 税务总局公告2021年第40号）的规定，增值税一般纳税人销售自产的资源综合利用产品和提供资源综合利用劳务，可享受增值税即征即退政策。综合利用的资源名称、综合利用产品和劳务名称、技术标准和相关条件、退税比例等按照公告所附《资源综合利用产品和劳务增值税优惠目录（2022年版）》相关规定执行。

4. 根据《财政部 税务总局关于延续宣传文化增值税优惠政策的公告》（财政部 税务总局公告2021年第10号）的规定，自2021年1月1日至2023年12月31日，对不同类别出版物在出版环节分别执行增值税先征后退100%、50%的政策，并对少数民族文字出版物的印刷或制作业务、列入该公告附件3的新疆维吾尔自治区印刷企业的印刷业务执行增值税先征后退

100%政策。

5. 根据《财政部 国家税务总局关于核电行业税收政策有关问题的通知》（财税〔2008〕38号）的规定，核力发电企业生产销售电力产品，自核电机组正式商业投产次月起15个年度内，统一实行增值税先征后退政策，返还比例分三个阶段逐级递减。

6. 根据《财政部 国家计委 国家经贸委 外经贸部 海关总署 国家税务总局关于调整部分进口税收优惠政策的通知》（财税〔2002〕146号）的规定，自2002年10月1日起，对产品全部直接出口的允许类外商投资项目新批准的进口设备，一律照章征收进口关税和进口增值税。自项目投产之日起5年核查，每年返还已纳税额的20%，5年内返还全部进口设备所征税款。

7. 根据《财政部 海关总署 税务总局关于“十四五”期间能源资源勘探开发利用进口税收政策的通知》（财关税〔2021〕17号）第四条的规定，对经国家发展改革委核（批）准建设的跨境天然气管道和进口液化天然气接收储运装置项目，以及经省级政府核准的进口液化天然气接收储运装置扩建项目进口的天然气（包括管道天然气和液化天然气），按一定比例返还进口环节增值税。

（二）政策解读

1. 增值税即征即退、先征后退与先征后返都是增值税的退税优惠方式。

2. 增值税先征后退是指按税法规定缴纳的税款，由税务机关征收入库后，再由税务机关按规定的程序给予部分或全部退税的一种税收优惠。在操作上和即征即退类似，也是先缴税再申请退税，但退税的时间相对即征即退会晚一些。

即征即退是指税务机关在征收增值税时，将应征的税款征收入库后，立即将部分或全部税款退还给纳税人。

先征后返是指税务机关正常将增值税征收入库，然后由财政机关按税收政策规定审核并返还企业所缴入库的增值税，返还机关为财政机关。即先由税务机关征税，之后财政部门根据规定进行返还。

3. 三者的退税主体与审批机构不同。

即征即退、先征后退的退税主体都是税务机关，企业向税务机关提出退税申请并由税务机关审批退税。

先征后返的退税主体是财政机关，税务机关负责征税，财政机关负责审核并返还税款。

4. 三者的退税时间不同。

即征即退的退税速度最快，企业缴纳税款后能较快地获得退税资金，有利于企业的资金周转。

先征后退的退税时间相对即征即退会有一定的延迟，但整体上仍然是在税务机关的管理和操作下进行退税，时间上相对可控。

先征后返由于涉及财政机关的审核和返还流程，通常退税时间会比前两者更长，特别是在一些财政状况不佳的地区，可能存在税款返还滞后的情况。

5. 三者的政策稳定性与适用范围不同。

政策稳定性方面，三种方式都是国家为了鼓励特定行业或企业发展而制定的税收优惠政策，但在稳定性方面可能会有所不同。即征即退和先征后退通常针对一些具有明确政策导向和长期发展需求的行业，政策稳定性相对较高；先征后返可能会根据财政状况和政策调整而有所变化。

适用范围方面，即征即退的适用范围相对较窄，主要集中在一些高新技术产业、节能环保产业等，如软件产品、资源综合利用产品等；先征后退的适用范围主要是一些特定的出口业务以及部分国内的特定行业；先征后返的适用范围也有一定的针对性，例如部分出版物、民贸企业、监狱劳教企业等。

6. 三者的会计处理与财务影响不同。

会计处理方面，即征即退和先征后退在会计处理上相对较为简单，企业在收到退税款时直接冲减“应交增值税”科目；先征后返由于涉及财政机关的返还，可能在会计处理上需要更多的凭证和审批文件。

财务影响方面，三种方式都能减轻企业的税收负担，增加企业的现金流。但即征即退由于退税速度快，对企业的资金压力缓解效果最为明显；先征后退和先征后返的财务影响相对较为滞后，企业需要在一定时间后才能获得退税款。

7. 即征即退、先征后返（退）是在增值税正常缴纳之后的退库，并不影响增值税计算抵扣链条的完整性，可以按规定开具增值税专用发票，正常计算销项税额，购买方也可以按规定抵扣对应的进项税额。

8. 除有特殊规定外，收到即征即退、先征后返（退）的增值税税额应按规定并入当期损益，申报缴纳企业所得税。

9. 纳税人已取得留抵退税款的，不得再申请享受增值税即征即退、先征后返（退）政策。纳税人可以一次性将已取得的留抵退税款全部缴回，再按规定申请享受增值税即征即退、先征后返（退）政策。

10. 纳税人既有增值税即征即退、先征后退项目，也有出口等其他增值税应税项目的，增值税即征即退和先征后退项目不参与出口项目免抵退税计算。纳税人应分别核算增值税即征即退、先征后退项目和出口等其他增值税应税项目，分别申请享受增值税即征即退、先征后退和免抵（退）税政策。

（三）案例分析

1. 甲软件企业，在2024年销售自主研发的软件产品，取得不含税销售额1000万元，当期可抵扣的进项税额为50万元。根据软件产品增值税政策，增值税一般纳税人销售其自行开发生产的软件产品，按13%税率征收增值税后，对其增值税实际税负超过3%的部分实行即征即退。那么，甲软件企业可申请的退税额是多少？该退税额对企业有何影响？

【分析】（1）计算可退税额。

首先计算当期应纳税额：应纳税额=当期销项税额－当期进项税额=1000×13%－50=80（万元）。

然后计算税负率：税负率=应纳税额÷销售额=80÷1000×100%=8%。

最后确定退税额：因为实际税负8%超过3%，所以退税额=（8%－3%）×1000=50（万元）。

（2）财务影响和优势分析。甲软件企业在缴纳增值税后很快就能收到50万元的退税款，这对于企业的资金周转非常有利。从会计处理角度，收到退税款时可以直接冲减“应交增值税”科目。在资金的利用上，企业可以将这笔资金用于软件研发的再投入，如招聘更多的技术人员、购买先进的研发设备等，促进软件产品的升级和创新，提高企业的市场竞争力。

2. 乙出版社出版了一批专为少年儿童出版发行的期刊。在 2024 年，该批期刊的不含税销售额为 500 万元，进项税额为 30 万元。该出版社可退税额是多少？申请退税对其有何财务影响？

【分析】（1）计算当期应纳税额：应纳税额＝当期销项税额－当期进项税额＝500×9%－30＝15（万元）。这里增值税税率按一般出版物的 9%计算（图书、报纸、期刊等出版物通常适用 9%的增值税税率）。

根据规定，该出版社出版的这批专为少年儿童出版发行的期刊属于执行增值税 100%先征后退的范围，所以可以申请退还全部已缴纳的增值税 15 万元。

（2）财务影响：对于该出版社来说，先征后退政策使企业的资金压力得到了缓解。原本缴纳的 15 万元增值税款被退回，这部分资金可以用于期刊的进一步编辑、发行，或者投入新的少年儿童读物的创作中，有助于企业扩大业务规模和提升产品质量。

3. 国内丙机械制造企业计划开发、制造大型、精密、高速数控设备。为了达到高质量的生产标准，企业需要进口部分关键零部件，这些零部件的进口关税和进口环节增值税是一笔不小的开支。那么，丙机械制造企业可以享受什么优惠政策，从而减轻零部件进口环节税收负担呢？

【分析】政策依据及执行方面，根据相关政策，对国内企业为开发、制造此类设备而进口部分关键零部件所缴纳的进口关税和进口环节增值税实行先征后退。因此，丙机械制造企业的进口关税和进口环节增值税可以享受先征后退的优惠政策。所退税款作为国家投资处理，转为国家资本金，主要用于企业新产品的研制生产以及自主创新能力建设。该企业按照正常的进口流程缴纳了相关税款，之后可以申请先征后退。

对于企业来说，先征后退政策大大降低了企业进口关键零部件的成本。原本缴纳的税款退还后，企业有更多的资金可以投入研发和生产中，加快新产品的开发速度，提高企业在高端数控设备制造领域的竞争力。同时，这也有助于推动国内高端装备制造业的发展，减少对国外高端设备的依赖。

第四节　增值税的销售额

一、视同销售的增值税销售额

（一）政策规定

根据《增值税暂行条例实施细则》第十六条的规定，纳税人有《增值税暂行条例》第七条所称价格明显偏低并无正当理由或者有该实施细则第四条所列视同销售货物行为而无销售额者，按下列顺序确定销售额：

（1）按纳税人最近时期同类货物的平均销售价格确定；

（2）按其他纳税人最近时期同类货物的平均销售价格确定；

（3）按组成计税价格确定。组成计税价格的公式为：

组成计税价格=成本×（1+成本利润率）

属于应征消费税的货物，其组成计税价格中应加计消费税税额。

公式中的成本是指：销售自产货物的为实际生产成本，销售外购货物的为实际采购成本。公式中的成本利润率由国家税务总局确定。

（二）政策解读

1. 货物成本利润率一般为10%。

2. 属于应征消费税的货物，其组成计税价格中应加入消费税税额，成本利润率按消费税政策规定确定。

组成计税价格=成本×（1+成本利润率）+消费税

3. 需要清晰界定哪些业务属于视同销售范畴。这要求对税收法规有深入的理解，因为视同销售的情况较为复杂，涉及多种业务场景。

（三）案例分析

1. 甲企业是增值税一般纳税人，2023年9月研制出一种新型普通化妆品，为了进行市场推广和宣传，无偿赠送100件给消费者试用。该化妆品无同类产品市场价，生产成本500元/件，成本利润率为10%。该企业2023年

9月增值税销售额是多少?

【分析】发生视同销售货物行为而无销售额者，按组成计税价格确定销售额。甲企业2023年9月增值税销售额 = 100×500×（1+10%）= 55000（元）。

2. 化妆品生产企业乙（一般纳税人）将自产的一批化妆品用于投资。该化妆品无同类产品市场价，成本为每盒100元，成本利润率为10%，数量为200盒。该化妆品消费税税率为15%。该批化妆品应确认的增值税销项税额是多少?

【分析】化妆品的组成计税价格 = 100×（1+10%）÷（1-15%）×200 = 25882.35（元）

增值税销项税额 = 25882.35×13% = 3364.71（元）

二、差额征收的增值税销售额

（一）政策规定

1. 根据《财政部 国家税务总局关于全面推开营业税改征增值税试点的通知》（财税〔2016〕36号）附件2《营业税改征增值税试点有关事项的规定》第一条第三项的规定，金融商品转让按照卖出价扣除买入价后的余额为销售额。

转让金融商品出现的正负差，按盈亏相抵后的余额为销售额。若相抵后出现负差，可结转下一纳税期与下期转让金融商品销售额相抵，但年末时仍出现负差的，不得转入下一个会计年度。金融商品的买入价，可以选择按照加权平均法或者移动加权平均法进行核算，选择后36个月内不得变更。金融商品转让，不得开具增值税专用发票。

2. 根据该规定第一条第三项第4目的规定，经纪代理服务以取得的全部价款和价外费用，扣除向委托方收取并代为支付的政府性基金或者行政事业性收费后的余额为销售额。向委托方收取的政府性基金或者行政事业性收费，不得开具增值税专用发票。

3. 根据该规定第一条第三项第5目的规定，经人民银行、银监会或者商务部批准从事融资租赁业务的试点纳税人，提供融资租赁服务，以取得的全部价款和价外费用，扣除支付的借款利息（包括外汇借款和人民币借款利息）、发行债券利息和车辆购置税后的余额为销售额。

经人民银行、银监会或者商务部批准从事融资租赁业务的试点纳税人，提供融资性售后回租服务，以取得的全部价款和价外费用（不含本金），扣除对外支付的借款利息（包括外汇借款和人民币借款利息）、发行债券利息后的余额作为销售额。

试点纳税人根据2016年4月30日前签订的有形动产融资性售后回租合同，在合同到期前提供的有形动产融资性售后回租服务，可继续按照有形动产融资租赁服务缴纳增值税。

继续按照有形动产融资租赁服务缴纳增值税的试点纳税人，经人民银行、银监会或者商务部批准从事融资租赁业务的，根据2016年4月30日前签订的有形动产融资性售后回租合同，在合同到期前提供的有形动产融资性售后回租服务，可以选择以下方法之一计算销售额：

①以向承租方收取的全部价款和价外费用，扣除向承租方收取的价款本金，以及对外支付的借款利息（包括外汇借款和人民币借款利息）、发行债券利息后的余额为销售额。

纳税人提供有形动产融资性售后回租服务，计算当期销售额时可以扣除的价款本金，为书面合同约定的当期应当收取的本金。无书面合同或者书面合同没有约定的，为当期实际收取的本金。

试点纳税人提供有形动产融资性售后回租服务，向承租方收取的有形动产价款本金，不得开具增值税专用发票，可以开具普通发票。

②以向承租方收取的全部价款和价外费用，扣除支付的借款利息（包括外汇借款和人民币借款利息）、发行债券利息后的余额为销售额。

4. 根据该规定第一条第三项第7目的规定，一般纳税人提供客运场站服务，以其取得的全部价款和价外费用，扣除支付给承运方运费后的余额为销售额。

5. 根据该规定第一条第三项第8目的规定，试点纳税人提供旅游服务，可以选择以取得的全部价款和价外费用，扣除向旅游服务购买方收取并支付给其他单位或者个人的住宿费、餐饮费、交通费、签证费、门票费和支付给其他接团旅游企业的旅游费用后的余额为销售额。

选择上述办法计算销售额的试点纳税人，向旅游服务购买方收取并支付的上述费用，不得开具增值税专用发票，可以开具普通发票。

6. 根据该规定第一条第三项第 10 目的规定，房地产开发企业中的一般纳税人销售其开发的房地产项目（选择简易计税方法的房地产老项目除外），以取得的全部价款和价外费用，扣除受让土地时向政府部门支付的土地价款后的余额为销售额。

7. 根据《财政部 国家税务总局关于进一步明确全面推开营改增试点有关劳务派遣服务、收费公路通行费抵扣等政策的通知》（财税〔2016〕47 号）第三条第二项规定，纳税人转让 2016 年 4 月 30 日前取得的土地使用权，可以选择适用简易计税方法，以取得的全部价款和价外费用减去取得该土地使用权的原价后的余额为销售额，按照 5%的征收率计算缴纳增值税。

8. 根据《财政部 国家税务总局关于全面推开营业税改征增值税试点的通知》（财税〔2016〕36 号）附件 2《营业税改征增值税试点有关事项的规定》第一条第七项第 5 目和《国家税务总局关于进一步明确营改增有关征管问题的公告》（国家税务总局公告 2017 年第 11 号）第三条的规定，一般纳税人跨县（市）提供建筑服务，选择适用简易计税方法计税的，应以取得的全部价款和价外费用扣除支付的分包款后的余额为销售额，按照 3%的征收率计算应纳税额。纳税人应按照上述计税方法在建筑服务发生地预缴税款［纳税人在同一地级行政区范围内跨县（市、区）提供建筑服务的除外］后，向机构所在地主管税务机关进行纳税申报。

9. 根据《财政部 国家税务总局关于全面推开营业税改征增值税试点的通知》（财税〔2016〕36 号）附件 2《营业税改征增值税试点有关事项的规定》第一条第七项第 6 目和《国家税务总局关于进一步明确营改增有关征管问题的公告》（国家税务总局公告 2017 年第 11 号）第三条的规定，小规模纳税人跨县（市）提供建筑服务，应以取得的全部价款和价外费用扣除支付的分包款后的余额为销售额，按照 3%的征收率计算应纳税额。纳税人应按照上述计税方法在建筑服务发生地预缴税款［纳税人在同一地级行政区范围内跨县（市、区）提供建筑服务的除外］后，向机构所在地主管税务机关进行纳税申报。

10. 根据《财政部 国家税务总局关于全面推开营业税改征增值税试点的通知》（财税〔2016〕36号）附件2《营业税改征增值税试点有关事项的规定》第一条第八项第1目规定，一般纳税人销售其2016年4月30日前取得（不含自建）的不动产，可以选择适用简易计税方法，以取得的全部价款和价外费用减去该项不动产购置原价或者取得不动产时的作价后的余额为销售额，按照5%的征收率计算应纳税额。纳税人应按照上述计税方法在不动产所在地预缴税款后，向机构所在地主管税务机关进行纳税申报。

11. 根据《财政部 国家税务总局关于全面推开营业税改征增值税试点的通知》（财税〔2016〕36号）附件2《营业税改征增值税试点有关事项的规定》第一条第八项第5目规定，小规模纳税人销售其取得（不含自建）的不动产（不含个体工商户销售购买的住房和其他个人销售不动产），应以取得的全部价款和价外费用减去该项不动产购置原价或者取得不动产时的作价后的余额为销售额，按照5%的征收率计算应纳税额。纳税人应按照上述计税方法在不动产所在地预缴税款后，向机构所在地主管税务机关进行纳税申报。

12. 根据《财政部 国家税务总局关于全面推开营业税改征增值税试点的通知》（财税〔2016〕36号）附件2《营业税改征增值税试点有关事项的规定》第一条第八项第11目规定，其他个人销售其取得（不含自建）的不动产（不含其购买的住房），应以取得的全部价款和价外费用减去该项不动产购置原价或者取得不动产时的作价后的余额为销售额，按照5%的征收率计算应纳税额。

13. 根据《财政部 国家税务总局关于全面推开营业税改征增值税试点的通知》（财税〔2016〕36号）附件3《营业税改征增值税试点过渡政策的规定》第五条的规定，个人将购买不足2年的住房对外销售的，按照5%的征收率全额缴纳增值税；个人将购买2年以上（含2年）的住房对外销售的，免征增值税。上述政策适用于北京市、上海市、广州市和深圳市之外的地区。

个人将购买不足2年的住房对外销售的，按照5%的征收率全额缴纳增值税；个人将购买2年以上（含2年）的非普通住房对外销售的，以销售收入减去购买住房价款后的差额按照5%的征收率缴纳增值税；个人将购买2

年以上（含2年）的普通住房对外销售的，免征增值税。上述政策仅适用于北京市、上海市、广州市和深圳市。

14. 根据《财政部 国家税务总局关于全面推开营业税改征增值税试点的通知》（财税〔2016〕36号）附件2《营业税改征增值税试点有关事项的规定》第一条第三项第6目的规定，航空运输企业的销售额，不包括代收的机场建设费和代售其他航空运输企业客票而代收转付的价款。

15. 根据《财政部 国家税务总局关于进一步明确全面推开营改增试点有关劳务派遣服务、收费公路通行费抵扣等政策的通知》（财税〔2016〕47号）第一条的规定，一般纳税人提供劳务派遣服务，可以按照《财政部 国家税务总局关于全面推开营业税改征增值税试点的通知》（财税〔2016〕36号）的有关规定，以取得的全部价款和价外费用为销售额，按照一般计税方法计算缴纳增值税；也可以选择差额纳税，以取得的全部价款和价外费用，扣除代用工单位支付给劳务派遣员工的工资、福利和为其办理社会保险及住房公积金后的余额为销售额，按照简易计税方法依5%的征收率计算缴纳增值税。

小规模纳税人提供劳务派遣服务，可以按照《财政部 国家税务总局关于全面推开营业税改征增值税试点的通知》（财税〔2016〕36号）的有关规定，以取得的全部价款和价外费用为销售额，按照简易计税方法依3%的征收率计算缴纳增值税；也可以选择差额纳税，以取得的全部价款和价外费用，扣除代用工单位支付给劳务派遣员工的工资、福利和为其办理社会保险及住房公积金后的余额为销售额，按照简易计税方法依5%的征收率计算缴纳增值税。

选择差额纳税的纳税人，向用工单位收取用于支付给劳务派遣员工工资、福利和为其办理社会保险及住房公积金的费用，不得开具增值税专用发票，可以开具普通发票。

16. 根据《财政部 国家税务总局关于进一步明确全面推开营改增试点有关再保险 不动产租赁和非学历教育等政策的通知》（财税〔2016〕68号）第四条的规定，纳税人提供安全保护服务，比照劳务派遣服务政策执行。

17. 根据《财政部 国家税务总局关于进一步明确全面推开营改增试点有关劳务派遣服务、收费公路通行费抵扣等政策的通知》（财税〔2016〕47

号）第三条第一款规定，纳税人提供人力资源外包服务，按照经纪代理服务缴纳增值税，其销售额不包括受客户单位委托代为向客户单位员工发放的工资和代理缴纳的社会保险、住房公积金。向委托方收取并代为发放的工资和代理缴纳的社会保险、住房公积金，不得开具增值税专用发票，可以开具普通发票。

一般纳税人提供人力资源外包服务，可以选择适用简易计税方法，按照5%的征收率计算缴纳增值税。

18. 根据《国家税务总局关于物业管理服务中收取的自来水水费增值税问题的公告》（国家税务总局公告 2016 年第 54 号）的规定，提供物业管理服务的纳税人，向服务接受方收取的自来水水费，以扣除其对外支付的自来水水费后的余额为销售额，按照简易计税方法依 3%的征收率计算缴纳增值税。

19. 根据《国家税务总局关于在境外提供建筑服务等有关问题的公告》（国家税务总局公告 2016 年第 69 号）第七条的规定，自 2019 年 11 月 4 日起，纳税人提供签证代理服务，以取得的全部价款和价外费用，扣除向服务接受方收取并代为支付给外交部和外国驻华使（领）馆的签证费、认证费后的余额为销售额。向服务接受方收取并代为支付的签证费、认证费，不得开具增值税专用发票，可以开具增值税普通发票。

20. 根据《财政部 税务总局关于租入固定资产进项税额抵扣等增值税政策的通知》（财税〔2017〕90 号）第三条的规定，自 2018 年 1 月 1 日起，航空运输销售代理企业提供境外航段机票代理服务，以取得的全部价款和价外费用，扣除向客户收取并支付给其他单位或者个人的境外航段机票结算款和相关费用后的余额为销售额。其中，支付给境内单位或者个人的款项，以发票或行程单为合法有效凭证；支付给境外单位或者个人的款项，以签收单据为合法有效凭证，税务机关对签收单据有疑义的，可以要求其提供境外公证机构的确认证明。

航空运输销售代理企业，是指根据《航空运输销售代理资质认可办法》取得中国航空运输协会颁发的“航空运输销售代理业务资质认可证书”，接受中国航空运输企业或通航中国的外国航空运输企业委托，依照双方签订的委托销售代理合同提供代理服务的企业。

21. 根据《国家税务总局关于明确中外合作办学等若干增值税征管问题的公告》（国家税务总局公告 2018 年第 42 号）第二条的规定，自 2018 年 7 月 25 日起，航空运输销售代理企业提供境内机票代理服务，以取得的全部价款和价外费用，扣除向客户收取并支付给航空运输企业或其他航空运输销售代理企业的境内机票净结算款和相关费用后的余额为销售额。其中，支付给航空运输企业的款项，以国际航空运输协会（IATA）开账与结算计划（BSP）对账单或航空运输企业的签收单据为合法有效凭证；支付给其他航空运输销售代理企业的款项，以代理企业间的签收单据为合法有效凭证。航空运输销售代理企业就取得的全部价款和价外费用，向购买方开具行程单，或开具增值税普通发票。

22. 根据《国家税务总局关于在境外提供建筑服务等有关问题的公告》（国家税务总局公告 2016 年第 69 号）第六条的规定，自 2016 年 11 月 4 日起，境外单位通过教育部考试中心及其直属单位在境内开展考试，教育部考试中心及其直属单位应以取得的考试费收入扣除支付给境外单位考试费后的余额为销售额，按提供“教育辅助服务”缴纳增值税；就代为收取并支付给境外单位的考试费统一扣缴增值税。教育部考试中心及其直属单位代为收取并支付给境外单位的考试费，不得开具增值税专用发票，可以开具增值税普通发票。

23. 根据《财政部 税务总局关于继续实施银行业金融机构、金融资产管理公司不良债权以物抵债有关税收政策的公告》（财政部 税务总局公告 2023 年第 35 号）规定，自 2023 年 8 月 1 日至 2027 年 12 月 31 日，银行业金融机构、金融资产管理公司中的增值税一般纳税人处置抵债不动产，可选择以取得的全部价款和价外费用扣除取得该抵债不动产时的作价为销售额，适用 9%税率计算缴纳增值税。

按照上述规定从全部价款和价外费用中扣除抵债不动产的作价，应当取得人民法院、仲裁机构生效的法律文书。

选择上述办法计算销售额的银行业金融机构、金融资产管理公司，接收抵债不动产取得增值税专用发票的，其进项税额不得从销项税额中抵扣；处置抵债不动产时，抵债不动产作价的部分不得向购买方开具增值税专用发票。

24. 根据《国家税务总局关于在境外提供建筑服务等有关问题的公告》(国家税务总局公告 2016 年第 69 号) 第八条的规定，自 2016 年 11 月 4 日起，纳税人代理进口按规定免征进口增值税的货物，其销售额不包括向委托方收取并代为支付的货款。向委托方收取并代为支付的款项，不得开具增值税专用发票，可以开具增值税普通发票。

25. 根据《国家税务总局关于明确二手车经销等若干增值税征管问题的公告》(国家税务总局公告 2020 年第 9 号) 第三条的规定，自 2020 年 5 月 1 日起，拍卖行受托拍卖文物艺术品，委托方按规定享受免征增值税政策的，拍卖行可以自己名义就代为收取的货物价款向购买方开具增值税普通发票，对应的货物价款不计入拍卖行的增值税应税收入。

(二) 政策解读

1. 差额征税按照差额后的销售额计算缴纳增值税。

2. 差额征税项目除文件明确规定不得开具增值税专用发票的外，都可以全额开具专用发票。

3. 企业需要保留合法有效的扣除凭证。以建筑服务为例，扣除支付的分包款时，应以分包方开具的发票作为合法有效扣除凭证。如果没有取得符合规定的凭证，相应的扣除金额可能不被税务机关认可，从而导致多缴纳增值税。

4. 企业在计算差额征收增值税项目的销售额时，要特别注意含税与不含税金额的转换。因为取得的价款和支付的扣除项目可能都是含税的，在计算销售额时需要将其换算为不含税金额。

5. 企业应设置专门的会计科目来核算差额征税业务。例如，对于一般纳税人采用简易计税方法的差额征税项目，应在“应交税费——简易计税”科目下设置“计提”“扣减”“预缴”“缴纳”等明细科目进行核算。这样有助于清晰地记录和反映差额征税的过程和结果。

6. 在进行增值税纳税申报时，企业需要在相应的申报表格中准确填写差额征税的相关信息。

（三）案例分析

甲旅游公司为增值税一般纳税人，2024 年 11 月取得旅游费收入共计 300 万元，并向境外旅游公司支付境外旅游费 20 万元，向境内其他单位支付旅游交通费 5 万元、住宿费 10 万元、门票费 12 万元、签证费 1 万元，支付本公司导游餐饮住宿费共计 1 万元。旅游公司选择按照扣除支付给其他单位相关费用后的余额确认计税销售额，并开具普通发票（以上金额均含税）。甲公司 2024 年 11 月应计提多少销项税额？

【分析】 旅游服务可以选择以取得的全部价款和价外费用，扣除向旅游服务购买方收取并支付给其他单位或者个人的住宿费、餐饮费、交通费、签证费、门票费和支付给其他接团旅游企业的旅游费用后的余额为销售额。因此，甲公司除支付本公司导游餐饮住宿费外的其他费用，均可以差额扣除。

因此，甲旅游公司 2024 年 11 月应确认销项税额 =（300−20−5−10−12−1）÷（1+6%）×6% = 14.26（万元）。

第五节　一般计税方法与简易计税方法

一、混合销售的增值税计算

（一）政策规定

1. 根据《增值税暂行条例实施细则》第五条的规定，一项销售行为如果既涉及货物又涉及非增值税应税劳务，为混合销售行为。

2. 根据《财政部 国家税务总局关于全面推开营业税改征增值税试点的通知》（财税〔2016〕36 号）附件 1《营业税改征增值税试点实施办法》第四十条的规定，一项销售行为如果既涉及服务又涉及货物，为混合销售。从事货物的生产、批发或者零售的单位和个体工商户的混合销售行为，按照销售货物缴纳增值税；其他单位和个体工商户的混合销售行为，按照销售服务缴纳增值税。

所称从事货物的生产、批发或者零售的单位和个体工商户，包括以从事货物的生产、批发或一项销售行为如果既涉及服务又涉及货物者零售为主，并兼营销售服务的单位和个体工商户在内。

3. 根据《国家税务总局关于进一步明确营改增有关征管问题的公告》（国家税务总局公告 2017 年第 11 号）第一条的规定，纳税人销售活动板房、机器设备、钢结构件等自产货物的同时提供建筑、安装服务，不属于《财政部 国家税务总局关于全面推开营业税改征增值税试点的通知》（财税〔2016〕36 号）附件 1《营业税改征增值税试点实施办法》第四十条的规定的混合销售，应分别核算货物和建筑服务的销售额，分别适用不同的税率或者征收率。

4. 根据《国家税务总局关于明确中外合作办学等若干增值税征管问题的公告》（国家税务总局公告 2018 年第 42 号）第六条的规定，自 2018 年 7 月 25 日起，一般纳税人销售自产机器设备的同时提供安装服务，应分别核算机器设备和安装服务的销售额，安装服务可以按照甲供工程选择适用简易计税方法计税。

一般纳税人销售外购机器设备的同时提供安装服务，如果已经按照兼营的有关规定，分别核算机器设备和安装服务的销售额，安装服务可以按照甲供工程选择适用简易计税方法计税。

纳税人对安装运行后的机器设备提供的维护保养服务，按照“其他现代服务”缴纳增值税。

（二）政策解读

1. 混合销售是指一项销售行为既涉及服务又涉及货物，这种情况按照主营业务确定适用税率。

2. 判断一项销售行为是否属于混合销售，关键在于该行为是否是一项不可分割的业务，且销售货物与提供服务之间是否存在紧密的关联。例如，销售空调并提供安装服务，这就是典型的混合销售行为。如果销售行为是分别核算、独立开展的，就不属于混合销售。

3. 从事货物的生产、批发或者零售的单位和个体工商户的混合销售行为，按照销售货物缴纳增值税；其他单位和个体工商户的混合销售行为，按照销售服务缴纳增值税。

4. 对于建筑企业提供建筑服务同时销售自产货物的情况，不属于混合销售，应当分别核算货物和建筑服务的销售额，分别适用不同的税率或者征收率计算增值税。

5. 企业在签订合同时，应该明确销售货物和提供服务的内容以及价格，避免因合同条款模糊导致税务计算错误。同时，企业要根据自身业务实际情况合理安排销售和服务的组合，考虑税务成本的优化。

（三）案例分析

1. 甲公司是空调生产企业。2024 年 5 月 1 日，甲公司卖给乙公司空调一台，同时免费为乙公司提供安装服务，共计收取价款 11300 元。甲公司增值税应该如何核算？

【分析】（1）甲公司销售的空调不属于机器设备，其销售空调同时提供安装服务，属于一项销售行为，既涉及货物又涉及服务，应按照混合销售的规定计算应缴纳的增值税。

（2）甲公司主营业务是生产销售空调，所以混合销售应适用 13% 的增值税税率。

（3）甲公司该项销售应计的销项税额 = 11300÷（1+13%）×13% = 1300（元）

2. 乙公司是一家专业的培训机构（一般纳税人）。2024 年 11 月，乙公司与丁公司签订培训合同，为丁公司员工提供为期一个月的专业技能培训，合同总价（含税）为 106 万元，其中包括培训期间使用的教材费用。乙公司主要业务是提供培训服务。乙公司增值税应如何处理？

【分析】（1）增值税计算过程：

该业务属于混合销售，且乙公司是以提供服务为主的企业，所以应按照销售服务缴纳增值税。培训服务适用的增值税税率为 6%。

不含税销售额 = 106÷（1+6%）= 100（万元）

增值税销项税额 = 不含税销售额×税率 = 100×6% = 6（万元）

（2）发票开具：

乙公司应按培训服务全额开具增值税发票，发票上注明培训服务销售额

100 万元，税额 6 万元。教材费用不再单独开具发票，因为已包含在培训服务的销售额中一并计税。

二、不得抵扣进项税额的相关规定

（一）政策规定

1. 根据《财政部 国家税务总局关于全面推开营业税改征增值税试点的通知》（财税〔2016〕36 号）附件 1《营业税改征增值税试点实施办法》第二十六条的规定，纳税人取得的增值税扣税凭证不符合法律、行政法规或者国家税务总局有关规定的，其进项税额不得从销项税额中抵扣。

增值税扣税凭证，是指增值税专用发票、海关进口增值税专用缴款书、农产品收购发票、农产品销售发票和完税凭证。

纳税人凭完税凭证抵扣进项税额的，应当具备书面合同、付款证明和境外单位的对账单或者发票。资料不全的，其进项税额不得从销项税额中抵扣。

2. 根据该办法第二十七条的规定，下列项目的进项税额不得从销项税额中抵扣：

（1）用于简易计税方法计税项目、免征增值税项目、集体福利或者个人消费的购进货物、加工修理修配劳务、服务、无形资产和不动产。其中涉及的固定资产、无形资产、不动产，仅指专用于上述项目的固定资产、无形资产（不包括其他权益性无形资产）、不动产。纳税人的交际应酬消费属于个人消费。

（2）非正常损失的购进货物，以及相关的加工修理修配劳务和交通运输服务。

（3）非正常损失的在产品、产成品所耗用的购进货物（不包括固定资产）、加工修理修配劳务和交通运输服务。

（4）非正常损失的不动产，以及该不动产所耗用的购进货物、设计服务和建筑服务。

（5）非正常损失的不动产在建工程所耗用的购进货物、设计服务和建筑服务。

纳税人新建、改建、扩建、修缮、装饰不动产，均属于不动产在建工程。

（6）购进的贷款服务、餐饮服务、居民日常服务和娱乐服务。［根据《财政部 税务总局 海关总署关于深化增值税改革有关政策的公告》（财政部 税务总局 海关总署公告2019年第39号）规定，《财政部 国家税务总局关于全面推开营业税改征增值税试点的通知》（财税〔2016〕36号）附件1《营业税改征增值税试点实施办法》第二十七条第六项中“购进的旅客运输服务、贷款服务、餐饮服务、居民日常服务和娱乐服务”修改为“购进的贷款服务、餐饮服务、居民日常服务和娱乐服务”。］

（7）财政部和国家税务总局规定的其他情形。

以上第（4）项、第（5）项所称货物，是指构成不动产实体的材料和设备，包括建筑装饰材料和给排水、采暖、卫生、通风、照明、通信、煤气、消防、中央空调、电梯、电气、智能化楼宇设备及配套设施。

3. 根据该办法第二十八条的规定，不动产、无形资产的具体范围，按照《财政部 国家税务总局关于全面推开营业税改征增值税试点的通知》（财税〔2016〕36号）附件1《营业税改征增值税试点实施办法》所附《销售服务、无形资产、不动产注释》执行。

固定资产，是指使用期限超过12个月的机器、机械、运输工具以及其他与生产经营有关的设备、工具、器具等有形动产。

非正常损失，是指因管理不善造成货物被盗、丢失、霉烂变质，以及因违反法律法规造成货物或者不动产被依法没收、销毁、拆除的情形。

4. 根据该办法第二十九条的规定，适用一般计税方法的纳税人，兼营简易计税方法计税项目、免征增值税项目而无法划分不得抵扣的进项税额，按照下列公式计算不得抵扣的进项税额：

$$\text{不得抵扣的进项税额}=\text{当期无法划分的全部进项税额}\times\left(\text{当期简易计税方法计税项目销售额}+\text{免征增值税项目销售额}\right)\div\text{当期全部销售额}$$

主管税务机关可以按照上述公式依据年度数据对不得抵扣的进项税额进行清算。

5. 根据该办法第三十条的规定，已抵扣进项税额的购进货物（不含固定资产）、劳务、服务，发生《财政部 国家税务总局关于全面推开营业税改征增值税试点的通知》（财税〔2016〕36号）附件1《营业税改征增值税试点实施办法》第二十七条规定进项税额不得从销项税额中抵扣情形［前文第2点所列（1）－（7）的七种情形］（简易计税方法计税项目、免征增值税项目除外）的，应当将该进项税额从当期进项税额中扣减；无法确定该进项税额的，按照当期实际成本计算应扣减的进项税额。

6. 根据该办法第三十一条的规定，已抵扣进项税额的固定资产、无形资产或者不动产，发生该办法第二十七条规定情形的［前文第2点所列（1）－（7）的七种情形］，按照下列公式计算不得抵扣的进项税额：

不得抵扣的进项税额＝固定资产、无形资产或者不动产净值×适用税率

固定资产、无形资产或者不动产净值，是指纳税人根据财务会计制度计提折旧或摊销后的余额。

7. 根据该办法第三十二条的规定，纳税人适用一般计税方法计税的，因销售折让、中止或者退回而退还给购买方的增值税税额，应当从当期的销项税额中扣减；因销售折让、中止或者退回而收回的增值税税额，应当从当期的进项税额中扣减。

8. 根据该办法第三十三条的规定，有下列情形之一者，应当按照销售额和增值税税率计算应纳税额，不得抵扣进项税额，也不得使用增值税专用发票：

（1）一般纳税人会计核算不健全，或者不能够提供准确税务资料的。

（2）应当办理一般纳税人资格登记而未办理的。

9. 根据《财政部 国家税务总局关于全面推开营业税改征增值税试点的通知》（财税〔2016〕36号）附件2《营业税改征增值税试点有关事项的规定》第一条第四项第3目的规定，纳税人接受贷款服务向贷款方支付的与该笔贷款直接相关的投融资顾问费、手续费、咨询费等费用，其进项税额不得从销项税额中抵扣。

10. 根据《增值税暂行条例实施细则》第二十五条的规定，纳税人自用的应征消费税的摩托车、汽车、游艇，其进项税额不得从销项税额中抵扣。

（二）政策解读

1. 购入时即不予抵扣进项税额的，进项税额直接计入购货的成本。购

入时可以抵扣进项税额，已抵扣后改变用途、发生非正常损失、出口不得免征和抵扣进项税额的，作进项税额转出处理。

2. 一般纳税人会计核算不健全，或者不能够提供准确税务资料的，不得抵扣进项税额，也不得使用增值税专用发票。

3. 纳税人自办理税务登记至认定或登记为一般纳税人期间，未取得生产经营收入，未按照销售额和征收率简易计算应纳税额申报缴纳增值税的，其在此期间取得的增值税扣税凭证，可以在认定或登记为一般纳税人后抵扣进项税额。

（三）案例分析

1. 甲生产企业为增值税一般纳税人，2021 年 4 月因违反法律规定部分货物被依法没收。该货物购进时已抵扣进项税额，账面成本为 309 万元（其中含一般纳税人提供的运输服务成本 9 万元），货物适用税率 13%。该批货物应转出进项税额多少万元？

【分析】非正常损失的产成品所耗用的购进货物和交通运输服务应作进项税额转出处理。因为目前只显示账面成本，所以需要先做还原处理。

（1）还原购进货物已经抵扣的进项税额=（309−9）×13%=39（万元）

（2）还原购进运输服务已经抵扣的进项税额=9×9%=0.81（万元）

（3）该批货物应转出进项税额=39+0.81=39.81（万元）

2. 乙企业为一般纳税人，在丙酒店招待客户用餐，消费金额为 2 万元。酒店开具了增值税专用发票，注明增值税税额 0.12 万元。乙企业可抵扣的进项税额为多少元？

【分析】因为这属于餐饮服务用于交际应酬消费（个人消费），所以进项税额 0.12 万元不得抵扣。

三、增值税留抵退税政策

（一）政策规定

1. 根据《财政部 国家税务总局关于退还集成电路企业采购设备增值税

期末留抵税额的通知》（财税〔2011〕107 号）的规定，自 2011 年 11 月 1 日起，对国家批准的集成电路重大项目企业（具体名单见该通知附件）因购进设备形成的增值税期末留抵税额（以下简称购进设备留抵税额）准予退还。购进的设备应属于《增值税暂行条例实施细则》第二十一条第二款规定的固定资产范围。

（1）准予退还的购进设备留抵税额的计算。

企业当期购进设备进项税额大于当期增值税纳税申报表“期末留抵税额”的，当期准予退还的购进设备留抵税额为期末留抵税额；企业当期购进设备进项税额小于当期增值税纳税申报表“期末留抵税额”的，当期准予退还的购进设备留抵税额为当期购进设备进项税额。

当期购进设备进项税额，是指企业取得的按照现行规定允许在当期抵扣的增值税专用发票或海关进口增值税专用缴款书（限于 2009 年 1 月 1 日及以后开具的）上注明的增值税税额。

（2）退还购进设备留抵税额的申请和审批。

①企业应于每月申报期结束后 10 个工作日内向主管税务机关申请退还购进设备留抵税额。

主管税务机关接到企业申请后，应审核企业提供的增值税专用发票或海关进口增值税专用缴款书是否符合现行政策规定，其注明的设备名称与企业实际购进的设备是否一致，申请退还的购进设备留抵税额是否正确。审核无误后，由县（市、区）级主管税务机关审批。

②企业收到退税款项的当月，应将退税额从增值税进项税额中转出。未转出的，按照《税收征收管理法》有关规定承担相应法律责任。

③企业首次申请退还购进设备留抵税额时，可将 2009 年以来形成的购进设备留抵税额，按照上述规定一次性申请退还。

（3）退还的购进设备留抵税额由中央和地方按照现行增值税分享比例共同负担。

2. 根据《财政部 税务总局 海关总署关于深化增值税改革有关政策的公告》（财政部 税务总局 海关总署公告 2019 年第 39 号）第八条的规定，自 2019 年 4 月 1 日起，试行增值税期末留抵税额退税制度。

（1）同时符合以下条件的纳税人，可以向主管税务机关申请退还增量留抵税额：

①自2019年4月税款所属期起，连续6个月（按季纳税的，连续两个季度）增量留抵税额均大于零，且第6个月增量留抵税额不低于50万元；

②纳税信用等级为A级或者B级；

③申请退税前36个月未发生骗取留抵退税、出口退税或虚开增值税专用发票情形的；

④申请退税前36个月未因偷税被税务机关处罚两次及以上的；

⑤自2019年4月1日起未享受即征即退、先征后返（退）政策的。

（2）该公告所称增量留抵税额，是指与2019年3月底相比新增加的期末留抵税额。

（3）纳税人当期允许退还的增量留抵税额，按照以下公式计算：

允许退还的增量留抵税额＝增量留抵税额×进项构成比例×60%

进项构成比例，为2019年4月至申请退税前一税款所属期内已抵扣的增值税专用发票（含税控机动车销售统一发票）、海关进口增值税专用缴款书、解缴税款完税凭证注明的增值税税额占同期全部已抵扣进项税额的比重。[根据《财政部 税务总局关于进一步加大增值税期末留抵退税政策实施力度的公告》（财政部 税务总局公告2022年第14号），自2022年4月1日起，进项构成比例，为2019年4月至申请退税前一税款所属期已抵扣的增值税专用发票（含带有“增值税专用发票”字样全面数字化的电子发票、税控机动车销售统一发票）、收费公路通行费增值税电子普通发票、海关进口增值税专用缴款书、解缴税款完税凭证注明的增值税税额占同期全部已抵扣进项税额的比重。]

（4）纳税人应在增值税纳税申报期内，向主管税务机关申请退还留抵税额。

（5）纳税人出口货物劳务、发生跨境应税行为，适用免抵退税办法的，办理免抵退税后，仍符合该公告规定条件的，可以申请退还留抵税额；适用免退税办法的，相关进项税额不得用于退还留抵税额。

（6）纳税人取得退还的留抵税额后，应相应调减当期留抵税额。按照规定再次满足退税条件的，可以继续向主管税务机关申请退还留抵税额，但前述第（1）项第①点规定的连续期间，不得重复计算。

3. 根据《财政部 税务总局关于进一步加大增值税期末留抵退税政策实施力度的公告》（财政部 税务总局公告 2022 年第 14 号）第一条规定，加大小微企业增值税期末留抵退税政策力度，将先进制造业按月全额退还增值税增量留抵税额政策范围扩大至符合条件的小微企业（含个体工商户，下同），并一次性退还小微企业存量留抵税额。符合条件的小微企业，可以自 2022 年 4 月纳税申报期起向主管税务机关申请退还增量留抵税额。在 2022 年 12 月 31 日前，退税条件按照该公告第三条规定执行。符合条件的微型企业，可以自 2022 年 4 月纳税申报期起向主管税务机关申请一次性退还存量留抵税额；符合条件的小型企业，可以自 2022 年 5 月纳税申报期起向主管税务机关申请一次性退还存量留抵税额。

根据该公告第二条的规定，加大“制造业”“科学研究和技术服务业”“电力、热力、燃气及水生产和供应业”“软件和信息技术服务业”“生态保护和环境治理业”和“交通运输、仓储和邮政业”增值税期末留抵退税政策力度，将先进制造业按月全额退还增值税增量留抵税额政策范围扩大至符合条件的制造业等行业企业（含个体工商户），并一次性退还制造业等行业企业存量留抵税额。

（1）符合条件的制造业等行业企业，可以自 2022 年 4 月纳税申报期起向主管税务机关申请退还增量留抵税额。

（2）符合条件的制造业等行业中型企业，可以自 2022 年 7 月纳税申报期起向主管税务机关申请一次性退还存量留抵税额［根据《财政部 税务总局关于进一步加快增值税期末留抵退税政策实施进度的公告》（财政部 税务总局公告 2022 年第 17 号）第二条的规定，此项调整为“符合条件的制造业等行业中型企业，可以自 2022 年 5 月纳税申报期起向主管税务机关申请一次性退还存量留抵税额”］；符合条件的制造业等行业大型企业，可以自 2022 年 10 月纳税申报期起向主管税务机关申请一次性退还存量留抵税额［（根据《财政部 税务总局关于进一步持续加快增值税期末留抵退税政策实施进度的公告》（财政部 税务总局公告 2022 年第 19 号）第一条的规定，此项调整为“符合条件的制造业等行业大型企业，可以自 2022 年 6 月纳税申报期起向主管税务机关申请一次性退还存量留抵税额”］。

根据该公告第三条的规定，适用该公告政策的纳税人需同时符合以下条件：

（1）纳税信用等级为A级或者B级；

（2）申请退税前36个月未发生骗取留抵退税、骗取出口退税或虚开增值税专用发票情形；

（3）申请退税前36个月未因偷税被税务机关处罚两次及以上；

（4）2019年4月1日起未享受即征即退、先征后返（退）政策。

根据该公告第四条的规定，该公告所称增量留抵税额，区分以下情形确定：

（1）纳税人获得一次性存量留抵退税前，增量留抵税额为当期期末留抵税额与2019年3月31日相比新增加的留抵税额。

（2）纳税人获得一次性存量留抵退税后，增量留抵税额为当期期末留抵税额。

根据该公告第五条的规定，该公告所称存量留抵税额，区分以下情形确定：

（1）纳税人获得一次性存量留抵退税前，当期期末留抵税额大于或等于2019年3月31日期末留抵税额的，存量留抵税额为2019年3月31日期末留抵税额；当期期末留抵税额小于2019年3月31日期末留抵税额的，存量留抵税额为当期期末留抵税额。

（2）纳税人获得一次性存量留抵退税后，存量留抵税额为零。

根据该公告第六条的规定，该公告所称中型企业、小型企业和微型企业，按照《中小企业划型标准规定》（工信部联企业〔2011〕300号）和《金融业企业划型标准规定》（银发〔2015〕309号）中的营业收入指标、资产总额指标确定。其中，资产总额指标按照纳税人上一会计年度年末值确定。营业收入指标按照纳税人上一会计年度增值税销售额确定；不满一个会计年度的，按照以下公式计算：

$$\text{增值税销售额（年）}=\frac{\text{上一会计年度企业实际}}{\text{存续期间增值税销售额}}\div\frac{\text{企业实际}}{\text{存续月数}}\times 12$$

该公告所称增值税销售额，包括纳税申报销售额、稽查查补销售额、纳税评估调整销售额。适用增值税差额征税政策的，以差额后的销售额确定。

对于《中小企业划型标准规定》（工信部联企业〔2011〕300号）和

《金融业企业划型标准规定》（银发〔2015〕309号）所列行业以外的纳税人，以及《中小企业划型标准规定》（工信部联企业〔2011〕300号）所列行业但未采用营业收入指标或资产总额指标划型确定的纳税人，微型企业标准为增值税销售额（年）100万元以下（不含100万元）；小型企业标准为增值税销售额（年）2000万元以下（不含2000万元）；中型企业标准为增值税销售额（年）1亿元以下（不含1亿元）。

该公告所称大型企业，是指除上述中型企业、小型企业和微型企业外的其他企业。

根据该公告第七条的规定，该公告所称制造业等行业企业，是指从事《国民经济行业分类》中“制造业”“科学研究和技术服务业”“电力、热力、燃气及水生产和供应业”“软件和信息技术服务业”“生态保护和环境治理业”和“交通运输、仓储和邮政业”业务相应发生的增值税销售额占全部增值税销售额的比重超过50%的纳税人。

上述销售额比重根据纳税人申请退税前连续12个月的销售额计算确定；申请退税前经营期不满12个月但满3个月的，按照实际经营期的销售额计算确定。

根据该公告第八条的规定，适用该公告政策的纳税人，按照以下公式计算允许退还的留抵税额：

允许退还的增量留抵税额=增量留抵税额×进项构成比例×100%

允许退还的存量留抵税额=存量留抵税额×进项构成比例×100%

进项构成比例，为2019年4月至申请退税前一税款所属期已抵扣的增值税专用发票（含带有“增值税专用发票”字样全面数字化的电子发票、税控机动车销售统一发票）、收费公路通行费增值税电子普通发票、海关进口增值税专用缴款书、解缴税款完税凭证注明的增值税税额占同期全部已抵扣进项税额的比重。

根据该公告第九条的规定，纳税人出口货物劳务、发生跨境应税行为，适用免抵退税办法的，应先办理免抵退税。免抵退税办理完毕后，仍符合该公告规定条件的，可以申请退还留抵税额；适用免退税办法的，相关进项税额不得用于退还留抵税额。

根据该公告第十条的规定，纳税人自2019年4月1日起已取得留抵退税款的，不得再申请享受增值税即征即退、先征后返（退）政策。纳税人可以在 2022 年 10 月 31 日前一次性将已取得的留抵退税款全部缴回后，按规定申请享受增值税即征即退、先征后返（退）政策。

纳税人自 2019 年 4 月 1 日起已享受增值税即征即退、先征后返（退）政策的，可以在 2022 年 10 月 31 日前一次性将已退还的增值税即征即退、先征后返（退）税款全部缴回后，按规定申请退还留抵税额。

根据该公告第十一条的规定，纳税人可以选择向主管税务机关申请留抵退税，也可以选择结转下期继续抵扣。纳税人应在纳税申报期内，完成当期增值税纳税申报后申请留抵退税。2022 年 4 月至 6 月的留抵退税申请时间，延长至每月最后一个工作日。

纳税人可以在规定期限内同时申请增量留抵退税和存量留抵退税。同时符合该公告第一条和第二条相关留抵退税政策的纳税人，可任意选择申请适用上述留抵退税政策。

4. 根据《财政部 税务总局关于扩大全额退还增值税留抵税额政策行业范围的公告》（财政部 税务总局公告 2022 年第 21 号）第一条的规定，扩大全额退还增值税留抵税额政策行业范围，将《财政部 税务总局关于进一步加大增值税期末留抵退税政策实施力度的公告》（财政部 税务总局公告 2022 年第 14 号）第二条的规定的制造业等行业按月全额退还增值税增量留抵税额、一次性退还存量留抵税额的政策范围，扩大至“批发和零售业”“农、林、牧、渔业”“住宿和餐饮业”“居民服务、修理和其他服务业”“教育”“卫生和社会工作”和“文化、体育和娱乐业”企业（含个体工商户）。符合条件的批发零售业等行业企业，可以自 2022 年 7 月纳税申报期起向主管税务机关申请退还增量留抵税额。符合条件的批发零售业等行业企业，可以自 2022 年 7 月纳税申报期起向主管税务机关申请一次性退还存量留抵税额。

（1）财政部、税务总局公告 2022 年第 14 号和财政部、税务总局公告 2022 年第 21 号所称制造业、批发零售业等行业企业，是指从事《国民经济行业分类》中“批发和零售业”“农、林、牧、渔业”“住宿和餐饮业”“居民服务、修理和其他服务业”“教育”“卫生和社会工作”“文化、体育和娱乐业”“制造业”“科学研究和技术服务业”“电力、热力、燃气及水生产和供应业”“软件和信息技术服务业”“生态保护和环境治理业”和“交通运输、仓储和邮政业”业务相应发生的增值税销售额占全部增值税销售额的比重超过50%的纳税人。

上述销售额比重根据纳税人申请退税前连续12个月的销售额计算确定；申请退税前经营期不满12个月但满3个月的，按照实际经营期的销售额计算确定。

（2）按照财政部、税务总局公告2022年第14号第六条规定适用《中小企业划型标准规定》（工信部联企业〔2011〕300号）和《金融业企业划型标准规定》（银发〔2015〕309号）时，纳税人的行业归属，根据《国民经济行业分类》关于以主要经济活动确定行业归属的原则，以上一会计年度从事《国民经济行业分类》对应业务增值税销售额占全部增值税销售额比重最高的行业确定。

（二）政策解读

1. 小微企业按月退还增量留抵税额政策已于2022年12月31日到期，但小微企业一次性退还存量留抵税额政策还有效。

2. 纳税人出口货物劳务、发生跨境应税行为，适用免抵（退）税办法的，可以在同一申报期内，既申报免抵（退）税又申请办理留抵退税。申请办理留抵退税的纳税人，出口货物劳务、跨境应税行为适用免抵（退）税办法的，应当按期申报免抵（退）税。当期可申报免抵（退）税的出口销售额为零的，应办理免抵（退）税零申报。

3. 纳税人既申报免抵（退）税又申请办理留抵退税的，税务机关应先办理免抵（退）税。办理免抵（退）税后，纳税人仍符合留抵退税条件的，再办理留抵退税。

4. 纳税人应在收到税务机关准予留抵退税的《税务事项通知书》当期，以税务机关核准的允许退还的增量留抵税额冲减期末留抵税额，并在办理增值税纳税申报时，相应填写《增值税纳税申报表附列资料（二）（本期进项税额明细）》第22栏“上期留抵税额退税”。

5. 在计算进项构成比例时，纳税人在计算期间内发生的进项税额转出部分无须扣减。

6. 对实行增值税期末留抵退税的纳税人，允许其从城市维护建设税、教育费附加和地方教育附加的计税（征）依据中扣除退还的增值税税额。

（三）案例分析

甲公司是一般纳税人，2019 年 3 月期末留抵税额为 200 万元，2022 年 6 月期末留抵税额为 520 万元。2019 年 3 月—2022 年 6 月累计已抵扣税额为 2470 万元，其中取得增值税专用发票注明的税额为 1820 万元，道路通行费电子普通发票对应的税额为 30 万元，海关进口增值税专用缴款书注明的税额为 340 万元，农产品收购发票对应进项税额为 280 万元。因发生非正常损失，此前已抵扣的增值税专用发票中，有 40 万元进项税额按规定作进项税额转出。2022 年 7 月申报期可同时申请退还存量和增量留抵税额。请计算甲公司 2022 年 7 月可以退还的增量留抵税额和存量留抵税额各是多少？

【分析】本期留抵税额为 520 万元，大于 2019 年的存量留抵税额 200 万元，因此存量留抵税额为 200 万元，剩余部分 320 万元为增量留抵税额。

（1）计算进项构成比例。农产品收购发票不能纳入计算范围，进项税额转出 40 万元可不扣减。因此，进项构成比例＝（1820+30+340）÷2470×100%＝88.66%。

（2）计算可退的存量留抵税额＝200×88.66%＝177.32（万元）

（3）计算可退的增量留抵税额＝320×88.66%＝283.71（万元）

四、一般纳税人简易计税方法

（一）政策规定

1. 根据《财政部 国家税务总局关于全面推开营业税改征增值税试点的通知》（财税〔2016〕36 号）附件 2《营业税改征增值税试点有关事项的规定》第一条第七项第 1 目规定，一般纳税人以清包工方式提供的建筑服务，可以选择适用简易计税方法计税。

以清包工方式提供建筑服务，是指施工方不采购建筑工程所需的材料或只采购辅助材料，并收取人工费、管理费或者其他费用的建筑服务。

2. 根据《财政部 国家税务总局关于全面推开营业税改征增值税试点的

通知》(财税〔2016〕36号)附件2《营业税改征增值税试点有关事项的规定》第一条第七项第2目规定，一般纳税人为甲供工程提供的建筑服务，可以选择适用简易计税方法计税。

甲供工程，是指全部或部分设备、材料、动力由工程发包方自行采购的建筑工程。

3. 根据《财政部 税务总局关于建筑服务等营改增试点政策的通知》(财税〔2017〕58号)第一条的规定，建筑工程总承包单位为房屋建筑的地基与基础、主体结构提供工程服务，建设单位自行采购全部或部分钢材、混凝土、砌体材料、预制构件的，适用简易计税方法计税。

地基与基础、主体结构的范围，按照《建筑工程施工质量验收统一标准》(GB 50300—2013)附录B《建筑工程的分部工程、分项工程划分》中的“地基与基础”“主体结构”分部工程的范围执行。

4. 根据《财政部 国家税务总局关于全面推开营业税改征增值税试点的通知》(财税〔2016〕36号)附件2《营业税改征增值税试点有关事项的规定》第一条第七项第3目规定，一般纳税人为建筑工程老项目提供的建筑服务，可以选择适用简易计税方法计税。建筑工程老项目，是指：

(1)《建筑工程施工许可证》注明的合同开工日期在2016年4月30日前的建筑工程项目；

(2)未取得《建筑工程施工许可证》的，建筑工程承包合同注明的开工日期在2016年4月30日前的建筑工程项目。

5. 根据《财政部 国家税务总局关于全面推开营业税改征增值税试点的通知》(财税〔2016〕36号)附件2《营业税改征增值税试点有关事项的规定》第一条第九项第2目规定，公路经营企业中的一般纳税人收取试点前开工的高速公路的车辆通行费，可以选择适用简易计税方法，减按3%的征收率计算应纳税额。

试点前开工的高速公路，是指相关施工许可证明上注明的合同开工日期在2016年4月30日前的高速公路。

6. 根据《国家税务总局关于明确中外合作办学等若干增值税征管问题的公告》(国家税务总局公告2018年第42号)第六条的规定，自2018年7月25日起，一般纳税人销售自产机器设备的同时提供安装服务，应分别核算机器设备和安装服务的销售额，安装服务可以按照甲供工程选择适用简易计税方法计税。

一般纳税人销售外购机器设备的同时提供安装服务，如果已经按照兼营的有关规定，分别核算机器设备和安装服务的销售额，安装服务可以按照甲供工程选择适用简易计税方法计税。

7. 根据《财政部 国家税务总局关于全面推开营业税改征增值税试点的通知》（财税〔2016〕36号）附件2《营业税改征增值税试点有关事项的规定》第一条第六项规定，一般纳税人发生下列应税行为可以选择适用简易计税方法计税：

（1）公共交通运输服务。公共交通运输服务，包括轮客渡、公交客运、地铁、城市轻轨、出租车、长途客运、班车。班车，是指按固定路线、固定时间运营并在固定站点停靠的运送旅客的陆路运输服务。

（2）经认定的动漫企业为开发动漫产品提供的动漫脚本编撰、形象设计、背景设计、动画设计、分镜、动画制作、摄制、描线、上色、画面合成、配音、配乐、音效合成、剪辑、字幕制作、压缩转码（面向网络动漫、手机动漫格式适配）服务，以及在境内转让动漫版权（包括动漫品牌、形象或者内容的授权及再授权）。

动漫企业和自主开发、生产动漫产品的认定标准和认定程序，按照《文化部 财政部 国家税务总局关于印发〈动漫企业认定管理办法（试行）〉的通知》（文市发〔2008〕51号）的规定执行。

（3）电影放映服务、仓储服务、装卸搬运服务、收派服务和文化体育服务。

（4）以纳入营改增试点之日前取得的有形动产为标的物提供的经营租赁服务。

（5）在纳入营改增试点之日前签订的尚未执行完毕的有形动产租赁合同。

8. 根据《国家税务总局关于药品经营企业销售生物制品有关增值税问题的公告》（国家税务总局公告2012年第20号）第一条的规定，属于增值税一般纳税人的药品经营企业销售生物制品，可以选择简易办法按照生物制品销售额和3%的征收率计算缴纳增值税。

药品经营企业，是指取得（食品）药品监督管理部门颁发的《药品经营许可证》，获准从事生物制品经营的药品批发企业和药品零售企业。

9. 根据《国家税务总局关于兽用药品经营企业销售兽用生物制品有关增值税问题的公告》（国家税务总局公告 2016 年第 8 号）第一条的规定，自 2016 年 4 月 1 日起，属于增值税一般纳税人的兽用药品经营企业销售兽用生物制品，可以选择简易办法按照兽用生物制品销售额和 3%的征收率计算缴纳增值税。

兽用药品经营企业，是指取得兽医行政管理部门颁发的《兽药经营许可证》，获准从事兽用生物制品经营的兽用药品批发和零售企业。

10. 根据《国家税务总局关于国家电网公司购买分布式光伏发电项目电力产品发票开具等有关问题的公告》（国家税务总局公告 2014 年第 32 号）第二条的规定，自 2014 年 7 月 1 日起，光伏发电项目发电户销售电力产品，按照税法规定应缴纳增值税的，可由国家电网公司所属企业按照增值税简易计税办法计算并代征增值税税款，同时开具普通发票；按照税法规定可享受免征增值税政策的，可由国家电网公司所属企业直接开具普通发票。

11. 根据《财政部 国家税务总局关于部分货物适用增值税低税率和简易办法征收增值税政策的通知》（财税〔2009〕9 号）第二条第三项、《财政部 国家税务总局关于简并增值税征收率政策的通知》（财税〔2014〕57 号）第二条的规定，一般纳税人销售自产的下列货物，可选择按照简易办法依照 3%征收率计算缴纳增值税：

（1）县级及县级以下小型水力发电单位生产的电力。小型水力发电单位，是指各类投资主体建设的装机容量为 5 万千瓦以下（含 5 万千瓦）的小型水力发电单位。

（2）建筑用和生产建筑材料所用的砂、土、石料。

（3）以自己采掘的砂、土、石料或其他矿物连续生产的砖、瓦、石灰（不含粘土实心砖、瓦）。

（4）用微生物、微生物代谢产物、动物毒素、人或动物的血液或组织制成的生物制品。

（5）自来水。

（6）商品混凝土（仅限于以水泥为原料生产的水泥混凝土）。

12. 根据《国家税务总局关于供应非临床用血增值税政策问题的批复》（国税函〔2009〕456号）第二条、《国家税务总局关于简并增值税征收率有关问题的公告》（国家税务总局公告2014年第36号）第四条的规定，属于增值税一般纳税人的单采血浆站销售非临床用人体血液，可以按照简易办法依照3%征收率计算应纳税额，但不得对外开具增值税专用发票；也可以按照销项税额抵扣进项税额的办法依照增值税适用税率计算应纳税额。

13. 根据《财政部 国家税务总局关于部分货物适用增值税低税率和简易办法征收增值税政策的通知》（财税〔2009〕9号）第二条第四项、《财政部 国家税务总局关于简并增值税征收率政策的通知》（财税〔2014〕57号）第三条的规定，一般纳税人销售货物属于下列情形之一的，暂按简易办法依照3%征收率计算缴纳增值税：

（1）寄售商店代销寄售物品（包括居民个人寄售的物品在内）；

（2）典当业销售死当物品。

14. 根据《财政部 国家税务总局关于部分货物适用增值税低税率和简易办法征收增值税政策的通知》（财税〔2009〕9号）第二条第一项第1目、《国家税务总局关于简并增值税征收率有关问题的公告》（国家税务总局公告2014年第36号）第一条的规定，一般纳税人销售自己使用过的属于《增值税暂行条例》第十条规定不得抵扣且未抵扣进项税额的固定资产，按照简易办法依照3%征收率减按2%征收增值税。

15. 根据《财政部 国家税务总局关于部分货物适用增值税低税率和简易办法征收增值税政策的通知》（财税〔2009〕9号）第二条第二项、《财政部 国家税务总局关于简并增值税征收率政策的通知》（财税〔2014〕57号）第一条的规定，纳税人销售旧货，按照简易办法依照3%征收率减按2%征收增值税。

所称旧货，是指进入二次流通的具有部分使用价值的货物（含旧汽车、旧摩托车和旧游艇），但不包括自己使用过的物品。

16. 根据《财政部 国家税务总局关于全面推开营业税改征增值税试点的通知》（财税〔2016〕36号）附件2《营业税改征增值税试点有关事项的规定》第一条第八项第1目规定，一般纳税人销售其2016年4月30日前取得（不含自建）的不动产，可以选择适用简易计税方法，以取得的全部价款和价外费用减去该项不动产购置原价或者取得不动产时的作价后的余额为销售额，按照5%的征收率计算应纳税额。纳税人应按照上述计税方法在不动产所在地预缴税款后，向机构所在地主管税务机关进行纳税申报。

17. 根据《财政部 国家税务总局关于全面推开营业税改征增值税试点的通知》（财税〔2016〕36号）附件2《营业税改征增值税试点有关事项的规定》第一条第八项第2目规定，一般纳税人销售其2016年4月30日前自建的不动产，可以选择适用简易计税方法，以取得的全部价款和价外费用为销售额，按照5%的征收率计算应纳税额。纳税人应按照上述计税方法在不动产所在地预缴税款后，向机构所在地主管税务机关进行纳税申报。

18. 根据《财政部 国家税务总局关于全面推开营业税改征增值税试点的通知》（财税〔2016〕36号）附件2《营业税改征增值税试点有关事项的规定》第一条第九项第1目规定，一般纳税人出租其2016年4月30日前取得的不动产，可以选择适用简易计税方法，按照5%的征收率计算应纳税额。纳税人出租其2016年4月30日前取得的与机构所在地不在同一县（市）的不动产，应按照上述计税方法在不动产所在地预缴税款后，向机构所在地主管税务机关进行纳税申报。

19. 根据《财政部 国家税务总局关于进一步明确全面推开营改增试点有关劳务派遣服务、收费公路通行费抵扣等政策的通知》（财税〔2016〕47号）第三条第二项的规定，纳税人转让2016年4月30日前取得的土地使用权，可以选择适用简易计税方法，以取得的全部价款和价外费用减去取得该土地使用权的原价后的余额为销售额，按照5%的征收率计算缴纳增值税。

20. 根据《财政部 国家税务总局关于进一步明确全面推开营改增试点有关劳务派遣服务、收费公路通行费抵扣等政策的通知》（财税〔2016〕47号）第三条第三项的规定，一般纳税人2016年4月30日前签订的不动产融资租赁合同，或以2016年4月30日前取得的不动产提供的融资租赁服务，可以选择适用简易计税方法，按照5%的征收率计算缴纳增值税。

21. 根据《财政部 国家税务总局关于进一步明确全面推开营改增试点有关劳务派遣服务、收费公路通行费抵扣等政策的通知》（财税〔2016〕47号）第一条的规定，一般纳税人提供劳务派遣服务，可以选择差额纳税，以取得的全部价款和价外费用，扣除代用工单位支付给劳务派遣员工的工资、福利和为其办理社会保险及住房公积金后的余额为销售额，按照简易计税方法依5%的征收率计算缴纳增值税。

22. 根据《财政部 国家税务总局关于进一步明确全面推开营改增试点有关再保险 不动产租赁和非学历教育等政策的通知》（财税〔2016〕68号）第四条的规定，纳税人提供安全保护服务，比照劳务派遣服务政策执行。

23. 根据《财政部 国家税务总局关于进一步明确全面推开营改增试点有关劳务派遣服务、收费公路通行费抵扣等政策的通知》（财税〔2016〕47号）第三条第一项的规定，一般纳税人提供人力资源外包服务，可以选择适用简易计税方法，按照5%的征收率计算缴纳增值税。

24. 根据《财政部 国家税务总局关于进一步明确全面推开营改增试点有关劳务派遣服务、收费公路通行费抵扣等政策的通知》（财税〔2016〕47号）第二条第二项规定，一般纳税人收取试点前开工的一级公路、二级公路、桥、闸通行费，可以选择适用简易计税方法，按照5%的征收率计算缴纳增值税。

试点前开工，是指相关施工许可证注明的合同开工日期在2016年4月30日前。

25. 根据《国家税务总局关于发布〈房地产开发企业销售自行开发的房地产项目增值税征收管理暂行办法〉的公告》（国家税务总局公告2016年第18号）第八条、第九条的规定，一般纳税人销售自行开发的房地产老项目，可以选择适用简易计税方法按照5%的征收率计税。一经选择简易计税方法计税的，36个月内不得变更为一般计税方法计税。

房地产老项目，是指：①《建筑工程施工许可证》注明的合同开工日期在2016年4月30日前的房地产项目；②《建筑工程施工许可证》未注明合同开工日期或者未取得《建筑工程施工许可证》但建筑工程承包合同注明的开工日期在2016年4月30日前的建筑工程项目。

一般纳税人销售自行开发的房地产老项目适用简易计税方法计税的，以取得的全部价款和价外费用为销售额，不得扣除对应的土地价款。

26. 根据《财政部 国家税务总局关于进一步明确全面推开营改增试点有关再保险 不动产租赁和非学历教育等政策的通知》（财税〔2016〕68号）第二条第一项规定，房地产开发企业中的一般纳税人，出租自行开发的房地产老项目，可以选择适用简易计税方法，按照5%的征收率计算应纳税额。纳税人出租自行开发的房地产老项目与其机构所在地不在同一县（市）的，应按照上述计税方法在不动产所在地预缴税款后，向机构所在地主管税务机关进行纳税申报。

（二）政策解读

1. 征收率：一般纳税人简易计税项目的增值税征收率一般为3%，特殊项目为5%。

2. 一般纳税人和小规模纳税人简易计税销售额和应纳税额的计算过程一致。

3. 适用范围：公共交通运输服务、动漫企业、电影放映服务、仓储服务、装卸搬运服务、收派服务、文化体育服务、建筑服务、销售不动产、不动产经营租赁服务等。

（三）案例分析

甲建筑企业2024年11月为乙房地产企业A项目提供建筑服务，双方约定为甲供工程，工程费为800万元。甲企业选择简易计税方法计税，并将其中部分装饰工程分包给另一企业，支付分包款300万元。甲、乙企业均为增值税一般纳税人，上述价格均为含税价格。甲建筑企业2024年11月应缴纳多少增值税？

【分析】纳税人提供建筑服务适用简易计税方法的，以取得的全部价款和价外费用扣除支付的分包款后的余额为销售额。

甲建筑企业2024年11月应缴纳增值税＝（800－300）÷（1＋3%）×3%＝14.56（万元）

第六节　增值税发票管理

一、增值税专用发票

（一）政策规定

1. 根据现行《增值税专用发票使用规定》的规定，专用发票，是增值税一般纳税人销售货物或者提供应税劳务开具的发票，是购买方支付增值税税额并可按照增值税有关规定据以抵扣增值税进项税额的凭证。

（1）专用发票由基本联次或者基本联次附加其他联次构成，基本联次为三联：发票联、抵扣联和记账联。发票联，作为购买方核算采购成本和增值税进项税额的记账凭证；抵扣联，作为购买方报送主管税务机关认证和留存备查的凭证；记账联，作为销售方核算销售收入和增值税销项税额的记账凭证。其他联次用途，由一般纳税人自行确定。

（2）商业企业一般纳税人零售的烟、酒、食品、服装、鞋帽（不包括劳保专用部分）、化妆品等消费品不得开具专用发票。

销售免税货物不得开具专用发票，法律、法规及国家税务总局另有规定的除外。

（3）专用发票应按下列要求开具：①项目齐全，与实际交易相符；②字迹清楚，不得压线、错格；③发票联和抵扣联加盖财务专用章或者发票专用章；④按照增值税纳税义务的发生时间开具。

对不符合上列要求的专用发票，购买方有权拒收。

2. 根据《增值税暂行条例》第二十一条的规定，属于下列情形之一的，不得开具增值税专用发票：①应税销售行为的购买方为消费者个人的；②发生应税销售行为适用免税规定。

3. 根据《国家税务总局关于营改增试点若干征管问题的公告》（国家税务总局公告 2016 年第 53 号）第九条第十一项规定，使用“未发生销售行为的不征税项目”编码，发票税率栏应填写“不征税”，不得开具增值税专用发票。

4. 根据《国家税务总局关于增值税简易征收政策有关管理问题的通知》（国税函〔2009〕90 号）和《国家税务总局关于简并增值税征收率有关问题的公告》（国家税务总局公告 2014 年第 36 号）规定，一般纳税人和小规模纳税人销售自己使用过的固定资产，适用按简易办法依 3%征收率减按 2%征收增值税政策的，应开具普通发票，不得开具增值税专用发票。

纳税人销售旧货，应开具普通发票，不得自行开具或者由税务机关代开增值税专用发票。

5. 根据《财政部 国家税务总局关于进一步明确全面推开营改增试点有关劳务派遣服务、收费公路通行费抵扣等政策的通知》（财税〔2016〕47号）第一条、第三条的规定，选择差额纳税的纳税人，向用工单位收取用于支付给劳务派遣员工工资、福利和为其办理社会保险及住房公积金的费用，不得开具增值税专用发票，可以开具普通发票。

纳税人提供人力资源外包服务，按照经纪代理服务缴纳增值税，其销售额不包括受客户单位委托代为向客户单位员工发放的工资和代理缴纳的社会保险、住房公积金。向委托方收取并代为发放的工资和代理缴纳的社会保险、住房公积金，不得开具增值税专用发票，可以开具普通发票。

6. 根据《财政部 国家税务总局关于全面推开营业税改征增值税试点的通知》（财税〔2016〕36号）附件2《营业税改征增值税试点有关事项的规定》第一条第三项的规定：

（1）金融商品转让，不得开具增值税专用发票。

（2）经纪代理服务，以取得的全部价款和价外费用，扣除向委托方收取并代为支付的政府性基金或者行政事业性收费后的余额为销售额。向委托方收取的政府性基金或者行政事业性收费，不得开具增值税专用发票。

（3）试点纳税人提供有形动产融资性售后回租服务，向承租方收取的有形动产价款本金，不得开具增值税专用发票，可以开具普通发票。

（4）试点纳税人提供旅游服务，可以选择以取得的全部价款和价外费用，扣除向旅游服务购买方收取并支付给其他单位或者个人的住宿费、餐饮费、交通费、签证费、门票费和支付给其他接团旅游企业的旅游费用后的余额为销售额。

选择上述办法计算销售额的试点纳税人，向旅游服务购买方收取并支付的上述费用，不得开具增值税专用发票，可以开具普通发票。

7. 根据《国家税务总局关于增值税发票管理等有关事项的公告》（国家税务总局公告2019年第33号）第五条的规定，增值税小规模纳税人（其他个人除外）发生增值税应税行为，需要开具增值税专用发票的，可以自愿使用增值税发票管理系统自行开具。选择自行开具增值税专用发票的小规模纳税人，税务机关不再为其代开增值税专用发票。

（二）政策解读

1. 代开专用发票：代开专用发票是指主管税务机关为所辖范围内的增值税纳税人代开专用发票，其他单位和个人不得代开。

2. 自开专用发票：一般纳税人只能自行开具增值税专用发票，增值税小规模纳税人（其他个人除外）发生增值税应税行为，需要开具增值税专用发票的，可以自愿使用增值税发票管理系统自行开具。选择自行开具增值税专用发票的小规模纳税人，税务机关不再为其代开增值税专用发票。

3. 一般纳税人取得的增值税专用发票，其发票上注明的增值税税额可以作为进项税额，在计算应纳税额时从销项税额中抵扣。但要确保发票的真实性、合法性以及符合抵扣的相关规定。

4. 专门用于简易计税方法计税项目、免征增值税项目、集体福利或者个人消费的购进货物、劳务、服务、无形资产和不动产，其进项税额不得抵扣。另外，购进的贷款服务、餐饮服务、居民日常服务和娱乐服务，进项税额也不能抵扣。

5. 增值税一般纳税人取得 2017 年 1 月 1 日及以后开具的增值税专用发票、海关进口增值税专用缴款书、机动车销售统一发票、收费公路通行费增值税电子普通发票，取消认证确认、稽核比对、申报抵扣的期限限制。

（三）案例分析

1. 甲公司是小规模纳税人，从商场购买一批劳保用品，共计支付 1 万元。商场是否可以给甲公司开具增值税专用发票？

【分析】按照要求，一般纳税人销售货物或者提供应税劳务，应向购买方开具专用发票。但是属于下列情形之一的，不得开具增值税专用发票：

（1）应税销售行为的购买方为消费者个人的；

（2）发生应税销售行为适用免税规定的。

由此可见，按照现行法律规定，只禁止向自然人开具专用发票，不禁止向小规模纳税人开具专用发票。根据法无禁止即可为的原则，商场可以给甲公司开具增值税专用发票。但是甲公司取得的增值税专用发票不能用来抵扣进项税额。

2. 乙企业是一般纳税人，从丙企业处取得一张增值税专用发票，已用于抵扣进项税额。后来税务机关发现丙企业为非正常户，未按规定缴纳税款，将乙企业取得的这张发票列为异常凭证。发票金额为 40 万元，增值税税额为 5.2 万元。乙企业应如何进行后续处理？

【分析】（1）由于发票被列为异常凭证，乙企业尚未申报抵扣的，暂不允许抵扣；已经申报抵扣的，除另有规定外，一律作进项税额转出处理。

（2）乙企业需要将已抵扣的 5.2 万元进项税额转出，这体现了税务机关对异常凭证严格监管的政策，有助于防止税收流失。

3. 丁企业是销售方，为增值税一般纳税人，向戊企业（一般纳税人）销售货物，开具了增值税专用发票，金额为 60 万元，增值税税额为 7.8 万元。戊企业收到货物后发现部分货物质量不符合要求，双方协商后决定部分退货，退货金额为 10 万元，对应的增值税税额为 1.3 万元。双方应如何进行后续处理？

【分析】（1）戊企业应填报《开具红字增值税专用发票信息表》，经审核后，由丁企业开具红字专用发票。

（2）丁企业在开具红字专用发票后，冲减当期的销项税额 1.3 万元；戊企业则冲减相应的进项税额 1.3 万元。这一操作保证了双方税务处理的准确性，符合红字发票开具的政策要求。

二、增值税电子发票

（一）政策规定

1. 根据《交通运输部 财政部 国家税务总局 国家档案局关于收费公路通行费电子票据开具汇总等有关事项的公告》（交通运输部公告 2020 年第 24 号）的规定，通行费电子票据的开具对象为办理 ETC 卡的客户。ETC 卡的具体办理流程和相关要求，请咨询各省（区、市）ETC 客户服务机构。未办理 ETC 卡的客户，仍按原有方式在收费站现场交纳车辆通行费和获取票据。

（1）通行费电子票据分类：收费公路通行费增值税电子普通发票、收费公路通行费财政票据（电子）。

收费公路通行费增值税电子普通发票和收费公路通行费财政票据（电子）统称为通行费电子票据。

（2）通行费电子票据开具规定：

①ETC 后付费客户索取通行费电子票据的，通过经营性公路的部分，在服务平台取得由经营管理者开具的征税发票；通过政府还贷公路的部分，在服务平台取得由经营管理者开具的通行费财政电子票据。

②ETC 预付费客户可以自行选择在充值后索取不征税发票或待实际发生通行交易后索取通行费电子票据。

客户在充值后索取不征税发票的，在服务平台取得由 ETC 客户服务机构全额开具的不征税发票；实际发生通行交易后，ETC 客户服务机构和收费公路经营管理者均不再向其开具通行费电子票据。

客户在充值后未索取不征税发票，在实际发生通行交易后索取电子票据的，参照上述第①项 ETC 后付费客户执行。

③客户使用 ETC 卡通行收费公路并交纳通行费的，可以在实际发生通行交易后第 7 个自然日起，登录服务平台，选择相应通行记录取得通行费电子票据和电子汇总单；ETC 预付费客户可以在充值后实时登录服务平台，选择相应充值记录取得不征税发票。

④服务平台应当将通行费电子票据、电子汇总单以及对应的通行明细记录归档备查。

2. 根据中共中央办公厅、国务院办公厅印发的《关于进一步深化税收征管改革的意见》第二条第五项、第六条第二十一项的规定，稳步实施发票电子化改革。2021 年建成全国统一的电子发票服务平台，24 小时在线免费为纳税人提供电子发票申领、开具、交付、查验等服务。制定出台电子发票国家标准，有序推进铁路、民航等领域发票电子化，2025 年基本实现发票全领域、全环节、全要素电子化，着力降低制度性交易成本。

加强部门协作。大力推进会计核算和财务管理信息化，通过电子发票与财政支付、金融支付和各类单位财务核算系统、电子档案管理信息系统的衔接，加快推进电子发票无纸化报销、入账、归档、存储。持续深化“银税互动”，助力解决小微企业融资难、融资贵等问题。加强情报交换、信息通报和执法联动，积极推进跨部门协同监管。

3. 根据《国家税务总局关于在新办纳税人中实行增值税专用发票电子化有关事项的公告》（国家税务总局公告 2020 年第 22 号）的规定，自 2020 年 12 月 21 日起，在天津、河北、上海、江苏、浙江、安徽、广东、重庆、四川、宁波和深圳等 11 个地区的新办纳税人中实行专用发票电子化，受票方范围为全国。其中，宁波、石家庄和杭州等 3 个地区已试点纳税人开具增值税电子专用发票（以下简称电子专用发票）的受票方范围扩至全国。

自 2021 年 1 月 21 日起，在北京、山西、内蒙古、辽宁、吉林、黑龙江、福建、江西、山东、河南、湖北、湖南、广西、海南、贵州、云南、西藏、陕西、甘肃、青海、宁夏、新疆、大连、厦门和青岛等 25 个地区的新办纳税人中实行专用发票电子化，受票方范围为全国。

实行专用发票电子化的新办纳税人具体范围由国家税务总局各省、自治区、直辖市和计划单列市税务局（以下简称各省税务局）确定。

（1）电子专用发票由各省税务局监制，采用电子签名代替发票专用章，属于增值税专用发票，其法律效力、基本用途、基本使用规定等与增值税纸质专用发票相同。

（2）电子专用发票的发票代码为 12 位，编码规则：第 1 位为 0，第 2—5 位代表省、自治区、直辖市和计划单列市，第 6—7 位代表年度，第 8—10 位代表批次，第 11—12 位为 13。发票号码为 8 位，按年度、分批次编制。

（3）自各地专用发票电子化实行之日起，本地区需要开具增值税纸质普通发票、增值税电子普通发票、纸质专用发票、电子专用发票、纸质机动车销售统一发票和纸质二手车销售统一发票的新办纳税人，统一领取税务 UKey 开具发票。税务机关向新办纳税人免费发放税务 UKey，并依托增值税电子发票公共服务平台，为纳税人提供免费的电子专用发票开具服务。

（4）税务机关按照电子专用发票和纸质专用发票的合计数，为纳税人核定增值税专用发票领用数量。电子专用发票和纸质专用发票的增值税专用发票（增值税税控系统）最高开票限额应当相同。

（5）纳税人开具增值税专用发票时，既可以开具电子专用发票，也可以开具纸质专用发票。受票方索取纸质专用发票的，开票方应当开具纸质专用发票。

（6）纳税人开具电子专用发票后，发生销货退回、开票有误、应税服务中止、销售折让等情形，需要开具红字电子专用发票的，按照以下规定执行：

①购买方已将电子专用发票用于申报抵扣的，由购买方在增值税发票管理系统中填开并上传《开具红字增值税专用发票信息表》，填开该信息表时不填写相对应的蓝字电子专用发票信息。

购买方未将电子专用发票用于申报抵扣的，由销售方在发票管理系统中填开并上传该信息表，填开该信息表时应填写相对应的蓝字电子专用发票信息。

②税务机关通过网络接收纳税人上传的信息表，系统自动校验通过后，生成带有“红字发票信息表编号”的信息表，并将信息同步至纳税人端系统中。

③销售方凭税务机关系统校验通过的信息表开具红字电子专用发票，在发票管理系统中以销项负数开具。红字电子专用发票应与信息表一一对应。

④购买方已将电子专用发票用于申报抵扣的，应当暂依信息表所列增值税税额从当期进项税额中转出，待取得销售方开具的红字电子专用发票后，与信息表一并作为记账凭证。

（7）受票方取得电子专用发票用于申报抵扣增值税进项税额或申请出口退税、代办退税的，应当登录增值税发票综合服务平台确认发票用途，登录地址由各省税务局确定并公布。

4. 根据《国家税务总局 财政部 中国国家铁路集团有限公司关于铁路客运推广使用全面数字化的电子发票的公告》（国家税务总局 财政部 中国国家铁路集团有限公司公告 2024 年第 8 号）的规定，自 2024 年 11 月 1 日起，在铁路旅客运输领域推广使用全面数字化的电子发票。

国铁集团所属运输企业、非控股合资公司以及地方铁路企业（统称铁路运输企业）通过铁路客票发售和预定系统办理境内旅客运输售票、退票、改签业务时，可开具电子发票（铁路电子客票）。

电子发票（铁路电子客票）属于全面数字化的电子发票，基本内容包括：发票号码、开票日期、购买方信息、旅客身份证件信息、行程信息、票价、二维码等。

需要报销入账的旅客，应当取得电子发票（铁路电子客票）。鼓励购买方收到电子发票（铁路电子客票）后，按照电子凭证会计数据标准相关要求，实现对电子发票（铁路电子客票）的全流程无纸化处理。乘车日期在2025年9月30日前的，旅客取得的铁路车票（纸质报销凭证）仍可报销入账，铁路车票（纸质报销凭证）与电子发票（铁路电子客票）不可重复开具。

购买方为增值税一般纳税人的，购进境内铁路旅客运输服务，以电子发票（铁路电子客票）作为增值税扣税凭证，并按现行规定确定进项税额。乘车日期在2025年9月30日前的铁路车票（纸质报销凭证），仍按照《财政部 税务总局 海关总署关于深化增值税改革有关政策的公告》（财政部 税务总局 海关总署公告2019年第39号）第六条第一项第3点的规定确定进项税额［即取得注明旅客身份信息的铁路车票的，进项税额的计算公式为：铁路旅客运输进项税额=票面金额÷（1+9%）×9%］。

5. 根据《国家税务总局关于推广应用全面数字化电子发票的公告》（国家税务总局公告2024年第11号）的规定，自2024年12月1日起，在全国正式推广应用数电发票。

数电发票是《中华人民共和国发票管理办法》（以下简称《发票管理办法》）中“电子发票”的一种，是将发票的票面要素全面数字化、号码全国统一赋予、开票额度智能授予、信息通过税务数字账户等方式在征纳主体之间自动流转的新型发票。数电发票与纸质发票具有同等法律效力。

税务机关根据纳税人的税收风险程度、纳税信用级别、实际经营情况等因素，通过电子发票服务平台授予发票总额度，并实行动态调整。发票总额度，是指一个自然月内，纳税人发票开具总金额（不含增值税）的上限额度。

（二）政策解读

1. 全面数字化的电子发票（以下简称数电发票）是与纸质发票具有同等法律效力的全新发票，不以纸质形式存在、无须介质支撑、无须申请领用。数电发票将纸质发票的票面信息全面数字化，通过标签管理将多个票种集成归并为电子发票单一票种，实现全国统一赋码，系统智能赋予发票开具金额总额度，设立税务数字账户实现发票自动流转交付和数据归集。

数电发票只能在线开具，不支持离线开具。

2. 相对于现行发票，数电发票票面的基本内容在现行发票基础上进行了优化，将销售方信息栏从发票的左上角调整至右上角，取消了发票密码区、发票代码、校验码、收款人、复核人、销售方（章）。

同时，纳税人开具货物运输服务、建筑服务等特定业务发票的，其票面按照特定内容展示相应信息，票面左上角展示该业务类型的字样，便利纳税人使用。

3. 纳税人实名验证后，无须使用税控专用设备即可通过电子发票服务平台开具发票，无须进行发票验旧操作。其中，纳税人开具数电发票，还无须办理发票票种核定和发票领用，系统自动赋予开具额度，并根据纳税人行为，动态调整开具金额总额度，实现“开业即可开票”。

4. 纳税人登录电子发票服务平台后，可享受发票开具、交付、查验以及勾选等“一站式”服务。同时，数电发票开具后以 XML 的数据电文形式自动发送至购销双方的税务数字账户，便利交付入账、减少人工收发。

5. 试点纳税人通过电子发票服务平台开具的数电发票被红冲时，无须追回被红冲的数电发票及其纸质打印件；通过电子发票服务平台开具的纸质发票被红冲时，需要追回被红冲的纸质发票。

6. 数电发票的载体为电子文件，已无最大开票行数限制，交易项目明细能够在数电发票中全部展示，无须开具销货清单，电子发票服务平台不再支持开具销货清单。

7. 纳税人开具和取得数电发票报销入账归档的，应按照《财政部 国家档案局关于规范电子会计凭证报销入账归档的通知》（财会〔2020〕6 号）、《会计档案管理办法》（财政部 国家档案局令第 79 号）、《财政部会计司关于公布电子凭证会计数据标准（试行版）的通知》（财会便函〔2023〕18 号）和 2023 年 2 月 6 日，国家档案局办公室、财政部办公厅、商务部办公厅、国家税务总局办公厅联合印发的《电子发票全流程电子化管理指南》的相关规定执行。

8. 增值税电子普通发票的法律效力、基本用途、基本使用规定等与税务机关监制的增值税普通发票相同。开票方和受票方需要纸质发票的，可以自行打印增值税电子普通发票的版式文件。

9. 铁路电子客票是比较特殊的发票，除旅客身份证件信息外，为了方便乘客所在公司或企业抵扣增值税进项税额，还增加了“购买方信息”。

购买方为增值税一般纳税人的，购进境内铁路旅客运输服务，以电子发票（铁路电子客票）作为增值税扣税凭证，并按现行规定确定进项税额。税务部门通过电子发票服务平台税务数字账户将电子发票（铁路电子客票）同步传输给购买方。购买方可通过登录电子发票服务平台，查询购进境内铁路旅客运输服务取得的电子发票（铁路电子客票）对应的增值税税额，并据此确定进项税额。

（三）案例分析

1. 甲公司是按月申报的增值税一般纳税人，2024 年 7 月开票金额总额度为 500 万元，截至 7 月 31 日实际已使用额度 200 万元，剩余可用额度为 300 万元。甲公司在 8 月 13 日完成 7 月所属期增值税申报并比对通过。申报前和申报后，甲公司可用的开票额度分别是多少？

【分析】按月进行增值税申报的试点纳税人，在每月月初到完成上个属期（即上个月）申报前，当月发票总额度的可使用额度上限为上月剩余可用发票额度，且不超过本月发票总额度；完成上个属期（即上个月）申报且比对相符后，可使用额度上限为当月剩余可用发票额度。

因此，申报前，甲公司可使用额度为 7 月剩余可用额度 300 万元和 8 月月初开票金额总额度 500 万元两者取其低，即 300 万元。申报后，可使用额度为 8 月月初开票金额总额度减去 8 月 1 日至 13 日实际已使用额度。

2. 乙企业是一家电商企业，每天有大量的销售订单。为了提高效率和降低成本，乙企业全部采用增值税电子普通发票进行开票。2024 年 9 月，乙企业完成了 1000 笔销售订单，每笔订单金额不等，开具了 1000 张电子发票。乙企业在使用电子发票的过程中有哪些注意事项？有哪些好处？

【分析】根据规定，电子发票的开票方和受票方需要纸质发票的，可以自行打印增值税电子普通发票的版式文件。乙企业按照规定将电子发票的信息存储在符合档案管理要求的系统中，确保电子发票的真实性、完整性和安全性。

同时，乙企业在遇到消费者要求提供纸质发票时，能够及时打印并提供。这种方式既满足了消费者的需求，又符合税务管理的要求，还提高了企业的开票效率和管理便利性。

三、反向开票

（一）政策规定

根据《国家税务总局关于资源回收企业向自然人报废产品出售者“反向开票”有关事项的公告》（国家税务总局公告 2024 年第 5 号）的规定，自 2024 年 4 月 29 日起，自然人报废产品出售者向资源回收企业销售报废产品，符合条件的资源回收企业可以向出售者开具发票（以下称“反向开票”）。

报废产品，是指在社会生产和生活消费过程中产生的，已经失去原有全部或部分使用价值的产品。

出售者，是指销售自己使用过的报废产品或销售收购的报废产品、连续不超过 12 个月（指自然月，下同）“反向开票”累计销售额不超过 500 万元（不含增值税，下同）的自然人。

1. 实行“反向开票”的资源回收企业（包括单位和个体工商户，下同），应当符合以下三项条件之一，且实际从事资源回收业务：

（1）从事危险废物收集的，应当符合国家危险废物经营许可证管理办法的要求，取得危险废物经营许可证；

（2）从事报废机动车回收的，应当符合国家商务主管部门出台的报废机动车回收管理办法要求，取得报废机动车回收拆解企业资质认定证书；

（3）除危险废物、报废机动车外，其他资源回收企业应当符合国家商务主管部门出台的再生资源回收管理办法要求，进行经营主体登记，并在商务部门完成再生资源回收经营者备案。

2. 自然人销售报废产品连续 12 个月“反向开票”累计销售额超过 500 万元的，资源回收企业不得再向其“反向开票”。资源回收企业应当引导持续从事报废产品出售业务的自然人依法办理经营主体登记，按照规定自行开具发票。

3. 资源回收企业需要“反向开票”的，应当向主管税务机关提交《资源回收企业“反向开票”申请表》，并提供危险废物经营许可证或报废机动车回收拆解企业资质认定证书或商务部门再生资源回收经营者备案登记证明。

4. 资源回收企业应当通过电子发票服务平台或增值税发票管理系统，在线向出售者反向开具标注“报废产品收购”字样的发票。

5. 资源回收企业“反向开票”，以及纳税人销售报废产品自行开具发票时，应当按照新的《商品和服务税收分类编码表》正确选择“报废产品”类编码。国家税务总局将根据需要适时对《商品和服务税收分类编码表》进行优化调整，并在开票系统中及时更新。

6. 资源回收企业可以根据“反向开票”的实际经营需要，按照规定向主管税务机关申请调整发票额度，或最高开票限额和份数。

7. 资源回收企业销售报废产品适用增值税简易计税方法的，可以反向开具普通发票，不得反向开具增值税专用发票；适用增值税一般计税方法的，可以反向开具增值税专用发票和普通发票。资源回收企业销售报废产品，增值税计税方法发生变更的，应当申请对“反向开票”的票种进行调整。

资源回收企业可以按规定抵扣反向开具的增值税专用发票上注明的税款。

8. 资源回收企业中的增值税一般纳税人销售报废产品，在国家税务总局公告 2024 年第 5 号施行前已按有关规定选择适用增值税简易计税方法的，可以在 2024 年 7 月 31 日前改为选择适用增值税一般计税方法。

除上述情形外，资源回收企业选择增值税简易计税方法计算缴纳增值税后，36 个月内不得变更；变更为增值税一般计税方法后，36 个月内不得再选择增值税简易计税方法。

9. 资源回收企业“反向开票”后，发生销售退回、开票有误、销售折让等情形需要开具红字发票的，由资源回收企业填开《开具红字增值税专用发票信息表》或《红字发票信息确认单》。填开《开具红字增值税专用发票信息表》或《红字发票信息确认单》时，应当填写对应的蓝字发票信息，红字发票需与原蓝字发票一一对应。

10. 资源回收企业向出售者“反向开票”时，应当按规定为出售者代办增值税及附加税费、个人所得税的申报事项，于次月申报期内向主管税务机关报送《代办税费报告表》和《代办税费明细报告表》，并按规定缴纳代办税费。未按规定期限缴纳代办税费的，主管税务机关暂停其“反向开票”资格，并按规定追缴不缴或者少缴的税费、滞纳金。

11. 资源回收企业首次向出售者“反向开票”时，应当就“反向开票”和代办税费事项征得该出售者同意，并保留相关证明材料。该出售者不同意的，资源回收企业不得向其“反向开票”，出售者可以向税务机关申请代开发票。

12. 出售者通过“反向开票”销售报废产品，可按规定享受小规模纳税人月销售额 10 万元以下免征增值税和 3%征收率减按 1%计算缴纳增值税等税费优惠政策。后续如小规模纳税人相关税费优惠政策调整，按照调整后的政策执行。

出售者通过“反向开票”销售报废产品，当月销售额超过 10 万元的，对其“反向开票”的资源回收企业，应当根据当月各自“反向开票”的金额为出售者代办增值税及附加税费申报，并按规定缴纳代办税费。

13. 出售者通过“反向开票”销售报废产品，按照销售额的 0.5%预缴经营所得个人所得税。

出售者在“反向开票”的次年 3 月 31 日前，应当自行向经营管理所在地主管税务机关办理经营所得汇算清缴，资源回收企业应当向出售者提供“反向开票”和已缴税款等信息。

税务机关发现出售者存在未按规定办理经营所得汇算清缴情形的，应当依法采取追缴措施，并要求资源回收企业停止向其“反向开票”。

14. 资源回收企业从事《资源综合利用产品和劳务增值税优惠目录（2022 年版）》所列的资源综合利用项目，其反向开具的发票属于《财政部 税务总局关于完善资源综合利用增值税政策的公告》（财政部 税务总局公告 2021 年第 40 号）第三条第二项第 1 点所述“从销售方取得增值税发票”。

15. 资源回收企业反向开具的发票，符合税收法律、行政法规、规章和规范性文件相关规定的，可以作为本企业所得税税前扣除凭证。不符合规定进行税前扣除的，严格按照《税收征收管理法》《发票管理办法》等有关规定处理。

16. 实行“反向开票”的资源回收企业应当按照《税收征收管理法》及其实施细则的相关规定保存能证明业务真实性的材料，包括收购报废产品的收购合同或协议、运输发票或凭证、货物过磅单、转账支付记录等，并建立收购台账，详细记录每笔收购业务的时间、地点、出售者及联系方式、报废产品名称、数量、价格等，以备查验。纳税人现有账册、系统能够包括上述内容的，无须单独建立台账。

17. 资源回收企业应当对办理“反向开票”业务时提交的相关资料以及资源回收业务的真实性负责，依法履行纳税义务。一经发现资源回收企业提交虚假资料骗取“反向开票”资格或资源回收业务虚假的，税务机关取消其“反向开票”资格，并依法追究责任。

（二）政策解读

1. “反向开票”，是指发票的开具流程与常规流程相反，由购买方（付款方）向销售方（收款方）开具发票的一种开票模式。目前我国的“反向开票”政策主要针对资源回收企业向自然人报废产品出售者回收报废产品环节。

2. 对于“反向开票”中，年销售额不超过500万元（不含增值税）的出售者，在向经营管理所在地主管税务机关办理经营所得汇算清缴时，无法获取完整、准确成本费用资料，不能正确计算年应纳税所得额的，主管税务机关可以在一定时间内采用核定应税所得率方式征收，参照《财政部 国家税务总局关于印发〈关于个人独资企业和合伙企业投资者征收个人所得税的规定〉的通知》（财税〔2000〕91号）中的“商业”行业适用的应税所得率，从低（5%）确定。

3. 资源回收企业中的增值税一般纳税人销售报废产品，在国家税务总局公告2024年第5号施行前已按有关规定选择适用增值税简易计税方法的，可以在2024年7月31日前改为选择适用增值税一般计税方法。除上述情形外，资源回收企业选择增值税简易计税方法计算缴纳增值税后，36 个月内不得变更；变更为增值税一般计税方法后，36 个月内不得再选择增值税简易计税方法。

4. 资源回收企业反向开具的发票对应的销售额，符合规定的，可以享受资源综合利用增值税政策。

5. 资源回收企业反向开具的发票，符合税收法律、行政法规、规章和规范性文件相关规定的，可以作为本企业所得税税前扣除凭证。

6. 实施“反向开票”后，资源回收企业可以按规定开具增值税专用发票或普通发票。若开具专用发票，在“征扣税一致”原则下，实行增值税一般计税方法的资源回收企业，可以抵扣专用发票注明的增值税税额，其购进支出还可据此在企业所得税税前扣除，进一步降低企业成本；若开具普通发票，也可作为资源回收企业所得税税前扣除凭证，解决成本税前扣除堵点问题。

7. 现行政策对实行“反向开票”的资源回收企业提出了建立收购台账、对回收业务真实性负责、严格进行税前扣除管理等要求，并在税费政策执行标准和口径方面做到规范统一，严防不法分子投机钻营。

（三）案例分析

1. 资源回收企业 A 公司、C 公司均已取得“反向开票”资格。自然人甲于 2024 年 8 月向资源回收企业 A 公司销售废纸，不含税销售额为 280 万元，A 公司已向其“反向开票”；自然人甲于 2024 年 9 月向资源回收企业 B 公司销售废纸，不含税销售额为 50 万元，B 公司因不符合“反向开票”条件，未取得“反向开票”资格，未向自然人甲“反向开票”，自然人甲向税务机关申请代开发票；2024 年 10 月，自然人甲向 C 公司销售废纸，不含税销售额为 200 万元。除此之外，自然人甲未发生其他销售报废产品业务。自然人甲向 C 公司销售废纸时，C 公司可否向其“反向开票”？

【分析】2024 年 10 月，自然人甲向 C 公司销售废纸时，其连续不超过 12 个月“反向开票”业务中销售报废产品的累计销售额 480 万元（280+200），未达到 500 万元，因此，C 公司向自然人甲收购废纸，可以向其“反向开票”。

2. D 资源回收公司，主要从事废旧金属、废旧塑料等资源回收业务。该公司为增值税一般纳税人，符合“反向开票”的相关规定。与之交易的是众多自然人，这些自然人向D公司出售自己收集的废旧金属和废旧塑料等报废产品。D公司与自然人乙达成交易，自然人乙向其出售价值30000元的废旧塑料。经双方协商后由D公司反向开具了征收率为3%的增值税专用发票，注明金额为30000元，税额为900元。

【分析】 D公司作为增值税一般纳税人，按照“征扣税一致”原则，可以抵扣专用发票上注明的900元增值税税额。在销售经过加工后的再生塑料产品时，假设销售额为50000元，销项税额=50000×13%=6500（元），抵扣进项税额后的应纳增值税税额=6500-900=5600（元）。这体现了“反向开票”在增值税抵扣环节的重要性，有效降低了企业的增值税税负。

同时，D公司这30000元的购进支出也可以在企业所得税税前扣除，减少企业所得税的应纳税所得额，双重减轻了企业的税收负担。

四、虚开增值税专用发票的处理处罚

（一）政策规定

1. 根据《发票管理办法》的规定，开具发票应当按照规定的时限、顺序、栏目，全部联次一次性如实开具，开具纸质发票应当加盖发票专用章。

任何单位和个人不得有下列虚开发票行为：①为他人、为自己开具与实际经营业务情况不符的发票；②让他人为自己开具与实际经营业务情况不符的发票；③介绍他人开具与实际经营业务情况不符的发票。

违反该办法的规定虚开发票的，由税务机关没收违法所得；虚开金额在1万元以下的，可以并处5万元以下的罚款；虚开金额超过1万元的，并处5万元以上50万元以下的罚款；构成犯罪的，依法追究刑事责任。

2. 根据《中华人民共和国刑法》（以下简称《刑法》）第二百零五条的规定，虚开增值税专用发票或者虚开用于骗取出口退税、抵扣税款的其他发票的，处3年以下有期徒刑或者拘役，并处2万元以上20万元以下罚金；虚开的税款数额较大或者有其他严重情节的，处3年以上10年以下有期徒刑，并处5万元以上50万元以下罚金；虚开的税款数额巨大或者有其他特别严重情节的，处 10 年以上有期徒刑或者无期徒刑，并处 5 万元以上 50 万元以下罚金或者没收财产。

单位犯该条规定之罪的，对单位判处罚金，并对其直接负责的主管人员和其他直接责任人员，处 3 年以下有期徒刑或者拘役；虚开的税款数额较大或者有其他严重情节的，处 3 年以上 10 年以下有期徒刑；虚开的税款数额巨大或者有其他特别严重情节的，处 10 年以上有期徒刑或者无期徒刑。

虚开增值税专用发票或者虚开用于骗取出口退税、抵扣税款的其他发票，是指有为他人虚开、为自己虚开、让他人为自己虚开、介绍他人虚开行为之一的。

3. 根据《最高人民法院 最高人民检察院关于办理危害税收征管刑事案件适用法律若干问题的解释》（法释〔2024〕4 号）第十条的规定，具有下列情形之一的，应当认定为《刑法》第二百零五条第一款规定的“虚开增值税专用发票或者虚开用于骗取出口退税、抵扣税款的其他发票”：

（1）没有实际业务，开具增值税专用发票、用于骗取出口退税、抵扣税款的其他发票的；

（2）有实际应抵扣业务，但开具超过实际应抵扣业务对应税款的增值税专用发票、用于骗取出口退税、抵扣税款的其他发票的；

（3）对依法不能抵扣税款的业务，通过虚构交易主体开具增值税专用发票、用于骗取出口退税、抵扣税款的其他发票的；

（4）非法篡改增值税专用发票或者用于骗取出口退税、抵扣税款的其他发票相关电子信息的；

（5）违反规定以其他手段虚开的。

为虚增业绩、融资、贷款等不以骗抵税款为目的，没有因抵扣造成税款被骗损失的，不以本罪论处，构成其他犯罪的，依法以其他犯罪追究刑事责任。

根据该解释第十一条的规定，虚开增值税专用发票、用于骗取出口退税、抵扣税款的其他发票，税款数额在 10 万元以上的，应当依照《刑法》第二百零五条的规定定罪处罚；虚开税款数额在 50 万元以上、500 万元以上的，应当分别认定为《刑法》第二百零五条第一款规定的“数额较大”“数额巨大”。

具有下列情形之一的，应当认定为《刑法》第二百零五条第一款规定的“其他严重情节”：

（1）在提起公诉前，无法追回的税款数额达到30万元以上的；

（2）5年内因虚开发票受过刑事处罚或者2次以上行政处罚，又虚开增值税专用发票或者虚开用于骗取出口退税、抵扣税款的其他发票，虚开税款数额在30万元以上的；

（3）其他情节严重的情形。

具有下列情形之一的，应当认定为《刑法》第二百零五条第一款规定的“其他特别严重情节”：

（1）在提起公诉前，无法追回的税款数额达到300万元以上的；

（2）5年内因虚开发票受过刑事处罚或者2次以上行政处罚，又虚开增值税专用发票或者虚开用于骗取出口退税、抵扣税款的其他发票，虚开税款数额在300万元以上的；

（3）其他情节特别严重的情形。

以同一购销业务名义，既虚开进项增值税专用发票、用于骗取出口退税、抵扣税款的其他发票，又虚开销项的，以其中较大的数额计算。

以伪造的增值税专用发票进行虚开，达到该条规定标准的，应当以虚开增值税专用发票罪追究刑事责任。

4. 根据《最高人民检察院 公安部关于公安机关管辖的刑事案件立案追诉标准的规定（二）》第五十六条［虚开增值税专用发票、用于骗取出口退税、抵扣税款发票案（《刑法》第二百零五条）］的规定，虚开增值税专用发票或者虚开用于骗取出口退税、抵扣税款的其他发票，虚开的税款数额在10万元以上或者造成国家税款损失数额在5万元以上的，应予立案追诉。

5. 根据《国家税务总局关于纳税人虚开增值税专用发票征补税款问题的公告》（国家税务总局公告2012年第33号）的规定，自2012年8月1日起，纳税人虚开增值税专用发票，未就其虚开金额申报并缴纳增值税的，应按照其虚开金额补缴增值税；已就其虚开金额申报并缴纳增值税的，不再按照其虚开金额补缴增值税。税务机关对纳税人虚开增值税专用发票的行为，应按《税收征收管理法》及《发票管理办法》的有关规定给予处罚。

6. 根据《重大税收违法失信主体信息公布管理办法》（国家税务总局令第 54 号）第六条的规定，虚开增值税专用发票或者虚开用于骗取出口退税、抵扣税款的其他发票的纳税人、扣缴义务人或者其他涉税当事人，属于重大税收违法失信主体。

根据该办法第十五条的规定，税务机关对按该办法规定确定的失信主体，纳入纳税信用评价范围的，按照纳税信用管理规定，将其纳税信用级别判为 D 级，适用相应的 D 级纳税人管理措施。

（二）政策解读

1. 虚开增值税专票犯罪分为两种形式，一种是虚开增值税专用发票，另一种是虚开用于骗取出口退税、抵扣税款的其他发票，比如虚开农产品收购发票。两种形式处理结果一致。

2. 相比于虚开增值税普通发票，虚开增值税专用发票处理更为严格。

3. 如果是单位犯罪，对单位判处罚金，并对其直接负责的主管人员和其他直接责任人员，依照上述的规定进行刑事处罚。对于虚开增值税专用发票的行为，税务机关依法进行追缴税款等行政处理后，会移送司法机关追究刑事责任。不过在司法实践中，对于有实际生产经营活动的企业为非骗税目的且没有造成税款损失的虚开增值税专用发票行为，通常不以虚开增值税专用发票罪定性处理，而是移送税务机关给予行政处罚。

4. 保留相关证据：无论是税务机关进行行政处罚还是司法机关进行刑事诉讼，都需要以证据为依据。因此，涉案企业或个人要注意保留与交易相关的合同、发票、物流凭证、资金流水等证据，以便在处理处罚过程中能够为自己的行为进行合理的解释和辩护。如果对税务机关的处理处罚决定不服，可以依法申请行政复议或提起行政诉讼，此时相关证据将起到重要的作用。

（三）案例分析

1. 2021 年 11 月至 2023 年 1 月，被告单位甲机械加工公司在购买乙五金厂（该五金厂系个体工商户，无开具增值税专用发票资格）货物的过程中，甲机械加工公司原法定代表人兼总经理刘某某安排该公司原经营部部长张某、原主管会计王某某核算需要虚开的增值税专用发票数额后，刘某某等人联系乙五金厂的经营者，由后者联系被告人孙某，商定以支付开票费的方式让孙某为甲机械加工公司虚开增值税专用发票。在没有真实货物交易的情况下，孙某向其代销货物的天津两公司提供虚构的开票信息，陆续向甲机械加工公司虚开增值税专用发票共计 38 份，价税合计 498 万余元。在此过程中，甲机械加工公司通过乙五金厂经营者向被告人孙某支付开票费 19 万元，甲机械加工公司实际抵扣税款计 57. 29 万元。购买发票的“开票费”等支出，能否从犯罪金额中扣除？

【分析】虽然甲机械加工公司与乙五金厂之间有部分真实交易，但甲机械加工公司在支付应付的上述货款之外，另行向乙五金厂支付 3%—4% 的“开票费”，要求乙五金厂找人为其开具税率为 13% 的交易数额为 400 余万元的增值税专用发票，用于抵扣应缴税款，主观上存在让他人为自己虚开增值税专用发票的故意，实际上甲机械加工公司在向乙五金厂购买产品过程中支付的货款并不包含税款，其在支付真实货款之外，又额外向乙五金厂支付的“开票费”并非其向乙五金厂支付的税款，而是“购买”涉案虚开增值税专用发票的费用，该笔款项并未作为国家税收进入国库，故该款项不应在犯罪数额中予以扣除，亦属于国家税款的损失。

2. 某集团公司丙公司，旗下一家子公司丁公司的财务经理为了个人私利，在未经集团公司同意的情况下，私自虚开增值税专用发票税额 30 万元，用于个人非法获利。集团公司在内部审计中发现了该问题，并及时向税务机关报告。这个案例中，丁公司和丙公司可能面临什么后果？

【分析】在这个案例中，主要责任在于子公司丁公司的财务经理个人，因为他的行为是出于个人私利，没有体现集团公司的意志。对于财务经理个人，其虚开税款数额在 5 万元以上不满 50 万元，构成虚开增值税专用发票罪，可能面临 3 年以下有期徒刑或者拘役，并处 2 万元以上 20 万元以下罚金。

丁公司虽然可能会受到一定的税务处罚，如补缴税款、滞纳金，纳税信用等级受到影响等，但由于集团公司及时发现并报告问题，在一定程度上可以减轻集团公司层面被认定为单位犯罪的风险。不过，如果集团公司在管理上存在漏洞，也可能需要承担相应的管理责任。

第七节　增值税的征收管理

一、纳税义务发生时间

（一）政策规定

1. 根据《增值税暂行条例实施细则》第三十八条的规定，《增值税暂行条例》第十九条第一款第一项规定的收讫销售款项或者取得索取销售款项凭据的当天，按销售结算方式的不同，具体为：

（1）采取直接收款方式销售货物，不论货物是否发出，均为收到销售款或者取得索取销售款凭据的当天；

（2）采取托收承付和委托银行收款方式销售货物，为发出货物并办妥托收手续的当天；

（3）采取赊销和分期收款方式销售货物，为书面合同约定的收款日期的当天，无书面合同的或者书面合同没有约定收款日期的，为货物发出的当天；

（4）采取预收货款方式销售货物，为货物发出的当天，但生产销售生产工期超过12个月的大型机械设备、船舶、飞机等货物，为收到预收款或者书面合同约定的收款日期的当天；

（5）委托其他纳税人代销货物，为收到代销单位的代销清单或者收到全部或者部分货款的当天。未收到代销清单及货款的，为发出代销货物满180天的当天；

（6）销售应税劳务，为提供劳务同时收讫销售款或者取得索取销售款的凭据的当天；

（7）纳税人发生该细则第四条第三项至第八项所列视同销售货物行为，为货物移送的当天。

2. 根据《国家税务总局关于增值税纳税义务发生时间有关问题的公告》（国家税务总局公告2011年第40号）的规定，纳税人生产经营活动中采取直接收款方式销售货物，已将货物移送对方并暂估销售收入入账，但既未取得销售款或取得索取销售款凭据也未开具销售发票的，其增值税纳税义务发生时间为取得销售款或取得索取销售款凭据的当天；先开具发票的，为开具发票的当天。

3. 根据《财政部 国家税务总局关于全面推开营业税改征增值税试点的通知》(财税〔2016〕36 号) 附件 1《营业税改征增值税试点实施办法》第四十五条、《财政部 税务总局关于建筑服务等营改增试点政策的通知》(财税〔2017〕58 号) 第二条的规定，增值税纳税义务、扣缴义务发生时间为：

(1) 纳税人发生应税行为并收讫销售款项或者取得索取销售款项凭据的当天；先开具发票的，为开具发票的当天。

收讫销售款项，是指纳税人销售服务、无形资产、不动产过程中或者完成后收到款项。

取得索取销售款项凭据的当天，是指书面合同确定的付款日期；未签订书面合同或者书面合同未确定付款日期的，为服务、无形资产转让完成的当天或者不动产权属变更的当天。

(2) 纳税人提供租赁服务采取预收款方式的，其纳税义务发生时间为收到预收款的当天。

(3) 纳税人从事金融商品转让的，为金融商品所有权转移的当天。

(4) 纳税人发生财税〔2016〕36 号文件附件 1《营业税改征增值税试点实施办法》第十四条规定的视同销售服务、无形资产或不动产情形的，其纳税义务发生时间为服务、无形资产转让完成的当天或者不动产权属变更的当天。

(5) 增值税扣缴义务发生时间为纳税人增值税纳税义务发生的当天。

(二) 政策解读

1. 一般情况下，销售货物、劳务、服务、无形资产或不动产，纳税义务发生时间为收讫销售款或取得索取销售款凭据的当天。先开具发票的，为开具发票的当天。

2. 纳税人生产经营活动中采取直接收款方式销售货物，已将货物移送对方并暂估销售收入入账，但既未取得销售款或取得索取销售款凭据，也未开具销售发票的，其增值税纳税义务发生时间为取得销售款或取得索取销售款凭据的当天；先开具发票的，为开具发票的当天。

3. 进口货物，纳税义务发生时间为报关进口的当天。

4. 增值税扣缴义务发生时间为增值税纳税义务发生的当天。

5. 纳税人提供建筑服务取得预收款，应在收到预收款时，以取得的预收款扣除支付的分包款后的余额，按照规定的预征率预缴增值税。纳税义务发生时间是纳税人发生应税行为并收讫销售款项或者取得索取销售款项凭据的当天；先开具发票的，为开具发票的当天。

6. 先开具发票的，为开具发票的当天。企业应谨慎开具发票，确保发票内容的真实性和准确性，避免因提前开票或虚开发票而引发税务风险。如果在业务尚未完成或款项尚未结算的情况下提前开具发票，要及时确认纳税义务并进行申报纳税。

（三）案例分析

1. 甲公司为增值税一般纳税人，2021 年 1 月出租 2018 年购置的一处仓库，租赁合同约定，租赁期 1 年，甲公司 1 月收取第一季度租金 4 万元。甲公司上述业务的纳税义务发生时间是什么时候？

【分析】纳税人提供租赁服务采取预收款方式的，纳税义务发生时间为收到预收款的当天。因此，甲公司上述业务销项税额 = 4 × 9% = 0. 36（万元）。

2. 乙建筑公司采用预收款方式承接一个建筑项目，在 2024 年 12 月 1 日收到发包方支付的预收款 100 万元，乙建筑公司应当如何缴纳增值税？

【分析】乙建筑公司应在收到预收款时按规定预缴增值税。

如果乙公司在 2025 年 2 月 1 日完成建筑服务并收讫剩余款项，或者按照合同约定取得索取剩余款项的凭据，那么纳税义务发生时间为 2025 年 2 月 1 日。但如果乙公司在 2024 年 12 月 1 日收到预收款时就开具了发票，那么纳税义务发生时间为 2024 年 12 月 1 日。

二、建筑服务增值税的征收管理

（一）政策规定

1. 根据《财政部 国家税务总局关于全面推开营业税改征增值税试点的通知》（财税〔2016〕36号）附件2《营业税改征增值税试点有关事项的规定》第一条第七项规定：

（1）一般纳税人以清包工方式提供的建筑服务，可以选择适用简易计税方法计税。

以清包工方式提供建筑服务，是指施工方不采购建筑工程所需的材料或只采购辅助材料，并收取人工费、管理费或者其他费用的建筑服务。

（2）一般纳税人为甲供工程提供的建筑服务，可以选择适用简易计税方法计税。甲供工程，是指全部或部分设备、材料、动力由工程发包方自行采购的建筑工程。

（3）一般纳税人为建筑工程老项目提供的建筑服务，可以选择适用简易计税方法计税。

建筑工程老项目，是指：①《建筑工程施工许可证》注明的合同开工日期在2016年4月30日前的建筑工程项目；②未取得《建筑工程施工许可证》的，建筑工程承包合同注明的开工日期在2016年4月30日前的建筑工程项目。

2. 根据《纳税人跨县（市、区）提供建筑服务增值税征收管理暂行办法》（国家税务总局公告2016年第17号）第二条的规定，该办法所称跨县（市、区）提供建筑服务，是指单位和个体工商户在其机构所在地以外的县（市、区）提供建筑服务。

纳税人在同一直辖市、计划单列市范围内跨县（市、区）提供建筑服务的，由直辖市、计划单列市税务局决定是否适用该办法。

其他个人跨县（市、区）提供建筑服务，不适用该办法。

根据该办法第三条的规定，纳税人跨县（市、区）提供建筑服务，应按照财税〔2016〕36号文件规定的纳税义务发生时间和计税方法，向建筑服务发生地主管税务机关预缴税款，向机构所在地主管税务机关申报纳税。

《建筑工程施工许可证》未注明合同开工日期，但建筑工程承包合同注明的开工日期在2016年4月30日前的建筑工程项目，属于财税〔2016〕36号文件规定的可以选择简易计税方法计税的建筑工程老项目。

根据该办法第四条的规定，纳税人跨县（市、区）提供建筑服务，按照以下规定预缴税款：

（1）一般纳税人跨县（市、区）提供建筑服务，适用一般计税方法计税的，以取得的全部价款和价外费用扣除支付的分包款后的余额，按照2%的预征率计算应预缴税款。

（2）一般纳税人跨县（市、区）提供建筑服务，选择适用简易计税方法计税的，以取得的全部价款和价外费用扣除支付的分包款后的余额，按照3%的征收率计算应预缴税款。

（3）小规模纳税人跨县（市、区）提供建筑服务，以取得的全部价款和价外费用扣除支付的分包款后的余额，按照3%的征收率计算应预缴税款。

根据该办法第五条的规定，纳税人跨县（市、区）提供建筑服务，按照以下公式计算应预缴税款：

（1）适用一般计税方法计税的：

应预缴税款=（全部价款和价外费用-支付的分包款）÷（1+9%）×2%

（2）适用简易计税方法计税的：

应预缴税款=（全部价款和价外费用-支付的分包款）÷（1+3%）×3%

纳税人取得的全部价款和价外费用扣除支付的分包款后的余额为负数的，可结转下次预缴税款时继续扣除。

纳税人应按照工程项目分别计算应预缴税款，分别预缴。

根据该办法第六条的规定，纳税人按照上述规定从取得的全部价款和价外费用中扣除支付的分包款，应当取得符合法律、行政法规和国家税务总局规定的合法有效凭证，否则不得扣除。上述凭证是指：

（1）从分包方取得的2016年4月30日前开具的建筑业营业税发票。

上述建筑业营业税发票在2016年6月30日前可作为预缴税款的扣除凭证。

（2）从分包方取得的2016年5月1日后开具的，备注栏注明建筑服务发生地所在县（市、区）、项目名称的增值税发票。

（3）国家税务总局规定的其他凭证。

（二）政策解读

1. 建筑服务包括工程服务、安装服务、修缮服务、装饰服务和其他建筑服务。在中华人民共和国境内提供建筑服务的单位和个人，为增值税纳税人。

2. 纳税义务人一般是提供建筑服务的建筑企业、个体工商户等。

对于扣缴义务人，政策规定，境外单位或者个人在境内提供应税建筑服务，在境内未设有经营机构的，以购买方为扣缴义务人。

3. 对于纳税义务发生时间，政策规定，以纳税人发生应税建筑服务行为并收讫销售款项或者取得索取销售款项凭据的当天为纳税义务发生时间；先开具发票的，为开具发票的当天。

4. 一般纳税人跨县（市、区）提供建筑服务，适用一般计税方法计税的，以取得的全部价款和价外费用扣除支付的分包款后的余额，按照2%的预征率预缴税款。

适用简易计税方法计税的，以取得的全部价款和价外费用扣除支付的分包款后的余额，按照3%的预征率预缴税款。

5. 在同一县（市、区）提供建筑服务，一般不需要预缴税款，按照正常的纳税申报程序申报纳税。

6. 纳税人跨县（市、区）提供建筑服务，向建筑服务发生地主管税务机关预缴的增值税税款，可以在当期增值税应纳税额中抵减，抵减不完的，结转下期继续抵减。

7. 纳税人以预缴税款抵减应纳税额，应以完税凭证作为合法有效凭证。

8. 发票管理方面，提供建筑服务，纳税人自行开具或者税务机关代开增值税发票时，应在发票的备注栏注明建筑服务发生地县（市、区）名称及项目名称。这有助于税务机关对建筑项目的监管和税收征管。

（三）案例分析

1. 甲建筑企业为增值税一般纳税人，位于甲省A市，2024年5月在乙省B市取得含税建筑工程款8000万元；支付含税分包工程款3600万元，分包款取得合法有效凭证。该建筑服务项目适用一般计税方法。甲建筑企业当月应在乙省B市预缴多少增值税？

【分析】 一般纳税人跨县（市、区）提供建筑服务，适用一般计税方法的，以取得的全部价款和价外费用扣除支付的分包款后的余额，按照2%的预征率计算应预缴税款。

甲建筑企业应当预缴增值税＝（8000－3600）÷（1+9%）×2%＝80.73（万元）

2. 乙建筑公司（一般纳税人）跨县承接了一个住宅建设项目，合同总价（含税）为5450万元，支付给分包商的分包款为1090万元。乙建筑公司应如何预缴增值税？

【分析】（1）计算预缴税款的销售额：

销售额＝（全部价款和价外费用－支付的分包款）÷（1＋税率）＝（5450－1090）÷（1+9%）＝4000（万元）

（2）计算预缴税款：

预缴税款＝销售额×预征率＝4000×2%＝80（万元）

（3）跨县（市、区）提供建筑服务预缴税款的规定，是为了平衡建筑服务发生地和机构所在地的税收利益。在这个案例中，乙建筑公司需要先按照规定在建筑服务发生地预缴税款，这部分预缴税款可以在后期申报纳税时进行扣除。

附录 《增值税法》与现行增值税重要政策对比

2024 年 12 月 25 日，第十四届全国人民代表大会常务委员会第十三次会议审议通过了《中华人民共和国增值税法》（以下简称《增值税法》），自 2026 年 1 月 1 日起施行。为便于读者学习参考，我们特别整理了《增值税法》与现行的《增值税暂行条例》以及财税〔2016〕36 号文件的条文对照表。此对照表以直观清晰的方式，展现了核心政策的重要变化。快来扫码，即刻获取详细信息吧！

第二章　消费税

第一节　征税范围与税率

一、消费税征税范围和税率的一般规定

（一）政策规定

1. 根据《中华人民共和国消费税暂行条例》（以下简称《消费税暂行条例》）第一条的规定，在中华人民共和国境内生产、委托加工和进口该条例规定的消费品的单位和个人，以及国务院确定的销售该条例规定的消费品的其他单位和个人，为消费税的纳税人。

2. 根据《消费税暂行条例》、《财政部 国家税务总局关于调整消费税政策的通知》（财税〔2014〕93 号）、《财政部 国家税务总局关于对电池涂料征收消费税的通知》（财税〔2015〕16 号）、《财政部 海关总署 税务总局关于对电子烟征收消费税的公告》（财政部 海关总署 税务总局公告 2022 年第 33 号）等政策的规定，目前应征消费税的消费品共有 15 类，分别是烟、酒、高档化妆品、贵重首饰及珠宝玉石、鞭炮及焰火、成品油、摩托车、小汽车、高尔夫球及球具、高档手表、游艇、木制一次性筷子、实木地板、电池、涂料。根据《国家税务总局关于电子烟消费税征收管理有关事项的公告》（国家税务总局公告 2022 年第 22 号）的规定，应税消费品名称、税率和计量单位见表 2-1。

表 2-1　　应税消费品名称、税率和计量单位对照

应税消费品名称	比例税率	定额税率	计量单位
一、烟			
1. 卷烟			
（1）工业			
①甲类卷烟［调拨价 70 元（不含增值税）/条以上（含 70 元）］	56%	30 元/万支	万支
②乙类卷烟［调拨价 70 元（不含增值税）/条以下］	36%	30 元/万支	
（2）商业批发	11%	50 元/万支	
2. 雪茄烟	36%	—	支
3. 烟丝	30%	—	千克
4. 电子烟（烟弹、烟具以及烟弹与烟具组合销售的电子烟产品）			
（1）工业	36%	—	盒
（2）商业批发	11%	—	盒
二、酒			
1. 白酒	20%	0.5 元/500 克（毫升）	500 克（毫升）
2. 黄酒	—	240 元/吨	吨
3. 啤酒			
（1）甲类啤酒［出厂价格 3000 元（不含增值税）/吨以上（含 3000 元）］	—	250 元/吨	吨
（2）乙类啤酒［出厂价格 3000 元（不含增值税）/吨以下］	—	220 元/吨	
4. 其他酒	10%	—	吨
三、高档化妆品	15%	—	实际使用计量单位
四、贵重首饰及珠宝玉石			
1. 金银首饰、铂金首饰和钻石及钻石饰品	5%	—	实际使用计量单位
2. 其他贵重首饰和珠宝玉石	10%	—	
五、鞭炮、焰火	15%	—	实际使用计量单位

续表

应税消费品名称	比例税率	定额税率	计量单位
六、成品油			
1. 汽油	—	1.52元/升	升
2. 柴油	—	1.20元/升	
3. 航空煤油（暂缓征收）	—	1.20元/升	
4. 石脑油	—	1.52元/升	
5. 溶剂油	—	1.52元/升	
6. 润滑油	—	1.52元/升	
7. 燃料油	—	1.20元/升	
七、摩托车			
1. 气缸容量（排气量，下同）= 250毫升	3%	—	辆
2. 气缸容量>250毫升	10%	—	
八、小汽车			
1. 乘用车			
（1）气缸容量（排气量，下同）≤1.0升	1%	—	辆
（2）1.0升<气缸容量≤1.5升	3%	—	
（3）1.5升<气缸容量≤2.0升	5%	—	
（4）2.0升<气缸容量≤2.5升	9%	—	
（5）2.5升<气缸容量≤3.0升	12%	—	
（6）3.0升<气缸容量≤4.0升	25%	—	
（7）气缸容量>4.0升	40%	—	
2. 中轻型商用客车	5%	—	
3. 超豪华小汽车	10%	—	
九、高尔夫球及球具	10%	—	实际使用计量单位
十、高档手表	20%	—	只
十一、游艇	10%	—	艘
十二、木制一次性筷子	5%	—	万双
十三、实木地板	5%	—	平方米
十四、电池	4%	—	只
十五、涂料	4%	—	吨

3. 根据《财政部 国家税务总局关于调整消费税政策的通知》（财税〔2014〕93号）的规定，自2014年12月1日起取消汽车轮胎税目。

4. 根据《财政部 国家税务总局关于调整消费税政策的通知》（财税〔2014〕93号）的规定，自2014年12月1日起取消气缸容量250毫升（不含）以下的小排量摩托车消费税。气缸容量250毫升和250毫升（不含）以上的摩托车，继续分别按3%和10%的税率征收消费税。

5. 根据《财政部 国家税务总局关于对超豪华小汽车加征消费税有关事项的通知》（财税〔2016〕129号）的规定，自2016年12月1日起，“小汽车”税目下增设“超豪华小汽车”子税目。征收范围为每辆零售价格130万元（不含增值税）及以上的乘用车和中轻型商用客车，即乘用车和中轻型商用客车子税目中的超豪华小汽车。对超豪华小汽车，在生产（进口）环节按现行税率征收消费税基础上，在零售环节加征消费税，税率为10%。

6. 根据《财政部 国家税务总局关于对电池涂料征收消费税的通知》（财税〔2015〕16号）的规定，自2015年2月1日起，将电池、涂料列入消费税征收范围，在生产、委托加工和进口环节征收，适用税率均为4%。

（二）政策解读

1. 消费税是以特定消费品为课税对象所征收的一种税，属于流转税的范畴。消费税在对货物普遍征收增值税的基础上，选择部分消费品再征收一道消费税，目的是调节产品结构、引导消费方向、保证国家财政收入。

早在1950年，由当时的政务院颁布的《全国税政实施要则》就首次规定了“特种消费行为税”。1953年税制改革时，我国对工商业营业税进行了调整，特种消费行为税的名称更改为文化娱乐税。消费税自1994年开始设立，并非对所有消费行为征税，主要针对部分商品征税，税率从1%—56%不等（另有部分定额税率和复合税率）。

消费税的征收范围主要有三类。一是高污染、高耗能的消费品，比如鞭炮、焰火，成品油，摩托车，小汽车，木质一次性筷子，实木地板，电池，涂料等。二是过度消费不利于健康的消费品，比如烟、酒等。三是高收入群体的奢侈品消费，比如高档化妆品、贵重首饰及珠宝玉石、高尔夫球及球具、高档手表、游艇等。

2. 相比于增值税，消费税征税环节较为单一，主要可以概括为以下六大类。一是生产销售环节。生产销售是消费税征收的主要环节，对于大多数应税消费品而言，在生产销售环节征税以后，流通环节不用再缴纳消费税。二是批发环节。卷烟除在生产销售环节征收消费税外，在批发环节也征收消费税。三是零售环节。在零售环节征收消费税的税目主要为金银首饰、钻石、钻石饰品和超豪华小汽车。四是移送环节。将生产的应税消费品换取生产资料、消费资料、投资入股、偿还债务，以及用于继续生产应税消费品以外的其他方面的，应于移送使用时缴纳消费税。五是委托加工环节。委托加工的应税消费品，除受托方为个人外，由受托方在向委托方交货时代收代缴税款。六是进口环节。进口的应税消费品，于报关进口时纳税。

3. 消费税为全额中央税。财政部的数据显示，2023 年，全国消费税收入规模高达 1.61 万亿元，占整体税收比重的 8.9%，规模和占比仅次于增值税（38.3%）和企业所得税（22.7%），也是目前四大税种（增值税、消费税、企业所得税和个人所得税）中唯一尚未实行央地共享的税种。

2023 年《中国税务年鉴》统计，我国消费税收入主要来自烟、成品油、汽车、酒的消费税税目，分别占总消费税收入比重 50.96%（生产加部分批发环节合计）、35.48%、6.92%、4.57%，而其他税目消费税收入合计仅占 2.07%。

4. 消费税是典型的间接税，实行价内税，税款最终由消费者承担。

（三）案例分析

甲公司是一家商业银行，主营业务包括吸收存款、发放贷款、票据贴现、销售金条等。销售金条是否需要缴纳消费税？

【分析】 根据《财政部 国家税务总局关于调整金银首饰消费税纳税环节有关问题的通知》（财税字〔1994〕95 号）第一条的规定，改为零售环节征收消费税的金银首饰，范围仅限于金、银和金基、银基合金首饰，以及金、银和金基、银基合金的镶嵌首饰。金条不属于金银首饰范围，因此不需要缴纳消费税。

二、烟的消费税政策

（一）政策规定

1. 烟的消费税征收范围包括：卷烟、雪茄烟、烟丝和电子烟。

2. 根据《财政部 国家税务总局关于调整烟类产品消费税政策的通知》（财税〔2001〕91号）第三条的规定，生产销售卷烟，计税依据按以下方式确定：①从量定额计税办法的计税依据为卷烟的实际销售数量。②从价定率计税办法的计税依据为卷烟的调拨价格或者核定价格。③计税价格和核定价格确定以后，执行计税价格的卷烟，国家每年根据卷烟实际交易价格的情况，对个别市场交易价格变动较大的卷烟，以交易中心或者交易会的调拨价格为基础对其计税价格进行适当调整。执行核定价格的卷烟，由税务机关按照零售价格变动情况进行调整。④实际销售价格高于计税价格和核定价格的卷烟，按实际销售价格征收消费税；实际销售价格低于计税价格和核定价格的卷烟，按计税价格或核定价格征收消费税。⑤非标准条包装卷烟应当折算成标准条包装卷烟的数量，依其实际销售收入计算确定其折算成标准条包装后的实际销售价格，并确定适用的比例税率。折算的实际销售价格高于计税价格的，应按照折算的实际销售价格确定适用比例税率；折算的实际销售价格低于计税价格的，应按照同牌号规格标准条包装卷烟的计税价格和适用税率征税。

进口卷烟、委托加工卷烟、自产自用卷烟从量定额计税的依据分别为海关核定的进口征税数量、委托方收回数量、移送使用数量；从价定率计税的计税依据按《消费税暂行条例》及其有关的法规执行。

3. 根据《财政部 国家税务总局关于调整烟产品消费税政策的通知》（财税〔2009〕84号）的规定，调整卷烟消费税税率。甲类卷烟，即每标准条（200支，下同）调拨价格在70元（不含增值税）以上（含70元）的卷烟，税率调整为56%。乙类卷烟，即每标准条调拨价格在70元（不含增值税）以下的卷烟，税率调整为36%。卷烟的从量定额税率不变，即0.003/支。

4. 根据《财政部 国家税务总局关于调整烟产品消费税政策的通知》

（财税〔2009〕84号）的规定，自2009年5月1日起，在卷烟批发环节加征一道从价税。

（1）纳税义务人：在中华人民共和国境内从事卷烟批发业务的单位和个人。

（2）适用税率：5%。

（3）计税依据：纳税人批发卷烟的销售额（不含增值税）。

（4）征收范围：纳税人批发销售的所有牌号规格的卷烟。

（5）纳税人应将卷烟销售额与其他商品销售额分开核算，未分开核算的，一并征收消费税。

（6）纳税人销售给纳税人以外的单位和个人的卷烟于销售时纳税。纳税人之间销售的卷烟不缴纳消费税。

（7）纳税义务发生时间：纳税人收讫销售款或者取得索取销售款凭据的当天。

（8）纳税地点：卷烟批发企业的机构所在地，总机构与分支机构不在同一地区的，由总机构申报纳税。

（9）卷烟消费税在生产和批发两个环节征收后，批发企业在计算纳税时不得扣除已含的生产环节的消费税税款。

5. 根据《财政部 国家税务总局关于调整卷烟消费税的通知》（财税〔2015〕60号）的规定，自2015年5月10日起，将卷烟批发环节从价税税率由5%提高至11%，并按0.005元/支加征从量税。

6. 根据《财政部 国家税务总局关于调整卷烟消费税的通知》（财税〔2015〕60号）第二条的规定，纳税人兼营卷烟批发和零售业务的，应当分别核算批发和零售环节的销售额、销售数量；未分别核算批发和零售环节销售额、销售数量的，按照全部销售额、销售数量计征批发环节消费税。

7. 电子烟征收消费的法律依据。

（1）根据《中华人民共和国烟草专卖法实施条例》第六十五条的规定，电子烟等新型烟草制品参照该条例卷烟的有关规定执行。该条例自公布之日起施行。

（2）2022年3月11日，国家烟草专卖局发布《电子烟管理办法》，自2022年5月1日起施行，包括总则、生产与质量管理、销售管理、进出口贸易和对外经济技术合作、监督检查、附则，共六章四十五条，对中华人民共和国境内电子烟生产、销售、运输、进出口和监督管理等活动作出规定。

主要内容为：一是明确电子烟定义和监管对象；二是对电子烟生产、批发和零售主体实行许可证管理，电子烟许可证管理不新设行政许可种类，仅在烟草专卖生产、批发和零售许可证的许可范围中增加相应条目；三是对电子烟销售实行渠道管理，建立电子烟交易管理平台，规范电子烟销售方式；四是对电子烟产品质量进行全程管理，建立电子烟产品技术审评和追溯制度；五是对电子烟运输和进出口依法实施监管。

（3）根据《财政部 海关总署 税务总局关于对电子烟征收消费税的公告》（财政部 海关总署 税务总局公告 2022 年第 33 号）的规定，自 2022 年 11 月 1 日起，将电子烟纳入消费税征收范围，在烟税目下增设电子烟子目，电子烟实行从价定率的办法计算纳税。在中华人民共和国境内生产（进口）、批发电子烟的单位和个人为消费税纳税人。电子烟生产（进口）环节的税率为 36%，批发环节的税率为 11%。电子烟是指用于产生气溶胶供人抽吸等的电子传输系统，包括烟弹、烟具以及烟弹与烟具组合销售的电子烟产品。烟弹是指含有雾化物的电子烟组件。烟具是指将雾化物雾化为可吸入气溶胶的电子装置。

电子烟生产环节纳税人，是指取得烟草专卖生产企业许可证，并取得或经许可使用他人电子烟产品注册商标（以下称持有商标）的企业。通过代加工方式生产电子烟的，由持有商标的企业缴纳消费税。电子烟批发环节纳税人，是指取得烟草专卖批发企业许可证并经营电子烟批发业务的企业。电子烟进口环节纳税人，是指进口电子烟的单位和个人。

纳税人生产、批发电子烟的，按照生产、批发电子烟的销售额计算纳税。电子烟生产环节纳税人采用代销方式销售电子烟的，按照经销商（代理商）销售给电子烟批发企业的销售额计算纳税。纳税人进口电子烟的，按照组成计税价格计算纳税。

电子烟生产环节纳税人从事电子烟代加工业务的，应当分开核算持有商标电子烟的销售额和代加工电子烟的销售额；未分开核算的，一并缴纳消费税。

8. 烟的消费税应纳税额，根据《消费税暂行条例》第五条的规定，计算公式为：

实行复合计税办法计算的应纳税额＝销售额×比例税率＋销售数量×定额税率

（二）政策解读

1. 卷烟在生产、委托加工、进口环节和批发环节均是复合计税。

2. 外购已税烟丝生产的卷烟，可以销售额扣除外购已税消费品买价后的余额作为计税价格计征消费税。

3. 卷烟的消费税自1994年开始征收，至2009年5月1日起增加批发环节消费税。

4. 批发商之间销售卷烟不缴纳消费税。

5. 卷烟消费税在生产和批发两个环节征收后，批发企业在计算纳税时不得扣除已含的生产环节的消费税税款。

6. 纳税人应将卷烟销售额与其他商品销售额分开核算，未分开核算的，一并征收消费税。

7. 我国烟草消费税分别于1994年、1998年、2001年、2009年、2015年、2022年进行过六次调整。

（1）1994年开始对卷烟征收消费税。1994年以前，烟草与其他行业一样统征60%的产品税。

1994年实行“分税制”后，将产品税改征增值税，并新增了卷烟消费税税种，各类卷烟按出厂价统一计征40%的消费税。

（2）1998年对卷烟消费税税制进行改革。

由单一税率改为差别税率，税率调整为三档：一类烟50%，二、三类烟40%，四、五类烟25%。

（3）2001年卷烟消费税调整实行从量与从价相结合的复合计税方法。

按量每5万支卷烟计征150元的定额税；从价计征调整为二档，即每条调拨价50元以上的税率为45%，50元以下的税率为30%。税改后，低档卷烟的税率由25%提高到30%，再加上每箱开征150元的从量税，大幅度提高了低档卷烟的税负。

（4）2009年卷烟消费税调整。

主要内容包括两方面：一是对征收环节进行调整，由原在生产环节征收调整为在生产环节与批发环节征收，且在批发环节加征一道从价税，消费税税率为5%。二是生产环节的税率调整。每条调拨价格在70元以上（含70元）的甲类卷烟，税率调整为56%；每条调拨价格在70元以下的乙类卷烟，税率调整为36%。

（5）2015年进行卷烟消费税调整。

这次调税政策是从2015年5月10日起，将甲、乙类卷烟批发环节的从价税率由5%提高至11%，并在批发环节加征从量税0.005元/支（250元/箱）。调税之后，卷烟批发环节从价税率提高6个百分点，加上新增加的从量税以及城市维护建设税、教育费附加等，全年烟草税收入在自然增长基础上增加中央财政收入800亿元。

（6）2022年将电子烟纳入消费税征税范围。

自2022年11月1日起将电子烟纳入消费税征收范围，在烟税目下增设电子烟子目，电子烟实行从价定率的办法计算纳税。电子烟生产（进口）环节的税率为36%，批发环节的税率为11%。这一调整弥补了此前税收制度在这一领域的空白，使税收体系更加完整，确保各类烟草制品在税收政策上的一致性，维护了税收制度的公平性与完整性。

（三）案例分析

1. 甲卷烟厂生产领用外购已税烟丝全部加工成某品牌卷烟12箱，该品牌卷烟不含税调拨价每标准条70元，最高不含税售价每标准条80元。将其中的10箱作为福利发给本厂职工，2箱用于抵债。1箱为250条。则甲卷烟厂应缴纳的消费税是多少？

【分析】 甲卷烟厂用于职工福利的10箱卷烟视同销售，应缴纳的消费税税额=(10×250×70×56%+10×150)÷10000=9.95（万元）。

用于抵债的2箱卷烟应缴纳的消费税税额=(2×250×80×56%+2×150)÷10000=2.27（万元）

应缴纳消费税合计=9.95+2.27=12.22（万元）

2. 乙卷烟销售企业为增值税一般纳税人，在2024年11月发生了以下业务：

（1）向其他卷烟批发商销售A牌卷烟100箱，每箱不含税售价为2万元，开具增值税专用发票注明销售额200万元。

（2）向零售商批发销售B牌卷烟50箱，每箱不含税售价为3万元，开具增值税专用发票注明销售额150万元。

（3）直接零售C牌卷烟20箱，每箱含税售价为4.52万元，共取得含税销售额90.4万元。

当月乙卷烟销售企业应缴纳的消费税税额是多少？假设乙卷烟销售企业没有分别核算批发和零售环节的销售金额及销售数量，应缴纳的消费税税额是多少？

【分析】（1）2024年11月乙卷烟销售企业应缴纳的消费税税额计算过程如下：

①批发环节消费税。

向其他卷烟批发商销售：根据规定，卷烟批发企业之间销售卷烟不缴纳消费税。

向零售商批发销售：应纳消费税从价计征部分为150×11%＝16.5（万元）；从量计征部分，每箱50000支，50箱卷烟的从量消费税为50×50000×0.005÷10000＝1.25（万元）。所以，乙卷烟销售企业向零售商批发销售B牌卷烟应缴纳的消费税＝16.5+1.25＝17.75（万元）。

②零售环节消费税。

根据相关规定，卷烟在零售环节不缴纳消费税。

（2）未分别核算的情况。

假设该企业未分别核算批发与零售环节的销售额及销售数量，则应按照全部销售额、销售数量计征批发环节消费税：

全部销售额＝200+150+90.4÷（1+13%）＝430（万元）

从价计征消费税＝430×11%＝47.3（万元）

全部销售数量＝100+50+20＝170（箱）

从量计征消费税＝170×50000×0.005÷10000＝4.25（万元）

应缴纳消费税＝47.3+4.25＝51.55（万元）

因此，乙卷烟销售企业2024年11月应缴纳的消费税税额为17.75万元；假设乙卷烟销售企业没有分别核算批发和零售环节的销售金额，应缴纳的消费税税额是51.55万元。

三、白酒的消费税政策

（一）政策规定

1. 根据《国家税务总局关于加强白酒消费税征收管理的通知》（国税函〔2009〕380号）附件《白酒消费税最低计税价格核定管理办法（试行）》第二条的规定，白酒生产企业销售给销售单位的白酒，生产企业消费税计税价格低于销售单位对外销售价格（不含增值税）70%以下的，税务机关应核定消费税最低计税价格。

根据《国家税务总局关于白酒消费税最低计税价格核定问题的公告》（国家税务总局公告2015年第37号）的规定，自2015年6月1日起，纳税人将委托加工收回的白酒销售给销售单位，消费税计税价格低于销售单位对外销售价格（不含增值税）70%以下，属于《消费税暂行条例》第十条规定的情形，应该按照《国家税务总局关于加强白酒消费税征收管理的通知》（国税函〔2009〕380号）规定的核价办法，核定消费税最低计税价格。

《消费税暂行条例》第十条规定，纳税人应税消费品的计税价格明显偏低且无正当理由的，由主管税务机关核定其价格。

根据《国家税务总局关于进一步加强白酒消费税征收管理工作的通知》（税总函〔2017〕144号）第三条的规定，自2017年5月1日起，白酒消费税最低计税价格核定比例由50%—70%统一调整为60%。已核定最低计税价格的白酒，税务机关应按照调整后的比例重新核定。

2. 根据《国家税务总局关于加强白酒消费税征收管理的通知》（国税函〔2009〕380号）附件《白酒消费税最低计税价格核定管理办法（试行）》第十条的规定，已核定最低计税价格的白酒，销售单位对外销售价格持续上涨或下降时间达到3个月以上、累计上涨或下降幅度在20%（含）以上的白酒，税务机关重新核定最低计税价格。

3. 根据《国家税务总局关于加强白酒消费税征收管理的通知》（国税函〔2009〕380号）附件《白酒消费税最低计税价格核定管理办法（试行）》

第九条的规定，已核定最低计税价格的白酒，生产企业实际销售价格高于消费税最低计税价格的，按实际销售价格申报纳税；实际销售价格低于消费税最低计税价格的，按最低计税价格申报纳税。

4. 根据《国家税务总局关于酒类产品消费税政策问题的通知》（国税发〔2002〕109号）第三条关于“品牌使用费”征税问题的规定，白酒生产企业向商业销售单位收取的“品牌使用费”是随着应税白酒的销售而向购货方收取的，属于应税白酒销售价款的组成部分，因此，不论企业采取何种方式或以何种名义收取价款，均应并入白酒的销售额中缴纳消费税。

5. 根据《国家税务总局关于配制酒消费税适用税率问题的公告》（国家税务总局公告2011年第53号）的规定，配制酒（露酒）是指以发酵酒、蒸馏酒或食用酒精为酒基，加入可食用或药食两用的辅料或食品添加剂，进行调配、混合或再加工制成的、并改变了其原酒基风格的饮料酒。以蒸馏酒或食用酒精为酒基，具有国家相关部门批准的国食健字或卫食健字文号且酒精度低于38度的配制酒，以及以发酵酒为酒基，酒精度低于20度的配制酒，按“其他酒”适用10%税率征收消费税。其他配制酒，按“白酒”适用20%税率加0.5元/500克（或500毫升）征收消费税。

上述蒸馏酒或食用酒精为酒基是指酒基中蒸馏酒或食用酒精的比重超过80%（含）；发酵酒为酒基是指酒基中发酵酒的比重超过80%（含）。

6. 根据《消费税暂行条例》第五条的规定，白酒的消费税的计算公式为：

$$\begin{matrix}\text{实行复合计税办法}\\\text{计算的应纳税额}\end{matrix}=\text{销售额}\times\begin{matrix}\text{比例}\\\text{税率}\end{matrix}+\begin{matrix}\text{销售}\\\text{数量}\end{matrix}\times\begin{matrix}\text{定额}\\\text{税率}\end{matrix}$$

（二）政策解读

1. 白酒的消费税是复合计税，在生产环节对白酒征收20%的从价消费税，在此基础上再按0.5元/500克（或0.5元/500毫升）的从量税率计征消费税。

白酒是指各种粮食或各种干鲜薯类为原料，经过糖化，发酵后，采用蒸馏方法酿制的白酒。用甜菜酿制的白酒，比照薯类白酒征税。

2. 白酒包装物押金无论是否返还及会计上如何核算，在收取时均应并入酒类产品销售额中征收消费税、增值税。

3. 外购白酒继续生产白酒时，其已纳消费税不能抵扣。

4. 酒精不再征收消费税。

（三）案例分析

某酒厂为增值税一般纳税人，主要生产粮食白酒。2024 年 4 月销售粮食白酒 50000 斤，取得不含税销售额 1050000 元，收取粮食白酒品牌使用费 4520 元。本月销售粮食白酒收取包装物押金 9040 元。2024 年 6 月，该酒厂将销售粮食白酒的包装物押金中的 3390 元返还给购货方，其余包装物押金不再返还。该酒厂上述业务应纳多少消费税?

【分析】 白酒包装物押金无论是否退还，收取时均应并入酒类产品销售额中征收消费税；白酒生产企业向商业销售单位收取的“品牌使用费”，是随着应税白酒的销售而向购货方收取的，属于应税白酒销售价款的组成部分，不论企业采取何种方式或以何种名义收取价款，均应并入白酒的销售额中缴纳消费税。

该酒厂应纳消费税税额＝50000×0.5+［1050000+（4520+9040）÷（1+13%）］×20%＝237400（元）

四、成品油的消费税政策

（一）政策规定

1. 根据《财政部 国家税务总局关于提高成品油消费税税率的通知》（财税〔2008〕167 号）附件 2《成品油消费税征收范围注释》及其他政策规定，成品油的消费税政策如下：

（1）汽油。

汽油是指用原油或其他原料加工生产的辛烷值不小于 66 的可用作汽油发动机燃料的各种轻质油。含铅汽油是指铅含量每升超过 0.013 克的汽油。汽油分为车用汽油和航空汽油。

以汽油、汽油组分调和生产的甲醇汽油、乙醇汽油也属于本税目征收范围。

根据《财政部 国家税务总局关于调整消费税政策的通知》（财税〔2014〕93号）的规定，自2014年12月1日起，取消车用含铅汽油消费税，汽油税目不再划分二级子目，统一按照无铅汽油税率征收消费税。

根据《财政部 税务总局关于部分成品油消费税政策执行口径的公告》（财政部 税务总局公告2023年第11号）的规定，自2023年6月30日起，对烷基化油（异辛烷）按照汽油征收消费税。

（2）柴油。

柴油是指用原油或其他原料加工生产的倾点或凝点在-50至30的可用作柴油发动机燃料的各种轻质油和以柴油组分为主、经调和精制可用作柴油发动机燃料的非标油。

以柴油、柴油组分调和生产的生物柴油也属于本税目征收范围。

（3）石脑油。

石脑油又叫化工轻油，是以原油或其他原料加工生产的用于化工原料的轻质油。

石脑油的征收范围包括除汽油、柴油、航空煤油、溶剂油以外的各种轻质油。非标汽油、重整生成油、拔头油、戊烷原料油、轻裂解料（减压柴油VGO和常压柴油AGO）、重裂解料、加氢裂化尾油、芳烃抽余油均属轻质油，属于石脑油征收范围。

根据《财政部 税务总局关于部分成品油消费税政策执行口径的公告》（财政部 税务总局公告2023年第11号）的规定，自2023年6月30日起，对混合芳烃、重芳烃、混合碳八、稳定轻烃、轻油、轻质煤焦油按照石脑油征收消费税。

（4）溶剂油。

溶剂油是用原油或其他原料加工生产的用于涂料、油漆、食用油、印刷油墨、皮革、农药、橡胶、化妆品生产和机械清洗、胶粘行业的轻质油。

橡胶填充油、溶剂油原料，属于溶剂油征收范围。

根据《财政部 税务总局关于部分成品油消费税政策执行口径的公告》（财政部 税务总局公告2023年第11号）的规定，自2023年6月30日起，对石油醚、粗白油、轻质白油、部分工业白油（5号、7号、10号、15号、22号、32号、46号）按照溶剂油征收消费税。

（5）航空煤油。

航空煤油也叫喷气燃料，是用原油或其他原料加工生产的用作喷气发动机和喷气推进系统燃料的各种轻质油。

根据《财政部 税务总局关于部分成品油消费税政策执行口径的公告》（财政部 税务总局公告 2023 年第 11 号）的规定，自 2023 年 6 月 30 日起，对航天煤油参照航空煤油暂缓征收消费税。

（6）润滑油。

润滑油是用原油或其他原料加工生产的用于内燃机、机械加工过程的润滑产品。润滑油分为矿物性润滑油、植物性润滑油、动物性润滑油和化工原料合成润滑油。

润滑油的征收范围包括矿物性润滑油、矿物性润滑油基础油、植物性润滑油、动物性润滑油和化工原料合成润滑油。以植物性、动物性和矿物性基础油（或矿物性润滑油）混合掺配而成的“混合性”润滑油，不论矿物性基础油（或矿物性润滑油）所占比例高低，均属润滑油的征收范围。

根据《国家税务总局关于绝缘油类产品不征收消费税问题的公告》（国家税务总局公告 2010 年第 12 号）的规定，变压器油、导热类油等绝缘油类产品不属于《财政部 国家税务总局关于提高成品油消费税税率的通知》（财税〔2008〕167 号）规定的应征消费税的“润滑油”，不征收消费税。

（7）燃料油。

燃料油也称重油、渣油，是用原油或其他原料加工生产，主要用作电厂发电、锅炉用燃料、加热炉燃料、冶金和其他工业炉燃料。腊油、船用重油、常压重油、减压重油、180CTS 燃料油、7 号燃料油、糠醛油、工业燃料、4-6 号燃料油等油品的主要用途是作为燃料燃烧，属于燃料油征收范围。

根据《国家税务总局关于催化料、焦化料征收消费税的公告》（国家税务总局公告 2012 年第 46 号）的规定，自 2012 年 11 月 1 日起，催化料、焦化料属于燃料油的征收范围，应当征收消费税。

2. 根据《财政部 国家税务总局关于提高成品油消费税税率后相关成品油消费税政策的通知》（财税〔2008〕168 号）第四条的规定，对用外购或委托加工收回的已税汽油生产的乙醇汽油免税。用自产汽油生产的乙醇汽油，按照生产乙醇汽油所耗用的汽油数量申报纳税。

3. 根据《财政部 国家税务总局关于对成品油生产企业生产自用油免征消费税的通知》（财税〔2010〕98 号）第一条的规定，自 2009 年 1 月 1 日起，对成品油生产企业在生产成品油过程中，作为燃料、动力及原料消耗掉的自产成品油，免征消费税。对用于其他用途或直接对外销售的成品油照章征收消费税。

4. 根据《财政部 国家税务总局关于对油（气）田企业生产自用成品油先征后返消费税的通知》（财税〔2011〕7 号）第一条的规定，自 2009 年 1 月 1 日起，对油（气）田企业在开采原油过程中耗用的内购成品油，暂按实际缴纳成品油消费税的税额，全额返还所含消费税。

5. 根据《财政部 中国人民银行 国家税务总局关于延续执行部分石脑油、燃料油消费税政策的通知》（财税〔2011〕87 号）的规定：

（1）自 2011 年 10 月 1 日起，生产企业自产石脑油、燃料油用于生产乙烯、芳烃类化工产品的，按实际耗用数量暂免征消费税。

（2）自 2011 年 10 月 1 日起，对使用石脑油、燃料油生产乙烯、芳烃的企业购进并用于生产乙烯、芳烃类化工产品的石脑油、燃料油，按实际耗用数量暂退还所含消费税。

退还石脑油、燃料油所含消费税计算公式为：

$$\text{应退还消费税税额} = \text{石脑油、燃料油实际耗用数量} \times \text{石脑油、燃料油消费税单位税额}$$

（3）用石脑油、燃料油生产乙烯、芳烃类化工产品的产量占本企业用石脑油、燃料油生产产品总量的 50%以上（含 50%）的企业，享受该通知规定的退（免）消费税政策。

6. 根据《财政部 国家税务总局关于对利用废弃的动植物油生产纯生物柴油免征消费税的通知》（财税〔2010〕118 号）规定，对利用废弃的动物油和植物油为原料生产的纯生物柴油免征消费税。纯生物柴油需同时符合下列条件：

（1）生产原料中废弃的动物油和植物油用量所占比重不低于 70%。

（2）生产的纯生物柴油符合国家《柴油机燃料调合用生物柴油（BD100)》标准。

7. 根据《财政部 税务总局关于继续对废矿物油再生油品免征消费税的公告》（财政部 税务总局公告 2023 年第 69 号）规定，为继续支持促进资源综合利用和环境保护，对符合条件的以回收的废矿物油为原料生产的润滑油基础油、汽油、柴油等工业油料免征消费税。

8. 成品油消费税税额标准经过以下几次调整。

（1）根据《财政部 国家税务总局关于提高成品油消费税税率的通知》（财税〔2008〕167 号）的规定，自 2009 年 1 月 1 日起，提高成品油消费税税率：将无铅汽油的消费税单位税额由每升 0.2 元提高到每升 1.0 元，将含铅汽油的消费税单位税额由每升 0.28 元提高到每升 1.4 元，将柴油的消费税单位税额由每升 0.1 元提高到每升 0.8 元，将石脑油、溶剂油和润滑油的消费税单位税额由每升 0.2 元提高到每升 1.0 元，将航空煤油和燃料油的消费税单位税额由每升 0.1 元提高到每升 0.8 元。

（2）根据《财政部 国家税务总局关于提高成品油消费税的通知》（财税〔2014〕94 号）的规定，自 2014 年 11 月 29 日起，将汽油、石脑油、溶剂油和润滑油的消费税单位税额在现行单位税额基础上提高 0.12 元/升，将柴油、航空煤油和燃料油的消费税单位税额在现行单位税额基础上提高 0.14 元/升。航空煤油继续暂缓征收。

（3）根据《财政部 国家税务总局关于进一步提高成品油消费税的通知》（财税〔2014〕106 号）的规定，自 2014 年 12 月 13 日起，将汽油、石脑油、溶剂油和润滑油的消费税单位税额由 1.12 元/升提高到 1.4 元/升，将柴油、航空煤油和燃料油的消费税单位税额由 0.94 元/升提高到 1.1 元/升。航空煤油继续暂缓征收。

（4）根据《财政部 国家税务总局关于继续提高成品油消费税的通知》（财税〔2015〕11 号）的规定，自 2015 年 1 月 13 日起，将汽油、石脑油、溶剂油和润滑油的消费税单位税额由 1.4 元/升提高到 1.52 元/升，将柴油、航空煤油和燃料油的消费税单位税额由 1.1 元/升提高到 1.2 元/升。航空煤油继续暂缓征收。

（二）政策解读

1. 成品油采取从量计征消费税，包装物押金不影响消费税的计算。

2. 催化料、焦化料属于燃料油的征收范围，应当征收消费税。

3. 润滑脂是润滑产品，属润滑油消费税征收范围，生产、加工润滑脂应当征收消费税。

4. 变压器油、导热类油等绝缘油类产品不属于应征消费税的“润滑油”，不征收消费税。

5. 单位和个人外购润滑油大包装经简单加工改成小包装或者外购润滑油不经加工只贴商标的行为，视同应税消费品的生产行为。单位和个人发生的以上行为应当申报缴纳消费税。准予扣除外购润滑油已纳的消费税税款。

6. 纳税人既生产销售汽油又生产销售乙醇汽油的，应分别核算，未分别核算的，生产销售的乙醇汽油不得按照生产乙醇汽油所耗用的汽油数量申报纳税，一律按照乙醇汽油的销售数量征收消费税。

7. 以外购或委托加工收回的已税汽油、柴油、石脑油、燃料油、润滑油为原料生产的应税成品油，外购应税消费品已纳消费税准予从消费税应纳税额中扣除。

8. 航空业运营成本高，航空煤油是航空公司运营的主要成本之一；航空业前期投入大，飞机购置、机场设施建设、人员培训等都需要巨额资金；航空运输是全球性的行业，各国航空公司在国际市场上相互竞争；航空煤油的价格波动对航空运输成本和机票价格有直接影响。我国暂缓征收航空煤油消费税，有利于我国航空业的发展。

9. 根据《国务院办公厅关于限期停止生产销售使用车用含铅汽油的通知》（国办发〔1998〕129 号）第一条、第三条的规定，自 2000 年 1 月 1 日起，全国所有汽油生产企业一律停止生产车用含铅汽油，改产无铅汽油；自 2000 年 7 月 1 日起，全国所有汽车一律停止使用含铅汽油，改用无铅汽油。在此背景下，我国同步取消了含铅汽油消费税税目。

（三）案例分析

甲炼油企业 2024 年 10 月外购已税汽油 90 吨和变性燃料乙醇 10 吨，用于连续生产乙醇汽油 100 吨并全部对外销售。甲公司 2024 年 11 月怎么申报缴纳消费税？

【分析】（1）将乙醇汽油换算成升。

100 吨乙醇汽油 = 138800 升乙醇汽油

(2) 应缴纳消费税 = 138800×1.52 = 210976 (元)

(3) 因为用外购或委托加工收回的已税汽油生产的乙醇汽油免征消费税，所以甲炼油企业 2024 年 11 月消费税申报时，销售的 100 吨乙醇汽油免征消费税，免税额为 210976 元。

第二节　应纳税额

一、自产自用应税消费品的消费税

(一) 政策规定

1. 根据《消费税暂行条例》第四条第一款的规定，纳税人自产自用的应税消费品，用于连续生产应税消费品的，不纳税；用于其他方面的，于移送使用时纳税。

2. 根据《中华人民共和国消费税暂行条例实施细则》(以下简称《消费税暂行条例实施细则》) 第六条的规定，《消费税暂行条例》第四条第一款所称用于连续生产应税消费品，是指纳税人将自产自用的应税消费品作为直接材料生产最终应税消费品，自产自用应税消费品构成最终应税消费品的实体。

《消费税暂行条例》第四条第一款所称用于其他方面，是指纳税人将自产自用应税消费品用于生产非应税消费品、在建工程、管理部门、非生产机构、提供劳务、馈赠、赞助、集资、广告、样品、职工福利、奖励等方面。

3. 根据《消费税暂行条例》第七条的规定，纳税人自产自用的应税消费品，按照纳税人生产的同类消费品的销售价格计算纳税；没有同类消费品销售价格的，按照组成计税价格计算纳税。

实行从价定率办法计算纳税的组成计税价格计算公式为：

组成计税价格 = (成本+利润) ÷ (1-比例税率)

实行复合计税办法计算纳税的组成计税价格计算公式为：

组成计税价格 = (成本+利润+自产自用数量×定额税率) ÷ (1-比例税率)

4. 根据《消费税暂行条例》第十三条的规定，纳税人销售的应税消费品，以及自产自用的应税消费品，除国务院财政、税务主管部门另有规定外，应当向纳税人机构所在地或者居住地的主管税务机关申报纳税。

5. 根据《消费税暂行条例实施细则》第八条的规定，消费税纳税义务发生时间，纳税人自产自用应税消费品的，为移送使用的当天。

6. 根据《消费税暂行条例实施细则》第九条的规定，《消费税暂行条例》第五条第一款所称销售数量，是指应税消费品的数量。自产自用应税消费品的，为应税消费品的移送使用数量。

（二）政策解读

1. 自产自用，是指纳税人生产应税消费品后，不是直接用于对外销售，而是用于连续生产应税消费品或者用于其他方面。用于连续生产应税消费品的，不纳税；用于其他方面的，于移送使用时纳税。

2. 对成品油生产企业在生产成品油过程中，作为燃料、动力及原料消耗掉的自产成品油，免征消费税。对用于其他用途或直接对外销售的成品油照章征收消费税。

3. 纳税人自产自用的应税消费品，除国务院财政、税务主管部门另有规定外，应当向纳税人机构所在地或者居住地的主管税务机关申报纳税。

（三）案例分析

某汽车厂为增值税一般纳税人，2024 年 12 月生产小汽车 6 台，将其中 2 辆小汽车用于奖励给对研发有突出贡献的科研人员，1 辆用于碰撞试验；没有同类汽车销售价格，小汽车生产成本 10 万元/辆，成本利润率 8%，消费税税率为 5%。该汽车厂 2024 年 12 月应缴纳的消费税是多少？

【分析】将小汽车用于奖励员工，要缴纳消费税。用于碰撞试验，不需要缴纳消费税。

应纳消费税＝10×（1+8%）÷（1−5%）×2×5%＝1. 14（万元）

因此，该汽车厂 2024 年 12 月应缴纳的消费税是 1. 14 万元。

二、已纳消费税的扣除

（一）政策规定

1. 根据《国家税务总局关于取消两项消费税审批事项后有关管理问题的公告》（国家税务总局公告 2015 年第 39 号）第一条的规定，纳税人以外购、进口、委托加工收回的应税消费品为原料连续生产应税消费品，准予按现行政策规定抵扣外购应税消费品已纳消费税税款。

2. 根据《财政部 国家税务总局关于调整和完善消费税政策的通知》（财税〔2006〕33 号）第七条的规定，下列应税消费品准予从消费税应纳税额中扣除原料已纳的消费税税款：

（1）以外购或委托加工收回的已税杆头、杆身和握把为原料生产的高尔夫球杆；

（2）以外购或委托加工收回的已税木制一次性筷子为原料生产的木制一次性筷子；

（3）以外购或委托加工收回的已税实木地板为原料生产的实木地板；

（4）以外购或委托加工收回的已税石脑油为原料生产的应税消费品；

（5）以外购或委托加工收回的已税润滑油为原料生产的润滑油。

3. 根据《国家税务总局关于印发〈消费税若干具体问题的规定〉的通知》（国税发〔1993〕156 号）第三条的规定，下列应税消费品可以销售额扣除外购已税消费品买价后的余额作为计税价格计征消费税：①外购已税烟丝生产的卷烟；②外购已税酒和酒精生产的酒（包括以外购已税白酒加浆降度，用外购已税的不同品种的白酒勾兑的白酒，用曲香、香精对外购已税白酒进行调香、调味以及外购散装白酒装瓶出售等）；③外购已税化妆品生产的化妆品；④外购已税护肤护发品生产的护肤护发品；⑤外购已税珠宝玉石生产的贵重首饰及珠宝玉石；⑥外购已税鞭炮、焰火生产的鞭炮、焰火。外购已税消费品的买价是指购货发票上注明的销售额（不包括增值税税款）。

下列应税消费品准予从应纳消费税税额中扣除原料已纳消费税税款：

①以委托加工收回的已税烟丝为原料生产的卷烟；②以委托加工收回的已税酒和酒精为原料生产的酒；③以委托加工收回的已税化妆品为原料生产的化妆品；④以委托加工收回的已税护肤护发品为原料生产的护肤护发品；⑤以委托加工收回已税珠宝玉石为原料生产的贵重首饰及珠宝玉石；⑥以委托加工收回已税鞭炮、焰火为原料生产的鞭炮、焰火。已纳消费税税款是指委托加工的应税消费品由受托方代收代缴的消费税。

4. 根据《财政部 国家税务总局关于调整部分成品油消费税政策的通知》（财税〔2008〕19 号）第三条的规定，以外购或委托加工收回的已税石脑油、润滑油、燃料油为原料生产的应税消费品，准予从消费税应纳税额中扣除原料已纳的消费税税款。

5. 根据《财政部 国家税务总局关于以外购或委托加工汽 柴油连续生产汽 柴油允许抵扣消费税政策问题的通知》（财税〔2014〕15 号）的规定，自 2014 年 1 月 1 日起，以外购或委托加工收回的已税汽油、柴油为原料连续生产汽油、柴油，准予从汽油、柴油消费税应纳税额中扣除原料已纳的消费税税款。

6. 根据《国家税务总局关于高档化妆品消费税征收管理事项的公告》（国家税务总局公告 2016 年第 66 号）第二条的规定，自 2016 年 10 月 1 日起，高档化妆品消费税纳税人以外购、进口和委托加工收回的高档化妆品为原料继续生产高档化妆品，准予从高档化妆品消费税应纳税额中扣除外购、进口和委托加工收回的高档化妆品已纳消费税税款。

7. 根据《国家税务总局关于啤酒集团内部企业间销售（调拨）啤酒液征收消费税问题的批复》（国税函〔2003〕382 号）第三条的规定，啤酒生产集团内部企业间调拨销售的啤酒液，对于购入方使用啤酒液连续灌装生产并对外销售的啤酒，应依据其销售价格确定适用单位税额计算缴纳消费税，但其外购啤酒液已纳的消费税税额，可以从其当期应纳消费税税额中抵减。

8. 根据《国家税务总局关于修订〈葡萄酒消费税管理办法（试行）〉的通知》（国家税务总局公告 2015 年第 15 号）附件《葡萄酒消费税管理办法（试行）》第四条、第六条的规定，纳税人从葡萄酒生产企业购进、进口葡萄酒连续生产应税葡萄酒的，准予从葡萄酒消费税应纳税额中扣除所耗用应税葡萄酒已纳消费税税款。

纳税人以进口、外购葡萄酒连续生产应税葡萄酒，分别依据海关进口消费税专用缴款书、增值税专用发票，按照现行政策规定计算扣除应税葡萄酒已纳消费税税款。

9. 根据《调整和完善消费税政策征收管理规定》（国税发〔2006〕49号）第四条的规定，外购应税消费品连续生产应税消费品，准予从消费税应纳税额中扣除原料已纳消费税税款的计算公式按照不同行为分别作出如下规定。

（1）实行从价定率办法计算应纳税额的：

当期准予扣除外购应税消费品已纳税款＝当期准予扣除外购应税消费品买价×外购应税消费品适用税率

当期准予扣除外购应税消费品买价＝期初库存外购应税消费品买价＋当期购进的外购应税消费品买价－期末库存的外购应税消费品买价

（2）实行从量定额办法计算应纳税额的：

当期准予扣除的外购应税消费品已纳税款＝当期准予扣除外购应税消费品数量×外购应税消费品单位税额

当期准予扣除外购应税消费品数量＝期初库存外购应税消费品数量＋当期购进外购应税消费品数量－期末库存外购应税消费品数量

（二）政策解读

1. 从范围上看，允许抵扣税额的税目从大类上不包括酒类（葡萄酒、啤酒除外）、小汽车、高档手表、游艇、电池、涂料、摩托车。

2. 从允许抵扣项目的子目上看不包括雪茄烟、电子烟、溶剂油、航空煤油。

3. 同一大税目中的购入或委托加工收回的应税消费品的连续加工允许扣税，不能跨税目抵扣。

4. 购入消费品与连续生产消费品的纳税环节相同才可以扣税，如在零售环节纳税的金银首饰、铂金首饰、钻石饰品不得抵扣外购珠宝玉石的已纳税款，批发环节的卷烟、电子烟也不得抵扣其生产环节缴纳的消费税。

5. 根据《国务院关于取消和调整一批行政审批项目等事项的决定》（国

发〔2015〕11号）的规定，“消费税税款抵扣审核”取消。纳税人以外购、进口、委托加工收回的应税消费品为原料连续生产应税消费品，可按现行政策规定直接抵扣外购应税消费品已纳消费税税款，无须审批。但经事后核实，纳税人申报抵扣消费税的外购应税消费品未缴纳消费税的，要将已抵扣的消费税税款从核实当月允许抵扣的消费税中冲减。

6. 高档化妆品的税目调整是自2016年10月1日起实施的，而外购、进口和委托加工收回的高档化妆品已纳消费税扣除，也是自2016年10月1日开始的。

纳税人外购、进口和委托加工收回已税化妆品用于生产高档化妆品的，其取得2016年10月1日前开具的抵扣凭证，应设立高档化妆品消费税抵扣税款台账，于2016年11月30日前按原化妆品消费税税率计提待抵扣消费税。

7. 自2018年3月1日起，施行外购、进口和委托加工收回的汽油、柴油、石脑油、燃料油、润滑油用于连续生产应税成品油的，应凭通过增值税发票选择确认平台确认的成品油专用发票、海关进口消费税专用缴款书，以及税收缴款书（代扣代收专用），按规定计算扣除已纳消费税税款，其他凭证不得作为消费税扣除凭证。

（三）案例分析

某化妆品生产企业为增值税一般纳税人，2024年12月从其他化妆品生产企业（增值税一般纳税人）购进高档保湿精华一批，取得增值税专用发票上注明价款为300万元；当月领用其中的40%用于生产高档保湿粉底液并全部销售，向购买方开具增值税专用发票，注明销售额为500万元。已知高档化妆品适用消费税税率为15%。某公司2024年12月应缴纳多少消费税？

【分析】 某公司购进高档保湿精华生产高档保湿粉底液，准予从消费税应纳税额中扣除外购的高档保湿精华已纳消费税税款。

应纳消费税$=500\times15\%-300\times15\%\times40\%=57$（万元）

因此，该公司2024年12月应缴纳57万元消费税。

三、出口应税消费品的消费税

（一）政策规定

1. 根据《消费税暂行条例》第十一条的规定，对纳税人出口应税消费品，免征消费税；国务院另有规定的除外。出口应税消费品的免税办法，由国务院财政、税务主管部门规定。

2. 根据《财政部 国家税务总局关于出口货物劳务增值税和消费税政策的通知》（财税〔2012〕39 号）第八条第一项的规定：①出口企业出口或视同出口适用增值税退（免）税的货物，免征消费税，如果属于购进出口的货物，退还前一环节对其已征的消费税。②出口企业出口或视同出口适用增值税免税政策的货物，免征消费税，但不退还其以前环节已征的消费税，且不允许在内销应税消费品应纳消费税款中抵扣。③出口企业出口或视同出口适用增值税征税政策的货物，应按规定缴纳消费税，不退还其以前环节已征的消费税，且不允许在内销应税消费品应纳消费税款中抵扣。

该通知第八条第二项规定，出口货物的消费税应退税额的计税依据，按购进出口货物的消费税专用缴款书和海关进口消费税专用缴款书确定。

属于从价定率计征消费税的，为已征且未在内销应税消费品应纳税额中抵扣的购进出口货物金额；属于从量定额计征消费税的，为已征且未在内销应税消费品应纳税额中抵扣的购进出口货物数量；属于复合计征消费税的，按从价定率和从量定额的计税依据分别确定。

该通知第八条第三项规定，消费税应退税额计算公式为：

$$\text{消费税应退税额}=\text{从价定率计征消费税的退税计税依据}\times\text{比例税率}+\text{从量定额计征消费税的退税计税依据}\times\text{定额税率}$$

3. 根据《消费税暂行条例实施细则》第二十二条的规定，出口的应税消费品办理退税后，发生退关，或者国外退货进口时予以免税的，报关出口者必须及时向其机构所在地或者居住地主管税务机关申报补缴已退的消费税税款。

纳税人直接出口的应税消费品办理免税后，发生退关或者国外退货，进口时已予以免税的，经机构所在地或者居住地主管税务机关批准，可暂不办理补税，待其转为国内销售时，再申报补缴消费税。

（二）政策解读

1. 实行出口退税政策，是因为外国企业或个人进口我国出口的货物时，需要在进口环节加征进口关税和进口环节增值税、消费税。因此，国际通行做法是在出口环节把国内已经征收的增值税和消费税退还，避免双重征税，增加我国产品的竞争力，目的是增强本国商品的国际竞争力。

2. 生产企业直接出口其生产的消费品，因为之前环节未缴纳过消费税，所以实行消费税免税政策。外贸企业出口购进的消费品，因之前环节缴纳过消费税，所以实行出口消费税退税政策。

3. 出口退还的消费税不计入企业收入总额，不需要缴纳企业所得税。

4. 对于国家禁止或限制出口的应税消费品，不享受任何退（免）税优惠政策。企业在开展出口业务前，要确认所出口的应税消费品是否在国家允许的范围内。

5. 企业应将不同消费税税率的出口应税消费品分开核算和申报。如果划分不清适用税率，税务机关将一律从低适用税率计算应退消费税税额，这会导致企业的退税金额减少。

（三）案例分析

1. 甲外贸公司从国内乙化妆品生产企业购进一批高档化妆品，不含增值税的购进价格为100万元。该化妆品消费税税率为15%。甲外贸公司将这批化妆品全部出口到国外。甲外贸公司出口化妆品的消费税应当如何处理？

【分析】根据出口应税消费品免税并退税政策，甲外贸公司出口应税消费品应退消费税的计算公式为：

应退税额=购进出口货物金额×比例税率

所以，甲外贸公司应退消费税税额=100×15%=15（万元）。

2. 丙汽车生产企业生产了一批汽车，生产成本为500万元，该汽车在国内生产环节已缴纳消费税（假设消费税税率为5%）。丙企业直接将这批汽车自营出口到国外。对于该业务，丙汽车生产企业如何缴纳消费税？

【分析】 生产企业自营出口或委托外贸企业代理出口自产的应税消费品适用免税但不退税政策。

生产环节消费税是在国内生产销售过程中缴纳的，因丙企业生产汽车后直接出口，在国内不再缴纳消费税；当产品出口时，不再适用消费税退税政策。

第三章　企业所得税

第一节　纳税人和征税对象

一、居民企业和非居民企业的界定

（一）政策规定

1. 根据《中华人民共和国企业所得税法》（以下简称《企业所得税法》）第二条规定，企业分为居民企业和非居民企业。

居民企业，是指依法在中国境内成立，或者依照外国（地区）法律成立但实际管理机构在中国境内的企业。

非居民企业，是指依照外国（地区）法律成立且实际管理机构不在中国境内，但在中国境内设立机构、场所的，或者在中国境内未设立机构、场所，但有来源于中国境内所得的企业。

2. 根据《中华人民共和国企业所得税法实施条例》（以下简称《企业所得税法实施条例》）第三条规定，依法在中国境内成立的企业，包括依照中国法律、行政法规在中国境内成立的企业、事业单位、社会团体以及其他取得收入的组织。

依照外国（地区）法律成立的企业，包括依照外国（地区）法律成立的企业和其他取得收入的组织。

根据该条例第四条规定，实际管理机构，是指对企业的生产经营、人员、账务、财产等实施实质性全面管理和控制的机构。

根据该条例第五条规定，机构、场所，是指在中国境内从事生产经营活动的机构、场所，包括：

(1) 管理机构、营业机构、办事机构；

(2) 工厂、农场、开采自然资源的场所；

(3) 提供劳务的场所；

(4) 从事建筑、安装、装配、修理、勘探等工程作业的场所；

(5) 其他从事生产经营活动的机构、场所。

非居民企业委托营业代理人在中国境内从事生产经营活动的，包括委托单位或者个人经常代其签订合同，或者储存、交付货物等，该营业代理人视为非居民企业在中国境内设立的机构、场所。

(二) 政策解读

企业所得税纳税人分为居民企业和非居民企业，不同纳税人判定标准不同。

1. 居民企业。

居民企业的判定有两个标准，符合其一即可。标准如下：

(1) 依法在中国境内成立。

依法在中国境内成立，就是在中国境内依据中国法律规定成立的企业，是指企业进行注册登记的法律依据是中国法律，与出资人是境内企业还是境外企业无关，也与企业的实际管理机构在中国境内或是中国境外无关。

(2) 依照外国（地区）法律成立，但实际管理机构在中国境内。

依据外国（地区）法律成立的企业，不仅包括企业，也包括其他取得收入的经济组织。这类企业成立的法律依据为外国（地区）的法律法规，且不是在中国境内成立，即企业的登记注册地点是在中国境外的其他国家（地区），另外增加了实际管理机构所在地的判定条件。

对于实际管理机构的判断，要同时符合以下三个条件：

①对企业有实质性管理和控制的机构。即并非形式上的“橡皮图章”，而是对企业的经营活动能够起到实质性的影响。实质性管理和控制的机构，往往和名义上的企业行政中心不一致，多是企业为了避税而故意造成的，因而在适用税法时应当进行实质性审查，确定企业真实的管理中心所在。

②对企业实行全面的管理和控制的机构。如果该机构只是对该企业的一

部分或并不关键的生产经营活动进行影响和控制，比如只是对在中国境内的某一个生产车间进行管理，则不被认定为实际管理机构。只有对企业的整体或者主要的生产经营活动有实际管理控制，对本企业的生产经营活动负总体责任的管理控制机构，才符合实际管理机构标准。

③管理和控制的内容是企业的生产经营、人员、账务、财产等。这是界定实际管理机构的最关键标准。如果一个外国企业只是在表面上是由境外的机构对企业有实质性全面管理和控制权，但是企业的生产经营、人员、账务、财产等重要事务实际上是由在中国境内的一个机构来作出决策的，我们就应当认定其实际管理机构在中国境内。

2. 非居民企业。

非居民企业需要同时具备两个条件：

（1）依照外国（地区）法律成立。

（2）在中国境内设立了机构、场所，且实际管理机构不在中国境内；或者在中国境内未设立机构、场所，但有来源于中国境内所得的企业。

机构、场所主要指以下两类：

①在中国境内设立的从事生产经营活动的机构、场所；

②委托营业代理人的，视同设立机构、场所。

视同设立机构、场所的条件主要包括以下三个方面：

第一，接受外国企业委托的主体，既可以是中国境内的单位，也可以是中国境内的个人。也就是说，不管是单位还是个人，只要与外国企业签订了委托代理类协议，代表该外国企业在中国境内从事生产经营活动，就可以被认定为是外国企业“在中国境内设立机构、场所”。

第二，代理活动必须是经常性的行为。所谓经常，是指既不是偶然发生的，也不是短期发生的，而是固定的、长期发生的行为。

第三，代理的具体行为，包括代其签订合同，或者储存、交付货物等。只要经常代表委托人与他人签订协议或者合同，或者经常储存属于委托人的产品或者商品，并代表委托人向他人交付其产品或者商品，即使营业代理人和委托人之间没有签订书面的委托代理合同，也应认定其存在法律上的代理人和被代理人的关系。

（三）案例分析

1. 甲公司由日本居民（外籍个人）A、韩国B公司投资、依据中国法律规定设立，但该企业实际管理机构在中国境外。

甲公司是否属于企业所得税居民企业？

【分析】 甲公司是企业所得税居民企业。只要是依据中国法律规定成立的，无论其机构（或实际管理机构）所在地在中国境内还是境外，都是中国企业所得税居民企业，依法承担企业所得税纳税义务。

2. 甲公司由中国公民A、中国企业B以及外国企业C共同出资、依照外国（地区）法律在外国（地区）登记成立，其对企业的生产经营、人员、账务、财产等实施实质性全面管理和控制的机构设置在外国（地区），在中国境内设有分支机构从事境内业务。

甲公司是企业所得税居民企业还是非居民企业？

【分析】 甲公司是企业所得税非居民企业。甲公司依据外国（地区）法律成立，且实际管理机构不在中国境内，在中国境内设有机构、场所，是中国企业所得税非居民企业。

二、实际联系的判定

（一）政策规定

1. 根据《企业所得税法》第三条第二款规定，非居民企业在中国境内设立机构、场所的，应当就其所设机构、场所取得的来源于中国境内的所得，以及发生在中国境外但与其所设机构、场所有实际联系的所得，缴纳企业所得税。

根据该条第三款规定，非居民企业在中国境内未设立机构、场所的，或者虽设立机构、场所但取得的所得与其所设机构、场所没有实际联系的，应当就其来源于中国境内的所得缴纳企业所得税。

2. 根据《企业所得税法实施条例》第八条规定，实际联系，是指非居民企业在中国境内设立的机构、场所拥有据以取得所得的股权、债权，以及

拥有、管理、控制据以取得所得的财产等。

（二）政策解读

1. 在境内设立机构、场所的非居民企业，其取得的所得与所设立的机构、场所有无实际联系，直接关系到该非居民企业纳税义务的大小：有实际联系的，来源于境内、境外的所得都要缴纳企业所得税；没有实际联系的，只就来源于境内的所得缴纳企业所得税。

2. 非居民企业取得的所得符合下列情形之一的，就属于与其在中国境内设立的机构、场所有“实际联系”：

（1）非居民企业取得的所得，是通过该机构、场所拥有的股权、债权而取得的。例如，非居民企业通过该机构、场所对其他企业进行股权、债权等权益性投资或者债权性投资而获得股息、红利或者利息收入，就可以认定为与该机构、场所有实际联系。

（2）非居民企业取得的所得，是通过该机构、场所拥有、管理和控制的财产取得的。例如，非居民企业将境内或者境外的房产对外出租收取租金，如果该房产是由该机构、场所拥有、管理或者控制的，那么就可以认定这笔租金收入与该机构、场所有实际联系。

（三）案例分析

美国A公司在中国设立了办事处，该办事处2024年将其运营资金3000万元贷给了B国某公司，收取利息180万元。该办事处在B国拥有房产，2024年将该房产出租并取得租金收入100万元。

假设不考虑其他因素，A公司在中国的办事处2024年取得的利息收入和租金收入是否缴纳企业所得税？

【分析】A公司在中国的办事处2024年收取的利息收入、租金收入属于中国办事处拥有、管理和控制的财产取得的所得，应归属于A公司在中国的办事处，在中国申报纳税。

三、境内、境外所得来源地的确定原则

（一）政策规定

根据《企业所得税法实施条例》第七条规定，来源于中国境内、境外的所得，按照以下原则确定：

1. 销售货物所得，按照交易活动发生地确定；

2. 提供劳务所得，按照劳务发生地确定；

3. 转让财产所得，不动产转让所得按照不动产所在地确定，动产转让所得按照转让动产的企业或者机构、场所所在地确定，权益性投资资产转让所得按照被投资企业所在地确定；

4. 股息、红利等权益性投资所得，按照分配所得的企业所在地确定；

5. 利息所得、租金所得、特许权使用费所得，按照负担、支付所得的企业或者机构、场所所在地确定，或者按照负担、支付所得的个人的住所地确定；

6. 其他所得，由国务院财政、税务主管部门确定。

（二）政策解读

所得来源地的判断标准直接关系到企业纳税义务的大小，也涉及国家之间税收管辖权的问题。《企业所得税法实施条例》根据不同种类的所得，分别规定了以下几种划分标准：

1. 销售货物所得，按照交易活动发生地确定。这里所谓的交易活动发生地，主要指销售货物行为发生的场所所在地，通常是销售企业的营业机构，在送货上门的情况下为购货单位或个人的所在地，还可以是买卖双方约定交货的其他地点。

2. 提供劳务所得，按照劳务发生地确定。劳务行为既包括部分工业生产活动，也包括商业服务行为，其所得以劳务行为发生地确定是来源于境内还是境外。比如，境外机构为中国境内居民提供金融保险服务，向境内居民收取保险费，则应认定为来源于中国境内。

3. 转让财产所得，分三种情况：

（1）不动产转让所得按照不动产所在地确定。这是国际私法的普遍原则，也是确定法院管辖权的基本原则。由于不动产是不可移动的财产，它的保护、增值等都与其所在地关系密切，因此应当按照不动产所在地确定。比如在中国境内投资房地产，取得的收入应为来源于境内的所得。

（2）动产转让所得按照转让动产的企业或者机构、场所所在地确定。由于动产是随时可以移动的财产，难以确定其所在地，而且动产与其所有人的关系最为密切，因此采取所有人所在地的标准。同时，如果非居民企业在中国境内设立机构、场所，并从该机构场所转让财产给其他单位或个人，也应认定为来源于境内的所得。

（3）权益性投资资产转让所得按照被投资企业所在地确定。权益性投资，包括股权等投资，如境外企业之间转让中国居民企业发行的股票，其取得的收益属于来源于中国境内的所得，应当依法缴纳企业所得税。

4. 股息红利等权益性投资所得，按照分配所得的企业所在地确定。企业因购买被投资方的股票而产生的股息、红利，是被投资方向投资方企业支付的投资回报，应当以被投资方所在地作为所得来源地。

5. 利息所得、租金所得、特许权使用费所得，按照负担或者支付所得的企业或者机构、场所所在地确定，或者按照负担支付所得的个人的住所地确定。利息、租金和特许权使用费是企业借贷、出租和提供特许权的使用权而获得的收益，应当将负担或支付上述收益的企业或其机构、场所以及个人的住所地认定为所得来源地。

6. 其他所得，由国务院财政、税务主管部门确定。除上述几类所得外，还有尚未穷尽列举的所得种类，因此《企业所得税法实施条例》第七条规定，其他所得的来源地，授权国务院财政、税务主管部门通过制定规章或发布规范性文件等方式进一步明确。

（三）案例分析

甲公司（居民企业）2024 年发生如下业务：

（1）销售商品给美国一家公司，售价 500 万元；

（2）转让其在日本的房产，取得转让收入 3000 万元；

(3) 投资境内乙公司，取得股息 100 万元。

分析甲公司取得的上述收入来源于境内还是境外。

【分析】(1) 销售商品给美国一家公司，交易活动发生地在中国境内，取得的销售收入属于来源于境内所得；

(2) 转让其在日本的房产，按照不动产所在地确定，该所得属于来源于境外所得；

(3) 投资境内乙公司，以被投资方所在地作为所得来源地，因此，该股息收入，属于来源于境内所得。

第二节　应纳税所得额

一、权益性投资的税务处理

(一) 政策规定

1. 根据《企业所得税法实施条例》第十六条规定，转让财产收入，是指企业转让固定资产、生物资产、无形资产、股权、债权等财产取得的收入。

根据该条例第十七条规定，股息、红利等权益性投资收益，是指企业因权益性投资从被投资方取得的收入。除国务院财政、税务主管部门另有规定外，按照被投资方作出利润分配决定的日期确认收入的实现。

2. 根据《国家税务总局关于贯彻落实企业所得税法若干税收问题的通知》(国税函〔2010〕79 号) 第三条规定，企业转让股权收入，应于转让协议生效、且完成股权变更手续时，确认收入的实现。转让股权收入扣除为取得该股权所发生的成本后，为股权转让所得。企业在计算股权转让所得时，不得扣除被投资企业未分配利润等股东留存收益中按该项股权所可能分配的金额。

根据该通知第四条规定，企业权益性投资取得股息、红利等收入，应以被投资企业股东会或股东大会作出利润分配或转股决定的日期，确定收入的实现。

被投资企业将股权（票）溢价所形成的资本公积转为股本的，不作为投资方企业的股息、红利收入，投资方企业也不得增加该项长期投资的计税基础。

3. 根据《国家税务总局关于企业股权投资损失所得税处理问题的公告》（国家税务总局公告 2010 年第 6 号）规定，企业对外进行权益性投资所发生的损失，在经确认的损失发生年度，作为企业损失在计算企业应纳税所得额时一次性扣除。

4. 根据《企业所得税法》第十条第七款规定，未经核定的准备金支出，在计算应纳税所得额时，不得扣除。

（二）政策解读

1. 投资按照其目的不同，可分为债权性投资和权益性投资。债权性投资是指为取得债权而进行的投资，如购买国债、企业债券等；权益性投资是指为取得对另一方企业净资产的所有权而进行的投资，主要是股权投资，其收益和企业的经营效益挂钩，以投资额为限分享企业的盈利并承担企业的损失。

2. 权益性投资有两种收益，一种是股息、红利收入，又称持有收益；另一种是股权转让所得，又称处置收益。持有收益依法缴税，符合条件可以享受免税待遇，持有损失不能在税前扣除；处置收益依法缴税，处置损失可以在税前扣除。

3. 股息、红利收入分为现金股利和股票股利。现金股利又称派股，是指企业以现金形式分配给股东的股利；股票股利又称送红股，是指企业以增发股份的方式代替现金方式向股东派息。股息、红利收入是企业从被投资方取得的，应在被投资企业作出利润分配决定时确认收入实现，不论企业是否实际收到股息、红利等收益款项。

4. 税法上对股息、红利等权益性投资收益的确认已偏离了权责发生制原则，更接近于收付实现制，但又不是纯粹的收付实现制，也就是说，税法不确认会计上按权益法核算的投资收益。

5. 税法明确了转让股权的纳税义务发生时间，即股权转让协议生效，且完成股权变更手续时。这就意味着，企业在一定程度上可以操纵纳税义务发生时间，即使股权框架协议已经签订，只要股权变更手续没有完成，当年就不确认股权转让所得。即：股权转让所得的实现，税法更看重股权登记。

6. 企业在计算股权转让所得时，不得扣除被投资企业未分配利润等股东留存收益中按该项股权所可能分配的金额。因为该股权所享有的未分配利润还没有实际分配给投资方，所以不可以减去。

7. 税法遵循据实扣除的原则，除国家另有规定外，企业提取的各种减值准备，在计算应纳税所得额时不得扣除，只有在该项资产实际发生损失时，其损失金额才能按规定从应纳税所得额中扣除。

（三）案例分析

甲公司 2022 年 3 月 22 日以 900 万元购入乙公司（非上市公司）90%的股权。甲公司取得该股权后，派出人员参与乙公司的财务和生产经营决策，能够对乙公司施加控制。

2022 年 6 月 1 日，乙公司宣告分派现金股利，甲公司按照其持股比例确定可分得 40 万元。

2023 年 12 月 31 日，乙公司生产经营情况突然恶化，预计短期内不会发生好转，甲公司经测算计提减值准备 300 万元。

2024 年 8 月 30 日，甲公司与丙公司签订股权转让协议，出售乙公司 30%的股权，取得价款 400 万元。股权转让协议于 2024 年 9 月 20 日生效，11 月 15 日完成股权变更手续。

请分析甲公司上述投资业务的税务处理。

【分析】（1）2022 年度甲公司取得现金股利 40 万元，属于免税收入，可以免征企业所得税，因此，在 2022 年预缴企业所得税时，可以通过《中华人民共和国企业所得税月（季）度预缴纳税申报表（A 类）》进行调减；在年度企业所得税汇算时，通过《符合条件的居民企业之间的股息、红利等权益性投资收益优惠明细表》（A107011）进行调整。

（2）2023 年甲公司计提的长期股权投资减值准备 300 万元，由于损失未实际发生，不允许在税前扣除，在年度企业所得税汇算时，通过《纳税调整项目明细表》（A105000）进行调整。

（3）2024 年度出售 30%的股权，计算企业所得税时，转让股权的计税基础＝900÷3＝300（万元），转让股权所得＝400－300＝100（万元）。在会计处理时，出售股权的账面价值＝（900－300）÷3＝200（万元），确认的投资收益＝400－200＝200（万元），因此，年度企业所得税汇算时，通过《投资收益纳税调整明细表》（A105030）和《纳税调整项目明细表》（A105000）进行调整。

二、视同销售的税务处理

（一）政策规定

1. 根据《企业所得税法实施条例》第二十五条规定，企业发生非货币性资产交换，以及将货物、财产、劳务用于捐赠、偿债、赞助、集资、广告、样品、职工福利或者利润分配等用途的，应当视同销售货物、转让财产或者提供劳务，但国务院财政、税务主管部门另有规定的除外。

2. 根据《国家税务总局关于企业处置资产所得税处理问题的通知》（国税函〔2008〕828号）第二条规定，企业将资产移送他人的下列情形，因资产所有权属已发生改变而不属于内部处置资产，应按规定视同销售确定收入。

（1）用于市场推广或销售；

（2）用于交际应酬；

（3）用于职工奖励或福利；

（4）用于股息分配；

（5）用于对外捐赠；

（6）其他改变资产所有权属的用途。

3. 根据《国家税务总局关于企业所得税有关问题的公告》（国家税务总局公告2016年第80号）第二条规定，企业发生《国家税务总局关于企业处置资产所得税处理问题的通知》（国税函〔2008〕828号）第二条规定情形的，除另有规定外，应按照被移送资产的公允价值确定销售收入。

（二）政策解读

1. 视同销售是税法中的一个概念，是将企业的某些经济业务行为看作和销售一样。

2. 企业所得税法规定的视同销售行为（除将资产转移至境外以外），强调的是资产所有权属在形式和实质上是否发生改变。如果资产权属发生改变，属于视同销售，应确认相应的收入，同时确认相关的成本。比如，企业的资产用于职工福利，产品所有权从企业转移到职工，按产品的市场价格确认的福利金额，起到了企业给职工发放福利同样的效果，就应当确认相应的销售收入；相反，如果资产权属不发生改变，则属于内部处置资产，不应视同销售确认收入，相关资产的计税基础延续计算，比如将资产用于在建工程、管理部门、分公司等。

3. 在实际操作中，视同销售应分解为两项业务进行所得税处理。以对外捐赠为例，企业以自产货物对外捐赠，应分解为视同销售和捐赠两项业务进行所得税处理，每项业务都有其自身的政策规定，分别通过不同的申报表进行纳税调整。

4. 税法上，并不是所有的视同销售在年度企业所得税汇算时都要做纳税调整，只有会计上不体现收入的视同销售行为才需要做纳税调整，比如，企业以自产货物对外捐赠，会计上不确认收入，但需要视同销售计算资产转让所得。

（三）案例分析

甲公司 2024 年将自产产品 1000 件（每件成本 200 元，不含税售价 300 元）通过某县民政部门向灾区捐赠；将自产产品一批用于职工福利，成本 100000 元，不含税售价 120000 元。

请分析甲公司上述业务的企业所得税处理。

【分析】（1）该公司以自产产品对外捐赠，企业所得税处理应视同销售，按照产品价值 300000 元确认视同销售收入，同时就捐赠产品成本 200000 元确认视同销售成本；但是在会计上不确认收入，而是直接贷记“库存商品”200000 元，因此，在年终所得税汇算时通过《视同销售和房地产开发企业特定业务纳税调整明细表》（A105010）以及《纳税调整项目明细表》（A105000）进行纳税调整；其符合规定的公益性捐赠支出，再按照公益性捐赠的规定税前扣除。

（2）以自产产品用于职工福利虽然也属于税法上的视同销售，但是在会计上要确认收入120000元，结转成本100000元，因此，会计与税法没有差异，无须进行纳税调整。

三、企业取得财政性资金作为不征税收入的税务处理

（一）政策规定

1. 根据《企业所得税法》第七条规定，收入总额中的下列收入为不征税收入：

（1）财政拨款；

（2）依法收取并纳入财政管理的行政事业性收费、政府性基金；

（3）国务院规定的其他不征税收入。

2. 根据《企业所得税法实施条例》第二十六条规定，财政拨款，是指各级人民政府对纳入预算管理的事业单位、社会团体等组织拨付的财政资金，但国务院和国务院财政、税务主管部门另有规定的除外。

3. 根据《财政部 国家税务总局关于财政性资金 行政事业性收费 政府性基金有关企业所得税政策问题的通知》（财税〔2008〕151号）第一条规定，企业取得的各类财政性资金，除属于国家投资和资金使用后要求归还本金的以外，均应计入企业当年收入总额。

对企业取得的由国务院财政、税务主管部门规定专项用途并经国务院批准的财政性资金，准予作为不征税收入，在计算应纳税所得额时从收入总额中减除。

纳入预算管理的事业单位、社会团体等组织按照核定的预算和经费报领关系收到的由财政部门或上级单位拨入的财政补助收入，准予作为不征税收入，在计算应纳税所得额时从收入总额中减除，但国务院和国务院财政、税务主管部门另有规定的除外。

财政性资金，是指企业取得的来源于政府及其有关部门的财政补助、补贴、贷款贴息，以及其他各类财政专项资金，包括直接减免的增值税和即征即退、先征后退、先征后返的各种税收，但不包括企业按规定取得的出口退

税款。

该通知自 2008 年 1 月 1 日起执行。

4. 根据《财政部 国家税务总局关于专项用途财政性资金企业所得税处理问题的通知》（财税〔2011〕70 号）第一条规定，企业从县级以上各级人民政府财政部门及其他部门取得的应计入收入总额的财政性资金，凡同时符合以下条件的，可以作为不征税收入，在计算应纳税所得额时从收入总额中减除：

（1）企业能够提供规定资金专项用途的资金拨付文件；

（2）财政部门或其他拨付资金的政府部门对该资金有专门的资金管理办法或具体管理要求；

（3）企业对该资金以及以该资金发生的支出单独进行核算。

根据该通知第二条规定，不征税收入用于支出所形成的费用，不得在计算应纳税所得额时扣除；用于支出所形成的资产，其计算的折旧、摊销不得在计算应纳税所得额时扣除。

根据该通知第三条规定，企业将符合规定条件的财政性资金作不征税收入处理后，在 5 年（60 个月）内未发生支出且未缴回财政部门或其他拨付资金的政府部门的部分，应计入取得该资金第六年的应税收入总额；计入应税收入总额的财政性资金发生的支出，允许在计算应纳税所得额时扣除。

该通知自 2011 年 1 月 1 日起执行。

5. 根据《国家税务总局关于企业所得税应纳税所得额若干税务处理问题的公告》（国家税务总局公告 2012 年第 15 号）第七条规定，企业取得的不征税收入，应按照《财政部 国家税务总局关于专项用途财政性资金企业所得税处理问题的通知》（财税〔2011〕70 号）的规定进行处理。凡未按照《通知》规定进行管理的，应作为企业应税收入计入应纳税所得额，依法缴纳企业所得税。

6. 根据《国家税务总局关于企业所得税应纳税所得额若干问题的公告》（国家税务总局公告 2014 年第 29 号）第一条第二款规定，县级以上人民政府将国有资产无偿划入企业，凡指定专门用途并按《财政部 国家税务总局关于专项用途财政性资金企业所得税处理问题的通知》（财税〔2011〕70 号）规定进行管理的，企业可作为不征税收入进行企业所得税处理。其中，该项资产属于非货币性资产的，应按政府确定的接收价值计算不征税收入。

7. 根据《国家税务总局关于企业所得税若干政策征管口径问题的公告》（国家税务总局公告 2021 年第 17 号）第六条，企业按照市场价格销售货物、提供劳务服务等，凡由政府财政部门根据企业销售货物、提供劳务服务的数量、金额的一定比例给予全部或部分资金支付的，应当按照权责发生制原则确认收入。

除上述情形外，企业取得的各种政府财政支付，如财政补贴、补助、补偿、退税等，应当按照实际取得收入的时间确认收入。

（二）政策解读

1. 不征税收入是企业所得税法中的一个概念，是指从企业所得税原理上讲，应永久不列入征税范围的收入范畴，其主要目的是对非经营活动或非营利活动带来的经济利益流入从应税收入中排除。

2. 不征税收入不属于税收优惠的范畴，其企业所得税处理与免税收入不同。不征税收入虽然可以从收入中扣减，但企业将不征税收入用于支出所形成的费用，不得在计算应纳税所得额时扣除；用于支出所形成的资产，其计算的折旧、摊销不得在计算应纳税所得额时扣除；而企业取得的免税收入，既不征收企业所得税，而且企业为取得免税收入发生的成本、费用以及将免税收入用于支出形成的费用或购置资产提取的折旧、摊销，都允许在企业所得税前扣除。

3. 对于企业取得的专项用途财政性资金，在实际执行中，应重点把握如下几点：

（1）取得资金的层级必须是县级以上各级人民政府财政部门及其他部门。这里的县级以上包含县级，取得资金的部门不仅包括财政部门，县级以上各级人民政府的其他部门比如发改委、科技局、经贸委等部门也包含在内。

（2）企业从县级以上各级人民政府财政部门及其他部门取得的应计入收入总额的财政性资金，要作为不征税收入，在计算应纳税所得额时从收入总额中减除，必须同时符合《财政部 国家税务总局关于专项用途财政性资金企业所得税处理问题的通知》（财税〔2011〕70 号）规定的三个条件，且这三个条件缺一不可。

（3）把握5年时间限制。这里的5年不是指5个纳税年度，而是指取得资金后的连续60个月。如果企业取得符合不征税收入条件的资金在第6年转作应税收入处理了，则计入应税收入总额的财政性资金发生的支出，允许在计算应纳税所得额时扣除。

4. 在实际工作中，不征税收入应从收入总额中扣除。企业进行预缴、年度企业所得税汇算时做相应的纳税调减处理；同时不征税收入用于支出形成的费用或者资产，也不得税前扣除或者不得计算对应的折旧、摊销税前扣除，企业进行年度企业所得税汇算时做相应的纳税调增处理。

5. 增值税出口退税不属于政府补助，因为增值税是价外税，出口退税实质上是政府归还企业事先垫付的资金，不属于政府补助，因此也不属于不征税收入。

（三）案例分析

甲公司生产销售新能源汽车，2019年5月从地方政府取得财政补贴600万元计入利润总额，地方政府规定该财政补贴专门用于新能源汽车的研发。企业对该资金以及以该资金发生的支出单独进行核算，并按照不征税收入进行了纳税申报处理。

2020年2月，甲公司利用该财政补贴购入一台价值360万元的设备并于当月投入使用，当年计提折旧30万元（按直线法计提折旧，使用年限10年，无残值）。

2021年，甲公司将200万元补贴用于新能源汽车的研发，该研发支出计入了“管理费用”；剩余40万元到2024年末一直未使用，也未缴回财政部门。

请分析甲公司上述业务的税务处理。

【分析】（1）2019年取得的财政补贴符合不征税收入条件，甲公司选择按不征税收入处理，预缴所得税时可以调减应纳税所得额600万元；年度企业所得税汇算时，通过《专项用途财政性资金纳税调整明细表》（A105040）及《纳税调整项目明细表》（A105000）做相应的纳税调减处理。

（2）2020年企业以补贴资金购入设备，其折旧不得在企业所得税前扣除，年度企业所得税汇算时，通过《专项用途财政性资金纳税调整明细表》

(A105040)、《资产折旧、摊销及纳税调整明细表》(A105080)及《纳税调整项目明细表》(A105000)调增当年应纳税所得额30万元。该设备在使用期限内每个纳税年度计提的折旧36万元，不得在企业所得税税前扣除，均应调增应纳税所得额。

(3) 2019年5月取得的财政补贴符合不征税收入条件，到2024年4月满5年(60个月)，未使用的部分40万元，也未缴回财政部门，应当在第6年(2025年)，通过《专项用途财政性资金纳税调整明细表》(A105040)及《纳税调整项目明细表》(A105000)调增应纳税所得额40万元。该资金以后年度用于支出发生的成本费用，允许在计算应纳税所得额时扣除。

四、混合性投资的税务处理

(一) 政策规定

根据《国家税务总局关于企业混合性投资业务企业所得税处理问题的公告》(国家税务总局公告2013年第41号)第一条规定，企业混合性投资业务，是指兼具权益和债权双重特性的投资业务。同时符合下列条件的混合性投资业务，按该公告进行企业所得税处理：

1. 被投资企业接受投资后，需要按投资合同或协议约定的利率定期支付利息(或定期支付保底利息、固定利润、固定股息，下同)；

2. 有明确的投资期限或特定的投资条件，并在投资期满或者满足特定投资条件后，被投资企业需要赎回投资或偿还本金；

3. 投资企业对被投资企业净资产不拥有所有权；

4. 投资企业不具有选举权和被选举权；

5. 投资企业不参与被投资企业日常生产经营活动。

根据该公告第二条规定，符合该公告第一条规定的混合性投资业务，按下列规定进行企业所得税处理：

1. 对于被投资企业支付的利息，投资企业应于被投资企业应付利息的日期，确认收入的实现并计入当期应纳税所得额；被投资企业应于应付利息的日期，确认利息支出，并按税法和《国家税务总局关于企业所得税若干问题的公告》（国家税务总局公告 2011 年第 34 号）第一条的规定，进行税前扣除。

2. 对于被投资企业赎回的投资，投资双方应于赎回时将赎价与投资成本之间的差额确认为债务重组损益，分别计入当期应纳税所得额。

根据该公告第三条规定，该公告自 2013 年 9 月 1 日起执行。此前发生的已进行税务处理的混合性投资业务，不再进行纳税调整。

（二）政策解读

1. 金融是现代经济的核心，金融市场（包括资本市场）的健康、可持续发展离不开金融工具的广泛运用和金融业务的不断创新。近年来，随着我国金融工具交易和金融产品创新的快速发展，出现了许多既具有传统业务特征，同时又有别于传统业务的创新业务，国家税务总局根据税收征管实际需要，制定了混合性投资业务的税收政策。

2. 混合性投资业务，是指兼具权益和债权双重特性的投资业务。权益性投资是指为获取其他企业的权益或净资产所进行的投资，如对其他企业的普通股股票投资、为获取其他企业股权的联营投资等；债权性投资是指为取得债权所进行的投资，企业进行这种投资不是为了获得其他企业的剩余资产，而是为了获取高于银行存款利率的利息，并保证按期收回本息，如购买公司债券、购买国库券等。

3. 现行企业所得税制对不同类型投资业务取得回报的税务处理规定是不同的。权益性投资取得回报，一般体现为股息收入，按照规定可以免征企业所得税，同时，被投资企业支付的股息不能作为费用在税前扣除；债权性投资取得回报为利息收入，按照规定应当缴纳企业所得税，同时，被投资企业支付的利息也准予在税前扣除。由于混合性投资业务兼具权益性投资和债权性投资双重特征，《国家税务总局关于企业混合性投资业务企业所得税处理问题的公告》（国家税务总局公告 2013 年第 41 号）将此类投资业务，归属于债权投资业务，并要求按照债权投资业务进行企业所得税处理。

4. 混合性投资业务，需同时满足以下五个条件：

（1）被投资企业接受投资后，需要按投资合同或协议约定的利率定期支付利息，包括支付保底利息、固定利润或固定股息等。也就是说，此类投资回报不与被投资企业的经营业绩挂钩，不是按企业的投资效益进行分配，也不是按投资者的股份份额取得回报。这类投资是投资者没有或很少承担投资风险的一种投资，实际为企业一种融资形式。

（2）有明确的投资期限或特定的投资条件，且在投资期满或者满足特定投资条件后，被投资企业应当偿还本金或按投资合同或协议约定的价格赎回投资。也就是说，投资期限无论是否届满，只要合同或协议约定的、需要由被投资企业偿还本金或赎回投资的条件已经满足，被投资企业就必须偿还本金或赎回投资。被投资企业偿还本金或赎回投资后，作减资处理。

（3）被投资企业如果依法停止生产经营活动需要清算，投资企业的投资额可以按债权进行优先清偿，但不能按投资份额拥有被投资企业净资产所有权。

（4）投资企业不具有选举权和被选举权。被投资企业在选举董事会、监事会成员时，投资企业不能按持股份比例进行表决或被选为成员。

（5）不参与被投资企业日常生产经营活动。但是，投资资金如果指定了专门用途，投资方企业可以监督其资金运用情况。

5. 被投资企业支付利息的税务处理

按合同或协议约定，由被投资企业定期支付利息的，投资企业应当于被投资企业应付利息的日期，根据合同或协议约定的利率，计算确定本期利息收入并计入当期应纳税所得额；被投资企业应于应付利息的日期确认本期利息支出，并按《企业所得税法实施条例》和《国家税务总局关于企业所得税若干问题的公告》（国家税务总局公告2011年第34号）规定的限定利率，在当期进行税前扣除。

6. 被投资企业赎回投资的税务处理

投资期满或满足特定条件后，由被投资企业按投资合同或协议约定价格赎回投资的，应区分下列情况分别进行处理：

（1）当实际赎价高于投资成本时，投资企业应将赎价与投资成本之间的差额，在赎回时确认为债务重组收益，并计入当期应纳税所得额；被投资企业应将赎价与投资成本之间的差额，在赎回当期确认为债务重组损失，并准予在税前扣除。

（2）当实际赎价低于投资成本时，投资企业应将赎价与投资成本之间的差额，在赎回当期按规定确认为债务重组损失，并准予在税前扣除；被投资企业应将赎价与投资成本之间的差额，在赎回当期确认为债务重组收益，并计入当期应纳税所得额。

（三）案例分析

2024年1月18日，甲公司以200万元投资于乙公司，投资协议约定如下：

（1）被投资企业接受投资后，需要按投资合同或协议约定的利率定期支付利息，投资期限5年，年利息16万元，于年底支付（金融企业同期同类贷款5%）；

（2）假设投资期满后，被投资企业以240万元赎回投资；

（3）投资企业对被投资企业净资产不拥有所有权；

（4）投资企业不具有选举权和被选举权；

（5）投资企业不参与被投资企业日常生产经营活动。

请分析此项投资业务的税务处理。

【分析】依据《国家税务总局关于企业混合性投资业务企业所得税处理问题的公告》（国家税务总局公告2013年第41号）第一条所列的五个条件，本例所述投资业务符合该公告规定，应按混合性投资业务进行税务处理。

投资方甲公司：

（1）2024—2029年每年收到的利息16万元，计入当期应纳税所得额。

（2）2029年投资期限届满时，被投资企业赎回投资支付的240万元中，200万元属于本金，40万元确认为债务重组收益，并计入当期应纳税所得额。

被投资方乙公司：

（1）2024—2029年每年支付利息16万元，允许税前扣除的利息支出=200×5%=10（万元），年度企业所得税汇算时通过《纳税调整项目明细表》（A105000）进行调整。

（2）投资期限届满时，赎回投资支付的240万元中，200万元属于偿还借款，40万元确认为债务重组损失，并准予在当期税前扣除。

五、工资薪金的税务处理

（一）政策规定

1. 根据《企业所得税法实施条例》第三十四条规定，企业发生的合理的工资薪金支出，准予扣除。

所称工资薪金，是指企业每一纳税年度支付给在本企业任职或者受雇的员工的所有现金形式或者非现金形式的劳动报酬，包括基本工资、奖金、津贴、补贴、年终加薪、加班工资，以及与员工任职或者受雇有关的其他支出。

2. 根据《国家税务总局关于企业工资薪金及职工福利费扣除问题的通知》（国税函〔2009〕3 号）第一条规定，“合理工资薪金”，是指企业按照股东大会、董事会、薪酬委员会或相关管理机构制订的工资薪金制度规定实际发放给员工的工资薪金。税务机关在对工资薪金进行合理性确认时，可按以下原则掌握：

（1）企业制订了较为规范的员工工资薪金制度；

（2）企业所制订的工资薪金制度符合行业及地区水平；

（3）企业在一定时期所发放的工资薪金是相对固定的，工资薪金的调整是有序进行的；

（4）企业对实际发放的工资薪金，已依法履行了代扣代缴个人所得税义务；

（5）有关工资薪金的安排，不以减少或逃避税款为目的。

根据该通知第二条规定，“工资薪金总额”，是指企业按照规定实际发放的工资薪金总和，不包括企业的职工福利费、职工教育经费、工会经费以及养老保险费、医疗保险费、失业保险费、工伤保险费、生育保险费等社会保险费和住房公积金。属于国有性质的企业，其工资薪金，不得超过政府有关部门给予的限定数额；超过部分，不得计入企业工资薪金总额，也不得在计算企业应纳税所得额时扣除。

3. 根据《国家税务总局关于企业工资薪金和职工福利费等支出税前扣

除问题的公告》（国家税务总局公告 2015 年第 34 号）第一条规定，列入企业员工工资薪金制度、固定与工资薪金一起发放的福利性补贴，符合《国家税务总局关于企业工资薪金及职工福利费扣除问题的通知》（国税函〔2009〕3 号）第一条规定的，可作为企业发生的工资薪金支出，按规定在税前扣除。

不能同时符合上述条件的福利性补贴，应作为《国家税务总局关于企业工资薪金及职工福利费扣除问题的通知》（国税函〔2009〕3 号）第三条规定的职工福利费，按规定计算限额税前扣除。

根据该公告第二条规定，企业在年度汇算清缴结束前向员工实际支付的已预提汇缴年度工资薪金，准予在汇缴年度按规定扣除。

根据该公告第三条规定，企业接受外部劳务派遣用工所实际发生的费用，应分两种情况按规定在税前扣除：按照协议（合同）约定直接支付给劳务派遣公司的费用，应作为劳务费支出；直接支付给员工个人的费用，应作为工资薪金支出和职工福利费支出。其中属于工资薪金支出的费用，准予计入企业工资薪金总额的基数，作为计算其他各项相关费用扣除的依据。

该公告适用于 2014 年度及以后年度企业所得税汇算清缴。该公告施行前尚未进行税务处理的事项，符合该公告规定的可按该公告执行。

（二）政策解读

1. 准予税前扣除的工资薪金支出，是企业已经实际支付给职工的那部分工资薪金支出，尚未支付的所谓应付工资薪金支出，不能在其未支付的纳税年度内扣除，只有等到实际发放后，才准予税前扣除。

考虑到很多企业 12 月的工资薪金都是在当年预提出来，次年 1 月发放，如果严格要求只有在每一纳税年度结束前支付的工资薪金才能计入本年度，则企业每年都需要对此进行纳税调整，不仅增加了纳税人的税法遵从成本，加大了税收管理负担，也不符合权责发生制原则。因此，企业在年度汇算清缴结束前向员工实际支付的已预提汇缴年度工资薪金，准予在汇缴年度企业所得税税前扣除。

2. 工资薪金的发放对象是在本企业任职或者受雇的员工。也就是说，只有为企业提供特定劳务，能为企业带来经济利益流入的员工，才能作为企业工资薪金的支付对象，企业因此而发生的支出是符合生产经营活动常规的，是企业取得收入的必要且合理的支出。

3. 工资薪金的标准应该限于合理的范围和幅度。对工资支出合理性的判断，主要包括两个方面：一是雇员实际提供了服务；二是报酬总额在数额上是合理的。实际操作中主要考虑雇员的职责、过去的报酬情况，以及雇员的业务量和复杂程度等相关因素。同时，还要考虑当地同行业职工平均工资水平。

税务机关对工资薪金合理性判断尺度的提出客观上要求企业建立健全内部工资薪金管理规范，明确内部工资发放标准和程序。每次工资调整都要有案可查、有章可循。尤其要注意，每一笔工资薪金支出，都应及时、足额扣缴了个人所得税。

4. 工资薪金的表现形式包括所有现金和非现金形式。虽然，目前占有主要地位的工资薪金发放形式是现金，但也存在许多以非现金形式发放的工资薪金。对于这些非现金形式的工资薪金，也允许扣除，只不过应通过一定的方式，将其换算成等额现金的形式予以税前扣除。

5. 工资薪金的种类。企业支付给其员工的工资薪金，名目繁多，称呼各异，也没有一个统一的标准，如基本工资、奖金、津贴、补贴、年终加薪、加班工资等。这里需要注意的是，不管企业发放时的名目是什么，称呼是什么，只需把握住一点，即凡是这类支出是因员工在企业任职或者受雇于企业，而且是因其提供劳动而支付的，就属于工资薪金支出，不拘泥于形式上的名称。

6. 准予作为工资薪金支出税前扣除的福利性补贴，应同时满足以下条件：一是需要经过股东大会、董事会、薪酬委员会或相关管理机构制订列入员工工资薪金制度，并实际发放给员工的福利性补贴；二是必须是固定与工资薪金一起发放的福利性补贴；三是属于《国家税务总局关于企业工资薪金及职工福利费扣除问题的通知》（国税函〔2009〕3号）第三条规定范围的“福利性补贴”。

7. 税务机关在对工资薪金及福利性补贴进行合理性确认时，应按以下原则掌握：

（1）企业制订了较为规范的员工工资薪金及福利性补贴制度；

（2）企业所制订的工资薪金及福利性补贴制度符合行业及地区水平；

（3）企业在一定时期所发放的工资薪金及福利性补贴是相对固定的，工资薪金及福利性补贴的调整是有序进行的；

（4）企业对实际发放的工资薪金及福利性补贴，已依法履行了个人所得税代扣代缴义务；

（5）有关工资薪金及福利性补贴的安排，不以减少或逃避税款为目的。

（三）案例分析

甲公司 2024 年度核算工资薪金总额为 4000 万元，其中计入工资薪金的福利性支出 1800 万元，包括：

（1）企业内设福利部门发生费用 400 万元；

（2）交通补贴和住房补贴 600 万元；

（3）企业为高危工作岗位人员提供福利性津贴 200 万元；

（4）企业职工体检费用支出 140 万元；

（5）免费提供职工居住的集体宿舍维修费用 60 万元。

其中，交通补贴、住房补贴、高危岗位福利补贴是根据企业董事会制定的工资薪金制度按标准定期发放的，且甲公司依法代扣代缴了个人所得税，符合《国家税务总局关于企业工资薪金和职工福利费等支出税前扣除问题的公告》（国家税务总局公告 2015 年第 34 号）关于作为工资薪金支出的福利性补贴的规定。

请计算甲公司 2024 年度企业所得税汇算时，允许税前扣除的工资薪金支出和职工福利费支出金额。

【分析】 甲公司 2024 年支出的交通补贴和住房补贴 600 万元、高危岗位福利补贴 200 万元，是根据企业董事会制定的工资薪金制度按标准定期发放的，且甲公司依法代扣代缴了个人所得税，符合《国家税务总局关于企业工资薪金和职工福利费等支出税前扣除问题的公告》（国家税务总局公告 2015 年第 34 号）的规定，应作为“福利性补贴”，计入 2024 年度企业工资总额。因此，甲公司 2024 年准予税前扣除的工资薪金总额 = 4000 − 400 − 140 − 60 = 3400（万元）。

按照《国家税务总局关于企业工资薪金及职工福利费扣除问题的通知》

（国税函〔2009〕3号）规定，企业实际发生职工福利费支出＝400＋140＋60＝600（万元）。

2024年度甲公司可税前扣除的职工福利费限额＝3400×14%＝476（万元）

由此，甲公司当年实际发生职工福利费支出600万元，可税前扣除职工福利费476万元，超过的124万元不得在企业所得税税前扣除。年度企业所得税汇算时，通过《职工薪酬支出及纳税调整明细表》（A105050）进行调整。

六、关联企业借款利息支出的税务处理

（一）政策规定

1. 根据《企业所得税法》第四十一条规定，企业与其关联方之间的业务往来，不符合独立交易原则而减少企业或者其关联方应纳税收入或者所得额的，税务机关有权按照合理方法调整。

企业与其关联方共同开发、受让无形资产，或者共同提供、接受劳务发生的成本，在计算应纳税所得额时应当按照独立交易原则进行分摊。

根据该法第四十六条规定，企业从其关联方接受的债权性投资与权益性投资的比例超过规定标准而发生的利息支出，不得在计算应纳税所得额时扣除。

2. 根据《企业所得税法实施条例》第三十七条规定，企业在生产经营活动中发生的合理的不需要资本化的借款费用，准予扣除。

企业为购置、建造固定资产、无形资产和经过12个月以上的建造才能达到预定可销售状态的存货发生借款的，在有关资产购置、建造期间发生的合理的借款费用，应当作为资本性支出计入有关资产的成本，并依照该条例的规定扣除。

根据该条例第三十八条规定，企业在生产经营活动中发生的下列利息支出，准予扣除：

（1）非金融企业向金融企业借款的利息支出、金融企业的各项存款利

息支出和同业拆借利息支出、企业经批准发行债券的利息支出；

（2）非金融企业向非金融企业借款的利息支出，不超过按照金融企业同期同类贷款利率计算的数额的部分。

根据该条例第一百零九条规定，关联方，是指与企业有下列关联关系之一的企业、其他组织或者个人：

（1）在资金、经营、购销等方面存在直接或者间接的控制关系；

（2）直接或者间接地同为第三者控制；

（3）在利益上具有相关联的其他关系。

根据该条例第一百一十九条规定，债权性投资，是指企业直接或者间接从关联方获得的，需要偿还本金和支付利息或者需要以其他具有支付利息性质的方式予以补偿的融资。

企业间接从关联方获得的债权性投资，包括：

（1）关联方通过无关联第三方提供的债权性投资；

（2）无关联第三方提供的、由关联方担保且负有连带责任的债权性投资；

（3）其他间接从关联方获得的具有负债实质的债权性投资。

权益性投资，是指企业接受的不需要偿还本金和支付利息，投资人对企业净资产拥有所有权的投资。

3. 根据《财政部 国家税务总局关于企业关联方利息支出税前扣除标准有关税收政策问题的通知》（财税〔2008〕121号）第一条规定，在计算应纳税所得额时，企业实际支付给关联方的利息支出，不超过以下规定比例和税法及其实施条例有关规定计算的部分，准予扣除，超过的部分不得在发生当期和以后年度扣除。

企业实际支付给关联方的利息支出，除符合该通知第二条规定外，其接受关联方债权性投资与其权益性投资比例为：

（1）金融企业，为5∶1；

（2）其他企业，为2∶1。

根据该通知第二条规定，企业如果能够按照《企业所得税法》及其实施条例的有关规定提供相关资料，并证明相关交易活动符合独立交易原则的；或者该企业的实际税负不高于境内关联方的，其实际支付给境内关联方的利息支出，在计算应纳税所得额时准予扣除。

根据该通知第三条规定，企业同时从事金融业务和非金融业务，其实际支付给关联方的利息支出，应按照合理方法分开计算；没有按照合理方法分开计算的，一律按该通知第一条有关其他企业的比例计算准予税前扣除的利息支出。

根据该通知第四条规定，企业自关联方取得的不符合规定的利息收入应按照有关规定缴纳企业所得税。

4. 根据《国家税务总局关于印发〈特别纳税调整实施办法（试行）〉的通知》（国税发〔2009〕2号）第八十五条规定，不得在计算应纳税所得额时扣除的利息支出应按以下公式计算：

$$\frac{\text{不得扣除}}{\text{利息支出}} = \frac{\text{年度实际支付的}}{\text{全部关联方利息}} \times (1-\text{标准比例}\div\text{关联债资比例})$$

其中：

标准比例是指《财政部 国家税务总局关于企业关联方利息支出税前扣除标准有关税收政策问题的通知》（财税〔2008〕121号）规定的比例。

关联债资比例是指根据《企业所得税法》第四十六条和《企业所得税法实施条例》第一百一十九条的规定，企业从其全部关联方接受的债权性投资（以下简称关联债权投资）占企业接受的权益性投资（以下简称权益投资）的比例，关联债权投资包括关联方以各种形式提供担保的债权性投资。

根据该通知第八十六条规定，关联债资比例的具体计算方法如下：

关联债资比例=年度各月平均关联债权投资之和÷年度各月平均权益投资之和

其中：

各月平均关联债权投资=（关联债权投资月初账面余额+月末账面余额）÷2

各月平均权益投资=（权益投资月初账面余额+月末账面余额）÷2

权益投资为企业资产负债表所列示的所有者权益金额。如果所有者权益小于实收资本（股本）与资本公积之和，则权益投资为实收资本（股本）与资本公积之和；如果实收资本（股本）与资本公积之和小于实收资本（股本）金额，则权益投资为实收资本（股本）金额。

根据该通知第八十七条规定，《企业所得税法》第四十六条所称的利息支出包括直接或间接关联债权投资实际支付的利息、担保费、抵押费和其他具有利息性质的费用。

根据该通知第八十八条规定，《企业所得税法》第四十六条规定不得在计算应纳税所得额时扣除的利息支出，不得结转到以后纳税年度；应按照实际支付给各关联方利息占关联方利息总额的比例，在各关联方之间进行分配，其中，分配给实际税负高于企业的境内关联方的利息准予扣除；直接或间接实际支付给境外关联方的利息应视同分配的股息，按照股息和利息分别适用的所得税税率差补征企业所得税，如已扣缴的所得税税款多于按股息计算应征所得税税款，多出的部分不予退税。

5. 根据《国家税务总局关于企业所得税若干问题的公告》（国家税务总局公告 2011 年第 34 号）第一条规定，非金融企业向非金融企业借款的利息支出，不超过按照金融企业同期同类贷款利率计算的数额的部分，准予税前扣除。鉴于目前我国对金融企业利率要求的具体情况，企业在按照合同要求首次支付利息并进行税前扣除时，应提供“金融企业的同期同类贷款利率情况说明”，以证明其利息支出的合理性。

“金融企业的同期同类贷款利率情况说明”中，应包括在签订该借款合同当时，本省任何一家金融企业提供同期同类贷款利率情况。该金融企业应为经政府有关部门批准成立的可以从事贷款业务的企业，包括银行、财务公司、信托公司等金融机构。“同期同类贷款利率”是指在贷款期限、贷款金额、贷款担保以及企业信誉等条件基本相同下，金融企业提供贷款的利率。既可以是金融企业公布的同期同类平均利率，也可以是金融企业对某些企业提供的实际贷款利率。

（二）政策解读

1. 企业资本是由权益资本和债务资本构成的。权益资本是所有者投入的资本，包括投入的资本金和由此形成的资本公积和盈余公积；债务资本就是从资本市场、银行、关联企业获得的融资。在企业所用的生产经营资金中，债务资本和权益资本的比例大小反映了企业资本结构的优劣。如果企业资本中债务资本占的比例过高，就称为“资本弱化”。资本弱化在税收上的主要结果是增加利息的企业所得税税前扣除，同时减少就股息收入征收的企业所得税。

2. 从关联方获得的债权性投资，是指企业从关联方获得的需要偿还本金和支付利息或者需要以其他具有利息性质的方式予以补偿的融资。比如购买企业债券，就属于债权性投资。

从获得方式上，债权性投资既包括直接从其所有关联方获得的债权性投资，也包括间接从关联方接受的债权性投资。企业直接从关联方获得的债权性投资，是指由关联方直接将资金借给企业，企业按照合同偿还本金和支付利息的投资。

企业间接从关联方获得的债权性投资，包括：

（1）关联方通过无关联第三方提供的债权性投资，是指关联方将资金借给无关联第三方，然后由无关联第三方借给企业的投资。

（2）无关联第三方提供的、由关联方担保且负有连带责任的债权性投资，是指虽然该债权性投资是由无关联第三方提供的，但无关联第三方可以选择由关联方偿还，关联方代企业偿还本金和支付利息后，对企业享有追偿权。

（3）其他间接从关联方获得的具有负债实质的债权性投资。具有负债实质的债权性投资，是指名义上不称为债权性投资，但是在某些情形下其实质属于负债性质，如购买另一企业发行的可转换债券或者股权，在某些情形下实质上为债权性投资。

3. 权益性投资是指企业接受的不需要偿还本金和利息，投资人对企业净资产拥有所有权的投资，其金额为企业资产减去负债后的余额。其范围包括企业投资人对企业投入资本以及形成的资本公积、盈余公积和未分配利润等。投资人投入的资本是指所有者投入企业的资本部分，包括构成企业注册资金或者股本部分的金额，也包括投入资本超过注册资本或者股本的金额，即资本溢价或者股本溢价，这部分投入资本在我国企业会计准则体系中被计入了资本公积，并在资产负债表中的资本公积项目下反映。

4. 在执行政策时应把握以下几点：

（1）注意适用对象。上述政策是专门针对关联企业间的融资行为而出台的，如果借款企业间不存在关联关系，是不能适用的。

（2）注意核算问题。根据《财政部 国家税务总局关于企业关联方利息支出税前扣除标准有关税收政策问题的通知》（财税〔2008〕121号）规定，企业同时从事金融业务和非金融业务，其实际支付给关联方的利息支出，应按照合理方法分开计算；没有按照合理方法分开计算的，一律按其他企业的比例计算准予税前扣除的利息支出。

（3）注意利息扣除。利息支出如果未实际支付，视为未实际发生，不得税前扣除。因此对关联企业支付的利息支出调整，强调在实际支付时。关联企业之间的债资比超过规定的比例，则应当按照规定计算不得扣除的利息支出，也不得结转到以后年度扣除。但是如果能提供同期资料证明交易活动符合独立交易原则或者企业的实际税负不高于境内关联方的，可以例外处理。

（三）案例分析

1. 甲公司（非金融企业）2023 年 1 月由生产企业 A 公司、B 公司共同投资 2000 万元设立。2024 年甲公司向 A 公司借款 4000 万元、向 B 公司借款 1200 万元，均按银行同期同类贷款利率 5%计息。

请计算并确定甲公司 2024 年允许扣除的利息支出。

【分析】甲公司借款利率不超过银行同期同类贷款利率 5%，支付的利息只需考虑债资比限制。

关联债资比例＝年度各月平均关联债权投资之和÷年度各月平均权益投资之和＝5200÷2000＝2.6

超过 2∶1 的债资比，不得扣除利息支出＝年度实际支付的全部关联方利息×（1－标准比例/关联债资比例）＝（4000×5%＋1200×5%）×（1－2÷2.6）＝60（万元）。

甲公司 2024 年允许扣除的利息支出＝260－60＝200（万元）

甲公司年度企业所得税汇算时，通过《纳税调整项目明细表》（A105000）进行调整。

2. 甲公司（非金融企业）由生产企业 A 公司、B 公司于 2023 年 1 月共同投资 2000 万元设立。A 公司权益性投资 1000 万元，占 50%股份；B 公司权益性投资 1000 万元，占 50%股份。2024 年 1 月 1 日，因业务需要，甲公司以 10%年利率从 A 公司借款 2000 万元，以 9%年利率从 B 公司借款 1200 万元，银行同期贷款利率为 8%。2024 年，甲公司的税负为 20%，A、B 公司的税负为25%，A公司提供相关资料，并证明相关交易活动符合独立交易原则，B公司未提供相关资料。

请分析甲公司允许税前扣除支付的利息支出。

【分析】（1）按照同期贷款利率确定可扣除利息支出。

向A公司借款支付的利息可扣除金额=2000×8%=160（万元）

向B公司借款支付的利息可扣除金额=1200×8%=96（万元）

符合同期借款利率利息合计=160+96=256（万元）

纳税调增=（2000×10%+1200×9%）−256=52（万元）

（2）根据《财政部 国家税务总局关于企业关联方利息支出税前扣除标准有关税收政策问题的通知》（财税〔2008〕121号）规定，企业如果能够按照《企业所得税法》及其实施条例的有关规定提供相关资料，并证明相关交易活动符合独立交易原则的；或者该企业的实际税负不高于境内关联方的，其实际支付给境内关联方的利息支出，在计算应纳税所得额时准予扣除。

由于甲公司税负低于A、B公司的税负，其向A、B公司提供的借款，需要进一步查看是否符合独立交易原则。A公司提供相关资料，并证明相关交易活动符合独立交易原则，则其全部的利息支出，可以在计算应纳税所得额时扣除。B公司未提供相关资料，无法证明其符合独立交易原则，则归属于支付给B公司的利息的部分，不得在计算应纳税所得额时扣除。

（3）支付给A公司的利息能够税前扣除的金额。

根据《国家税务总局关于印发〈特别纳税调整实施办法（试行）〉的通知》（国税发〔2009〕2号）规定，企业所得税法规定不得在计算应纳税所得额时扣除的利息支出，不得结转到以后纳税年度；应按照实际支付给各关联方利息占关联方利息总额的比例，在各关联方之间进行分配，其中，分配给实际税负高于企业的境内关联方的利息准予扣除；直接或间接实际支付给境外关联方的利息应视同分配的股息，按照股息和利息分别适用的所得税税率差补征企业所得税，如已扣缴的所得税税款多于按股息计算征所得税税款，多出的部分不予退税。

全部符合利率规定的利息合计256万元，按照合同实际支付的利息为：

支付给A公司利息=2000×10%=200（万元）

支付给 B 公司利息 = 1200×9% = 108（万元）

支付给 A 公司的利息可扣除金额 = 256×100÷（200+108）= 83.12（万元）

（4）甲公司在计算应纳税所得额时可扣除利息支出 83.12 万元，应纳税调增 = 408−83.12 = 324.88（万元）。甲公司年度企业所得税汇算时，通过《纳税调整明细表》（A105000）进行调整。

七、广告费和业务宣传费的税务处理

（一）政策规定

1. 根据《企业所得税法实施条例》第四十四条规定，企业发生的符合条件的广告费和业务宣传费支出，除国务院财政、税务主管部门另有规定外，不超过当年销售（营业）收入 15%的部分，准予扣除；超过部分，准予在以后纳税年度结转扣除。

2. 根据《国家税务总局关于企业所得税执行中若干税务处理问题的通知》（国税函〔2009〕202 号）第一条规定，企业在计算业务招待费、广告费和业务宣传费等费用扣除限额时，其销售（营业）收入额应包括《企业所得税法实施条例》第二十五条规定的视同销售（营业）收入额。

3. 根据《国家税务总局关于企业所得税应纳税所得额若干税务处理问题的公告》（国家税务总局公告 2012 年第 15 号）第五条规定，企业在筹建期间，发生的与筹办活动有关的业务招待费支出，可按实际发生额的 60%计入企业筹办费，并按有关规定在税前扣除；发生的广告和业务宣传费，可按实际发生额计入企业筹办费，并按有关规定在税前扣除。

4. 根据《财政部 税务总局关于广告费和业务宣传费支出税前扣除有关事项的公告》（财政部 税务总局公告 2020 年第 43 号）规定，2021 年 1 月 1 日至 2025 年 12 月 31 日，对化妆品制造或销售、医药制造和饮料制造（不含酒类制造）企业发生的广告费和业务宣传费支出，不超过当年销售（营业）收入 30%的部分，准予扣除；超过部分，准予在以后纳税年度结转扣除。

对签订广告费和业务宣传费分摊协议的关联企业，其中一方发生的不超过当年销售（营业）收入税前扣除限额比例内的广告费和业务宣传费支出可以在本企业扣除，也可以将其中的部分或全部按照分摊协议归集至另一方扣除。另一方在计算本企业广告费和业务宣传费支出企业所得税税前扣除限额时，可将按照上述办法归集至本企业的广告费和业务宣传费不计算在内。

烟草企业的烟草广告费和业务宣传费支出，一律不得在计算应纳税所得额时扣除。

（二）政策解读

1. 企业在生产经营过程中，需要通过一定的媒介、载体和形式，进行广告和业务宣传，以达到推介企业产品、促进销售的目的。企业在广告和业务宣传活动中，支付的费用就是广告费和业务宣传费。

2. 企业发生的广告费和业务宣传费在企业所得税税前实行限额内扣除，需要注意以下几点：

（1）扣除比例按行业不同分为三种类型。

企业广告费和业务宣传的扣除分为按限额比例计算扣除和不允许扣除，限额比例有30%和15%两档。其中：化妆品制造或销售、医药制造和饮料制造（不含酒类制造）为30%的比例；一般企业为15%的比例；烟草企业的烟草广告费和业务宣传费支出不允许扣除，需要注意的是烟草企业除烟草以外的广告费和业务宣传费支出，按照一般企业的比例计算扣除。

（2）扣除限额计算基数包括三部分。

广告费和业务宣传费的年度扣除限额的计算基础是企业当年的销售（营业）收入，包括主营业务收入、其他业务收入和视同销售收入。

（3）广告费和业务宣传费的扣除是一项时间性差异。

企业发生的符合条件的广告费和业务宣传费，在纳税年度扣除限额内准予扣除；超过部分，准予在以后纳税年度结转扣除。对于超过部分的扣除，和职工教育经费的扣除一样，不设定扣除年限，扣完为止。

（4）区别广告费、业务宣传费与赞助费及其他费用。

企业所得税中，不具有广告性质的赞助支出不得税前扣除，因此，要注意广告费、业务宣传费与赞助支出的区别。所谓的赞助支出，是指企业发生的与生产经营活动无关的各种非广告性质支出。

（5）关联企业间广告费和业务宣传费的分摊。

①关联企业指有下列关系之一的公司、企业和其他经济组织：

A. 在资金、经营、购销等方面，存在直接或者间接的拥有或者控制关系；

B. 直接或者间接地同为第三者所拥有或者控制；

C. 在利益上具有相关联的其他关系。

②关联企业之间应签订有广告宣传费分摊协议，可根据分摊协议自由选择是在本企业扣除还是归集至另一方扣除。

③总体扣除限额不得超出规定标准。归集到另一方扣除的广告宣传费只能是费用发生企业依法可扣除限额内的部分或者全部，而不是实际发生额。

④接受归集扣除的关联企业不占用本企业原扣除限额。即本企业可扣除的广告宣传费按规定照常计算扣除限额，还可以将关联企业未扣除而归集来的广告宣传费在本企业扣除。

（三）案例分析

1. 甲公司是一家日用家电制造企业，2023 年销售收入合计 2.4 亿元。2023 年 5 月公司将一批产品进行扶贫捐赠，捐赠产品市场价格 400 万元。该公司 2023 年共发生广告费 4000 万元、业务宣传费 1000 万元。该公司 2023 年结转以前年度未扣除广告费和业务宣传费 600 万元。2024 年全年销售收入 3 亿元，当年发生广告费 1600 万元、业务宣传费 400 万元。

请计算甲公司 2023 年、2024 年允许税前扣除的广告费和业务宣传费。

【分析】（1）2023 年的税务处理如下：

2023 年待扣除的广告费和业务宣传费=上年结转未扣除金额+本年发生额=600+4000+1000=5600（万元）

2023 年度广告费和业务宣传费扣除限额=本年销售（营业）收入×15%=（24000+400）×15%=3660（万元）

2023 年可税前扣除广告费和业务宣传费 3660 万元，结转以后年度扣除的广告费和业务宣传费=5600−3660=1940（万元）。

甲公司在 2023 年度企业所得税汇算时，通过《广告费和业务宣传费等跨年度纳税调整明细表》（A105060）及《纳税调整项目明细表》（A105000）进行调整。

（2）2024年的税务处理如下：

2024年待扣除广告费和业务宣传费=上年结转未扣除金额+本年发生额=1940+1600+400=3940（万元）

2024年度广告费和业务宣传费扣除限额=本年销售（营业）收入×15%=30000×15%=4500（万元）

2024年可税前扣除广告费和业务宣传费3940万元，本年无结转以后年度扣除的广告费和业务费。

甲公司2024年度企业所得税汇算时，通过《广告费和业务宣传费等跨年度纳税调整明细表》（A105060）及《纳税调整项目明细表》（A105000）进行纳税调整。

2. 甲公司和乙公司是关联企业，根据双方签订的广告宣传费分摊协议，甲公司在2024年发生的广告费和业务宣传费的40%应归集至乙公司扣除。

2024年甲公司年销售（营业）收入6000万元，当年实际发生广告费和业务宣传费为1200万元。

2024年乙公司销售收入为12000万元，当年实际发生广告费和业务宣传费为2400万元（不含从甲公司分摊的广告费和业务宣传费）。

甲公司、乙公司广告费和业务宣传费的扣除比例均为销售（营业）收入的15%。

请计算甲公司、乙公司分摊后可税前扣除的广告费和业务宣传费。

【分析】（1）甲公司税务处理如下：

2024年广告费和业务宣传费的税前扣除限额=销售（营业）收入×15%=6000×15%=900（万元）

按照分摊协议，分摊到B公司的广告费和业务宣传费扣除限额=900×40%=360（万元）。

甲公司应分摊广告费和业务宣传费扣除限额=900−360=540（万元）

甲公司实际支付的广告费和业务宣传费1200万元，按分摊比例分配，甲公司应分摊720万元，乙公司应分摊480万元。

甲公司实际分摊的720万元，超过扣除限额540万元，只能扣除540万元，结转以后年度扣除的广告费和业务宣传费=720-540=180（万元）。

甲公司2024年度企业所得税汇算时，通过《广告费和业务宣传费等跨年度纳税调整明细表》（A105060）及《纳税调整项目明细表》（A105000）进行调整。

（2）乙公司税务处理如下：

乙公司当年广告费和业务宣传费的税前扣除限额=当年销售（营业）收入×15%=12000×15%=1800（万元）

按照分摊协议从甲公司分摊的广告费和业务宣传费480万元，分摊的扣除限额360万元。

乙公司本年度实际待扣除的广告费和业务宣传费=2400+480=2880（万元）

乙公司本年度实际广告费和业务宣传费合计扣除限额=1800+360=2160（万元）；当年可扣除广告费和业务宣传费2160万元，结转以后年度扣除的广告费和业务宣传费=2880-2160=720（万元）。

乙公司2024年度企业所得税汇算时，通过《广告费和业务宣传费等跨年度纳税调整明细表》（A105060）及《纳税调整项目明细表》（A105000）进行调整。

八、企业对外捐赠的税务处理

（一）政策规定

1. 根据《企业所得税法》第九条规定，企业发生的公益性捐赠支出，在年度利润总额12%以内的部分，准予在计算应纳税所得额时扣除；超过年度利润总额12%的部分，准予结转以后3年内在计算应纳税所得额时扣除。

2. 根据《企业所得税法实施条例》第五十三条规定，企业当年发生以及以前年度结转的公益性捐赠支出，不超过年度利润总额12%的部分，准予扣除。年度利润总额，是指企业依照国家统一会计制度的规定计算的年度会计利润。

3. 根据《财政部 国家税务总局关于公益股权捐赠企业所得税政策问题的通知》（财税〔2016〕45 号）第一条规定，企业向公益性社会团体实施的股权捐赠，应按规定视同转让股权，股权转让收入额以企业所捐赠股权取得时的历史成本确定。

股权，是指企业持有的其他企业的股权、上市公司股票等。

根据该通知第二条规定，企业实施股权捐赠后，以其股权历史成本为依据确定捐赠额，并依此按照企业所得税法有关规定在所得税前予以扣除。公益性社会团体接受股权捐赠后，应按照捐赠企业提供的股权历史成本开具捐赠票据。

根据该通知第三条规定，公益性社会团体，是指注册在中华人民共和国境内，以发展公益事业为宗旨、且不以营利为目的，并经确定为具有接受捐赠税前扣除资格的基金会、慈善组织等公益性社会团体。

根据该通知第四条规定，股权捐赠行为，是指企业向中华人民共和国境内公益性社会团体实施的股权捐赠行为。企业向中华人民共和国境外的社会组织或团体实施的股权捐赠行为不适用该通知规定。

根据该通知第五条规定，该通知自 2016 年 1 月 1 日起执行。该通知发布前企业尚未进行税收处理的股权捐赠行为，符合该通知规定条件的可比照该通知执行，已经进行相关税收处理的不再进行税收调整。

4. 根据《财政部 国家税务总局关于公益性捐赠支出企业所得税税前结转扣除有关政策的通知》（财税〔2018〕15 号）第一条规定，企业通过公益性社会组织或者县级（含县级）以上人民政府及其组成部门和直属机构，用于慈善活动、公益事业的捐赠支出，在年度利润总额 12%以内的部分，准予在计算应纳税所得额时扣除；超过年度利润总额 12%的部分，准予结转以后 3 年内在计算应纳税所得额时扣除。

公益性社会组织，应当依法取得公益性捐赠税前扣除资格。

年度利润总额，是指企业依照国家统一会计制度的规定计算的大于零的数额。

根据该通知第二条规定，企业当年发生及以前年度结转的公益性捐赠支出，准予在当年税前扣除的部分，不能超过企业当年年度利润总额的 12%。

根据该通知第三条规定，企业发生的公益性捐赠支出未在当年税前扣除的部分，准予向以后年度结转扣除，但结转年限自捐赠发生年度的次年起计算最长不得超过3年。

根据该通知第四条规定，企业在对公益性捐赠支出计算扣除时，应先扣除以前年度结转的捐赠支出，再扣除当年发生的捐赠支出。

根据该通知第五条规定，该通知自2017年1月1日起执行。2016年9月1日至2016年12月31日发生的公益性捐赠支出未在2016年税前扣除的部分，可按该通知执行。

5.《财政部 税务总局 国务院扶贫办关于企业扶贫捐赠所得税税前扣除政策的公告》（财政部 税务总局 国务院扶贫办公告2019年第49号）第一条规定，自2019年1月1日至2022年12月31日，企业通过公益性社会组织或者县级（含县级）以上人民政府及其组成部门和直属机构，用于目标脱贫地区的扶贫捐赠支出，准予在计算企业所得税应纳税所得额时据实扣除。

根据该公告第二条规定，企业同时发生扶贫捐赠支出和其他公益性捐赠支出，在计算公益性捐赠支出年度扣除限额时，符合上述条件的扶贫捐赠支出不计算在内。

根据《财政部 税务总局 人力资源社会保障部 国家乡村振兴局关于延长部分扶贫税收优惠政策执行期限的公告》（财政部 税务总局 人力资源社会保障部 国家乡村振兴局公告2021年第18号）规定，该公告执行期限延长至2025年12月31日。

6. 根据《财政部 税务总局 民政部关于公益性捐赠税前扣除有关事项的公告》（财政部 税务总局 民政部 公告2020年第27号）第一条规定，企业或个人通过公益性社会组织、县级以上人民政府及其部门等国家机关，用于符合法律规定的公益慈善事业捐赠支出，准予按税法规定在计算应纳税所得额时扣除。

根据该公告第二条规定，公益慈善事业，应当符合《中华人民共和国公益事业捐赠法》（以下简称《公益事业捐赠法》）第三条对公益事业范围的规定或者《中华人民共和国慈善法》（以下简称《慈善法》）第三条对慈善活动范围的规定。

根据该公告第三条规定，公益性社会组织，包括依法设立或登记并按规定条件和程序取得公益性捐赠税前扣除资格的慈善组织、其他社会组织和群众团体。公益性群众团体的公益性捐赠税前扣除资格确认及管理按照现行规定执行。依法登记的慈善组织和其他社会组织的公益性捐赠税前扣除资格确认及管理按该公告执行。

根据该公告第十一条规定，公益性社会组织、县级以上人民政府及其部门等国家机关在接受捐赠时，应当按照行政管理级次分别使用由财政部或省、自治区、直辖市财政部门监（印）制的公益事业捐赠票据，并加盖本单位的印章。

根据该公告第十三条规定，除另有规定外，公益性社会组织、县级以上人民政府及其部门等国家机关在接受企业或个人捐赠时，按以下原则确认捐赠额：

（1）接受的货币性资产捐赠，以实际收到的金额确认捐赠额。

（2）接受的非货币性资产捐赠，以其公允价值确认捐赠额。捐赠方在向公益性社会组织、县级以上人民政府及其部门等国家机关捐赠时，应当提供注明捐赠非货币性资产公允价值的证明；不能提供证明的，接受捐赠方不得向其开具捐赠票据。

7. 根据《财政部 税务总局关于通过公益性群众团体的公益性捐赠税前扣除有关事项的公告》（财政部 税务总局公告 2021 年第 20 号）第一条规定，企业或个人通过公益性群众团体用于符合法律规定的公益慈善事业捐赠支出，准予按税法规定在计算应纳税所得额时扣除。

根据该公告第二条规定，公益慈善事业，应当符合《公益事业捐赠法》第三条对公益事业范围的规定或者《慈善法》第三条对慈善活动范围的规定。

根据该公告第三条规定，公益性群众团体，包括依照《社会团体登记管理条例》规定不需要进行社团登记的人民团体以及经国务院批准免予登记的社会团体，且按规定条件和程序已经取得公益性捐赠税前扣除资格。

根据该公告第十二条规定，公益性群众团体在接受捐赠时，应按照行政管理级次分别使用由财政部或省、自治区、直辖市财政部门监（印）制的公益事业捐赠票据，并加盖本单位的印章；对个人索取捐赠票据的，应予以开具。

企业或个人将符合条件的公益性捐赠支出进行税前扣除，应当留存相关票据备查。

根据该公告第十三条规定，除另有规定外，公益性群众团体在接受企业或个人捐赠时，按以下原则确认捐赠额：

（1）接受的货币性资产捐赠，以实际收到的金额确认捐赠额；

（2）接受的非货币性资产捐赠，以其公允价值确认捐赠额。捐赠方在向公益性群众团体捐赠时，应当提供注明捐赠非货币性资产公允价值的证明；不能提供证明的，接受捐赠方不得向其开具捐赠票据。

8. 根据《财政部 税务总局关于继续实施公共租赁住房税收优惠政策的公告》（财政部 税务总局公告 2023 年第 33 号）第五条规定，企事业单位、社会团体以及其他组织捐赠住房作为公租房，符合税收法律法规规定的，对其公益性捐赠支出在年度利润总额 12%以内的部分，准予在计算应纳税所得额时扣除，超过年度利润总额 12%的部分，准予结转以后 3 年内在计算应纳税所得额时扣除。

（二）政策解读

1. 公益性捐赠，是指企业通过公益性社会组织或者县级以上人民政府及其部门，用于符合法律规定的慈善活动、公益事业的捐赠。公益性捐赠扣除有两种情形：一是限额扣除，二是全额扣除。

2. 公益性捐赠的界定必须符合两个条件：一是捐赠途径，必须是通过公益性社会组织、公益性群众团体或者县级以上人民政府及其部门的捐赠，才能税前扣除，直接向受赠对象的捐赠，不得税前扣除。公益性社会组织资格由财政部、国家税务总局、民政部三个部门联合认定，每年会进行名单的更新。二是扣除范围。企业并非对外任何形式的捐赠支出都允许税前扣除，必须是用于符合法律规定的慈善活动、公益事业的捐赠支出。

3. 公益性捐赠的扣除限额，在年度利润总额 12%以内的部分，准予在计算应纳税所得额时扣除，超过当年扣除限额的部分允许结转以后年度扣除，但结转年限自捐赠发生年度的次年起计算最长不得超过 3 年。而且在计算扣除时，先扣除以前年度结转的捐赠支出，再扣除当年发生的捐赠支出。

（1）“年度利润总额”，按照国家统一会计制度规定计算。实行企业会计准则、中小企业会计准则、企业会计制度、分行业会计制度纳税人，其数据直接取自利润表；实行事业单位会计准则的纳税人，其数据取自收入支出表；实行民间非营利组织会计制度纳税人，其数据取自业务活动表；实行其他国家统一会计制度的纳税人，根据《企业所得税年度纳税申报主表》（A100000）项目进行分析填报。

（2）允许扣除的3年时限，从次年开始计算。举例来说，2021年度“限额扣除的公益性捐赠支出”未能税前扣除的部分，可以结转至2022年度、2023年度、2024年度扣除，最长是在2024年度扣除，如再不能税前扣除的话，2021年度未能扣除的部分就无法税前扣除了。

（3）捐赠支出扣除顺序按照自然年度，如2023年度公益性捐赠支出未在当年税前扣除200万元，2024年度发生公益性捐赠支出300万元，企业当年年度利润总额2000万元，当年年度利润总额的12%为240万元，则2024年度应先扣除2023年度的200万元，再扣除2024年的40万元，2024年结转以后年度扣除的公益性捐赠为260万元。

（4）在实际工作中，公益性捐赠超过当年扣除限额的部分作相应的纳税调增，结转到以后年度扣除时，作相应的纳税调减处理，在一个纳税年度调增和调减有可能会同时出现。

4. 公益性捐赠资产价值的确认。接受捐赠的非货币性资产，应当以其公允价值计算。捐赠方在向公益性社会团体和县级以上人民政府及其组成部门捐赠时，应当提供注明捐赠货币性资产公允价值的证明，如果不能提供上述证明，接受捐赠单位不得向其开具公益性捐赠票据。

5. 公益性捐赠扣除凭证。企业如果未取得加盖接受捐赠单位印章的公益性捐赠票据，则对应的捐赠支出不得税前扣除。

（三）案例分析

1. 甲公司2020—2024年相关信息如下：

（1）2020年，实现会计利润总额200万元，当年通过县政府公益性捐赠40万元。

（2）2021年，实现会计利润总额440万元，当年通过红十字会公益性捐赠 160 万元。

（3）2022 年，实现会计利润总额 400 万元，当年无公益性捐赠支出。

（4）2023 年，实现会计利润总额-20 万元，当年通过县政府公益性捐赠 40 万元。

（5）2024 年，实现会计利润总额 300 万元，当年无公益性捐赠支出。

假定甲公司 2020—2024 年度企业所得税汇算清缴无其他调整事项，以前年度无结转的公益性捐赠。

请计算甲公司 2020—2024 年度可税前扣除的公益性捐赠金额。

【分析】（1）2020 年：

公益性捐赠扣除限额=200×12%=24（万元），当年实际发生的公益性捐赠 40 万元，当年扣除 24 万元，剩余 16 万元结转至 2021 年扣除。

（2）2021 年：

公益性捐赠扣除限额=440×12%=52.8（万元），2020 年结转待扣除的公益性捐赠 16 万元，2021 年实际发生的公益性捐赠 160 万元。2021 年公益性捐赠税前扣除时，先扣除 2020 年结转的 16 万元，再扣除 2021 年的 36.8 万元（52.8-16），2021 年剩余的 123.2 万元（160-36.8）结转至 2022 年扣除。

（3）2022 年：

公益性捐赠扣除限额=400×12%=48（万元），2021 年结转待扣除公益性捐赠 123.2 万元，2022 年无公益性捐赠，按照限额扣除 2021 年结转待扣除公益性捐赠 48 万元，2021 年未扣完的公益性捐赠 75.2 万元（123.5-48）结转至 2023 年扣除。

（4）2023 年：

企业会计利润为-20 万元，当年公益性捐赠扣除限额为 0，当年公益性捐赠 40 万元，扣除 0。2021 年公益性捐赠 75.2 万元、2023 年公益性捐赠 40 万元结转至 2024 年扣除。

（5）2024 年：

公益性捐赠扣除限额=300×12%=36（万元），2021 年结转的待扣除公益性捐赠 75.2 万元为第 3 年扣除、2023 年结转的待扣除公益性捐赠 40 万元为第一年扣除，当年无公益性捐赠，按照限额先扣除 2021 年结转待扣除公益性捐赠36万元，未扣完的39.2万元（75.2－36）在以后年度不再扣除，2023年公益性捐赠40万元结转至2025年扣除。

甲公司在每年企业所得税汇算时，通过《捐赠支出及纳税调整明细表》（A105070）及《纳税调整项目明细表》（A105000）进行调整。

2. 甲公司2024年10月通过公益性社会组织将自己持有的A公司公允价值160万元的股权全部进行公益性捐赠，并于2024年11月进行了股权登记变更。甲公司取得持有的全部A公司股权的历史成本为60万元。2024年甲公司会计利润400万元，当年无其他公益性捐赠。

请分析甲公司该项捐赠业务的税务处理。

【分析】 甲公司的该项捐赠符合《财政部 国家税务总局关于公益股权捐赠企业所得税政策问题的通知》（财税〔2016〕45号）关于公益性股权捐赠的相关规定，因此，可以按规定在税前扣除。

公益性捐赠扣除限额＝400×12%＝48（万元）

公益股权捐赠历史成本60万元，2024年只能扣除48万元，剩余部分准予结转以后3年在计算应纳税所得额时扣除。

甲公司在年度企业所得税汇算时，通过《捐赠支出及纳税调整明细表》（A105070）及《纳税调整项目明细表》（A105000）进行调整。

九、坏账准备的税务处理

（一）政策规定

1. 根据《企业所得税法》第十条第七款规定，未经核定的准备金支出，在计算应纳税所得额时，不得扣除。

2. 根据《企业所得税法实施条例》第五十五条规定，未经核定的准备金支出，是指不符合国务院财政、税务主管部门规定的各项资产减值准备、风险准备等准备金支出。

根据该条例第五十六条规定，企业的各项资产，包括固定资产、生物资产、无形资产、长期待摊费用、投资资产、存货等，以历史成本为计税基础。

历史成本，是指企业取得该项资产时实际发生的支出。

企业持有各项资产期间资产增值或者减值，除国务院财政、税务主管部门规定可以确认损益外，不得调整该资产的计税基础。

3. 根据《国家税务总局关于发布〈企业资产损失所得税税前扣除管理办法〉的公告》(国家税务总局公告 2011 年第 25 号) 第二十二条规定，企业应收及预付款项坏账损失应依据以下相关证据材料确认：

(1) 相关事项合同、协议或说明；

(2) 属于债务人破产清算的，应有人民法院的破产、清算公告；

(3) 属于诉讼案件的，应出具人民法院的判决书或裁决书或仲裁机构的仲裁书，或者被法院裁定终（中）止执行的法律文书；

(4) 属于债务人停止营业的，应有工商部门注销、吊销营业执照证明；

(5) 属于债务人死亡、失踪的，应有公安机关等有关部门对债务人个人的死亡、失踪证明；

(6) 属于债务重组的，应有债务重组协议及其债务人重组收益纳税情况说明；

(7) 属于自然灾害、战争等不可抗力而无法收回的，应有债务人受灾情况说明以及放弃债权申明。

根据该公告第二十三条规定，企业逾期 3 年以上的应收款项在会计上已作为损失处理的，可以作为坏账损失，但应说明情况，并出具专项报告。

根据该公告第二十四条规定，企业逾期一年以上，单笔数额不超过 5 万元或者不超过企业年度收入总额万分之一的应收款项，会计上已经作为损失处理的，可以作为坏账损失，但应说明情况，并出具专项报告。

4. 根据《企业所得税法实施条例》第三十二条规定，企业已经作为损失处理的资产，在以后纳税年度又全部收回或者部分收回时，应当计入当期收入。

(二) 政策解读

1. 会计上，基于资产的真实性和谨慎性原则考虑，为防止企业虚增资产或者虚增利润，保证企业因市场变化、科学技术进步或者企业经营管理不善等原因导致资产实际价值的变动能够真实地得以反映，要求企业合理地预计各项资产可能发生的损失，提取准备金。

2. 税收上，对于企业计提的各种形式准备金，一般不允许在税前扣除，主要基于以下考虑：

（1）允许税前扣除的项目，必须遵循真实发生的据实扣除原则，企业只有实际发生的损失才允许在税前扣除；反之，一般不允许扣除。而企业提取的各项资产减值准备，是由会计人员根据会计准则和自身职业判断进行的，不同的企业提取的比例不同，如果允许企业计提的准备金在税前扣除，可能成为企业会计人员据以操纵利润的工具，而税务人员从企业外部很难判断企业会计人员据以提取准备金的依据是否充分、合理。

（2）由于市场复杂多变，各行业因市场风险不同，税法上难以对各种准备金规定一个合理的提取比例，如果规定统一比例，会导致税负不公平。

（3）企业提取各种准备金实际上是为了减少市场经营风险，但这种风险应由企业自己承担，不应转嫁到国家身上。

（4）尽管企业提取的坏账准备等在提取年度不允许在税前扣除，但企业资产损失实际发生时，在实际发生年度是允许扣除的，体现了企业所得税据实扣除和确定性的原则。

（5）由于人身保险、财产保险、风险投资和其他具有特殊风险的金融工具风险大，税法规定允许企业对其提取一定比例的准备金，在税前扣除。比如金融企业计提的贷款损失准备。

（6）在税务处理上已经被作为坏账损失处理的资产，可能出现债务人又重新具备了偿债能力并予以偿债，以至于这些已被作为损失处理的资产又重新为企业所掌握，成为企业的资产，或者给企业带来经济利益的流入。那么，当这个已被扣除的损失重新被确认为资产时，就应该视为企业的收入计算应纳税所得额，否则将导致企业这部分资产被重复扣除。

（三）案例分析

甲公司于2023年年初成立，采用个别认定法计提坏账准备。

（1）2023年年末应收账款余额为1000万元，计提坏账准备25万元，当年未发生坏账损失。

（2）2024 年年末应收账款余额为 1500 万元，当年发生坏账损失 20 万元，收回已冲销的应收账款 10 万元，计提坏账准备 5 万元。

请分析上述业务的企业所得税处理。

【分析】2023 年度，甲公司计提的 25 万元坏账准备不允许税前扣除，年终企业所得税汇算时，通过《纳税调整项目明细表》（A105000）进行调整。

2024 年度，甲公司计提的 5 万元坏账准备不得在税前扣除；收回已冲销的应收账款 10 万元，按税法规定应作为其他收入，在年度企业所得税汇算时，通过《纳税调整项目明细表》（A105000）进行调整。甲公司发生坏账损失 20 万元，按税法规定可以在税前扣除，年度企业所得税汇算时，通过《资产损失税前扣除及纳税调整明细表》（A105090）进行调整。

十、亏损弥补

（一）政策规定

1. 根据《企业所得税法》第十七条规定，企业在汇总计算缴纳企业所得税时，其境外营业机构的亏损不得抵减境内营业机构的盈利。

根据该法第十八条规定，企业纳税年度发生的亏损，准予向以后年度结转，用以后年度的所得弥补，但结转年限最长不得超过 5 年。

2. 根据《企业所得税法实施条例》第十条规定，亏损，是指企业依照《企业所得税法》和该条例的规定将每一纳税年度的收入总额减除不征税收入、免税收入和各项扣除后小于零的数额。

3. 根据《财政部 国家税务总局关于企业境外所得税收抵免有关问题的通知》（财税〔2009〕125 号）第三条第五款规定，在汇总计算境外应纳税所得额时，企业在境外同一国家（地区）设立不具有独立纳税地位的分支机构，按照《企业所得税法》及实施条例的有关规定计算的亏损，不得抵减其境内或他国（地区）的应纳税所得额，但可以用同一国家（地区）其他项目或以后年度的所得按规定弥补。

4. 根据《国家税务总局关于发布〈企业境外所得税收抵免操作指南〉

的公告》（国家税务总局公告2010年第1号）规定，企业在同一纳税年度的境内外所得加总为正数的，其境外分支机构发生的亏损，由于上述结转弥补的限制而发生的未予弥补的部分（以下称非实际亏损额），今后在该分支机构的结转弥补期限不受5年期限制，即：

（1）如果企业当期境内外所得盈利额与亏损额加总后和为零或正数，则其当年度境外分支机构的非实际亏损额可无限期向后结转弥补；

（2）如果企业当期境内外所得盈利额与亏损额加总后和为负数，则以境外分支机构的亏损额超过企业盈利额部分的实际亏损额，准予按照《企业所得税法》第十八条规定的期限（即在以后5年内）进行亏损弥补，未超过企业盈利额部分的非实际亏损额仍可无限期向后结转弥补。

5. 根据《国家税务总局关于查增应纳税所得额弥补以前年度亏损处理问题的公告》（国家税务总局公告2010年第20号）规定，税务机关对企业以前年度纳税情况进行检查时调增的应纳税所得额，凡企业以前年度发生亏损、且该亏损属于企业所得税法规定允许弥补的，应允许调增的应纳税所得额弥补该亏损。弥补该亏损后仍有余额的，按照企业所得税法规定计算缴纳企业所得税。对检查调增的应纳税所得额应根据其情节，依照《税收征收管理法》有关规定进行处理或处罚。

6. 根据《国家税务总局关于发布〈企业政策性搬迁所得税管理办法〉的公告》（国家税务总局公告2012年第40号）第二十一条规定，企业以前年度发生尚未弥补的亏损的，凡企业由于搬迁停止生产经营无所得的，从搬迁年度次年起，至搬迁完成年度前一年度止，可作为停止生产经营活动年度，从法定亏损结转弥补年限中减除；企业边搬迁、边生产的，其亏损结转年度应连续计算。

7. 根据《财政部 税务总局关于延长高新技术企业和科技型中小企业亏损结转年限的通知》（财税〔2018〕76号）第一条规定，自2018年1月1日起，当年具备高新技术企业或科技型中小企业资格的企业，其具备资格年度之前5个年度发生的尚未弥补完的亏损，准予结转以后年度弥补，最长结转年限由5年延长至10年。

8. 根据《国家税务总局关于延长高新技术企业和科技型中小企业亏损结转弥补年限有关企业所得税处理问题的公告》（国家税务总局公告2018年

第45号）第一条规定，《财政部 税务总局关于延长高新技术企业和科技型中小企业亏损结转年限的通知》（财税〔2018〕76号）所称当年具备高新技术企业或科技型中小企业资格的企业，其具备资格年度之前5个年度发生的尚未弥补完的亏损，是指当年具备资格的企业，其前5个年度无论是否具备资格，所发生的尚未弥补完的亏损。

2018年具备资格的企业，无论2013—2017年是否具备资格，其2013—2017年发生的尚未弥补完的亏损，均准予结转以后年度弥补，最长结转年限为10年。2018年以后年度具备资格的企业，依此类推，进行亏损结转弥补税务处理。

根据该公告第二条规定，高新技术企业按照其取得的高新技术企业证书注明的有效期所属年度，确定其具备资格的年度。

科技型中小企业按照其取得的科技型中小企业入库登记编号注明的年度，确定其具备资格的年度。

根据该公告第三条规定，企业发生符合特殊性税务处理规定的合并或分立重组事项的，其尚未弥补完的亏损，按照《财政部 国家税务总局关于企业重组业务企业所得税处理若干问题的通知》（财税〔2009〕59号）和该公告有关规定进行税务处理：

（1）合并企业承继被合并企业尚未弥补完的亏损的结转年限，按照被合并企业的亏损结转年限确定；

（2）分立企业承继被分立企业尚未弥补完的亏损的结转年限，按照被分立企业的亏损结转年限确定；

（3）合并企业或分立企业具备资格的，其承继被合并企业或被分立企业尚未弥补完的亏损的结转年限，按照财税〔2018〕76号文件第一条和该公告第一条规定处理。

根据该公告第四条规定，符合财税〔2018〕76号文件和该公告规定延长亏损结转弥补年限条件的企业，在企业所得税预缴和汇算清缴时，自行计算亏损结转弥补年限，并填写相关纳税申报表。

该公告自2018年1月1日起施行。

（二）政策解读

1. 在企业所得税法中，亏损是一个很重要的概念，其结转和弥补涉及应纳税所得额的计算问题。

2. 企业所得税法中的亏损和会计准则中的亏损差异较大。

（1）在税法中，亏损是指企业依照《企业所得税法》及其实施条例的规定，将每一纳税年度的收入总额减除不征税收入、免税收入和各项扣除后小于零的数额。亏损只是纳税年度当期企业所得税应纳税所得额的表现形式，是企业纳税年度的计税亏损，没有所得用于纳税。

（2）企业会计准则意义上的亏损，就是收入减去全部支出后的净额小于零的结果。会计中的收入包括企业取得的全部的各种收入，支出也包括各种实际支出或是法定支出的全部的费用。

3. 亏损弥补时需要注意：

（1）连续计算，中间不得中断。

企业纳税年度发生的亏损，结转以后弥补的年限需要连续计算，不论是盈利或亏损，都作为实际弥补年限。

（2）先亏先补，按次序进行。

如果企业发生多年亏损，且都在弥补期限内时，弥补亏损按照先亏先补的顺序进行。

4. 为贯彻落实创新驱动发展战略，更好地支持高新技术企业和科技型中小企业发展，将这两类企业亏损结转弥补年限由 5 年延长到 10 年。

（1）高新技术企业和科技型中小企业资格采取不同的管理方法。高新技术企业经过认定后，取得的高新技术企业证书有效期 3 年；而科技型中小企业每年评价后，赋予其科技型中小企业入库登记编号。

（2）高新技术企业证书注明了发证时间和有效期，为保证企业最大限度享受政策红利，《国家税务总局关于延长高新技术企业和科技型中小企业亏损结转弥补年限有关企业所得税处理问题的公告》（国家税务总局公告 2018 年第 45 号）明确，高新技术企业按照其取得的高新技术企业证书注明的有效期所属年度，确定其具备资格年度。举例来说，某高新技术企业，证书注明发证时间为 2018 年 9 月 17 日，有效期 3 年。根据规定，2018 年、

2019 年、2020 年、2021 年为该企业具备资格年度。

(3) 科技型中小企业仅有入库登记编号注明的年度，且需在每年 3 月底前进行评价。为此，《国家税务总局关于延长高新技术企业和科技型中小企业亏损结转弥补年限有关企业所得税处理问题的公告》(国家税务总局公告 2018 年第 45 号) 明确，科技型中小企业按照其取得的科技型中小企业入库登记编号注明的年度，确定其具备资格年度。举例来说，某科技型中小企业，2018 年 5 月取得入库登记编号，编号注明的年度为 2018 年。根据规定，2018 年为该企业具备资格年度。

(三) 案例分析

甲公司 2013 年成立，2023 年 7 月取得高新技术企业证书。2017—2024 年的应纳税所得额情况见表 3-1。

表 3-1　　甲公司 2017—2024 年应纳税所得额

单位：万元

项目	2017 年	2018 年	2019 年	2020 年	2021 年	2022 年	2023 年	2024 年
应纳税所得额(弥补亏损前)	-400	-100	-100	0	150	100	50	300

请分析甲公司各年亏损弥补情况及 2024 年应纳税所得额。

【分析】 甲公司 2023 年 7 月取得高新技术企业资格，所以 2018—2022 年发生的尚未弥补完的亏损，准予结转以后年度弥补，最长结转年限由 5 年延长至 10 年。但是 2017 年的亏损弥补年限为 5 年，应在 2018—2022 年弥补。

2017 年的亏损 400 万元，用 2018—2022 年的所得弥补后，仍剩余 150 万元亏损未得到弥补，以后年度不得再弥补。弥补以前年度亏损后，2018 年、2019 年、2020 年、2021 年、2022 年的应纳税所得额均为 0。

2023 年应纳税所得额为 50 万元，全部用于弥补 2018 年度的亏损。弥补以前年度亏损后，2023 年应纳税所得额为 0。2018 年剩余未弥补亏损 50 万元结转以后年度弥补。

2024年应纳税所得额为300万元，可用于弥补2018年的亏损50万元、2019年的亏损100万元，弥补以前年度亏损后，2024年应纳税所得额为150万元。

甲公司在每年企业所得税汇算时，通过《企业所得税弥补亏损明细表》（A106000）填报亏损弥补情况。

第三节　税收优惠

一、研发费用加计扣除

（一）政策规定

1. 根据《企业所得税法》第三十条第一项规定，企业开发新技术、新产品、新工艺发生的研究开发费用，可以在计算应纳税所得额时加计扣除。

2. 根据《企业所得税法实施条例》第九十五条规定，研究开发费用的加计扣除，是指企业为开发新技术、新产品、新工艺发生的研究开发费用，未形成无形资产计入当期损益的，在按照规定据实扣除的基础上，按照研究开发费用的50%加计扣除；形成无形资产的，按照无形资产成本的150%摊销。

3. 根据《财政部 国家税务总局 科技部关于完善研究开发费用税前加计扣除政策的通知》（财税〔2015〕119号）第一条规定，研发活动及研发费用归集范围如下：

研发活动，是指企业为获得科学与技术新知识，创造性运用科学技术新知识，或实质性改进技术、产品（服务）、工艺而持续进行的具有明确目标的系统性活动。

（1）允许加计扣除的研发费用。

企业开展研发活动中实际发生的研发费用，未形成无形资产计入当期损益的，在按规定据实扣除的基础上，按照本年度实际发生额的50%，从本年度应纳税所得额中扣除；形成无形资产的，按照无形资产成本的150%在税前摊销。研发费用的具体范围包括：

①人员人工费用。

直接从事研发活动人员的工资薪金、基本养老保险费、基本医疗保险费、失业保险费、工伤保险费、生育保险费和住房公积金，以及外聘研发人员的劳务费用。

②直接投入费用。

A. 研发活动直接消耗的材料、燃料和动力费用；

B. 用于中间试验和产品试制的模具、工艺装备开发及制造费，不构成固定资产的样品、样机及一般测试手段购置费，试制产品的检验费；

C. 用于研发活动的仪器、设备的运行维护、调整、检验、维修等费用，以及通过经营租赁方式租入的用于研发活动的仪器、设备租赁费。

③折旧费用。

用于研发活动的仪器、设备的折旧费。

④无形资产摊销。

用于研发活动的软件、专利权、非专利技术（包括许可证、专有技术、设计和计算方法等）的摊销费用。

⑤新产品设计费、新工艺规程制定费、新药研制的临床试验费、勘探开发技术的现场试验费。

⑥其他相关费用。

与研发活动直接相关的其他费用，如技术图书资料费、资料翻译费、专家咨询费、高新科技研发保险费，研发成果的检索、分析、评议、论证、鉴定、评审、评估、验收费用，知识产权的申请费、注册费、代理费，差旅费、会议费等。此项费用总额不得超过可加计扣除研发费用总额的10%。

⑦财政部和国家税务总局规定的其他费用。

（2）下列活动不适用税前加计扣除政策：

①企业产品（服务）的常规性升级。

②对某项科研成果的直接应用，如直接采用公开的新工艺、材料、装置、产品、服务或知识等。

③企业在商品化后为顾客提供的技术支持活动。

④对现存产品、服务、技术、材料或工艺流程进行的重复或简单改变。

⑤市场调查研究、效率调查或管理研究。

⑥作为工业（服务）流程环节或常规的质量控制、测试分析、维修维护。

⑦社会科学、艺术或人文学方面的研究。

根据该通知第二条规定，特别事项的处理如下：

（1）企业委托外部机构或个人进行研发活动所发生的费用，按照费用实际发生额的80%计入委托方研发费用并计算加计扣除，受托方不得再进行加计扣除。委托外部研究开发费用实际发生额应按照独立交易原则确定。

委托方与受托方存在关联关系的，受托方应向委托方提供研发项目费用支出明细情况。

（2）企业共同合作开发的项目，由合作各方就自身实际承担的研发费用分别计算加计扣除。

（3）企业集团根据生产经营和科技开发的实际情况，对技术要求高、投资数额大，需要集中研发的项目，其实际发生的研发费用，可以按照权利和义务相一致、费用支出和收益分享相配比的原则，合理确定研发费用的分摊方法，在受益成员企业间进行分摊，由相关成员企业分别计算加计扣除。

（4）企业为获得创新性、创意性、突破性的产品进行创意设计活动而发生的相关费用，可按照该通知规定进行税前加计扣除。

创意设计活动是指多媒体软件、动漫游戏软件开发，数字动漫、游戏设计制作；房屋建筑工程设计（绿色建筑评价标准为三星）、风景园林工程专项设计；工业设计、多媒体设计、动漫及衍生产品设计、模型设计等。

根据该通知第三条规定，会计核算与管理如下：

（1）企业应按照国家财务会计制度要求，对研发支出进行会计处理；同时，对享受加计扣除的研发费用按研发项目设置辅助账，准确归集核算当年可加计扣除的各项研发费用实际发生额。企业在一个纳税年度内进行多项研发活动的，应按照不同研发项目分别归集可加计扣除的研发费用。

（2）企业应对研发费用和生产经营费用分别核算，准确、合理归集各项费用支出，对划分不清的，不得实行加计扣除。

根据该通知第四条规定，以下行业不适用税前加计扣除政策：

（1）烟草制造业。

（2）住宿和餐饮业。

（3）批发和零售业。

（4）房地产业。

（5）租赁和商务服务业。

（6）娱乐业。

（7）财政部和国家税务总局规定的其他行业。

上述行业以《国民经济行业分类与代码》（GB/T 4754—2011）为准，并随之更新。

根据该通知第五条规定，管理事项及征管要求如下：

（1）该通知适用于会计核算健全、实行查账征收并能够准确归集研发费用的居民企业。

（2）企业研发费用各项目的实际发生额归集不准确、汇总额计算不准确的，税务机关有权对其税前扣除额或加计扣除额进行合理调整。

（3）税务机关对企业享受加计扣除优惠的研发项目有异议的，可以转请地市级（含）以上科技行政主管部门出具鉴定意见，科技部门应及时回复意见。企业承担省部级（含）以上科研项目的，以及以前年度已鉴定的跨年度研发项目，不再需要鉴定。

（4）企业符合该通知规定的研发费用加计扣除条件而在 2016 年 1 月 1 日以后未及时享受该项税收优惠的，可以追溯享受并履行备案手续，追溯期限最长为 3 年。

（5）税务部门应加强研发费用加计扣除优惠政策的后续管理，定期开展核查，年度核查面不得低于 20%。

该通知自 2016 年 1 月 1 日起执行。

4. 根据《国家税务总局关于企业研究开发费用税前加计扣除政策有关问题的公告》（国家税务总局公告 2015 年第 97 号）第二条第（五）项规定，企业取得作为不征税收入处理的财政性资金用于研发活动所形成的费用或无形资产，不得计算加计扣除或摊销。

根据该条第（六）项规定，法律、行政法规和国务院财税主管部门规定不允许企业所得税税前扣除的费用和支出项目不得计算加计扣除。已计入无形资产但不属于《财政部 税务总局 科技部关于完善研究及开发费用税前加计扣除政策的通知》（财税〔2015〕119 号）中允许加计扣除研发费用范围的，企业摊销时不得计算加计扣除。

根据该公告第三条规定，企业委托外部机构或个人开展研发活动发生的费用，可按规定税前扣除；加计扣除时按照研发活动发生费用的80%作为加计扣除基数。委托个人研发的，应凭个人出具的发票等合法有效凭证在税前加计扣除。

根据该公告第四条规定，财税〔2015〕119号文件中不适用税前加计扣除政策行业的企业，是指以财税〔2015〕119号文件所列行业业务为主营业务，其研发费用发生当年的主营业务收入占企业按《企业所得税法》第六条规定计算的收入总额减除不征税收入和投资收益的余额50%（不含）以上的企业。

根据该公告第五条规定，企业应按照国家财务会计制度要求，对研发支出进行会计处理。研发项目立项时应设置研发支出辅助账，由企业留存备查；年末汇总分析填报研发支出辅助账汇总表。

该公告适用于2016年度及以后年度企业所得税汇算清缴。

5. 根据《国家税务总局关于研发费用税前加计扣除归集范围有关问题的公告》（国家税务总局公告2017年第40号）第一条规定，人员人工费用，指直接从事研发活动人员的工资薪金、基本养老保险费、基本医疗保险费、失业保险费、工伤保险费、生育保险费和住房公积金，以及外聘研发人员的劳务费用。

（1）直接从事研发活动人员包括研究人员、技术人员、辅助人员。研究人员是指主要从事研究开发项目的专业人员；技术人员是指具有工程技术、自然科学和生命科学中一个或一个以上领域的技术知识和经验，在研究人员指导下参与研发工作的人员；辅助人员是指参与研究开发活动的技工。外聘研发人员是指与本企业或劳务派遣企业签订劳务用工协议（合同）和临时聘用的研究人员、技术人员、辅助人员。

接受劳务派遣的企业按照协议（合同）约定支付给劳务派遣企业，且由劳务派遣企业实际支付给外聘研发人员的工资薪金等费用，属于外聘研发人员的劳务费用。

（2）工资薪金包括按规定可以在税前扣除的对研发人员股权激励的支出。

（3）直接从事研发活动的人员、外聘研发人员同时从事非研发活动的，企业应对其人员活动情况做必要记录，并将其实际发生的相关费用按实际工时占比等合理方法在研发费用和生产经营费用间分配，未分配的不得加计扣除。

根据该公告第二条规定，直接投入费用，指研发活动直接消耗的材料、燃料和动力费用；用于中间试验和产品试制的模具、工艺装备开发及制造费，不构成固定资产的样品、样机及一般测试手段购置费，试制产品的检验费；用于研发活动的仪器、设备的运行维护、调整、检验、维修等费用，以及通过经营租赁方式租入的用于研发活动的仪器、设备租赁费。

(1) 以经营租赁方式租入的用于研发活动的仪器、设备，同时用于非研发活动的，企业应对其仪器设备使用情况做必要记录，并将其实际发生的租赁费按实际工时占比等合理方法在研发费用和生产经营费用间分配，未分配的不得加计扣除。

(2) 企业研发活动直接形成产品或作为组成部分形成的产品对外销售的，研发费用中对应的材料费用不得加计扣除。

产品销售与对应的材料费用发生在不同纳税年度且材料费用已计入研发费用的，可在销售当年以对应的材料费用发生额直接冲减当年的研发费用，不足冲减的，结转以后年度继续冲减。

根据该公告第三条规定，折旧费用，指用于研发活动的仪器、设备的折旧费。

(1) 用于研发活动的仪器、设备，同时用于非研发活动的，企业应对其仪器设备使用情况做必要记录，并将其实际发生的折旧费按实际工时占比等合理方法在研发费用和生产经营费用间分配，未分配的不得加计扣除。

(2) 企业用于研发活动的仪器、设备，符合税法规定且选择加速折旧优惠政策的，在享受研发费用税前加计扣除政策时，就税前扣除的折旧部分计算加计扣除。

根据该公告第四条规定，无形资产摊销费用，指用于研发活动的软件、专利权、非专利技术（包括许可证、专有技术、设计和计算方法等）的摊销费用。

(1) 用于研发活动的无形资产，同时用于非研发活动的，企业应对其无形资产使用情况做必要记录，并将其实际发生的摊销费按实际工时占比等合理方法在研发费用和生产经营费用间分配，未分配的不得加计扣除。

（2）用于研发活动的无形资产，符合税法规定且选择缩短摊销年限的，在享受研发费用税前加计扣除政策时，就税前扣除的摊销部分计算加计扣除。

根据该公告第五条规定，新产品设计费、新工艺规程制定费、新药研制的临床试验费、勘探开发技术的现场试验费，指企业在新产品设计、新工艺规程制定、新药研制的临床试验、勘探开发技术的现场试验过程中发生的与开展该项活动有关的各类费用。

根据该公告第六条规定，其他相关费用，指与研发活动直接相关的其他费用，如技术图书资料费、资料翻译费、专家咨询费、高新科技研发保险费，研发成果的检索、分析、评议、论证、鉴定、评审、评估、验收费用，知识产权的申请费、注册费、代理费，差旅费、会议费，职工福利费、补充养老保险费、补充医疗保险费。

此类费用总额不得超过可加计扣除研发费用总额的 10%。

该公告第七条还对其他事项作了如下规定：

（1）企业取得的政府补助，会计处理时采用直接冲减研发费用方法且税务处理时未将其确认为应税收入的，应按冲减后的余额计算加计扣除金额。

（2）企业取得研发过程中形成的下脚料、残次品、中间试制品等特殊收入，在计算确认收入当年的加计扣除研发费用时，应从已归集研发费用中扣减该特殊收入，不足扣减的，加计扣除研发费用按零计算。

（3）企业开展研发活动中实际发生的研发费用形成无形资产的，其资本化的时点与会计处理保持一致。

（4）失败的研发活动所发生的研发费用可享受税前加计扣除政策。

（5）《国家税务总局关于企业研究开发费用税前加计扣除政策有关问题的公告》（国家税务总局公告 2015 年第 97 号）第三条所称“研发活动发生费用”是指委托方实际支付给受托方的费用。无论委托方是否享受研发费用税前加计扣除政策，受托方均不得加计扣除。

委托方委托关联方开展研发活动的，受托方需向委托方提供研发过程中实际发生的研发项目费用支出明细情况。

该公告适用于2017年度及以后年度汇算清缴。

6. 根据《财政部 税务总局 科技部关于企业委托境外研究开发费用税前加计扣除有关政策问题的通知》（财税〔2018〕64号）第一条规定，委托境外进行研发活动所发生的费用，按照费用实际发生额的80%计入委托方的委托境外研发费用。委托境外研发费用不超过境内符合条件的研发费用三分之二的部分，可以按规定在企业所得税前加计扣除。

上述费用实际发生额应按照独立交易原则确定。委托方与受托方存在关联关系的，受托方应向委托方提供研发项目费用支出明细情况。

根据该通知第二条规定，委托境外进行研发活动应签订技术开发合同，并由委托方到科技行政主管部门进行登记。相关事项按技术合同认定登记管理办法及技术合同认定规则执行。

根据该通知第六条规定，委托境外进行研发活动不包括委托境外个人进行的研发活动。

该通知自2018年1月1日起执行。

7.《国家税务总局关于进一步落实研发费用加计扣除政策有关问题的公告》(国家税务总局公告2021年第28号）第二条规定了关于研发支出辅助账样式的问题。

（1）《国家税务总局关于企业研究开发费用税前加计扣除政策有关问题的公告》(国家税务总局公告2015年第97号）发布的研发支出辅助账和研发支出辅助账汇总表样式（以下简称2015版研发支出辅助账样式）继续有效。另增设简化版研发支出辅助账和研发支出辅助账汇总表样式（以下简称2021版研发支出辅助账样式)。

（2）企业按照研发项目设置辅助账时，可以自主选择使用2015版研发支出辅助账样式，或者2021版研发支出辅助账样式，也可以参照上述样式自行设计研发支出辅助账样式。

企业自行设计的研发支出辅助账样式，应当包括2021版研发支出辅助账样式所列数据项，且逻辑关系一致，能准确归集允许加计扣除的研发费用。

该公告第三条规定了关于其他相关费用限额计算的问题。

（1）企业在一个纳税年度内同时开展多项研发活动的，由原来按照每一研发项目分别计算“其他相关费用”限额，改为统一计算全部研发项目“其他相关费用”限额。

企业按照以下公式计算《财政部 国家税务总局 科技部关于完善研究开发费用税前加计扣除政策的通知》（财税〔2015〕119号）第一条第（一）项“允许加计扣除的研发费用”第6目规定的“其他相关费用”的限额，其中资本化项目发生的费用在形成无形资产的年度统一纳入计算：

$$\frac{\text{全部研发项目的}}{\text{其他相关费用限额}}=\frac{\text{全部研发项目的人员}}{\text{人工等五项费用之和}}\times 10\%\div(1-10\%)$$

“人员人工等五项费用”是指《财政部 国家税务总局 科技部关于完善研究开发费用税前加计扣除政策的通知》（财税〔2015〕119号）第一条第（一）项“允许加计扣除的研发费用”第1目至第5目费用，包括“人员人工费用”“直接投入费用”“折旧费用”“无形资产摊销”和“新产品设计费、新工艺规程制定费、新药研制的临床试验费、勘探开发技术的现场试验费”。

（2）当“其他相关费用”实际发生数小于限额时，按实际发生数计算税前加计扣除额；当“其他相关费用”实际发生数大于限额时，按限额计算税前加计扣除额。

上述条款适用于2021年及以后年度。

8. 根据《财政部 税务总局关于进一步完善研发费用税前加计扣除政策的公告》（财政部 税务总局公告2023年第7号）第一条规定，企业开展研发活动中实际发生的研发费用，未形成无形资产计入当期损益的，在按规定据实扣除的基础上，自2023年1月1日起，再按照实际发生额的100%在税前加计扣除；形成无形资产的，自2023年1月1日起，按照无形资产成本的200%在税前摊销。

根据该公告第二条规定，企业享受研发费用加计扣除政策的其他政策口径和管理要求，按照《财政部 国家税务总局 科技部关于完善研究开发费用税前加计扣除政策的通知》（财税〔2015〕119号）、《财政部 税务总局 科技部关于企业委托境外研究开发费用税前加计扣除有关政策问题的通知》（财税〔2018〕64号）等文件相关规定执行。

该公告自2023年1月1日起执行。

9. 根据《财政部 税务总局 国家发展改革委 工业和信息化部关于提高集成电路和工业母机企业研发费用加计扣除比例的公告》(财政部 税务总局 国家发展改革委 工业和信息化部公告 2023 年第 44 号) 第一条规定，集成电路企业和工业母机企业开展研发活动中实际发生的研发费用，未形成无形资产计入当期损益的，在按规定据实扣除的基础上，在 2023 年 1 月 1 日至 2027 年 12 月 31 日，再按照实际发生额的 120%在税前扣除；形成无形资产的，在上述期间按照无形资产成本的 220%在税前摊销。

10. 根据《国家税务总局 财政部关于优化预缴申报享受研发费用加计扣除政策有关事项的公告》(国家税务总局 财政部公告 2023 年第 11 号) 第一条规定，企业 7 月份预缴申报第二季度 (按季预缴) 或 6 月份 (按月预缴) 企业所得税时，能准确归集核算研发费用的，可以结合自身生产经营实际情况，自主选择就当年上半年研发费用享受加计扣除政策。

对 7 月份预缴申报期末选择享受优惠的企业，在 10 月份预缴申报或年度汇算清缴时能够准确归集核算研发费用的，可结合自身生产经营实际情况，自主选择在 10 月份预缴申报或年度汇算清缴时统一享受。

根据该公告第二条规定，企业 10 月份预缴申报第 3 季度 (按季预缴) 或 9 月份 (按月预缴) 企业所得税时，能准确归集核算研发费用的，企业可结合自身生产经营实际情况，自主选择就当年前三季度研发费用享受加计扣除政策。

对 10 月份预缴申报期末选择享受优惠的企业，在年度汇算清缴时能够准确归集核算研发费用的，可结合自身生产经营实际情况，自主选择在年度汇算清缴时统一享受。

根据该公告第三条规定，企业享受研发费用加计扣除优惠政策采取“真实发生、自行判别、申报享受、相关资料留存备查”的办理方式，由企业依据实际发生的研发费用支出，自行计算加计扣除金额，填报《中华人民共和国企业所得税月 (季) 度预缴纳税申报表 (A 类)》享受税收优惠，并根据享受加计扣除优惠的研发费用情况 (上半年或前三季度) 填写《研发费用加计扣除优惠明细表》 (A107012)。《研发费用加计扣除优惠明细表》(A107012) 与规定的其他资料一并留存备查。

该公告自 2023 年 1 月 1 日起施行。

（二）政策解读

1. 研发费用加计扣除政策是国家鼓励科技创新的重要政策抓手。近年来，国家多次提高研发费用加计扣除比例，优惠力度迭代升级，为支持企业加大研发投入发挥了很好的政策导向作用。

2. 研发费用加计扣除是以研发费用是否资本化为标准，分为费用化、资本化两种方式，并分别明确具体政策。费用化研发费用是指实际发生的没有形成无形资产计入当期损益的研发费用；资本化研发费用是指形成了无形资产的研发费用。两种方式下，企业准予税前扣除的总额是一样的，即都是实际发生的研发费用的200%。之所以分这两种方式予以加计扣除，是因为企业的研究过程中各种不可预期的因素较多，研发费用的投入并不一定都能形成新产品、新技术、新工艺，若只鼓励形成无形资产的研发费用加计扣除，那么从某种程度上将束缚企业研发费用的投入。研发费用的加计扣除，鼓励的是企业的研发行为，只有研发行为的存在，才可能形成新产品、新技术、新工艺。

3. 适用研发费用加计扣除的企业需同时满足以下两个条件：一是会计核算健全、实行查账征收并且能够准确归集研发费用的居民企业；二是不属于负面清单行业的企业。企业只要符合上述两个条件，无论当年是亏损还是盈利，均可以适用研发费用加计扣除政策。

4. 《财政部 国家税务总局 科技部关于完善研究开发费用税前加计扣除政策的通知》（财税〔2015〕119号）采取正列举形式，对适用加计扣除的研发费用进行了明确。需要说明的是，职工福利费、补充养老保险、补充医疗保险不属于人员人工费用，应按照《国家税务总局关于研发费用税前加计扣除归集范围有关问题的公告》（国家税务总局公告2017年第40号）的规定列入其他相关费用，并采取限额扣除的方式。

5. “其他相关费用”限额的计算方法由原来按照每一研发项目分别计算“其他相关费用”限额，改为统一计算所有研发项目“其他相关费用”限额，简化了计算方法，允许多个项目“其他相关费用”限额调剂使用，总体上提高了可加计扣除的金额。

6. 企业应对享受加计扣除的研发费用按研发项目设置辅助账，准确归集核算当年可加计扣除的各项研发费用实际发生额。税务部门分别于2015年、2021年发布了两版辅助账样式，企业可根据自身实际情况，参照适用的辅助账样式设置辅助账，或可以自行设计研发支出辅助账样式。

（三）案例分析

甲公司是一家会计核算健全、实行查账征收的医药制造企业，2024年立项3个研发项目，研发投入如下（假设均符合研发费用加计扣除相关条件）：

A项目为自行研发，2月正式立项并开始研发，至年末仍处于研究阶段，相关事项如下：

（1）发生研发支出明细（见表3-2）。

（2）该项目研发人员从事研发活动的同时从事企业日常管理。据统计，该项目研发人员2024年度工作总工时1200小时，其中日常管理活动200小时、研发活动1000小时。

（3）甲公司符合固定资产加速折旧政策条件，于2023年12月购进并投入使用一台价值80万元的研发设备用于A项目研发，会计处理按8年折旧，2024年折旧额10万元；税收上享受加速折旧政策按4年折旧，2024年折旧额20万元（假设不考虑残值和一次性扣除等规定）。

B项目为委托境内某科技大学（非关联方）研发，实际支付研发费用50万元。12月此项新技术已完成专利申请，企业确定按10年摊销。

C项目为委托境外某公司（非关联方）研发，实际支付研发费用200万元。

所有研发经费均为自有资金。

表3-2　研发支出明细——A项目

项目	金额（万元）
研发人员工资及岗位津贴	196
其中：司机	5
财务人员	10

续表

项目	金额（万元）
研发人员五险一金	55.78
研发人员补充养老、补充医疗保险	15.68
研发人员福利费	27
研发人员工会经费	3.92
研发人员职工教育经费	4.9
研发活动直接消耗的材料	66
研发设备维修费	0.8
研发活动直接消耗的水电费	16
研发专用房屋折旧	15
研发设备折旧	80
研发专用无形资产摊销	5
研发临床试验费	10
研发图书资料费	1
研发人员差旅费	3
研发资料翻译费	0.5
合计	500.58

请计算甲公司2024年允许加计扣除的研发费用。

【分析】（1）A项目相关计算过程如下。

①人员人工费用＝196－5－10＋55.78＝236.78（万元）

人员人工费用应按实际工时占比法在研发费用和管理费用间进行分配。

计入研发费用的人员人工费用＝236.78×（1000÷1200）＝197.32（万元）

允许加计扣除的人员人工费用＝197.32（万元）

②直接投入费用＝66＋0.8＋16＝82.8（万元）

③用于研发活动的仪器、设备的折旧费＝80（万元）

A项目研发设备2024年会计折旧为10万元，税收折旧为20万元，依据政策规定，以税前扣除的折旧部分（即税收折旧）20万元计算加计扣除。因此，允许加计扣除的折旧费用＝80－10＋20＝90（万元）。

④无形资产摊销费用=5（万元）

⑤新产品设计费、试验费=10（万元）

准予加计扣除的研发费用第1项–第5项合计：

197.32+82.8+90+5+10=385.12（万元）

⑥其他相关费用。

其他相关费用实际发生额=研发人员补充养老、补充医疗保险+研发人员福利费+研发图书资料费+研发人员差旅费+研发资料翻译费=15.68+27+1+3+0.5=47.18（万元）

其他相关费用限额=385.12÷（1−10%）×10%=42.79（万元）

准于加计扣除的其他相关费用=42.79（万元）

⑦准予加计扣除的研发费用=385.12+42.79=427.91（万元）

A项目2024年年末仍处于研究阶段，费用化研发费用加计扣除金额=427.91×100%=427.91（万元）。

（2）B项目相关计算过程如下。

B项目为委托研发，支付研发费用50万元，按照费用实际发生额的80%计入委托方研发费用并计算加计扣除。

B项目委托方加计扣除的研发费用=50×80%=40（万元）

此项新技术12月完成专利申请投入使用，已形成无形资产，企业确定按10年摊销。

12月摊销金额=40÷10÷12=0.33（万元）

加计扣除金额=0.33×100%=0.33（万元）

（3）C项目相关计算过程如下。

C项目为委托研发，支付研发费用200万元。

甲公司委托境外研发的研发费用=200×80%=160（万元）

境内符合条件的研发费用=A项目+B项目=427.91+40=467.91（万元）

委托境外研发的研发费用限额=467.91×2÷3=311.94（万元）

C项目允许加计扣除的委托境外研发的研发费用=160（万元）

甲公司2024年允许加计扣除的研发费用=427.91+0.33+160=588.24（万元）

甲公司2024年预缴企业所得税时，通过填报《中华人民共和国企业所得税月（季）度预缴纳税申报表（A类）》享受税收优惠；年度企业所得税汇算时，通过填报《研发费用加计扣除优惠明细表》（A107012）享受税收优惠。

二、固定资产加速折旧

（一）政策规定

1. 根据《企业所得税法》第三十二条规定，企业的固定资产由于技术进步等原因，确需加速折旧的，可以缩短折旧年限或者采取加速折旧的方法。

2. 根据《企业所得税法实施条例》第六十条规定，除国务院财政、税务主管部门另有规定外，固定资产计算折旧的最低年限如下：

（1）房屋、建筑物，为20年；

（2）飞机、火车、轮船、机器、机械和其他生产设备，为10年；

（3）与生产经营活动有关的器具、工具、家具等，为5年；

（4）飞机、火车、轮船以外的运输工具，为4年；

（5）电子设备，为3年。

根据该条例第九十八条规定，可以采取缩短折旧年限或者采取加速折旧的方法的固定资产，包括：

（1）由于技术进步，产品更新换代较快的固定资产；

（2）常年处于强震动、高腐蚀状态的固定资产。

采取缩短折旧年限方法的，最低折旧年限不得低于该条例第六十条规定折旧年限的60%；采取加速折旧方法的，可以采取双倍余额递减法或者年数总和法。

3. 根据《财政部 国家税务总局关于完善固定资产加速折旧企业所得税政策的通知》（财税〔2014〕75号）第一条规定，对生物药品制造业，专用设备制造业，铁路、船舶、航空航天和其他运输设备制造业，计算机、通信和其他电子设备制造业，仪器仪表制造业，信息传输、软件和信息技术服务业等6个行业的企业2014年1月1日后新购进的固定资产，可缩短折旧年限或采取加速折旧的方法。

对上述6个行业的小型微利企业2014年1月1日后新购进的研发和生产经营共用的仪器、设备，单位价值不超过100万元的，允许一次性计入当期成本费用在计算应纳税所得额时扣除，不再分年度计算折旧；单位价值超过100万元的，可缩短折旧年限或采取加速折旧的方法。

根据该通知第二条规定，对所有行业企业2014年1月1日后新购进的专门用于研发的仪器、设备，单位价值不超过100万元的，允许一次性计入当期成本费用在计算应纳税所得额时扣除，不再分年度计算折旧；单位价值超过100万元的，可缩短折旧年限或采取加速折旧的方法。

根据该通知第三条规定，对所有行业企业持有的单位价值不超过5000元的固定资产，允许一次性计入当期成本费用在计算应纳税所得额时扣除，不再分年度计算折旧。

根据该通知第四条规定，企业按该通知第一条、第二条规定缩短折旧年限的，最低折旧年限不得低于《企业所得税法实施条例》第六十条规定折旧年限的60%；采取加速折旧方法的，可采取双倍余额递减法或者年数总和法。该通知第一条至第三条规定之外的企业固定资产加速折旧所得税处理问题，继续按照《企业所得税法》及其实施条例和现行税收政策规定执行。

根据该通知第五条规定，该通知自2014年1月1日起执行。

4. 根据《国家税务总局关于固定资产加速折旧税收政策有关问题的公告》（国家税务总局公告2014年第64号）第一条规定，对生物药品制造业，专用设备制造业，铁路、船舶、航空航天和其他运输设备制造业，计算机、通信和其他电子设备制造业，仪器仪表制造业，信息传输、软件和信息技术服务业等行业企业（以下简称六大行业），2014年1月1日后购进的固定资产（包括自行建造），允许按不低于企业所得税法规定折旧年限的60%缩短折旧年限，或选择采取双倍余额递减法或年数总和法进行加速折旧。

六大行业按照国家统计局《国民经济行业分类与代码》（GB/T 4754—2011）确定。今后国家有关部门更新国民经济行业分类与代码，从其规定。

六大行业企业是指以上述行业业务为主营业务，其固定资产投入使用当年主营业务收入占企业收入总额50%（不含）以上的企业。所称收入总额，是指《企业所得税法》第六条规定的收入总额。

根据该公告第二条规定，企业在 2014 年 1 月 1 日后购进并专门用于研发活动的仪器、设备，单位价值不超过 100 万元的，可以一次性在计算应纳税所得额时扣除；单位价值超过 100 万元的，允许按不低于企业所得税法规定折旧年限的 60%缩短折旧年限，或选择采取双倍余额递减法或年数总和法进行加速折旧。

企业专门用于研发活动的仪器、设备已享受上述优惠政策的，在享受研发费加计扣除时，按照相关规定，就已经进行会计处理的折旧、费用等金额进行加计扣除。

六大行业中的小型微利企业研发和生产经营共用的仪器、设备，可以执行该公告第二条第一款、第二款的规定。

根据该公告第三条规定，企业持有的固定资产，单位价值不超过 5000 元的，可以一次性在计算应纳税所得额时扣除。企业在 2013 年 12 月 31 日前持有的单位价值不超过 5000 元的固定资产，其折余价值部分，2014 年 1 月 1 日以后可以一次性在计算应纳税所得额时扣除。

根据该公告第四条规定，企业采取缩短折旧年限方法的，对其购置的新固定资产，最低折旧年限不得低于《企业所得税法实施条例》第六十条规定的折旧年限的 60%；企业购置已使用过的固定资产，其最低折旧年限不得低于实施条例规定的最低折旧年限减去已使用年限后剩余年限的 60%。最低折旧年限一经确定，一般不得变更。

根据该公告第五条规定，企业的固定资产采取加速折旧方法的，可以采用双倍余额递减法或者年数总和法。加速折旧方法一经确定，一般不得变更。

所称双倍余额递减法或者年数总和法，按照《国家税务总局关于企业固定资产加速折旧所得税处理有关问题的通知》（国税发〔2009〕81 号）第四条的规定执行。

根据该公告第六条规定，企业的固定资产既符合该公告优惠政策条件，同时又符合《国家税务总局关于企业固定资产加速折旧所得税处理有关问题的通知》（国税发〔2009〕81 号）、《财政部 国家税务总局关于进一步鼓励软件产业和集成电路产业发展企业所得税政策的通知》（财税〔2012〕27

号）中相关加速折旧政策条件的，可由企业选择其中最优惠的政策执行，且一经选择，不得改变。

根据该公告第七条规定，企业应将购进固定资产的发票、记账凭证等有关凭证、凭据（购入已使用过的固定资产，应提供已使用年限的相关说明）等资料留存备查，并应建立台账，准确核算税法与会计差异情况。

主管税务机关应对适用该公告规定优惠政策的企业加强后续管理，对预缴申报时享受了优惠政策的企业，年终汇算清缴时应对企业全年主营业务收入占企业收入总额的比例进行重点审核。

根据该公告第八条规定，该公告适用于2014年及以后纳税年度。

5. 根据《财政部 国家税务总局关于进一步完善固定资产加速折旧企业所得税政策的通知》（财税〔2015〕106号）第一条规定，对轻工、纺织、机械、汽车等四个领域重点行业（具体范围见附件）的企业2015年1月1日后新购进的固定资产，可由企业选择缩短折旧年限或采取加速折旧的方法。

根据该通知第二条规定，对上述行业的小型微利企业2015年1月1日后新购进的研发和生产经营共用的仪器、设备，单位价值不超过100万元的，允许一次性计入当期成本费用在计算应纳税所得额时扣除，不再分年度计算折旧；单位价值超过100万元的，可由企业选择缩短折旧年限或采取加速折旧的方法。

根据该通知第三条规定，企业按该通知第一条、第二条规定缩短折旧年限的，最低折旧年限不得低于《企业所得税法实施条例》第六十条规定折旧年限的60%；采取加速折旧方法的，可采取双倍余额递减法或者年数总和法。

按照《企业所得税法》及其实施条例有关规定，企业根据自身生产经营需要，也可选择不实行加速折旧政策。

根据该通知第四条规定，该通知自2015年1月1日起执行。

6. 根据《财政部 税务总局关于设备 器具扣除有关企业所得税政策的通知》（财税〔2018〕54号）及《财政部 税务总局关于设备、器具扣除有关企业所得税政策的公告》（财政部 税务总局公告2023年第37号）规定，企业在2018年1月1日至2027年12月31日新购进的设备、器具，单位价值不超过500万元的，允许一次性计入当期成本费用在计算应纳税所得额时扣除，不再分年度计算折旧；单位价值超过500万元的，仍按《企业所得税法实施条例》、《财政部 国家税务总局关于完善固定资产加速折旧企业所得税政策的通知》（财税〔2014〕75号）、《财政部 国家税务总局关于进一步完善固定资产加速折旧企业所得税政策的通知》（财税〔2015〕106号）等相关规定执行。

所称设备、器具，是指除房屋、建筑物以外的固定资产。

备注：《财政部 税务总局关于延长部分税收优惠政策执行期限的公告》（财政部 税务总局公告2021年第6号）规定，《财政部 税务总局关于设备器具扣除有关企业所得税政策的通知》（财税〔2018〕54号）规定的税收优惠政策已经到期的，执行期限延长至2023年12月31日。

7. 根据《国家税务总局关于设备 器具扣除有关企业所得税政策执行问题的公告》（国家税务总局公告2018年第46号）第一条规定，企业在2018年1月1日至2020年12月31日新购进的设备、器具，单位价值不超过500万元的，允许一次性计入当期成本费用在计算应纳税所得额时扣除，不再分年度计算折旧（以下简称一次性税前扣除政策）。

（1）所称设备、器具，是指除房屋、建筑物以外的固定资产；所称购进，包括以货币形式购进或自行建造，其中以货币形式购进的固定资产包括购进的使用过的固定资产；以货币形式购进的固定资产，以购买价款和支付的相关税费以及直接归属于使该资产达到预定用途发生的其他支出确定单位价值，自行建造的固定资产，以竣工结算前发生的支出确定单位价值。

（2）固定资产购进时点按以下原则确认：以货币形式购进的固定资产，除采取分期付款或赊销方式购进外，按发票开具时间确认；以分期付款或赊销方式购进的固定资产，按固定资产到货时间确认；自行建造的固定资产，按竣工结算时间确认。

根据该公告第二条规定，固定资产在投入使用月份的次月所属年度一次性税前扣除。

根据该公告第三条规定，企业选择享受一次性税前扣除政策的，其资产的税务处理可与会计处理不一致。

根据该公告第四条规定，企业根据自身生产经营核算需要，可自行选择享受一次性税前扣除政策。未选择享受一次性税前扣除政策的，以后年度不得再变更。

（二）政策解读

1. 加速折旧是指按照税法规定，允许纳税人在固定资产使用年限的初期提取较多的折旧，以后年度相应减少折旧额，从而使纳税人的所得税税负得以递延的一种优惠方式。

2. 企业的固定资产由于技术进步等原因，确需加速折旧的，可以缩短折旧年限或者采取加速折旧的方法。

（1）采取缩短折旧年限方法的，最低折旧年限不得低于《企业所得税法实施条例》第六十条规定折旧年限的 60%，这主要是为了防止某些企业不切合实际地缩短折旧年限来增加当年扣除，逃避税负。

（2）采取加速折旧方法的，可以采取双倍余额递减法或者年数总和法。

①双倍余额递减法，是指在不考虑固定资产残值的情况下，以直线法（即平均年限法）折旧率（不扣残值）的两倍作为折旧率，乘以每期期初固定资产原价减去累计折旧后的金额求得每期折旧的一种快速折旧的方法。应用这种方法计算折旧时，由于每年年初固定资产净值没有扣除预计净残值，为了保证固定资产在使用年限终了时账面净值与预计净残值相等，因此在计算固定资产折旧额时，应在其折旧年限到期前两年内，将固定资产净值扣除预计净残值后的余额平均摊销。计算公式如下：

年折旧率＝2÷预计使用年限×100%

月折旧率＝年折旧率÷12

月折旧额＝每月月初固定资产账面净值×月折旧率

②年数总和法又称折旧年限积数法或级数递减法，它是将固定资产的原值减去残值后的净额乘以一个逐年递减的分数计算确定固定资产折旧额的一种方法。计算公式如下：

年折旧率＝尚可使用年数÷预计使用年限的年数总和×100%

月折旧率＝年折旧率÷12

月折旧额＝（固定资产原价－预计净残值）×月折旧率

3. 为进一步支持科技创新，促进企业提质增效，根据国务院决定，财政部、税务总局先后于 2014 年、2015 年、2018 年、2023 年下发文件，出台了固定资产加速折旧政策，主要包括：一是六大行业和四个领域重点行业企业新购进的固定资产允许加速折旧；二是上述行业小型微利企业新购进的研发和生产经营共用的仪器、设备，单位价值不超过 100 万元的，可一次性税前扣除；三是所有行业企业新购进的专门用于研发的仪器、设备，单位价值不超过 100 万元的，可一次性税前扣除，超过 100 万元，允许加速折旧；四是所有行业企业持有的单位价值不超过 5000 元的固定资产，可一次性税前扣除；五是企业新购进的单位价值 500 万元以下设备、器具，允许一次性税前扣除。

4. 企业新购进的单位价值不超过 500 万元的设备、器具可一次性在税前扣除政策，受惠面比较广，企业享受意愿强，但在政策实际执行中需注意以下问题：

（1）关于“新购进”的概念。企业取得固定资产包括外购、自行建造、融资租入、捐赠、投资、非货币性资产交换、债务重组等多种方式。公告明确“购进”包括以货币形式购进或自行建造两种形式。将自行建造也纳入享受优惠的范围，主要是考虑到自行建造固定资产所使用的材料实际上也是购进的，因此把自行建造的固定资产也看作是“购进”的。此外，“新购进”中的“新”字，只是区别于原已购进的固定资产，不是非要购进全新的固定资产，因此，公告明确以货币形式购进的固定资产包括企业购进的使用过的固定资产。

（2）关于“单位价值”的计算方法。单位价值的计算方法与《企业所得税法实施条例》第五十八条规定的固定资产计税基础的计算方法保持一致。

（3）关于一次性税前扣除的时点。固定资产一次性税前扣除政策仅仅是固定资产税前扣除的一种特殊方式，因此，其税前扣除的时点应与固定资产计算折旧的处理原则保持一致，即企业应当自固定资产投入使用月份的次月起计算折旧，也应于固定资产投入使用月份的次月所在纳税年度适用一次性税前扣除。比如，某企业于 2024 年 12 月购进了一项单位价值为 300 万元的设备并于当月投入使用，则该设备可在 2025 年一次性税前扣除。

（4）关于固定资产税务处理可与会计处理不一致。企业会计处理上是否采取一次性税前扣除方法，不影响企业享受一次性税前扣除政策，换句话说，企业在享受一次性税前扣除政策时，不需要会计上也同时采取与税收上相同的折旧方法。因为加速折旧优惠的享受是通过企业纳税申报来享受，和企业会计如何做账务处理无关。

（5）企业可自主选择享受一次性税前扣除政策，但未选择的不得变更。实行一次性税前扣除政策后，纳税人可能会由于税前扣除的固定资产与财务核算的固定资产折旧费用不同，而产生复杂的纳税调整问题，加之一些固定资产核算期限较长，也会增加会计核算负担和遵从风险。对于短期无法实现盈利的亏损企业而言，选择实行一次性税前扣除政策会进一步加大亏损，且由于税法规定的弥补期限的限制，该亏损可能无法得到弥补，实际上减少了税前扣除额。此外，企业在定期减免税期间往往不会选择一次性税前扣除政策。考虑到享受税收优惠是纳税人的一项权利，纳税人可以自主选择是否享受优惠，但为避免恶意套取税收优惠，公告明确企业未选择享受的，以后年度不得再变更。需要注意的是，以后年度不得再变更的规定是针对单个固定资产而言，单个固定资产未选择享受的，不影响其他固定资产选择享受一次性税前扣除政策。

（三）案例分析

1. 甲公司购进一台设备，原值 100 万元，预计使用年限 5 年，预计净残值 2.55 万元，采用双倍余额递减法计提折旧。

请计算甲公司该设备每年计提的折旧额。

【分析】 甲公司年折旧率 = 2÷5 = 0.4

第 1 年折旧额 = 100×0.4 = 40（万元）

第 2 年折旧额 =（100−40）×0.4 = 24（万元）

第 3 年折旧额 =（100−40−24）×0.4 = 14.40（万元）

第 4 年与第 5 年系该固定资产折旧年限到期的前两年，将固定资产净值扣除预计净残值后的余额平均摊销，即第 4 年和第 5 年折旧额均为（100−40−24−14.4−2.55）÷2 = 9.525（万元）。

2. 甲公司购入一台设备，原值 11000 元，净残值 1000 元，折旧年限为

4年，采用年数总和法计算折旧。

请计算甲公司该设备每年计提的折旧额。

【分析】第一年的折旧额=（11000−1000）×4÷（1+2+3+4）=4000（元）

第二年的折旧额=（11000−1000）×3÷（1+2+3+4）=3000（元）

第三年的折旧额=（11000−1000）×2÷（1+2+3+4）=2000（元）

第四年的折旧额=（11000−1000）×1÷（1+2+3+4）=1000（元）

3. 甲公司是一家信息传输企业（企业所得税按季预缴），2024年5月20日因生产经营需要购买电子设备一套，单位价值360万元，当月投入使用并取得增值税专用发票。公司在会计上采用直线法计提折旧，折旧年限为3年。选择享受固定资产100%一次性税前扣除政策，假设不考虑设备净残值。

请分析甲公司该设备计提折旧的税务处理。

【分析】（1）2024年：

甲公司会计上计提折旧=360÷3÷12×7=70（万元），税收上选择享受100%一次性税前扣除政策，设备价值360万元一次性计入当期成本费用在计算应纳税所得额时扣除，不再分年度计算折旧，因此，甲公司年度企业所得税汇算时通过《资产折旧、摊销及纳税调整明细表》（A105080）进行调整。

（2）2025年、2026年：

甲公司会计上计提折旧=360÷3=120（万元），税收上不再计提折旧，因此，甲公司年度企业所得税汇算时通过《资产折旧、摊销及纳税调整明细表》进行调整。

（3）2027年：

甲公司会计上计提折旧=360÷3÷12×5=50（万元），税收上不再计提折旧，因此，甲公司年度企业所得税汇算时通过《资产折旧、摊销及纳税调整明细表》（A105080）进行调整。

三、技术转让所得

（一）政策规定

1. 根据《企业所得税法》第二十七条规定，符合条件的技术转让所得，可以免征、减征企业所得税。

2. 根据《企业所得税法实施条例》第九十条规定，符合条件的技术转让所得免征、减征企业所得税，是指一个纳税年度内，居民企业技术转让所得不超过500万元的部分，免征企业所得税；超过500万元的部分，减半征收企业所得税。

3. 根据《国家税务总局关于技术转让所得减免企业所得税有关问题的通知》（国税函〔2009〕212号）第一条规定，享受减免企业所得税优惠的技术转让应符合以下条件：

（1）享受优惠的技术转让主体是企业所得税法规定的居民企业；

（2）技术转让属于财政部、国家税务总局规定的范围；

（3）境内技术转让经省级以上科技部门认定；

（4）向境外转让技术经省级以上商务部门认定；

（5）国务院税务主管部门规定的其他条件。

根据该通知第二条规定，符合条件的技术转让所得应按以下方法计算：

技术转让所得=技术转让收入-技术转让成本-相关税费

技术转让收入是指当事人履行技术转让合同后获得的价款，不包括销售或转让设备、仪器、零部件、原材料等非技术性收入。不属于与技术转让项目密不可分的技术咨询、技术服务、技术培训等收入，不得计入技术转让收入。

技术转让成本是指转让的无形资产的净值，即该无形资产的计税基础减除在资产使用期间按照规定计算的摊销扣除额后的余额。

相关税费是指技术转让过程中实际发生的有关税费，包括除企业所得税和允许抵扣的增值税以外的各项税金及其附加、合同签订费用、律师费等相关费用及其他支出。

根据该通知第三条规定，享受技术转让所得减免企业所得税优惠的企业，应单独计算技术转让所得，并合理分摊企业的期间费用；没有单独计算的，不得享受技术转让所得企业所得税优惠。

4. 根据《财政部 国家税务总局关于居民企业技术转让有关企业所得税政策问题的通知》（财税〔2010〕111号）第一条规定，技术转让的范围，包括居民企业转让专利技术、计算机软件著作权、集成电路布图设计权、植物新品种、生物医药新品种，以及财政部和国家税务总局确定的其他技术。

其中：专利技术，是指法律授予独占权的发明、实用新型和非简单改变产品图案的外观设计。

根据该通知第二条规定，技术转让，是指居民企业转让其拥有符合该通知第一条规定技术的所有权或5年以上（含5年）全球独占许可使用权的行为。

根据该通知第三条规定，技术转让应签订技术转让合同。其中，境内的技术转让须经省级以上（含省级）科技部门认定登记，跨境的技术转让须经省级以上（含省级）商务部门认定登记，涉及财政经费支持产生技术的转让，需省级以上（含省级）科技部门审批。

根据该通知第四条规定，居民企业从直接或间接持有股权之和达到100%的关联方取得的技术转让所得，不享受技术转让减免企业所得税优惠政策。

根据该通知第五条规定，该通知自2008年1月1日起执行。

5. 根据《国家税务总局关于技术转让所得减免企业所得税有关问题的公告》（国家税务总局公告2013年第62号）第一条规定，可以计入技术转让收入的技术咨询、技术服务、技术培训收入，是指转让方为使受让方掌握所转让的技术投入使用、实现产业化而提供的必要的技术咨询、技术服务、技术培训所产生的收入，并应同时符合以下条件：

（1）在技术转让合同中约定的与该技术转让相关的技术咨询、技术服务、技术培训；

（2）技术咨询、技术服务、技术培训收入与该技术转让项目收入一并收取价款。

根据该公告第二条规定，该公告自2013年11月1日起施行。此前已进行企业所得税处理的相关业务，不作纳税调整。

6. 根据《财政部 国家税务总局关于将国家自主创新示范区有关税收试点政策推广到全国范围实施的通知》（财税〔2015〕116号）第二条规定，自2015年10月1日起，全国范围内的居民企业转让5年以上非独占许可使用权取得的技术转让所得，纳入享受企业所得税优惠的技术转让所得范围。

居民企业的年度技术转让所得不超过500万元的部分，免征企业所得税；超过500万元的部分，减半征收企业所得税。

该通知所称技术，包括专利（含国防专利）、计算机软件著作权、集成电路布图设计专有权、植物新品种权、生物医药新品种，以及财政部和国家税务总局确定的其他技术。其中，专利是指法律授予独占权的发明、实用新型以及非简单改变产品图案和形状的外观设计。

7. 根据《国家税务总局关于许可使用权技术转让所得企业所得税有关问题的公告》（国家税务总局公告2015年第82号）第一条规定，自2015年10月1日起，全国范围内的居民企业转让5年（含，下同）以上非独占许可使用权取得的技术转让所得，纳入享受企业所得税优惠的技术转让所得范围。居民企业的年度技术转让所得不超过500万元的部分，免征企业所得税；超过500万元的部分，减半征收企业所得税。

所称技术包括专利（含国防专利）、计算机软件著作权、集成电路布图设计专有权、植物新品种权、生物医药新品种，以及财政部和国家税务总局确定的其他技术。其中，专利是指法律授予独占权的发明、实用新型以及非简单改变产品图案和形状的外观设计。

根据该公告第二条规定，企业转让符合条件的5年以上非独占许可使用权的技术，限于其拥有所有权的技术。技术所有权的权属由国务院行政主管部门确定。其中，专利由国家知识产权局确定权属；国防专利由总装备部[①]确定权属；计算机软件著作权由国家版权局确定权属；集成电路布图设计专有权由国家知识产权局确定权属；植物新品种权由农业部确定权属；生物医药新品种由国家食品药品监督管理总局确定权属。

根据该公告第三条规定，符合条件的5年以上非独占许可使用权技术转让所得应按以下方法计算：

技术转让所得=技术转让收入-无形资产摊销费用-相关税费-应分摊期间费用

技术转让收入是指转让方履行技术转让合同后获得的价款，不包括销售或转让设备、仪器、零部件、原材料等非技术性收入。不属于与技术转让项

① 编者注：现为军委装备发展部。

目密不可分的技术咨询、服务、培训等收入，不得计入技术转让收入。技术许可使用权转让收入，应按转让协议约定的许可使用权人应付许可使用权使用费的日期确认收入的实现。

无形资产摊销费用是指该无形资产按税法规定当年计算摊销的费用。涉及自用和对外许可使用的，应按照受益原则合理划分。

相关税费是指技术转让过程中实际发生的有关税费，包括除企业所得税和允许抵扣的增值税以外的各项税金及其附加、合同签订费用、律师费等相关费用。

应分摊期间费用（不含无形资产摊销费用和相关税费）是指技术转让按照当年销售收入占比分摊的期间费用。

根据该公告第四条规定，企业享受技术转让所得企业所得税优惠的其他相关问题，仍按照《国家税务总局关于技术转让所得减免企业所得税有关问题的通知》（国税函〔2009〕212号）、《财政部 国家税务总局关于居民企业技术转让有关企业所得税政策问题的通知》（财税〔2010〕111号）、《国家税务总局关于技术转让所得减免企业所得税有关问题的公告》（国家税务总局公告2013年第62号）规定执行。

根据该公告第五条规定，该公告自2015年10月1日起施行。该公告实施之日起，企业转让5年以上非独占许可使用权确认的技术转让收入，按该公告执行。

（二）政策解读

1. 享受技术转让所得税收优惠的立体仅限于居民企业。因为非居民企业在中国只负有限的纳税义务，且可以享受低税率优惠政策，甚至可以通过国家之间的税收协定享受更多的优惠，若再给予非居民企业该优惠政策，将会加大居民企业与非居民企业税收待遇上的差别。

2. 享受税收优惠的范围限于技术转让所得。旨在进一步强化税收政策鼓励技术成果转化的力度。也就是说，税法规定的税收优惠条件，是居民企业将其拥有的技术转让给其他企业、组织或者个人，受让人拥有技术的所有权或者使用权。

3. 享受税收优惠的具体方式是，一个纳税年度内技术转让所得500万元以内的部分，免征企业所得税；超过500万元的部分，减半征收企业所得税。需要注意的是，这里强调的是居民企业一个纳税年度内技术转让所得的总和，而不管享受减免税优惠的转让所得是通过几次技术转让行为所获取的。换句话说，只要居民企业技术转让所得总和在一个纳税年度内不到500万元的，这部分所得全部免税；超过500万元的部分，减半征收企业所得税。

4.《国家税务总局关于技术转让所得减免企业所得税有关问题的公告》（国家税务总局公告2013年第62号）规定的必要的技术咨询、技术服务、技术培训，是转让方为使受让方掌握所转让的技术投入使用、实现产业化而提供的咨询、服务和培训。而在技术投入使用、实现产业化后所提供的咨询、服务和培训，则不应是该转让技术投入使用所必需的咨询、服务和培训。而升级型的更新维护，则应是新的技术开发项目，应在国家知识产权管理部门另行备案，与原转让的技术投入使用并无必要关系。

5.《国家税务总局关于技术转让所得减免企业所得税有关问题的公告》（国家税务总局公告2013年第62号）规定，可以计入技术转让收入的技术咨询、技术服务、技术培训收入，应同时符合两个条件，是因为根据技术合同登记的有关规定，与技术转让相关的技术咨询、技术服务、技术培训，只能是在技术转让合同中约定的内容，即为掌握所转让的技术投入使用而提供的必要服务，而为产品售后、维护、升级等提供的技术咨询、技术服务、技术培训，不允许与技术转让合同混同，必须单独签订技术合同。在技术转让合同之外另行签订的技术咨询、技术服务、技术培训合同，已超出了技术转让必要的技术服务与指导事项，与技术开发并无紧密关系。如果将其列为税收优惠范围，将对鼓励技术开发、技术转让和国家税收政策的执行产生不利影响。

6.《国家税务总局关于许可使用权技术转让所得企业所得税有关问题的公告》（国家税务总局公告2015年第82号）规定，结合技术许可使用权转让的特点，对符合条件的转让5年以上非独占许可使用权取得的技术转让所得，明确并细化具体计算方法。对计算中涉及的技术转让收入、无形资产摊销费用、相关税费等加以细化，对涉及自用和对外许可使用的无形资产费用摊销，要求按受益原则进行合理划分，对期间费用按照当年销售收入占比方法进行合理分摊，增强了政策的确定性和可操作性。

（三）案例分析

2024年6月甲、乙两公司签订一项新型生物技术和新医药技术的所有权转让合同。合同约定在甲公司履行技术转让合同后10日内，乙公司一次性付给甲公司技术转让收入4000万元，其中，新型生物技术和新医药技术转让收入2900万元，与技术转让项目相关的技术咨询、技术服务、技术培训等收入300万元，转让设备、仪器等非技术性收入800万元。

经核实，甲公司此项技术的计税基础为1200万元，该项资产在使用期间按照规定已经摊销扣除了180万元，技术转让过程中发生的相关税费累计20万元。甲公司本年发生销售费用60万元，管理费用300万元，财务费用40万元，本年销售收入总额为10000万元，假设期间费用的分配采用收入分配标准。

请计算甲公司2024年享受的优惠金额。

【分析】 甲公司本年待分摊期间费用=60+300+40=400（万元）

技术转让收入占总收入比例=（2900+300）÷10000×100%=32%

技术转让分摊期间费用=400×32%=128（万元）

技术转让所得=（4000−800）−（1200−180）−20−128=2032（万元）

所得减免金额=500+（2032−500）×50%=1266（万元）

享受所得减免的金额在年度企业所得税汇算时通过《所得减免优惠明细表》（A107020）进行享受。

四、小型微利企业

（一）政策规定

1. 根据《企业所得税法》第二十八条第一款规定，符合条件的小型微利企业，减按20%的税率征收企业所得税。

2. 根据《财政部 税务总局关于进一步支持小微企业和个体工商户发展有关税费政策的公告》（财政部 税务总局公告2023年第12号）第三条规定，对小型微利企业减按25%计算应纳税所得额，按20%的税率缴纳企业所得税政策，延续执行至 2027 年 12 月 31 日。

根据该公告第五条规定，小型微利企业，是指从事国家非限制和禁止行业，且同时符合年度应纳税所得额不超过 300 万元、从业人数不超过 300 人、资产总额不超过 5000 万元等三个条件的企业。

从业人数，包括与企业建立劳动关系的职工人数和企业接受的劳务派遣用工人数。所称从业人数和资产总额指标，应按企业全年的季度平均值确定。具体计算公式如下：

季度平均值=（季初值+季末值）÷2

全年季度平均值=全年各季度平均值之和÷4

年度中间开业或者终止经营活动的，以其实际经营期作为一个纳税年度确定上述相关指标。

小型微利企业的判定以企业所得税年度汇算清缴结果为准。登记为增值税一般纳税人的新设立的企业，从事国家非限制和禁止行业，且同时符合申报期上月末从业人数不超过 300 人、资产总额不超过 5000 万元等两个条件的，可在首次办理汇算清缴前按照小型微利企业申报享受第二条规定的优惠政策。

3. 根据《国家税务总局关于落实小型微利企业所得税优惠政策征管问题的公告》（国家税务总局公告 2023 年第 6 号）第一条规定，符合财政部、税务总局规定的小型微利企业条件的企业，按照相关政策规定享受小型微利企业所得税优惠政策。

企业设立不具有法人资格分支机构的，应当汇总计算总机构及其各分支机构的从业人数、资产总额、年度应纳税所得额，依据合计数判断是否符合小型微利企业条件。

根据该公告第二条规定，小型微利企业无论按查账征收方式或核定征收方式缴纳企业所得税，均可享受小型微利企业所得税优惠政策。

根据该公告第三条规定，小型微利企业在预缴和汇算清缴企业所得税时，通过填写纳税申报表，即可享受小型微利企业所得税优惠政策。

小型微利企业应准确填报基础信息，包括从业人数、资产总额、年度应纳税所得额、国家限制或禁止行业等，信息系统将为小型微利企业智能预填优惠项目、自动计算减免税额。

根据该公告第四条规定，小型微利企业预缴企业所得税时，从业人数、资产总额、年度应纳税所得额指标，暂按当年度截至本期预缴申报所属期末的情况进行判断。

根据该公告第五条规定，原不符合小型微利企业条件的企业，在年度中间预缴企业所得税时，按照相关政策标准判断符合小型微利企业条件的，应按照截至本期预缴申报所属期末的累计情况，计算减免税额。当年度此前期间如因不符合小型微利企业条件而多预缴的企业所得税税款，可在以后季度应预缴的企业所得税税款中抵减。

根据该公告第六条规定，企业预缴企业所得税时享受了小型微利企业所得税优惠政策，但在汇算清缴时发现不符合相关政策标准的，应当按照规定补缴企业所得税税款。

根据该公告第七条规定，小型微利企业所得税统一实行按季度预缴。

按月度预缴企业所得税的企业，在当年度 4 月、7 月、10 月预缴申报时，若按相关政策标准判断符合小型微利企业条件的，下一个预缴申报期起调整为按季度预缴申报，一经调整，当年度内不再变更。

根据该公告第八条规定，该公告自 2023 年 1 月 1 日起施行。《国家税务总局关于小型微利企业所得税优惠政策征管问题的公告》（国家税务总局公告 2022 年第 5 号）同时废止。

（二）政策解读

小型微利企业优惠政策变化比较（2018—2023 年）见表 3-3。

1. 小型微利企业所得税优惠自 2008 年以来，经历了多次变化。2019 年初，财政部、税务总局印发了《关于实施小微企业普惠性税收减免政策的通知》（财税〔2019〕13 号），调整了小型微利企业认定标准，由原先的按照工业企业和其他企业两个大类分别认定，调整为统一认定，同时明确，自 2019 年起，小型微利企业是指从事国家非限制和禁止行业，且同时符合年度应纳税所得额不超过 300 万元、从业人数不超过 300 人、资产总额不超过 5000 万元三个条件的企业。

2. 实际工作中，执行小型微利企业优惠需注意以下事项。

表 3-3　　小型微利企业优惠政策变化比较（2018—2023 年）

年份		2018	2019—2020	2021	2022	2023	
政策依据		财税〔2018〕77 号	财税〔2019〕13 号	财政部、税务总局公告 2021 年第 12 号	财政部、税务总局公告 2022 年第 13 号	财政部、税务总局公告 2023 年第 6 号	财政部、税务总局公告 2023 年第 12 号
条件	从事国家非限制和禁止行业	是	是	是	是	是	是
	年应纳税所得额	不超过 100 万元	不超过 300 万元	不超过 300 万元	不超过 300 万元	不超过 300 万元	不超过 300 万元
	从业人数	工业企业，不超过 100 人； 其他企业，不超过 80 人	不超过 300 人	不超过 300 人	不超过 300 人	不超过 300 人	不超过 300 人
	资产总额	工业企业，不超过 3000 万元； 其他企业，不超过 1000 万元	不超过 5000 万元	不超过 5000 万元	不超过 5000 万元	不超过 5000 万元	不超过 5000 万元

续表

年份	2018	2019—2020	2021	2022	2023	
优惠政策	所得减按50%计入应纳税所得额，按20%的税率缴纳	不超过100万元的部分，减按25%计入应纳税所得额，按20%的税率缴纳；超过100万元但不超过300万元的部分，减按50%计入应纳税所得额，按20%的税率缴纳	不超过100万元的部分，在财税〔2019〕13号文件第二条规定的优惠政策基础上，再减半征收	超过100万元但不超过300万元的部分，减按25%计入应纳税所得额，按20%的税率缴纳	不超过100万元的部分，减按25%计入应纳税所得额，按20%的税率缴纳	对小型微利企业减按25%计算应纳税所得额，按20%的税率缴纳
执行期限	2018年1月1日至2018年12月31日	2019年1月1日至2021年12月31日	2021年1月1日至2022年12月31日	2022年1月1日至2024年12月31日	2023年1月1日至2024年12月31日	延续执行至2027年12月31日
以300万元所得为例的应纳税额	不符合小型微利企业条件，300×25%=75（万元）	100×25%×20%+（300−100）×50%×20%=25（万元）	100×12.5%×20%+（300−100）×50%×20%=22.5（万元）	100×12.5%×20%+（300−100）×25%×20%=12.5（万元）	100×25%×20%+（300−100）×25%×20%=15（万元）	300×25%×20%=15（万元）

(1) 小型微利企业的定义。

税收政策中的小型微利企业是指符合财政部、税务总局规定的可以享受小型微利企业所得税优惠政策的居民企业。目前，居民企业可按照《财政部 税务总局关于进一步实施小微企业所得税优惠政策的公告》(财政部 税务总局公告 2022 年第 13 号)、《财政部 税务总局关于小微企业和个体工商户所得税优惠政策的公告》(财政部 税务总局公告 2023 年第 6 号)、《财政部 税务总局关于进一步支持小微企业和个体工商户发展有关税费政策的公告》(财政部 税务总局公告 2023 年第 12 号) 的相关规定，享受小型微利企业所得税优惠政策。

(2) 企业设立不具有法人资格的分支机构，小型微利企业所得税优惠政策的适用。

现行企业所得税实行法人税制，企业以法人为主体计算并缴纳企业所得税。《企业所得税法》第五十条第二款规定，居民企业在中国境内设立不具有法人资格的营业机构的，应当汇总计算并缴纳企业所得税。因此，企业设立不具有法人资格分支机构的，应当先汇总计算总机构及其各分支机构的从业人数、资产总额、年度应纳税所得额，再依据各指标的合计数判断是否符合小型微利企业条件。

(3) 企业在预缴企业所得税时，优惠政策的享受。

首先，判断是否符合条件。企业在年度中间预缴企业所得税时，按照政策标准判断符合小型微利企业条件的，即可享受优惠政策。资产总额、从业人数、年度应纳税所得额指标，暂按当年度截至本期预缴申报所属期末的情况进行判断。其中，资产总额、从业人数指标按照政策标准中“全年季度平均值”的计算公式，计算截至本期预缴申报所属期末的季度平均值。其次，按照政策规定计算应纳税额。

(4) 小型微利企业所得税优惠政策的办理程序。

符合条件的小型微利企业通过填写纳税申报表，即可便捷享受优惠政策，无须其他手续。小型微利企业应准确填报从业人数、资产总额、国家限制或禁止行业等基础信息，计算应纳税所得额后，信息系统将利用相关数据，为小型微利企业智能预填优惠项目、自动计算减免税额。

(5) 非居民企业不得享受小型微利企业所得税优惠。

《国家税务总局关于非居民企业不享受小型微利企业所得税优惠政策问

题的通知》（国税函〔2008〕650号）规定，《企业所得税法》第二十八条规定的小型微利企业是指企业的全部生产经营活动产生的所得均负有我国企业所得税纳税义务的企业。因此，仅就来源于我国所得负有我国纳税义务的非居民企业，不适用该条规定的对符合条件的小型微利企业减按20%税率征收企业所得税的政策。

（6）核定征收纳税人也能享受小型微利企业所得税优惠。

《国家税务总局关于修订企业所得税2个规范性文件的公告》（国家税务总局公告2016年第88号）修订了《国家税务总局关于企业所得税核定征收若干问题的通知》（国税函〔2009〕377号）第一条第（一）项规定，享受《企业所得税法》及其实施条例和国务院规定的一项或几项企业所得税优惠政策的企业（不包括仅享受《企业所得税法》第二十六条规定免税收入优惠政策的企业、第二十八条规定的符合条件的小型微利企业），是《企业所得税核定征收办法》（国税发〔2008〕30号）所称“特定纳税人”。也就是说，小型微利企业无论是查账征收还是核定征收，只要不是从事国家限制和禁止的行业，且资产总额、从业人数、年度应纳税所得额符合小型微利企业认定标准，即可依法享受小型微利企业所得税优惠。

（三）案例分析

甲公司（增值税一般纳税人）主要从事机械制造（国家非限制和禁止行业），2024年全年从业人数240人，年度资产总额平均3800万元。2025年初办理企业所得税汇算清缴时确认2024年利润220万元，纳税调增30万元、纳税调减10万元。

请计算甲公司2024年应纳企业所得税税额。

【分析】判定甲公司2024年是否符合小型微利企业条件，条件如下：

①是否符合从业行业规定。即该公司是否是机械制造企业，从事国家非限制和禁止的行业，符合小型微利企业的行业要求。

②年度应纳税所得额是否超过300万元。该公司2024年应纳税所得额=年度利润+纳税调增-纳税调减=220+30-10=240（万元），未超过300万元。

③年度从业人数是否超过300人。该公司2024年度全年从业人数240

人，未超过300人。

④年度资产总额是否超过5000万元。该公司2024年度资产总额平均3800万元，未超过5000万元。

该公司2024年度符合小型微利企业标准，应依法享受税收优惠。

应纳企业所得税税额＝240×25%×20%＝12（万元）

年度企业所得税汇算时，通过填报《企业所得税年度纳税申报主表》（A100000）进行享受。

五、高新技术企业

（一）政策规定

1. 根据《企业所得税法》第二十八条第二款规定，国家需要重点扶持的高新技术企业，减按15%的税率征收企业所得税。

2. 根据《企业所得税法实施条例》第九十三条规定，国家需要重点扶持的高新技术企业，是指拥有核心自主知识产权，并同时符合下列条件的企业：

（1）产品（服务）属于《国家重点支持的高新技术领域》规定的范围；

（2）研究开发费用占销售收入的比例不低于规定比例；

（3）高新技术产品（服务）收入占企业总收入的比例不低于规定比例；

（4）科技人员占企业职工总数的比例不低于规定比例；

（5）高新技术企业认定管理办法规定的其他条件。

3. 根据《科技部 财政部 国家税务总局关于修订印发〈高新技术企业认定管理办法〉的通知》（国科发火〔2016〕32号，以下简称《认定办法》）第十一条规定，认定为高新技术企业须同时满足以下条件：

（1）企业申请认定时须注册成立一年以上；

（2）企业通过自主研发、受让、受赠、并购等方式，获得对其主要产品（服务）在技术上发挥核心支持作用的知识产权的所有权；

（3）对企业主要产品（服务）发挥核心支持作用的技术属于《国家重点支持的高新技术领域》规定的范围；

（4）企业从事研发和相关技术创新活动的科技人员占企业当年职工总

数的比例不低于10%；

（5）企业近三个会计年度（实际经营期不满3年的按实际经营时间计算，下同）的研究开发费用总额占同期销售收入总额的比例符合如下要求：

①最近一年销售收入小于5000万元（含）的企业，比例不低于5%；

②最近一年销售收入在5000万元至2亿元（含）的企业，比例不低于4%；

③最近一年销售收入在2亿元以上的企业，比例不低于3%。

其中，企业在中国境内发生的研究开发费用总额占全部研究开发费用总额的比例不低于60%；

（6）近一年高新技术产品（服务）收入占企业同期总收入的比例不低于60%；

（7）企业创新能力评价应达到相应要求；

（8）企业申请认定前一年内未发生重大安全、重大质量事故或严重环境违法行为。

4. 根据《国家税务总局关于实施高新技术企业所得税优惠政策有关问题的公告》（国家税务总局公告2017年第24号）第一条规定，企业获得高新技术企业资格后，自高新技术企业证书注明的发证时间所在年度起申报享受税收优惠，并按规定向主管税务机关办理备案手续。

企业的高新技术企业资格期满当年，在通过重新认定前，其企业所得税暂按15%的税率预缴，在年底前仍未取得高新技术企业资格的，应按规定补缴相应期间的税款。

根据该公告第二条规定，对取得高新技术企业资格且享受税收优惠的高新技术企业，税务部门如在日常管理过程中发现其在高新技术企业认定过程中或享受优惠期间不符合《认定办法》第十一条（即上述第3点）规定的认定条件的，应提请认定机构复核。复核后确认不符合认定条件的，由认定机构取消其高新技术企业资格，并通知税务机关追缴其证书有效期内自不符合认定条件年度起已享受的税收优惠。

（二）政策解读

1. 企业所得税法之所以给予高新技术企业低税率优惠，主要是为了利用税收优惠政策促进我国的科学技术水平。

2. 高新技术企业的认定需要具备下列条件：

（1）拥有核心自主知识产权。这是高新技术企业认定标准中较为关键的一项。企业是否拥有核心自主知识产权，是判断一个企业生产、发展和竞争能力的重要参考因素。只有拥有核心自主知识产权的企业，才能在日益激烈的市场竞争中处于有利地位，才能争取主动。这里强调的核心自主知识产权，指的是企业对知识产权的主体或者核心部分，拥有自主权或者绝对控制权，而不能满足于只对非主体部分的枝节或者辅助性的部分拥有所谓的知识产权。另外需要明确的是，本项认定标准所称的拥有核心自主知识产权，并不一定是企业通过自己研发所获取的，它也可以由企业通过购买、投资者投入等形式获取，只要企业对这项知识产权拥有完整的支配权，或者享有独占的使用权即可。

（2）产品（服务）属于《国家重点支持的高新技术领域》规定的范围。这是对高新技术企业产品（服务）方面的要求。一个企业的生产经营，最终需要一个载体来体现其价值，离开这个载体，空谈所谓的高新技术企业，是站不住脚的。作为高新技术企业，体现其价值的载体也应具备“高新”性，即作为其载体的产品（服务）属于《国家重点支持的高新技术领域》规定的范围。

（3）研究开发费用占销售收入的比例不低于规定比例。这是对高新技术企业研究开发费用投入的规定。从某种程度上来说，高新技术企业体现的就是在研究开发能力上的先进性，而研发能力的维持和提升等，需要大量研发费用的不断投入，以研究开发费用占销售收入的一定比例来要求高新技术企业，也是防止高新技术企业落后于时代的一项重要措施。

（4）高新技术产品（服务）收入占企业总收入的比例不低于规定比例。这一认定指标要求高新技术企业的主营产品（服务）属于《国家重点支持的高新技术领域》，是确保高新技术企业的主营业务保持“高新”性的一项重要辅助性措施，也是对高新技术企业主营业务上的要求，以保证企业所得税法所鼓励和扶持的企业属于真正的高新技术企业。

（5）科技人员占企业职工总数的比例不低于规定比例。这是对高新技术企业人员构成的一项指标性要求。现代市场竞争，说到底是人才的竞争，是人力资源的竞争，人的作用不但没有减弱，反而更居重要的地位。高新技术企业的维持和运转，需要一定数量具有高新知识的人才提供智力支持，科技人员占企业职工总数的比例应有一个基本的比例限制。

（三）案例分析

甲公司于2023年被认定为高新技术企业，2024年各项指标如下：

（1）总收入400万元，销售（营业）收入320万元，高新技术产品（服务）收入280万元，其中产品（服务）收入160万元，技术性收入120万元；

（2）从事研发和相关技术创新活动的科技人员数200人，本年职工总数400人；

（3）按照高新技术企业研发费用归集口径，内部研究开发投入达到160万元，其中：人员人工36万元、直接投入36万元、折旧费用与长期费用摊销12万元、设计费用12万元、装备调试费12万元、无形资产摊销12万元、其他费用40万元；委托外部研究开发费用100万元，其中：境内的外部研发费为70万元，境外的外部研发费为30万元。

（4）全年应纳税所得额为140万元，以前年度无亏损；

（5）甲公司高新技术领域为电子信息技术，本年未发生重大安全、重大质量事故或严重环境违法行为。

计算甲公司2024年归集的研发费用金额以及2024年享受的高新技术企业所得税优惠减免税金额。

【分析】“可计入研发费用的其他费用”限额=不包含其他费用的研究开发总费用÷（1-20%）×20%=（人员人工费用+直接投入费用+折旧费用与长期费用摊销+设计费用+装备调试费用与实验费用+无形资产摊销）÷（1-20%）×20%=（36+36+12+12+12+12）÷（1-20%）×20%=30（万元），实际发生40万元，可计入研发费用的其他费用为30万元。

“可计入研发费的境外的外部研发费用”限额=（人员人工费用+直接投入费用+折旧费用与长期费用摊销+设计费用+装备调试费用与实验费用+无形资产摊销+其他费用+境内的外部研发费）÷（1-40%）×40%=（36+36+12+12+12+12+40+70）÷（1-40%）×40%=153.33（万元），实际发生30万元，可计入研发费用的境外的外部研发费为30万元。

委托外部研发费用＝（境内的外部研发费＋可计入研发费用的境外的外部研发费）×80%＝（70+30）×80%＝80（万元）

2024年研发费用＝人员人工费用＋直接投入费用＋折旧费用与长期费用摊销＋设计费用＋装备调试费用与实验费用＋无形资产摊销＋可计入研发费用的其他费用＋委托外部研发费用＝36+36+12+12+12+12+30+80＝230（万元）

企业享受高新技术企业所得税优惠的减免税金额＝140×10%＝14（万元）

年度企业所得税汇算时，通过填报《高新技术企业优惠情况明细表》（A107041）进行享受。

第四节　其他事项

一、非货币性资产对外投资的税务处理

（一）政策规定

1. 根据《财政部 国家税务总局关于非货币性资产投资企业所得税政策问题的通知》（财税〔2014〕116号）第一条规定，居民企业以非货币性资产对外投资确认的非货币性资产转让所得，可在不超过5年期限内，分期均匀计入相应年度的应纳税所得额，按规定计算缴纳企业所得税。

根据该通知第二条规定，企业以非货币性资产对外投资，应对非货币性资产进行评估并按评估后的公允价值扣除计税基础后的余额，计算确认非货币性资产转让所得。

企业以非货币性资产对外投资，应于投资协议生效并办理股权登记手续时，确认非货币性资产转让收入的实现。

根据该通知第三条规定，企业以非货币性资产对外投资而取得被投资企业的股权，应以非货币性资产的原计税成本为计税基础，加上每年确认的非货币性资产转让所得，逐年进行调整。

被投资企业取得非货币性资产的计税基础，应按非货币性资产的公允价值确定。

根据该通知第四条规定，企业在对外投资5年内转让上述股权或投资收

回的，应停止执行递延纳税政策，并就递延期内尚未确认的非货币性资产转让所得，在转让股权或投资收回当年的企业所得税年度汇算清缴时，一次性计算缴纳企业所得税；企业在计算股权转让所得时，可按该通知第三条第一款规定将股权的计税基础一次调整到位。

企业在对外投资 5 年内注销的，应停止执行递延纳税政策，并就递延期内尚未确认的非货币性资产转让所得，在注销当年的企业所得税年度汇算清缴时，一次性计算缴纳企业所得税。

根据该通知第五条规定，该通知所称非货币性资产，是指现金、银行存款、应收账款、应收票据以及准备持有至到期的债券投资等货币性资产以外的资产。

该通知所称非货币性资产投资，限于以非货币性资产出资设立新的居民企业，或将非货币性资产注入现存的居民企业。

根据该通知第六条规定，企业发生非货币性资产投资，符合《财政部 国家税务总局关于企业重组业务企业所得税处理若干问题的通知》（财税〔2009〕59 号）等文件规定的特殊性税务处理条件的，也可选择按特殊性税务处理规定执行。

根据该通知第七条规定，该通知自 2014 年 1 月 1 日起执行。该通知发布前尚未处理的非货币性资产投资，符合规定的可按该通知执行。

2. 根据《国家税务总局关于非货币性资产投资企业所得税有关征管问题的公告》（国家税务总局公告 2015 年第 33 号）第一条规定，实行查账征收的居民企业以非货币性资产对外投资确认的非货币性资产转让所得，可自确认非货币性资产转让收入年度起不超过连续 5 个纳税年度的期间内，分期均匀计入相应年度的应纳税所得额，按规定计算缴纳企业所得税。

根据该公告第二条规定，关联企业之间发生的非货币性资产投资行为，投资协议生效后 12 个月内尚未完成股权变更登记手续的，于投资协议生效时，确认非货币性资产转让收入的实现。

根据该公告第三条规定，符合财税〔2014〕116 号文件规定的企业非货币性资产投资行为，同时又符合《财政部 国家税务总局关于企业重组业务企业所得税处理若干问题的通知》（财税〔2009〕59 号）、《财政部 国家税务总局关于促进企业重组有关企业所得税处理问题的通知》（财税〔2014〕

109号）等文件规定的特殊性税务处理条件的，可由企业选择其中一项政策执行，且一经选择，不得改变。

根据该公告第四条规定，企业选择适用本公告第一条规定进行税务处理的，应在非货币性资产转让所得递延确认期间每年企业所得税汇算清缴时，填报《中华人民共和国企业所得税年度纳税申报表》（A类，2017年版）中《企业重组及递延纳税事项纳税调整明细表》（A105100）第12行“非货币性资产对外投资”的相关栏目，并向主管税务机关报送《非货币性资产投资递延纳税调整明细表》。

根据该公告第五条规定，企业应将股权投资合同或协议、对外投资的非货币性资产（明细）公允价值评估确认报告、非货币性资产（明细）计税基础的情况说明、被投资企业设立或变更的工商部门证明材料等资料留存备查，并单独准确核算税法与会计差异情况。

主管税务机关应加强企业非货币性资产投资递延纳税的后续管理。

根据该公告第六条规定，该公告适用于2014年度及以后年度企业所得税汇算清缴。此前尚未处理的非货币性资产投资，符合财税〔2014〕116号文件和该公告规定的可按该公告执行。

3. 根据《财政部 国家税务总局关于完善股权激励和技术入股有关所得税政策的通知》（财税〔2016〕101号）第三条规定，自2016年9月1日起，对技术成果投资入股实施选择性税收优惠政策如下：

（1）企业或个人以技术成果投资入股到境内居民企业，被投资企业支付的对价全部为股票（权）的，企业或个人可选择继续按现行有关税收政策执行，也可选择适用递延纳税优惠政策。

选择技术成果投资入股递延纳税政策的，经向主管税务机关备案，投资入股当期可暂不纳税，允许递延至转让股权时，按股权转让收入减去技术成果原值和合理税费后的差额计算缴纳所得税。

（2）企业或个人选择适用上述任一项政策，均允许被投资企业按技术成果投资入股时的评估值入账并在企业所得税前摊销扣除。

（3）技术成果是指专利技术（含国防专利）、计算机软件著作权、集成电路布图设计专有权、植物新品种权、生物医药新品种，以及科技部、财政部、国家税务总局确定的其他技术成果。

（4）技术成果投资入股，是指纳税人将技术成果所有权让渡给被投资企业、取得该企业股票（权）的行为。

（二）政策解读

1. 非货币性资产投资政策只适用于实行查账征收的居民企业，核定征收企业通常不能准确核算收入或支出情况，所以不适用上述政策。

2. 企业以非货币性资产投资对外投资，应分解为转让非货币性资产和投资两项业务进行所得税处理。

3. 非货币性资产投资递延纳税政策，适用于以非货币性资产出资设立新的居民企业，或将非货币性资产注入现存的居民企业，但不包括将非货币性资产换取已经存在的股权投资，这种情形应一次性确认所得。

4. 对于非货币性资产转让所得递延纳税年限，企业可以自行选择，在不超过 5 年期限内递延纳税。也就是说，企业可以选择 2 年、3 年、4 年和 5 年递延纳税，只要不超过 5 年的期限，即可根据具体情况进行选择。此外，5 年的递延纳税期间要连续、不能中断，且“年”指的是纳税年度。

5. 关联企业之间发生非货币性资产投资行为，可能由于具有关联关系而不及时办理或不办理股权登记手续，以延迟确认或长期不确认非货币性资产转让收入，实际上延长了递延纳税期限，造成对此项政策的滥用。为防止此种情况发生，政策要求关联企业之间非货币性资产投资行为，自投资协议生效后最长 12 个月内应完成股权变更登记手续。如果投资协议生效后 12 个月内仍未完成股权变更登记手续，则于投资协议生效时，确认非货币性资产转让收入的实现。

6. 财税〔2016〕101 号文件规定的技术成果投资入股，是指纳税人将税法所列举的技术成果的所有权让渡给被投资企业、取得该企业股票（权）的行为，这种情形可以适用递延纳税的企业所得税政策。但对于以技术成果的使用权（如专利权实施许可）及列举之外的技术成果（如专有技术）进行出资的，不得享受税法规定的减免税优惠和递延纳税政策。

7. 企业选择技术成果入股适用递延纳税政策需综合考量减免税和企业资金因素。企业持有递延纳税的股权期间，因该股权产生的转增股本收入，以及以该递延纳税的股权进行非货币性资产再投资的，应在当期缴纳税款，这是因为转让的是股权，而不是技术成果，不能享受相应的税收优惠。

（三）案例分析

2022年1月1日，甲公司以其拥有的土地使用权对乙公司（现存企业）进行投资，并对其实施了有效控制，同日办理了资产、股权的登记过户手续。该土地使用权的账面投资计提的累计摊销为40万元，账面价值与计税基础相同，公允价值为260万元。2024年11月，甲公司将该股权转让，取得价款400万元。

为简化计算，假设甲公司未计提与上述业务有关的资产减值准备，采用成本法核算长期股权投资，股权投资及转让等过程中不考虑增值税等相关税费，无其他纳税调整项目。

分析甲公司采取一次性确认和采取5年内分期确认非货币性资产转让所得的税务处理。

【分析】（1）采取一次性确认。

甲公司按照税法确认土地使用权转让所得=260-（200-40）=100（万元），会计确认土地使用权转让所得=260-（200-40）=100（万元），两者一致，不需要进行纳税调整。

（2）采取5年内分期确认。

① 2022年：

按照税法确认土地使用权转让所得=260-（200-40）=100（万元），会计确认土地使用权转让所得=260-（200-40）=100（万元）。甲公司选择在5年期限内分期均匀计入相应年度的应纳税所得额，则2022年应确认资产转让所得20万元，应调减应纳税所得额=100-20=80（万元），甲公司年度企业所得税汇算时，通过《企业重组及递延纳税事项纳税调整明细表》（A105100）进行调减。

2022年12月31日，根据财税〔2014〕116号文件的规定，甲公司应以土地使用权的原计税成本为计税基础，加上每年确认的非货币性资产转让所得，逐年进行调整。此时，长期股权投资的计税基础=200-40+20=180（万元），而其账面价值为260万元，两者之间的差额为80万元。

② 2023年：

按照税法确认当期土地使用权转让所得20万元，会计确认土地使用权转让所得为0，应纳税调增20万元。甲公司年度所得税汇算时，通过《企业重组及递延纳税事项纳税调整明细表》（A105100）进行调增。

2023年12月31日，长期股权投资的计税基础=180+20=200（万元），其账面价值为260万元，两者之间的差额为60万元。

③ 2024年：

2024年11月，甲公司转让该股权。根据规定，甲公司应将递延的土地使用权转让所得60万元予以确认，调增应纳税所得额60万元。甲公司年度企业所得税汇算时，通过《企业重组及递延纳税事项纳税调整明细表》（A105100）进行调增，并同时将股权的计税基础调整为取得时的公允价值260万元。

二、资产划转的税务处理

（一）政策规定

1.《财政部 国家税务总局关于促进企业重组有关企业所得税处理问题的通知》（财税〔2014〕109号）第三条规定，对100%直接控制的居民企业之间，以及受同一或相同多家居民企业100%直接控制的居民企业之间按账面净值划转股权或资产，凡具有合理商业目的，不以减少、免除或者推迟缴纳税款为主要目的，股权或资产划转后连续12个月内不改变被划转股权或资产原来实质性经营活动，且划出方企业和划入方企业均未在会计上确认损益的，可以选择按以下规定进行特殊性税务处理：

（1）划出方企业和划入方企业均不确认所得。

（2）划入方企业取得被划转股权或资产的计税基础，以被划转股权或资产的原账面净值确定。

（3）划入方企业取得的被划转资产，应按其原账面净值计算折旧扣除。

该通知自2014年1月1日起执行。

2. 根据《国家税务总局关于资产（股权）划转企业所得税征管问题的公告》（国家税务总局公告2015年第40号）第一条规定，《财政部 国家税务总局关于促进企业重组有关企业所得税处理问题的通知》（财税〔2014〕109号）第三条所称“100%直接控制的居民企业之间，以及受同一或相同多家居民企业100%直接控制的居民企业之间按账面净值划转股权或资产”，限于以下情形：

（1）100%直接控制的母子公司之间，母公司向子公司按账面净值划转其持有的股权或资产，母公司获得子公司100%的股权支付。母公司按增加长期股权投资处理，子公司按接受投资（包括资本公积，下同）处理。母公司获得子公司股权的计税基础以划转股权或资产的原计税基础确定。

（2）100%直接控制的母子公司之间，母公司向子公司按账面净值划转其持有的股权或资产，母公司没有获得任何股权或非股权支付。母公司按冲减实收资本（包括资本公积，下同）处理，子公司按接受投资处理。

（3）100%直接控制的母子公司之间，子公司向母公司按账面净值划转其持有的股权或资产，子公司没有获得任何股权或非股权支付。母公司按收回投资处理，或按接受投资处理，子公司按冲减实收资本处理。母公司应按被划转股权或资产的原计税基础，相应调减持有子公司股权的计税基础。

（4）受同一或相同多家母公司100%直接控制的子公司之间，在母公司主导下，一家子公司向另一家子公司按账面净值划转其持有的股权或资产，划出方没有获得任何股权或非股权支付。划出方按冲减所有者权益处理，划入方按接受投资处理。

根据该公告第二条规定，财税〔2014〕109号文件第三条所称“股权或资产划转后连续12个月内不改变被划转股权或资产原来实质性经营活动”，是指自股权或资产划转完成日起连续12个月内不改变被划转股权或资产原来实质性经营活动。

股权或资产划转完成日，是指股权或资产划转合同（协议）或批复生效，且交易双方已进行会计处理的日期。

根据该公告第三条规定，财税〔2014〕109号文件第三条所称“划入方企业取得被划转股权或资产的计税基础，以被划转股权或资产的原账面净值确定”，是指划入方企业取得被划转股权或资产的计税基础，以被划转股权或资产的原计税基础确定。

财税〔2014〕109号文件第三条所称“划入方企业取得的被划转资产，

应按其原账面净值计算折旧扣除”，是指划入方企业取得的被划转资产，应按被划转资产的原计税基础计算折旧扣除或摊销。

根据该公告第四条规定，按照财税〔2014〕109号文件第三条规定进行特殊性税务处理的股权或资产划转，交易双方应在协商一致的基础上，采取一致处理原则统一进行特殊性税务处理。

根据该公告第五条规定，交易双方应在企业所得税年度汇算清缴时，分别向各自主管税务机关报送《居民企业资产（股权）划转特殊性税务处理申报表》和相关资料（一式两份）。

相关资料包括：

（1）股权或资产划转总体情况说明，包括基本情况、划转方案等，并详细说明划转的商业目的；

（2）交易双方或多方签订的股权或资产划转合同（协议），需有权部门（包括内部和外部）批准的，应提供批准文件；

（3）被划转股权或资产账面净值和计税基础说明；

（4）交易双方按账面净值划转股权或资产的说明（需附会计处理资料）；

（5）交易双方均未在会计上确认损益的说明（需附会计处理资料）；

（6）12个月内不改变被划转股权或资产原来实质性经营活动的承诺书。

根据该公告第六条规定，交易双方应在股权或资产划转完成后的下一年度的企业所得税年度申报时，各自向主管税务机关提交书面情况说明，以证明被划转股权或资产自划转完成日后连续12个月内，没有改变原来的实质性经营活动。

根据该公告第七条规定，交易一方在股权或资产划转完成日后连续12个月内发生生产经营业务、公司性质、资产或股权结构等情况变化，致使股权或资产划转不再符合特殊性税务处理条件的，发生变化的交易一方应在情况发生变化的30日内报告其主管税务机关，同时书面通知另一方。另一方应在接到通知后30日内将有关变化报告其主管税务机关。

根据该公告第八条规定，该公告第七条所述情况发生变化后60日内，原交易双方应按以下规定进行税务处理：

（1）属于该公告第一条第（一）项规定情形的，母公司应按原划转完成时股权或资产的公允价值视同销售处理，并按公允价值确认取得长期股权投资的计税基础；子公司按公允价值确认划入股权或资产的计税基础。

属于该公告第一条第（二）项规定情形的，母公司应按原划转完成时股权或资产的公允价值视同销售处理；子公司按公允价值确认划入股权或资产的计税基础。

属于该公告第一条第（三）项规定情形的，子公司应按原划转完成时股权或资产的公允价值视同销售处理；母公司应按撤回或减少投资进行处理。

属于该公告第一条第（四）项规定情形的，划出方应按原划转完成时股权或资产的公允价值视同销售处理；母公司根据交易情形和会计处理对划出方按分回股息进行处理，或者按撤回或减少投资进行处理，对划入方按以股权或资产的公允价值进行投资处理；划入方按接受母公司投资处理，以公允价值确认划入股权或资产的计税基础。

（2）交易双方应调整划转完成纳税年度的应纳税所得额及相应股权或资产的计税基础，向各自主管税务机关申请调整划转完成纳税年度的企业所得税年度申报表，依法计算缴纳企业所得税。

根据该公告第九条规定，交易双方的主管税务机关应对企业申报适用特殊性税务处理的股权或资产划转加强后续管理。

根据该公告第十条规定，该公告适用 2014 年度及以后年度企业所得税汇算清缴。

（二）政策解读

1. 为降低集团企业内部交易的税收成本，促进企业的资源整合和业务重组，财税〔2014〕109 号文件第三条规定赋予了集团企业内部股权及资产划转适用特殊性税务处理的权利，划转股权或资产的企业之间符合规定条件的，可以选择适用企业所得税的特殊性税务处理。值得注意的是，该特殊性税务处理仅对境内居民企业适用，不适用于非居民企业与其在中国境内的子公司（外商独资企业）之间的重组交易。

2. 适用特殊性税务处理的条件，要关注三个要点：一是“直接控制”，间接控制不符合条件；二是股权比例必须为 100%，未来 12 个月内股权比例变化的，需要进行纳税调整；三是共同 100%控制，必须是多个居民企业的共同控制，控制集团中如果有自然人股东，不符合特殊性税务处理条件。

3. 关于“具有合理的商业目的，且不以减少、免除或者推迟缴纳税款为主要目的”的必要条件，其中两方面是“且”的关系，即两方面必须同时符合，缺一不可。也就是说，即使企业重组“具有合理的商业目的”，但如果“以减少、免除或者推迟缴纳税款为主要目的”，就不能适用特殊性税务处理规定。特殊性税务处理规定支持的是企业重组，而不是企业避税。因此，要严格判断企业重组是否“不以减少、免除或者推迟缴纳税款为主要目的”。

（三）案例分析

2024 年 10 月，甲公司将其持有的投资性房地产划转至全资子公司乙公司，甲公司对乙公司的初始投资为 2000 万元。甲公司采用成本法核算投资性房地产，账面原值为 2000 万元，已计提折旧 800 万元，计税基础与账面价值相同，划转时的公允价值为 2000 万元，甲公司按其账面价值增加对子公司的投资。B 公司将划转的房产也作为投资性房地产按成本法核算，并按账面价值计入资本公积。

假设不考虑增值税等其他税费，无其他纳税调整项目，甲公司划转的资产符合特殊性处理的其他条件。

问题：分析甲公司、乙公司该划转资产的税务处理。

【分析】1. 划出方（甲公司）。

甲公司将其持有的房产划转给全资子公司，符合财税〔2014〕109 号文件中的条件，可以选择特殊性税务处理，即：划出方企业和划入方企业均不确认所得，不需要进行纳税调整，甲公司获得乙公司股权的计税基础以划转资产的原计税基础确定，甲公司长期股权投资的计税基础 = 2000 + 1200 = 3200（万元）。

2. 划入方（乙公司）。

乙公司接受其母公司划入的房产，符合财税〔2014〕109 号文件规定的特殊性税务处理的条件，作为接受投资处理，其取得被划转资产的计税基础，以被划转资产的原账面净值（1200 万元）确定，同时按其原计税基础计算折旧扣除。

三、企业清算的税务处理

（一）政策规定

1. 根据《企业所得税法》第五十五条第二款规定，企业应当在办理注销登记前，就其清算所得向税务机关申报并依法缴纳企业所得税。

2. 根据《企业所得税法实施条例》第十一条规定，清算所得，是指企业的全部资产可变现价值或者交易价格减除资产净值、清算费用以及相关税费等后的余额。

投资方企业从被清算企业分得的剩余资产，其中相当于从被清算企业累计未分配利润和累计盈余公积中应当分得的部分，应当确认为股息所得；剩余资产减除上述股息所得后的余额，超过或者低于投资成本的部分，应当确认为投资资产转让所得或者损失。

3. 根据《财政部 国家税务总局关于企业清算业务企业所得税处理若干问题的通知》（财税〔2009〕60号）第一条规定，企业清算的所得税处理，是指企业在不再持续经营，发生结束自身业务、处置资产、偿还债务以及向所有者分配剩余财产等经济行为时，对清算所得、清算所得税、股息分配等事项的处理。

根据该通知第二条规定，下列企业应进行清算的所得税处理：

（1）按《公司法》《企业破产法》等规定需要进行清算的企业；

（2）企业重组中需要按清算处理的企业。

根据该通知第三条规定，企业清算的所得税处理包括以下内容：

（1）全部资产均应按可变现价值或交易价格，确认资产转让所得或损失；

（2）确认债权清理、债务清偿的所得或损失；

（3）改变持续经营核算原则，对预提或待摊性质的费用进行处理；

（4）依法弥补亏损，确定清算所得；

（5）计算并缴纳清算所得税；

（6）确定可向股东分配的剩余财产、应付股息等。

根据该通知第四条规定，企业的全部资产可变现价值或交易价格，减除资产的计税基础、清算费用、相关税费，加上债务清偿损益等后的余额，为清算所得。

企业应将整个清算期作为一个独立的纳税年度计算清算所得。

根据该通知第五条规定，企业全部资产的可变现价值或交易价格减除清算费用，职工的工资、社会保险费用和法定补偿金，结清清算所得税、以前年度欠税等税款，清偿企业债务，按规定计算可以向所有者分配的剩余资产。

被清算企业的股东分得的剩余资产的金额，其中相当于被清算企业累计未分配利润和累计盈余公积中按该股东所占股份比例计算的部分，应确认为股息所得；剩余资产减除股息所得后的余额，超过或低于股东投资成本的部分，应确认为股东的投资转让所得或损失。

被清算企业的股东从被清算企业分得的资产应按可变现价值或实际交易价格确定计税基础。

该通知自 2008 年 1 月 1 日起执行。

4. 根据《国家税务总局关于企业清算所得税有关问题的通知》（国税函〔2009〕684 号）规定，企业清算时，应当以整个清算期间作为一个纳税年度，依法计算清算所得及其应纳所得税。企业应当自清算结束之日起 15 日内，向主管税务机关报送企业清算所得税纳税申报表，结清税款。

企业未按照规定的期限办理纳税申报或者未按照规定期限缴纳税款的，应根据《税收征收管理法》的相关规定加收滞纳金。

进入清算期的企业应对清算事项，报主管税务机关备案。

（二）政策解读

1. 企业清算，是指企业因合并、兼并、破产等原因终止生产经营活动，并对企业资产、债权、债务所做的清查、收回和清偿工作。企业进入清算期后，因所处环境发生了变化，企业所得税的计税依据从正常的应纳税所得额转为企业清算所得，而清算所得也属于应税收入。

2. 清算是企业解散前的最后一道环节。一般来说，清算完毕后，企业作为一个法律主体、会计主体和纳税主体的资格都会随之消亡。我国税法承认企业的独立纳税人资格，因此需要在企业将剩余财产分配给股东前就清算所得缴纳企业所得税，这也是在企业层面对企业资产隐含价值行使课税权的最后环节。所以，企业清算期间的资产无论是否实际处置，一律视同变现，确认增值或者损失。

3. 企业的全部资产可变现价值，是指企业清理所有债权债务关系、完成清算后，所剩余的全部资产折现计算的价值。如果企业剩余资产能在市场上出售，则以其交易价格为基础。

所谓资产净值，是指企业的资产总值减除所有债务后的净值，是企业偿债和担保的财产基础，是企业所有资产本身的价值。

从企业全部资产可变现价值或者交易价格中减除资产净值，再减除税费和清算费用，所得出的余额就是在清算过程中企业资产增值的部分。根据《企业所得税法》的规定，应当就该部分所得缴纳企业所得税。

4. 清算所得可以弥补以前年度亏损。这是因为，清算所得是尚未课税的隐形资产增值，如果企业在进入清算期间之前将有关资产出售，那么在总体所得不变的情况下，清算所得就会被提前转变为正常生产经营所得，因此清算所得应该和正常生产经营所得一样可以用于弥补以前年度亏损。

5. 投资方企业从被清算企业就剩余资产分得的部分，其中相当于从被清算企业累计未分配利润和累计盈余公积中应当分得的部分，应当确认为因股权投资关系从被投资单位税后利润中分配取得的投资所得，免予征收企业所得税；剩余资产减除上述股息所得后的余额，是企业的投资收回，应冲减投资计税成本；投资方获得的超过投资计税成本的部分，应确认为投资转让所得，反之则作为投资转让损失。

（三）案例分析

甲公司成立于2004年9月，实收资本1560万元。2024年9月30日根据公司章程期满，股东同意企业提前解散。股东会决议签署日期是2024年9月30日，并在当日成立清算组，企业准备清算。

2024年9月30日的资产负债相关项目情况如下：流动资产2271.56万元，非流动资产50.88万元，流动负债161.12万元，非流动负债为0，所有者权益2161.32万元（其中实收资本1560万元，本年利润总额87.4万元，未分配利润 513.92 万元）。此外：资产可变现金额为 2356.72 万元；资产计税基础为 2322.44 万元（假设计税基础与账面价值一致）；债务偿还金额为 76.36 万元（假设负债计税基础与负债账面价值一致）；清算费用合计 20 万元，清算过程中发生的相关税费为 6.8 万元。

甲公司 2024 年 12 月 20 日申请税务注销。假设职工的工资、社会保险费用和法定补偿金为 8 万元，以前年度欠税 30.6 万元。假设 2024 年没有其他纳税调整事项，甲公司按 25%税率计算缴纳企业所得税。

（1）计算 2024 年经营期应纳的企业所得税。

（2）计算清算期应纳的清算所得税。

（3）计算股东应确认的股息所得和投资转让所得（或损失）。

【分析】（1）经营期企业所得税的计算。

2024 年 1 月 1 日至 2024 年 9 月 30 日为经营期未满 12 个月的一个纳税年度，按规定进行经营期企业所得税汇算清缴。2024 年 1—9 月甲公司会计利润总额为 87.4 万元，企业应按规定进行该经营期的企业所得税汇算清缴，应缴纳企业所得税＝87.4×25%＝21.85（万元）。

（2）清算所得税的计算。

2024 年 9 月 30 日为清算期开始之日，2024 年 12 月 20 日申请税务注销，即清算期为 2024 年 9 月 30 日至 2024 年 12 月 20 日。

资产处置收益＝资产可收回金额－资产计税基础＝2356.72－2322.44＝34.28（万元）

债务清偿收益＝161.12－76.36＝84.76（万元）

清算费用合计 20 万元，清算过程中发生的相关税费为 6.8 万元，清算所得＝资产处置损益－清算费用－相关税费+（或者－）处理债务损益＝34.28－20－6.8+84.76＝92.24（万元）。

需要缴纳清算所得税＝92.24×25%＝23.06（万元）

（3）股息所得和投资转让所得的计算。

剩余资产＝资产可收回金额－清算费用－职工工资、社会保险费用、法定补偿金－相关税费－清算所得税－以前年度欠税－债务偿还金额＝2356.72－20－4－6.8－23.06－30.6－76.36＝2195.9（万元）

累计未分配利润和累计盈余公积（即股息所得）＝未分配利润+本年税

后利润+（清算所得-清算所得税）= 513.92+87.4-21.85+（92.24-23.06）= 648.65（万元）

剩余资产减去股息所得后的余额=2195.9-648.65=1547.25（万元）

股东投资成本为1560万元，股东投资成本投资转让所得=剩余资产-股息所得后的余额=1547.25-1560=-12.75（万元）。

股东应确认的股息所得为648.65万元；剩余资产减去股息所得后的余额小于股东投资成本，故该股东应确认的投资转让损失为12.75万元。

第四章　个人所得税

第一节　纳税人

一、居民个人和非居民个人区分

（一）政策规定

根据《中华人民共和国个人所得税法》（以下简称《个人所得税法》）第一条规定，在中国境内有住所，或者无住所而一个纳税年度内在中国境内居住累计满 183 天的个人，为居民个人。居民个人从中国境内和境外取得的所得，依照该法规定缴纳个人所得税。在中国境内无住所又不居住，或者无住所而一个纳税年度内在中国境内居住累计不满 183 天的个人，为非居民个人。非居民个人从中国境内取得的所得，依照该法规定缴纳个人所得税。纳税年度，自公历 1 月 1 日至 12 月 31 日。

（二）政策解读

个人所得税的纳税人是指取得所得的个人，《个人所得税法》将纳税人划分为居民个人和非居民个人，分别承担不同的纳税义务。居民个人和非居民个人的判定标准及纳税义务如表 4-1 所示。

（三）案例分析

美国居民杰克，于 2023 年 8 月 20 日来到中国，并于 2024 年 5 月 20 日离开中国。

（1）请问杰克在中国应该如何缴纳个人所得税？

表 4-1　　居民个人和非居民个人的判断标准及纳税义务明细

纳税人	判定标准	纳税义务
居民个人	两者满足其一： 1. 在中国境内有住所； 2. 在中国境内无住所而一个纳税年度内在中国境内居住满 183 天	无限纳税义务：就中国境内和境外取得的所得纳税
非居民个人	两者满足其一： 1. 在中国境内无住所又不居住； 2. 在中国境内无住所而一个纳税年度内在中国境内居住不满 183 天	有限纳税义务：就中国境内取得的所得纳税

注：我国对于居民身份的确定，采用的是“住所”和“居住时间”这两个标准；税收管辖权方面，我国同时实行居民税收管辖权和地域税收管辖权。对于居民身份的确认，国际上通行的标准有“住所”“居所”“居住时间”“国籍”这四种，而对于税收的管辖权，国际上有居民管辖权、公民管辖权和地域管辖权这三种。由于各国税法规定的居民纳税人身份判定标准不一致，当一个纳税人跨越国境从事国际经济活动时，就可能同时被两个国家认定为居民纳税人，造成居民税收管辖权冲突。通常，在双边协定中确定一种能被共同接受的规范来解决这一问题。

（2）假设杰克出于工作原因，推迟至 7 月 20 日才离开中国，他在中国又应该如何缴纳个人所得税？

【分析】居民个人和非居民个人的居住时间标准是一个纳税年度内的累计居住时间。纳税年度指自公历 1 月 1 日至 12 月 31 日。

（1）杰克于 2024 年 5 月 20 日离开中国，在 2023 年和 2024 年两个纳税年度都未居住满 183 天，判定杰克在该两个纳税年度均为中国的非居民个人，仅就来源于中国境内的所得按照我国税法规定缴纳个人所得税。

（2）假设杰克推迟至 2024 年 7 月 20 日才离开中国，2023 年他依然是非居民个人，仅就来源于中国境内的所得按照我国税法规定缴纳所得税。2024 年在中国共居住了 201 天，达到了一个纳税年度居住满 183 天的条件，属于中国的居民个人，他 2024 年来源于中国境内的所得和来源于中国境外的所得都需要按照我国税法规定缴纳个人所得税。

二、判定纳税人在中国境内有住所

（一）政策规定

根据《中华人民共和国个人所得税法实施条例》（以下简称《个人所得

税法实施条例》）第二条规定，《个人所得税法》所称在中国境内有住所，是指因户籍、家庭、经济利益关系而在中国境内习惯性居住。

（二）政策解读

纳税人在中国境内有住所，是指由于户籍、家庭、经济利益关系等原因，而在中国境内“习惯性居住”。在这一判定规则中，“户籍、家庭、经济利益关系”是判定有住所的原因条件，“习惯性居住”是判定有住所的结果条件。实践中，一般是根据纳税人“户籍、家庭、经济利益关系”等具体情况，综合判定是否属于“习惯性居住”这一状态。

“习惯性居住”，相当于定居的概念，指的是个人在较长时间内，相对稳定地在一地居住。出于学习、工作、探亲、旅游等原因虽然在境内居住，但这些原因消除后仍然准备回境外居住的，不属于在境内习惯性居住。因此，“有住所”并不等于“有房产”，也不等于实际居住。

判定纳税人在中国境内有住所的方法如图 4-1 所示。

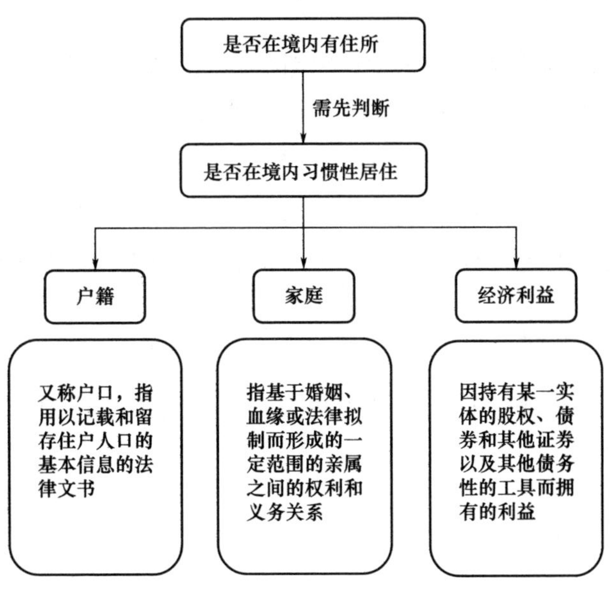

图 4-1　在中国境内有住所的判定

（三）案例分析

李先生为越南居民，因工作原因在防城港某公司任职。他每周一早上来防城港上班，周五晚上返回越南。李先生在防城港没有购买住房，其家庭和经济利益关系也主要在越南。请判断李先生在中国境内是否有住所。

【分析】根据《个人所得税法实施条例》第二条规定，判定纳税人在中国境内有无住所，主要是看其是否因户籍、家庭、经济利益关系而在中国境内习惯性居住。

在该案例中，李先生虽然因工作原因在防城港居住，但其家庭和经济利益关系主要在越南，且他每周都会返回越南。因此，可以判断李先生在中国境内没有习惯性居住地，因而评定李先生在中国境内无住所。

三、无住所个人一个纳税年度的境内累计居住天数计算

（一）政策规定

根据《财政部 税务总局关于在中国境内无住所的个人居住时间判定标准的公告》（财政部 税务总局公告 2019 年第 34 号）第二条规定，无住所个人一个纳税年度内在中国境内累计居住天数，按照个人在中国境内累计停留的天数计算。在中国境内停留的当天满 24 小时的，计入中国境内居住天数，在中国境内停留的当天不足 24 小时的，不计入中国境内居住天数。

（二）政策解读

无住所个人一个纳税年度的境内累计居住天数的计算方法如表 4-2 所示。

（三）案例分析

华梅为中国香港居民，在深圳工作，每周一早上来深圳上班，周五晚上回香港。请计算华梅当年在境内的累计居住天数是多少？

表 4-2　　无住所个人一个纳税年度内境内累计居住天数的计算

计算范围	计算要点	具体规定	用途
一个纳税年度（自公历 1 月 1 日至 12 月 31 日）	在中国境内累计停留的天数	在中国境内停留的当天满 24 小时的，计入中国境内居住天数	用于区分居民个人和非居民个人
		中国境内停留的当天不足 24 小时的，不计入中国境内居住天数	

注："无住所个人一个纳税年度的境内累计居住天数"须与"无住所个人境内工作天数"进行区分。

【分析】华梅周一和周五当天在深圳停留都不足 24 小时，因此不计入境内居住天数，周六、周日 2 天也不计入，每周可计入的天数仅为 3 天，按全年 52 周计算，华梅全年在境内居住天数为 156 天，未满 183 天。

四、区分境内所得和境外所得

（一）政策规定

1. 根据《个人所得税法实施条例》第二条、第三条规定，《个人所得税法》所称从中国境内和境外取得的所得，分别是指来源于中国境内的所得和来源于中国境外的所得。

除国务院财政、税务主管部门另有规定外，下列所得，不论支付地点是否在中国境内，均为来源于中国境内的所得：①因任职、受雇、履约等在中国境内提供劳务取得的所得；②将财产出租给承租人在中国境内使用而取得的所得；③许可各种特许权在中国境内使用而取得的所得；④转让中国境内的不动产等财产或者在中国境内转让其他财产取得的所得；⑤从中国境内企业、事业单位、其他组织以及居民个人取得的利息、股息、红利所得。

2. 根据《财政部 税务总局关于非居民个人和无住所居民个人有关个人所得税政策的公告》（财政部 税务总局公告 2019 年第 35 号）第一条第三项、第四项规定，对于担任境内居民企业的董事、监事及高层管理职务的个人，无论是否在境内履行职务，取得由境内居民企业支付或者负担的董事费、监事费、工资薪金或者其他类似报酬（包含数月奖金和股权激励），属于来源于境内的所得。该处所称高层管理职务包括企业正、副（总）经理、各职能总师、总监及其他类似公司管理层的职务。由境内企业、事业单位、其他组织支付或者负担的稿酬所得，为来源于境内的所得。

3. 根据《财政部 税务总局关于境外所得有关个人所得税政策的公告》（财政部 税务总局公告 2020 年第 3 号）第一条规定，下列所得，为来源于中国境外的所得：①因任职、受雇、履约等在中国境外提供劳务取得的所得；②中国境外企业以及其他组织支付且负担的稿酬所得；③许可各种特许权在中国境外使用而取得的所得；④在中国境外从事生产、经营活动而取得的与生产、经营活动相关的所得；⑤从中国境外企业、其他组织以及非居民个人取得的利息、股息、红利所得；⑥将财产出租给承租人在中国境外使用而取得的所得；⑦转让中国境外的不动产、转让对中国境外企业以及其他组织投资形成的股票、股权以及其他权益性资产（以下称权益性资产）或者在中国境外转让其他财产取得的所得。但转让对中国境外企业以及其他组织投资形成的权益性资产，该权益性资产被转让前 3 年（连续 36 个公历月份）内的任一时间，被投资企业或其他组织的资产公允价值 50%以上直接或间接来自位于中国境内的不动产的，取得的所得为来源于中国境内的所得；⑧中国境外企业、其他组织以及非居民个人支付且负担的偶然所得；⑨财政部、税务总局另有规定的，按照相关规定执行。

（二）政策解读

从中国境内和境外取得的所得，分别是指来源于中国境内的所得和来源于中国境外的所得。判断一项所得属于境内所得还是境外所得的方法如表 4-3 所示。

表 4-3　　　　区分境内所得、境外所得的方法

序号	所得项目	来源于境内所得	来源于境外所得
1	工资薪金所得	因任职、受雇、履约等在境内提供劳务	因任职、受雇、履约等在境外提供劳务
2	劳务报酬所得		

续表

序号	所得项目	来源于境内所得	来源于境外所得
3	稿酬所得	由境内企业、事业单位、其他组织支付或者负担	由境外企业以及其他组织支付且负担
4	特许权使用费所得	特许权在境内使用	特许权在境外使用
5	财产租赁所得	财产在境内使用	财产在境外使用
6	经营所得	在境内从事生产、经营活动	在境外从事生产、经营活动
7	财产转让所得（转让不动产）	不动产在中国境内	不动产在中国境外
8	财产转让所得（权益性资产）	权益性资产是对境内企业以及其他组织投资形成的	权益性资产是对境外企业以及其他组织投资形成的（若该权益性资产被转让前3年内的任一时间，被投资企业或其他组织的资产公允价值50%以上直接或间接来自位于中国境内的不动产的，取得的所得为来源于中国境内的所得）
9	财产转让所得（动产转让）	在中国境内转让	在中国境外转让
10	利息、股息、红利所得	从中国境内企业、事业单位、其他组织以及居民个人取得	从中国境外企业、其他组织以及非居民个人取得
11	偶然所得	境内企业、其他组织以及居民个人支付或负担	境外企业、其他组织以及非居民个人支付且负担

（三）案例分析

戴森是美国的一名技术研发人员，拥有自己的实验室，2024年他取得如下所得：

（1）出租自己在中国境内的房屋，取得租金20万元。

（2）在位于美国的实验室里为中国的一家公司提供研发的指导服务，取得服务费100万元。

（3）与中国境内一家公司签订协议，授权该公司在中国境内使用戴森自有的一项专利技术。按照协议，收到了该公司支付的200万元使用费。

（4）向日本人井田转让了其在中国一家公司的股权，取得收入 1000 万日元。

请判断上述所得是否属于来源于中国境内的所得。

【分析】（1）出租中国境内的房屋在中国境内使用，取得租金属于来源于中国境内的所得，需按照中国税法的规定缴纳个人所得税。

（2）戴森取得的服务费虽然是在中国境内支付的，但属于发生在美国的劳务，按照劳务发生地判断，该项所得属于中国境外所得，无须按照中国税法的规定缴纳个人所得税。

（3）该专利在中国境内使用，取得的特许权使用费属于来源于中国境内的所得，需按照中国税法的规定缴纳个人所得税。

（4）戴森向日本人转让的股权是其在中国境内的股权，取得所得属于来源于中国境内的所得，需按照中国税法的规定缴纳个人所得税。

五、无住所个人的个人所得税处理

（一）政策规定

1. 根据《个人所得税法实施条例》第四条、第五条规定，在中国境内无住所的个人，在中国境内居住累计满 183 天的年度连续不满六年的，经向主管税务机关备案，其来源于中国境外且由境外单位或者个人支付的所得，免予缴纳个人所得税；在中国境内居住累计满 183 天的任一年度中有一次离境超过 30 天的，其在中国境内居住累计满 183 天的年度的连续年限重新起算。

在中国境内无住所的个人，在一个纳税年度内在中国境内居住累计不超过 90 天的，其来源于中国境内的所得，由境外雇主支付并且不由该雇主在中国境内的机构、场所负担的部分，免予缴纳个人所得税。

2. 根据《财政部 税务总局关于在中国境内无住所的个人居住时间判定标准的公告》（财政部 税务总局公告 2019 年第 34 号，以下简称 2019 年第 34 号公告）第一条规定，无住所个人一个纳税年度在中国境内累计居住满 183 天的，如果此前 6 年在中国境内每年累计居住天数都满 183 天而且没有任何一年单次离境超过 30 天，该纳税年度来源于中国境内、境外所得应当缴纳个人所得税；如果此前 6 年的任一年在中国境内累计居住天数不满 183 天或者单次离境超过 30 天，该纳税年度来源于中国境外且由境外单位或者个人支付的所得，免予缴纳个人所得税。

上述所称此前 6 年，是指该纳税年度的前 1 年至前 6 年的连续 6 个年度，此前 6 年的起始年度自 2019 年（含）以后年度开始计算。

（二）政策解读

无住所个人是指在中国境内没有经常性居住地或者居住时间较短，且不具有中国境内户籍的个人。这种表述主要用在税务、移民等法律领域中，以区分居民个人和非居民个人，并据此确定不同的法律义务和权利。无住所个人征免个人所得税情况如表 4-4 所示。

表 4-4　　无住所个人征免个人所得税情况明细

纳税人	居住时间	境内所得		境外所得	
		境内支付	境外支付	境内支付	境外支付
非居民个人	不满 90 天	征收	工资薪金所得：免征。其他所得：征收	不征	不征
	满 90 天，不满 183 天	征收	征收	不征	不征
居民个人	满 183 天的年度连续不满 6 年	征收	征收	征收	免征
	满 183 天的年度连续满 6 年	征收	征收	征收	征收

注：在中国境内居住累计满 183 天的任一年度中有一次离境超过 30 天的，其在中国境内居住累计满 183 天的年度的连续年限重新起算。

连续居住满 6 年的年限从 2019 年 1 月 1 日起计算，2019 年之前的年限不再纳入计算范围。因此，2024 年（含）之前，所有无住所个人在境内居住年限都不满 6 年，其取得境外支付的境外所得都能享受免税优惠。

本表所列人员不包括高管。高管属于非居民个人的，境内支付的境外所得存在特殊规定。

（三）案例分析

张某是中国澳门居民，2014 年 1 月 1 日来广州工作，2026 年 9 月 30 日回到澳门工作，在此期间，除 2025 年 5 月 1 日至 6 月 15 日临时回澳门处理公务外，其余时间一直停留在广州。请分析张某在境内如何缴纳个人所得税。

【分析】（1）根据 2019 年第 34 号公告的规定，连续居住“满六年”的年限从 2019 年 1 月 1 日起计算，2019 年之前的年限不再纳入计算范围。因此，2019—2024 年，张某在境内居住累计满 183 天的年度连续不满 6 年，其取得的境外支付的境外所得，可免征个人所得税。

（2）2025 年，张某在境内居住满 183 天，从 2019 年开始计算，他在境内居住累计满 183 天的年度已经连续满 6 年（2019—2024 年），且这 6 年没有单次离境超过 30 天的情形，因此，2025 年，张某应就在境内和境外取得的所得缴纳个人所得税。

（3）2026 年，由于张某 2025 年有单次离境超过 30 天的情形（2025 年 5 月 1 日至 6 月 15 日），其在内地居住累计满 183 天的连续年限清零，重新起算，2026 年当年张某取得的境外支付的境外所得，可以免征个人所得税。

第二节　征税范围

一、个人所得税的征税范围

（一）政策规定

根据《个人所得税法》第二条规定，下列各项个人所得，应当缴纳个人所得税：①工资、薪金所得；②劳务报酬所得；③稿酬所得；④特许权使用费所得；⑤经营所得；⑥利息、股息、红利所得；⑦财产租赁所得；⑧财产转让所得；⑨偶然所得。

居民个人取得上述第①项至第④项所得（为综合所得），按纳税年度合并计算个人所得税；非居民个人取得上述第①项至第④项所得，按月或者按次分项计算个人所得税。纳税人取得上述第⑤项至第⑨项所得，依照《个人所得税法》规定分别计算个人所得税。

（二）政策解读

个人所得税的具体征收范围如表 4-5 所示。

表 4-5　　　　个人所得税的征收范围

序号	征收项目	具体范围
1	工资、薪金所得	个人因任职或者受雇取得的工资、薪金、奖金、年终加薪、劳动分红、津贴、补贴以及与任职或者受雇有关的其他所得
2	劳务报酬所得	个人从事劳务取得的所得，包括从事设计、装潢、安装、制图、化验、测试、医疗、法律、会计、咨询、讲学、翻译、审稿、书画、雕刻、影视、录音、录像、演出、表演、广告、展览、技术服务、介绍服务、经纪服务、代办服务以及其他劳务取得的所得
3	稿酬所得	个人因其作品以图书、报刊等形式出版、发表而取得的所得
4	特许权使用费所得	个人提供专利权、商标权、著作权、非专利技术以及其他特许权的使用权取得的所得；提供著作权的使用权取得的所得，不包括稿酬所得
5	经营所得	1. 个体工商户从事生产、经营活动取得的所得，个人独资企业投资人、合伙企业的个人合伙人来源于境内注册的个人独资企业、合伙企业生产、经营的所得
		2. 个人依法从事办学、医疗、咨询以及其他有偿服务活动取得的所得
		3. 个人对企业、事业单位承包经营、承租经营以及转包、转租取得的所得
		4. 个人从事其他生产、经营活动取得的所得
6	利息、股息、红利所得	个人拥有债权、股权等而取得的利息、股息、红利所得
7	财产租赁所得	个人出租不动产、机器设备、车船以及其他财产取得的所得
8	财产转让所得	个人转让有价证券、股权、合伙企业中的财产份额、不动产、机器设备、车船以及其他财产取得的所得
9	偶然所得	个人得奖、中奖、中彩以及其他偶然性质的所得。个人取得的所得，难以界定应纳税所得项目的，由国务院税务主管部门确定

（三）案例分析

张某是一名公司职员，同时利用业余时间写小说，2020 年 9 月他取得如下所得：

（1）公司发放的工资 10000 元、奖金 2000 元、交通补助 800 元，中秋节购物卡 1000 元。

（2）出版一本小说，收到稿酬 20000 元。

（3）将自己写的另一部小说手稿在国内公开拍卖，获得了 100000 元的收入。

（4）在自己汽车的车体上印刷了某家公司的广告语，收到该公司支付的 2000 元。

（5）将 100 万元人民币出借给朋友王某的公司，收到该公司支付的利息 5 万元。

（6）在某商场的宣传活动中获赠价值 1000 元的空气净化器。

请问张某 9 月取得的各项所得应如何缴纳个人所得税？

【分析】（1）张某取得的工资 10000 元、奖金 2000 元、交通补助 800 元以及商场购物卡 1000 元都是因任职或者受雇而获得的所得，应当按照"工资、薪金所得"缴纳个人所得税。

（2）张某出版小说的稿酬，按照"稿酬所得"缴纳个人所得税。

（3）根据《国家税务总局关于加强和规范个人取得拍卖收入征收个人所得税有关问题的通知》（国税发〔2007〕38 号）的规定，作者将自己的文字作品手稿原件或复印件拍卖取得的所得，按照"特许权使用费所得"项目缴纳个人所得税。因此 100000 元的拍卖收入应按照"特许权使用费所得"缴纳个人所得税。

（4）车体上印刷广告语的所得 2000 元，性质上属于有形动产的租赁所得，应当按照"财产租赁所得"缴纳个人所得税。

（5）张某获得的利息收入应该按照"利息、股息、红利所得"缴纳个人所得税。

（6）根据《财政部 税务总局关于个人取得有关收入适用个人所得税应税所得项目的公告》（财政部 税务总局公告 2019 年第 74 号）的相关规定，

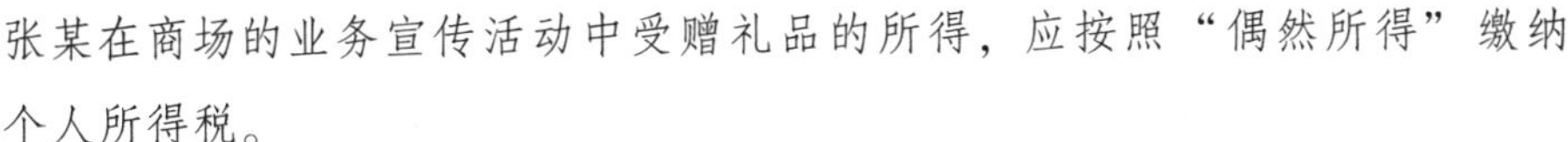
张某在商场的业务宣传活动中受赠礼品的所得，应按照“偶然所得”缴纳个人所得税。

二、个人取得的董事费、监事费的个人所得税处理

（一）政策规定

1. 根据《国家税务总局关于印发〈征收个人所得税若干问题的规定〉的通知》（国税发〔1994〕89 号）第八条规定，个人由于担任董事职务所取得的董事费收入，属于劳务报酬所得性质，按照“劳务报酬所得”征收个人所得税。

2. 根据《国家税务总局关于明确个人所得税若干政策执行问题的通知》（国税发〔2009〕121 号）第二条规定，董事费征税问题如下：①《国家税务总局关于印发〈征收个人所得税若干问题的规定〉的通知》（国税发〔1994〕89 号）第八条规定的董事费按“劳务报酬所得”项目征税方法，仅适用于个人担任公司董事、监事，且不在公司任职、受雇的情形；②个人在公司（包括关联公司）任职、受雇，同时兼任董事、监事的，应将董事费、监事费与个人工资收入合并，统一按“工资、薪金所得”项目缴纳个人所得税。

（二）政策解读

1.《国家税务总局关于印发〈征收个人所得税若干问题的规定〉的通知》（国税发〔1994〕89 号）第八条明确规定，个人由于担任董事职务所取得的董事费收入，属于劳务报酬所得，按照“劳务报酬所得”征收个人所得税。

2.《国家税务总局关于明确个人所得税若干政策执行问题的通知》（国税发〔2009〕121 号）进一步明确了董事费征税问题的具体执行办法。其中规定，《国家税务总局关于印发〈征收个人所得税若干问题的规定〉的通知》（国税发〔1994〕89 号）第八条规定的董事费按劳务报酬所得项目征税方法，仅适用于个人担任公司董事、监事，且不在公司任职、受雇的

情形。

对于个人在公司（包括关联公司）任职、受雇，同时兼任董事、监事的，应将董事费、监事费与个人工资收入合并，统一按“工资、薪金所得”项目缴纳个人所得税。

3. 个人取得董事费、监事费的征税问题如表4-6所示。

表4-6　董事费、监事费的个人所得税处理

序号	人员	任职受雇情况	收入	个人所得税处理
1	担任公司的董事、监事	非任职、受雇的	董事费、监事费	按“劳务报酬所得”计征
2		任职、受雇（包括关联公司）		与当月工资薪金合并按“工资、薪金所得”计征
3	外商投资企业的董事（长）	同时担任企业的直接管理职务	以董事费名义或分红形式取得收入的	主动申报从事企业日常管理工作每月应取得的工资、薪金收入额或由主管税务机关核定征收个人所得税

（三）案例分析

联华机械有限公司成立有董事会，定期召开董事会对重大事项进行表决，每月向董事会成员支付董事费。张华在公司担任总经理并兼任董事，李明为某高校教师兼任公司董事。请分析向张华、李明发放董事费的个人所得税处理。

【分析】（1）张华在公司担任总经理并兼任董事，属于受雇于联华机械有限公司，取得董事费收入与当月工资收入合并按“工资、薪金所得”计征个人所得税。

（2）李明为某高校教师，并不在公司担任管理职务，属于独立董事，应按“劳务报酬所得”计征个人所得税。

上述应纳税款由联华机械有限公司在支付环节代扣代缴。

三、作者创作文学作品的相关收入的个人所得税处理

（一）政策规定

1.《国家税务总局关于个人所得税若干业务问题的批复》（国税函〔2002〕146号）明确了关于报纸、杂志、出版等单位的职员在本单位的刊物上发表作品、出版图书取得所得征税的问题：①任职、受雇于报纸、杂志等单位的记者、编辑等专业人员，因在本单位的报纸、杂志上发表作品取得的所得，属于因任职、受雇而取得的所得，应与其当月工资收入合并，按“工资、薪金所得”征收个人所得税。除上述专业人员以外，其他人员在本单位的报纸、杂志上发表作品取得的所得，应按“稿酬所得”征收个人所得税。②出版社的专业作者撰写、编写或翻译的作品，由本社以图书形式出版而取得的稿费收入，应按“稿酬所得”项目计算缴纳个人所得税。

2. 根据《国家税务总局关于剧本使用费征收个人所得税问题的通知》（国税发〔2002〕52号）规定，对于剧本作者从电影、电视剧的制作单位取得的剧本使用费，不再区分剧本的使用方是否为其任职单位，统一按“特许权使用费所得”项目计征个人所得税。

3. 根据《国家税务总局关于印发〈征收个人所得税若干问题的规定〉的通知》（国税发〔1994〕89号）第五条规定，作者将自己的文字作品手稿原件或复印件公开拍卖（竞价）取得的所得，应按“特许权使用费所得”征收个人所得税。

（二）政策解读

作者创作文学作品的收入来源主要包括基本稿酬、版税、版权转让费等。基本稿酬是一种固定费用，通常指作者通过出版、发表作品的字数或篇数计算获得的一次性报酬；版税是作者根据图书的销售量获得的一定比例的收入，通常按照图书单价乘以销售量或印刷量再乘以版税率来计算；版权转让费是作者将作品的版权转让给出版社或影视公司，从而获得的一次性或分期的收入。基本稿酬、版税均属于“稿酬所得”，版权转让费用属于“特许

权使用费所得”。

个人创作文学作品取得的收入是否属于“稿酬所得”，还需根据个人身份及个人与支付单位之间是否存在雇佣关系进行判断。作者创作文学作品的相关收入的个人所得税处理的具体规定如表 4-7 所示。

表 4-7　　作者创作文学作品的相关收入个人所得税处理

<table>
<tr><th>序号</th><th>事项</th><th colspan="2">收入</th><th>个人所得税处理</th></tr>
<tr><td>1</td><td>以图书、报刊等形式出版、发表作品</td><td colspan="2">从出版社等单位取得的稿费</td><td>按“稿酬所得”计征</td></tr>
<tr><td>2</td><td>任职、受雇于报纸、杂志等单位的记者、编辑等专业人员</td><td colspan="2">在本单位的报纸、杂志上发表作品取得的所得</td><td>按“工资、薪金所得”计征</td></tr>
<tr><td>3</td><td>任职、受雇于报纸、杂志等单位的其他非专业人员</td><td colspan="2">在本单位的报纸、杂志上发表作品取得的所得</td><td>按“稿酬所得”计征</td></tr>
<tr><td>4</td><td>出版社的专业作者撰写、编写或翻译的作品</td><td colspan="2">由本社以图书形式出版而取得的稿费收入</td><td>按“稿酬所得”计征</td></tr>
<tr><td rowspan="2">5</td><td rowspan="2">网络平台发表文学作品</td><td rowspan="2">网络平台支付的报酬</td><td>任职受雇于网络平台</td><td>按“工资、薪金所得”计征</td></tr>
<tr><td>非任职受雇于网络平台</td><td>按“稿酬所得”计征</td></tr>
<tr><td>6</td><td>创作改编剧本用于影视拍摄</td><td colspan="2">从电影、电视剧的制作单位取得的剧本使用费</td><td>按“特许权使用费”计征</td></tr>
<tr><td>7</td><td>创作改编剧本作为文学创作而在书报杂志上出版、发表</td><td colspan="2">从杂志社等单位取得的稿费</td><td>按“稿酬所得”计征</td></tr>
<tr><td>8</td><td>作者将自己的文字作品手稿原件或复印件公开拍卖</td><td colspan="2">取得的拍卖收入</td><td>按“特许权使用费”计征</td></tr>
</table>

（三）案例分析

作家张先生于 2023 年出版了一部小说，并从出版社获得了 15 万元的收入，另在某杂志社发表文章取得报酬 1000 元。此外，张先生并未受雇于任何报纸、杂志或出版社，属于自由职业者。

请问张先生取得的15万元和1000元收入按哪个税目计征个人所得税？

【分析】张先生未受雇于任何报纸、杂志或出版社，属于自由职业者，因此，他以图书形式出版而取得的稿费收入15万元，按“稿酬所得”计征个人所得税。从杂志社等单位取得的收入1000元，属于稿酬，按“稿酬所得”计征个人所得税。

四、企业为个人支付的与生产经营无关的支出的个人所得税处理

（一）政策规定

《财政部 国家税务总局关于企业为个人购买房屋或其他财产征收个人所得税问题的批复》（财税〔2008〕83号）明确，根据《个人所得税法》和《财政部 国家税务总局关于规范个人投资者个人所得税征收管理的通知》（财税〔2003〕158号）的有关规定，符合以下情形的房屋或其他财产，不论所有权人是否将财产无偿或有偿交付企业使用，其实质均为企业对个人进行了实物性质的分配，应依法计征个人所得税。①企业出资购买房屋及其他财产，将所有权登记为投资者个人、投资者家庭成员或企业其他人员的；②企业投资者个人、投资者家庭成员或企业其他人员向企业借款用于购买房屋及其他财产，将所有权登记为投资者、投资者家庭成员或企业其他人员，且借款年度终了后未归还借款的。

对个人独资企业、合伙企业的个人投资者或其家庭成员取得的上述所得，视为企业对个人投资者的利润分配，按照“个体工商户的生产、经营所得”项目计征个人所得税；对除个人独资企业、合伙企业以外其他企业的个人投资者或其家庭成员取得的上述所得，视为企业对个人投资者的红利分配，按照“利息、股息、红利所得”项目计征个人所得税；对企业其他人员取得的上述所得，按照“工资、薪金所得”项目计征个人所得税。

（二）政策解读

企业用于个人消费的支出，通常指的是企业资金被用于支付与企业经营

无关的个人消费。这类支出在企业财务管理和税务处理上有着严格的规定。企业用于个人消费的支出，如购买个人物品、支付个人娱乐费用等，并不属于企业的正常经营支出。因此，这类支出在税务上通常不能作为企业的成本或费用进行扣除。

企业为个人购买房屋等与生产经营无关的支出，需区分不同情形适用征税项目，具体判断方法如表 4-8 所示。

表 4-8　　企业为个人支付的与生产经营无关支出征税项目

<table>
<tr><th>业务</th><th>企业性质</th><th>所得人与企业关系</th><th>所得项目</th></tr>
<tr><td rowspan="4">公司为个人购买房屋等财产，或借钱给个人购买且年度终了后未归还借款</td><td rowspan="2">个人独资企业、合伙企业</td><td>投资者或投资者的家庭成员</td><td>经营所得</td></tr>
<tr><td>企业其他人员</td><td>工资、薪金所得</td></tr>
<tr><td rowspan="2">其他企业</td><td>投资者或投资者的家庭成员</td><td>利息、股息、红利所得</td></tr>
<tr><td>企业其他人员</td><td>工资、薪金所得</td></tr>
</table>

（三）案例分析

2020 年 11 月，齐峰有限责任公司为两个股东王冰和李雄各购置房产一套，产权登记人分别为王冰、李雄的妻子吴芳。同时，该公司还为员工（非股东）张文购置小汽车一辆，产权所有人为张文。请问以上各项所得应如何缴纳个人所得税？

【分析】齐峰有限责任公司不属于个人独资企业和合伙企业，而房屋的产权登记人属于该公司的投资者或投资者的家庭成员，因此，公司为王冰和李雄购买的房屋应视为红利分配，按照“利息、股息、红利所得”缴纳个人所得税。

汽车的产权登记人张文为公司的普通员工，张文的所得属于因受雇或任职取得的，应该按照“工资、薪金所得”缴纳个人所得税。

上述应纳税款由齐峰有限责任公司在支付环节代扣代缴。

五、企业实行个人承包、承租经营的个人所得税处理

（一）政策规定

根据《国家税务总局关于个人对企事业单位实行承包经营、承租经营取得所得征税问题的通知》（国税发〔1994〕179号）规定，企业实行个人承包、承租经营后，如果工商登记①仍为企业的，不管其分配方式如何，均应先按照企业所得税的有关规定缴纳企业所得税。承包经营，承租经营者按照承包、承租经营合同（协议）规定取得的所得，依照《个人所得税法》的有关规定缴纳个人所得税，具体为：①承包、承租人对企业经营成果不拥有所有权，仅是按合同（协议）规定取得一定所得的，其所得按“工资、薪金所得”项目征税，适用5%—45%的九级超额累进税率（现行税率为3%—45%的七级超额累进税率）；②承包、承租人按合同（协议）的规定只向发包、出租方交纳一定费用后，企业经营成果归其所有的，承包、承租人取得的所得，按对企事业单位的承包经营、承租经营所得项目，适用5%—35%的五级超额累进税率征税。

企业实行个人承包、承租经营后，如工商登记②改变为个体工商户的，应依照个体工商户的生产、经营所得项目计征个人所得税，不再征收企业所得税。

企业实行承包经营、承租经营后，不能提供完整、准确的纳税资料，正确计算应纳税所得额的，由主管税务机关核定其应纳税所得额，并依据《税收征收管理法》的有关规定，自行确定征收方式。

（二）政策解读

1. 承包经营、承租经营所得，是指个人承包经营、承租经营以及转包、转租取得的所得，包括个人按月或者按次取得的工资、薪金性质的所得。这些所得需要按照《个人所得税法》的相关规定进行纳税。

---

① 编者注：现为市场主体登记。

② 编者注：现为市场主体登记。

2. 企业实行个人承包、承租经营形式较多，分配方式也不相同，应区分不同的情形来确定计征个人所得税的方法，具体情况如表 4-9 所示。

表 4-9 企业实行个人承包、承租经营不同形式下的个人所得税处理

实行个人承包、承租经营后的性质	对经营成果是否拥有所有权	征税项目	是否缴纳企业所得税
企业	否	工资、薪金所得	是
	是	经营所得	是
个体工商户	是	经营所得	否

（三）案例分析

2024 年 1 月 1 日，张某与其所在的事业单位签订承包经营合同，由张某负责经营招待所，并享有利润支配权。2024 年招待所实现承包经营净利润 200000 元（含张某工资），按合同规定张某每年应上缴承包费 50000 元。

假设不考虑其他因素，请计算张某 2024 年应缴纳的个人所得税。

【分析】张某承包招待所且享有利润支配权，对企事业单位的承包、承租经营所得，应按“经营所得”项目缴纳个人所得税。

张某应纳税所得额 = 200000 − 50000 − 60000 = 90000（元），应缴纳个人所得税 = 90000 × 10% − 1500 = 7500（元）。

六、个人取得股票股利的个人所得税处理

（一）政策规定

1. 根据《国家税务总局关于印发〈征收个人所得税若干问题的规定〉的通知》（国税发〔1994〕89 号）第十一条规定，股份制企业在分配股息、红利时，以股票形式向股东个人支付应得的股息、红利（即派发红股），应以派发红股的股票票面金额为收入额，按利息、股息、红利项目计征个人所得税。

2. 根据《国家税务总局关于股份制企业转增股本和派发红股征免个人所得税的通知》（国税发〔1997〕198 号）第二条规定，股份制企业用盈余公积金派发红股属于股息、红利性质的分配，对个人取得的红股数额，应作为个人所得征税。各地要严格按照《国家税务总局关于印发〈征收个人所得税若干问题的规定〉的通知》（国税发〔1994〕89 号）的有关规定执行，没有执行的要尽快纠正。派发红股的股份制企业作为支付所得的单位应按照税法规定履行扣缴义务。

3. 根据《财政部 国家税务总局关于个人股票期权所得征收个人所得税问题的通知》（财税〔2005〕35 号）第二条第四项规定，员工因拥有股权而参与企业税后利润分配取得的所得，应按照“利息、股息、红利所得”适用的规定计算缴纳个人所得税。

（二）政策解读

1. 股票股利亦称“股份股利”，是指股份公司以股份方式向股东支付的股利。采取股票股利时，通常由公司将股东应得的股利金额转入资本金，发行与此相等金额的新股票，按股东的持股比例进行分派。

2. 个人取得股票股利，按“利息、股息、红利所得”项目计征个人所得税，具体如表 4-10 所示。

表 4-10　　个人取得股票股利个人所得税处理

发放方式		情形	个人所得税处理
股份制企业	股票形式	以派发红股的股票票面金额为收入额	按“利息、股息、红利所得”征收
	盈余公积金	个人取得的红股数额，作为个人所得额	

（三）案例分析

张某于 2023 年 9 月购入齐峰上市公司股票，2024 年 5 月齐峰上市公司派发股利，张某获得该上市公司派发的红股 10000 股，2024 年 7 月将持有该上市公司的股票全部对外转让。红股票面价值为 1 元/股，派发当日股票市值 4 元/股。

请计算张某获得的红股应缴纳的个人所得税。

【分析】股份制企业在分配股息、红利时，以股票形式向股东个人支付应得的股息、红利，以派发红股的股票票面金额为收入额，按利息、股息、红利项目计征个人所得税。张某获得齐峰上市公司派发的红股，需要缴纳个人所得税。个人投资者从上市公司取得的持股期限在1个月以上至1年（含1年）的股息、红利所得，暂减按50%计入应纳税所得额，依照现行税法规定计征个人所得税。

张某应纳个人所得税税额 = 10000×1×50%×20% = 1000（元）

七、个人取得网络红包的个人所得税处理

（一）政策规定

1. 根据《财政部 税务总局关于个人取得有关收入适用个人所得税应税所得项目的公告》（财政部 税务总局公告2019年第74号）第三条规定，企业在业务宣传、广告等活动中，随机向本单位以外的个人赠送礼品（包括网络红包，下同），以及企业在年会、座谈会、庆典以及其他活动中向本单位以外的个人赠送礼品，个人取得的礼品收入，按照“偶然所得”项目计算缴纳个人所得税，但企业赠送的具有价格折扣或折让性质的消费券、代金券、抵用券、优惠券等礼品除外。

上述所称礼品收入的应纳税所得额按照《财政部 国家税务总局关于企业促销展业赠送礼品有关个人所得税问题的通知》（财税〔2011〕50号）第三条规定计算。

2.《财政部 国家税务总局关于企业促销展业赠送礼品有关个人所得税问题的通知》（财税〔2011〕50号）第三条规定，企业赠送的礼品是自产产品（服务）的，按该产品（服务）的市场销售价格确定个人的应税所得；是外购商品（服务）的，按该商品（服务）的实际购置价格确定个人的应税所得。

（二）政策解读

网络红包是指通过互联网平台，由发放者向特定对象派发的线上红包。

这些红包可以通过第三方支付工具进行派发，常见的形式包括现金红包、消费券、代金券等。网络红包不仅用于节日庆典和亲情维护，还成为企业和个人进行广告营销的重要工具，通过随机发放增加互动性和趣味性。

网络红包可以根据内容分为货币红包和实物红包。货币红包通常包含一定数额的现金，而实物红包则以代金券、优惠券等形式出现。按参与主体划分，网络红包可以分为企业对企业、企业对个人、个人对企业、个人对个人四种模式，其中最常见的模式是企业和个人之间的互动。

网络红包是否需缴纳个人所得税需区分不同的情况来确定，具体分析如表 4-11 所示。

表 4-11　　网络红包个人所得税征免情况分析

征免规定	具体情形	判断要点
按照“偶然所得”征税	1. 企业在业务宣传、广告等活动中，随机向本单位以外的个人赠送（不包括具有价格折扣或折让性质的消费券、代金券、抵用券、优惠券等礼品）	1. 非受雇关系 2. 可以提现，有直接所得
	2. 企业在年会、座谈会、庆典以及其他活动中向本单位以外的个人赠送（不包括具有价格折扣或折让性质的消费券、代金券、抵用券、优惠券等礼品）	
按照“工资、薪金所得”征税	企业给员工发放	因任职或者受雇取得
不征收	企业赠送，具有价格折扣或折让性质的消费券、代金券、抵用券、优惠券等礼品	不可以提现，无直接所得

（三）案例分析

2024 年“双十一”的促销活动中，华峰、华宇两家电商平台发起了如下的推广活动：

（1）华峰每个用户可以领取一张 30 元的红包，购买满 300 元可使用该红包；

（2）华宇的用户可随机抽奖，中奖者获得100元的网络红包，该红包可直接提现。

请问两个平台派发的网络红包是否需要扣缴个人所得税？

【分析】（1）华峰派发的网络红包具有价格折扣或折让性质。该红包不能提现，若客户未使用红包来购买物品，则该红包无效，客户没有取得直接所得，不属于偶然所得的范围，因此无须扣缴个人所得税。

（2）华宇的网络红包可以直接提现，有直接所得，属于偶然所得的范围，因此需要按照“偶然所得”扣缴个人所得税。

第三节　税率和应纳税所得额的确定

一、税率和预扣率的适用范围

（一）政策规定

1. 根据《个人所得税法》第三条规定，个人所得税的税率如下：①综合所得，适用3%—45%的超额累进税率；②经营所得，适用5%—35%的超额累进税率；③利息、股息、红利所得，财产租赁所得，财产转让所得和偶然所得，适用比例税率，税率为20%。

2. 根据《国家税务总局关于全面实施新个人所得税法若干征管衔接问题的公告》（国家税务总局公告2018年第56号）附件2《个人所得税税率表及预扣率表》，预扣率的具体内容见表4-16、表4-17。

（二）政策解读

1. 税率是指税法规定的应纳税额与课税对象之间的比例，是计算应纳税额的尺度。税率反映了征税的深度，体现了国家的税收政策。预扣率是指在个人所得税预扣预缴过程中，根据预扣预缴应纳税所得额所确定的适用税率。税率是税法规定的应纳税额与课税对象之间的比例，用于计算纳税人应缴纳的全部税款；而预扣率是在个人所得税预扣预缴过程中确定的适用税

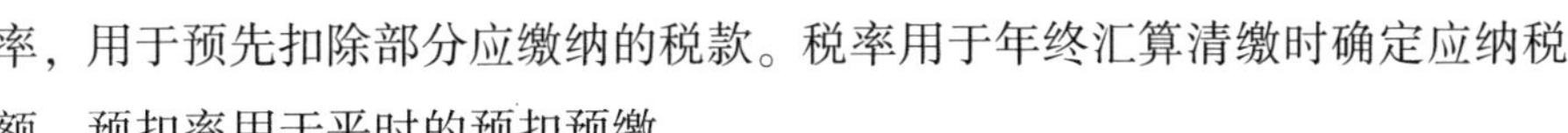

率，用于预先扣除部分应缴纳的税款。税率用于年终汇算清缴时确定应纳税额，预扣率用于平时的预扣预缴。

2. 个人所得税不同的征收项目适用不同的税率，具体情况如表 4-12 至表 4-17 所示。

表 4-12　　　　　　个人所得税税率汇总

序号	征收项目	税率		
		居民个人		非居民个人
		预扣预缴	汇算清缴	代扣代缴
1	工资、薪金所得	见表 4-16	综合所得，适用3%—45%的超额累计税率，见表 4-13	见表 4-15
2	劳务报酬所得	见表 4-17		
3	稿酬所得	20%的比例预扣率		
4	特许权使用费所得			
5	经营所得	5%—35%的超额累计税率，见表 4-14		
6	利息股息所得	20%的比例税率		
7	财产租赁所得			
8	财产转让所得			
9	偶然所得			

表 4-13　　　　　　个人所得税税率表一

（居民个人综合所得适用）

级数	全年应纳税所得额	税率（%）	速算扣除数
1	不超过 36000 元的	3	0
2	超过 36000 元至 144000 元的部分	10	2520
3	超过 144000 元至 300000 元的部分	20	16920
4	超过 300000 元至 420000 元的部分	25	31920
5	超过 420000 元至 660000 元的部分	30	52920
6	超过 660000 元至 960000 元的部分	35	85920
7	超过 960000 元的部分	45	181920

注：①本表所称全年应纳税所得额是指依照《个人所得税法》第六条的规定，居民个人取得综合所得以每一纳税年度收入额减除费用 6 万元以及专项扣除、专项附加扣除和依法确定的其他扣除后的余额。

②非居民个人取得工资、薪金所得，劳务报酬所得，稿酬所得和特许权使用费所得，依照本表按月换算后计算应纳税额。

表 4-14　　　　　　　　　　个人所得税税率表二

（经营所得适用）

级数	全年应纳税所得额	税率（%）	速算扣除数
1	不超过 30000 元的	5	0
2	超过 30000 元至 90000 元的部分	10	1500
3	超过 90000 元至 300000 元的部分	20	10500
4	超过 300000 元至 500000 元的部分	30	40500
5	超过 500000 元的部分	35	65500

注：本表所称全年应纳税所得额，是指依照《个人所得税法》第六条的规定，以每一纳税年度的收入总额减除成本、费用以及损失后的余额。

表 4-15　　　　　　　　　　个人所得税税率表三

（非居民个人的工资、薪金所得，劳务报酬所得，稿酬所得，特许权使用费所得适用）

级数	全月应纳税所得额	税率（%）	速算扣除数
1	不超过 3000 元的	3	0
2	超过 3000 元至 12000 元的部分	10	210
3	超过 12000 元至 25000 元的部分	20	1410
4	超过 25000 元至 35000 元的部分	25	2660
5	超过 35000 元至 55000 元的部分	30	4410
6	超过 55000 元至 80000 元的部分	35	7160
7	超过 80000 元的部分	45	15160

表 4-16　　　　　　　　　　个人所得税预扣率表一

（居民个人工资、薪金所得预扣预缴适用）

级数	累计预扣预缴应纳税所得额	预扣率（%）	速算扣除数
1	不超过 36000 元的	3	0
2	超过 36000 元至 144000 元的部分	10	2520
3	超过 144000 元至 300000 元的部分	20	16920
4	超过 300000 元至 420000 元的部分	25	31920
5	超过 420000 元至 660000 元的部分	30	52920
6	超过 660000 元至 960000 元的部分	35	85920
7	超过 960000 元的部分	45	181920

表 4-17　　个人所得税预扣率表二

（居民个人劳务报酬所得预扣预缴适用）

级数	预扣预缴应纳税所得额	预扣率（%）	速算扣除数
1	不超过 20000 元的	20	0
2	超过 20000 元至 50000 元的部分	30	2000
3	超过 50000 元的部分	40	7000

（三）案例分析

中国居民个人张某 2024 年取得如下所得：

（1）取得任职的齐峰公司发放的全年工资 200000 元，按照国家规定的标准缴纳了三险一金 30000 元，另有符合条件的专项附加扣除 20000 元。

（2）2 月收到 A 公司支付的设计费 5000 元。

（3）3 月收到出版社支付的稿酬 40000 元。

（4）提供著作权的使用权给天成出版社，5 月取得一次性收入 100000 元。

（5）从其 2020 年投资的诚悦有限合伙企业按照约定比例分得经营所得 250000 元。

（6）7 月，将 100 万元出借给朋友华梅的公司，收到该公司支付的借款利息 50000 元。

（7）9 月，转让其在青岛的一套住房，转让收入 2000000 元，该房屋的购置价格 1000000 元，转让时支付合理费用 50000 元（不属于免征个人所得税的情形）。

（8）10 月，在某商场的宣传活动中获赠价值 2000 元的跑步机。

（9）将自有的商铺出租给他人使用，12 月收取当月租金 5000 元（不含增值税）。

请问张某的各项所得适用的税率是多少？

【分析】（1）全年综合所得适用七级超额累计税率。

（2）全年经营所得适用五级超额累计税率。

（3）7 月利息收入适用 20%的比例税率。

（4）9 月房屋转让所得适用 20%的比例税率。

（5）10月偶然所得适用20%的比例税率。

（6）12月房屋租赁所得适用20%的比例税率。

二、各项所得应纳税所得额的计算

（一）政策规定

1. 根据《个人所得税法》第六条规定，应纳税所得额的计算如下：

（1）居民个人的综合所得，以每一纳税年度的收入额减除费用6万元以及专项扣除、专项附加扣除和依法确定的其他扣除后的余额，为应纳税所得额。

（2）非居民个人的工资、薪金所得，以每月收入额减除费用5000元后的余额为应纳税所得额；劳务报酬所得、稿酬所得、特许权使用费所得，以每次收入额为应纳税所得额。

（3）经营所得，以每一纳税年度的收入总额减除成本、费用以及损失后的余额，为应纳税所得额。

（4）财产租赁所得，每次收入不超过4000元的，减除费用800元；4000元以上的，减除20%的费用，其余额为应纳税所得额。

（5）财产转让所得，以转让财产的收入额减除财产原值和合理费用后的余额，为应纳税所得额。

（6）利息、股息、红利所得和偶然所得，以每次收入额为应纳税所得额。

劳务报酬所得、稿酬所得、特许权使用费所得以收入减除20%的费用后的余额为收入额。稿酬所得的收入额减按70%计算。

个人将其所得对教育、扶贫、济困等公益慈善事业进行捐赠，捐赠额未超过纳税人申报的应纳税所得额30%的部分，可以从其应纳税所得额中扣除；国务院规定对公益慈善事业捐赠实行全额税前扣除的，从其规定。

上述第（1）点规定的专项扣除，包括居民个人按照国家规定的范围和标准缴纳的基本养老保险、基本医疗保险、失业保险等社会保险费和住房公积金等；专项附加扣除，包括子女教育、继续教育、大病医疗、住房贷款利息或者住房租金、赡养老人等支出[①]，具体范围、标准和实施步骤由国务院确定，并报全国人民代表大会常务委员会备案。

2. 根据《个人所得税法实施条例》第十三条规定，《个人所得税法》第六条第一款第一项所称依法确定的其他扣除，包括个人缴付符合国家规定的企业年金、职业年金，个人购买符合国家规定的商业健康保险、税收递延型商业养老保险的支出，以及国务院规定可以扣除的其他项目。

专项扣除、专项附加扣除和依法确定的其他扣除，以居民个人一个纳税年度的应纳税所得额为限额；一个纳税年度扣除不完的，不结转以后年度扣除。

3. 根据《个人所得税法实施条例》第十五条规定，《个人所得税法》第六条第一款第三项所称成本、费用，是指生产、经营活动中发生的各项直接支出和分配计入成本的间接费用以及销售费用、管理费用、财务费用；所称损失，是指生产、经营活动中发生的固定资产和存货的盘亏、毁损、报废损失，转让财产损失，坏账损失，自然灾害等不可抗力因素造成的损失以及其他损失。

取得经营所得的个人，没有综合所得的，计算其每一纳税年度的应纳税所得额时，应当减除费用6万元、专项扣除、专项附加扣除以及依法确定的其他扣除。专项附加扣除在办理汇算清缴时减除。

从事生产、经营活动，未提供完整、准确的纳税资料，不能正确计算应纳税所得额的，由主管税务机关核定应纳税所得额或者应纳税额。

4. 根据《个人所得税法实施条例》第十六条规定，《个人所得税法》第六条第一款第五项规定的财产原值，按照下列方法确定：

（1）有价证券，为买入价以及买入时按照规定交纳的有关费用；

（2）建筑物，为建造费或者购进价格以及其他有关费用；

（3）土地使用权，为取得土地使用权所支付的金额、开发土地的费用以及其他有关费用；

（4）机器设备、车船，为购进价格、运输费、安装费以及其他有关费用。

---

① 从2022年1月1日起，增加“3岁以下婴幼儿照护”专项附加扣除。

其他财产，参照上述规定的方法确定财产原值。

纳税人未提供完整、准确的财产原值凭证，不能按照上述规定的方法确定财产原值的，由主管税务机关核定财产原值。

《个人所得税法》第六条第一款第五项所称合理费用，是指卖出财产时按照规定支付的有关税费。

5. 根据《个人所得税法》第十七条规定，财产转让所得，按照一次转让财产的收入额减除财产原值和合理费用后的余额计算纳税。

（二）政策解读

个人所得税应纳税所得额是指《个人所得税法》规定的各项所得，经过一定的扣除和调整后，用于计算个人所得税的基数金额。《个人所得税法》中，不同征收项目、不同纳税人应纳税所得额的计算方法不同，具体情况如表 4-18 所示。

表 4-18　应纳税所得额的计算方法

<table>
<tr><th rowspan="3">序号</th><th rowspan="3">征收项目</th><th colspan="4">应纳税所得额的计算</th></tr>
<tr><th colspan="3">居民个人</th><th rowspan="2">非居民个人</th></tr>
<tr><th colspan="2">预缴</th><th>汇算清缴</th></tr>
<tr><td>1</td><td>工资、薪金所得</td><td colspan="2">累计收入-累计免税收入-累计减除费用-累计专项扣除-累计专项附加扣除-累计依法确定的其他扣除-准予扣除的捐赠额</td><td rowspan="7">工资薪金所得收入+劳务报酬所得收入×（1-20%）+稿酬所得收入×（1-20%）×70%+特许权使用费所得收入×（1-20%）-免税收入-减除费用 60000 元-专项扣除-专项附加扣除-依法确定的其他扣除</td><td>收入减除费用 5000 元-准予扣除的捐赠额</td></tr>
<tr><td rowspan="2">2</td><td rowspan="2">劳务报酬所得</td><td>每次收入≤4000 元</td><td>收入-800</td><td rowspan="2">收入×（1-20%）-准予扣除的捐赠额</td></tr>
<tr><td>每次收入>4000 元</td><td>收入×（1-20%）</td></tr>
<tr><td rowspan="2">3</td><td rowspan="2">稿酬所得</td><td>每次收入≤4000 元</td><td>（收入-800）×70%</td><td rowspan="2">收入×（1-20%）×70%-准予扣除的捐赠额</td></tr>
<tr><td>每次收入>4000 元</td><td>收入×（1-20%）×70%</td></tr>
<tr><td rowspan="2">4</td><td rowspan="2">特许权使用费所得</td><td>每次收入≤4000 元</td><td>收入-800</td><td rowspan="2">收入×（1-20%）-准予扣除的捐赠额</td></tr>
<tr><td>每次收入>4000 元</td><td>收入×（1-20%）</td></tr>
</table>

续表

<table>
<tr><td rowspan="3">序号</td><td rowspan="3">征收项目</td><td colspan="4">应纳税所得额的计算</td></tr>
<tr><td colspan="3">居民个人</td><td rowspan="2">非居民个人</td></tr>
<tr><td colspan="2">预缴</td><td>汇算清缴</td></tr>
<tr><td rowspan="2">5</td><td rowspan="2">经营所得</td><td>有综合所得</td><td colspan="3">（收入总额－成本－费用－损失）×分配比例－准予扣除的捐赠额</td></tr>
<tr><td>无综合所得</td><td colspan="3">（收入总额－成本－费用－损失）×分配比例－减除费用60000元－专项扣除－专项附加扣除－依法确定的其他扣除－准予扣除的捐赠额</td></tr>
<tr><td>6</td><td>利息、股息、红利所得</td><td colspan="4">每次收入额－准予扣除的捐赠额</td></tr>
<tr><td rowspan="2">7</td><td rowspan="2">财产租赁所得</td><td>每次收入≤4000元</td><td colspan="3">每月收入－800</td></tr>
<tr><td>每次收入>4000元</td><td colspan="3">每月收入×（1－20%）</td></tr>
<tr><td>8</td><td>财产转让所得</td><td colspan="4">转让财产收入总额－财产原值－合理税费－准予扣除的捐赠额</td></tr>
<tr><td>9</td><td>偶然所得</td><td colspan="4">每次收入额－准予扣除的捐赠额</td></tr>
</table>

（三）案例分析

中国居民张某2024年取得如下所得：

（1）取得任职的齐峰公司发放的全年工资200000元，公司已按照国家规定的标准缴纳了三险一金30000元，另有符合条件的专项附加扣除20000元。

（2）2月收到A公司支付的设计费5000元。

（3）3月收到了出版社支付的稿酬40000元。

（4）提供著作权的使用权给天成出版社，5月取得一次性收入100000元。

（5）从其2020年投资的诚悦有限合伙企业按照约定比例分得经营所得250000元。

（6）7月，将100万元出借给朋友华梅的公司，收到该公司支付的借款利息 50000 元。

(7) 9 月，转让其在青岛的一套住房，转让收入 2000000 元，该房屋的购置价格为 1000000 元，转让时支付合理费用 50000 元（不属于免征个人所得税的情形）。

(8) 10 月，在某商场的宣传活动中获赠价值 2000 元的跑步机。

(9) 将自有的商铺出租给他人使用，12 月收取当月租金 5000 元（不含增值税）。

假设不考虑其他税费，张某选择在综合所得中扣除基本减除费用、专项扣除和专项附加扣除等费用。请计算张某的各项所得对应的应纳税所得额。

【分析】(1) 全年综合所得应纳税所得额的计算。

工资、薪金所得的年收入额为 200000 元。

劳务报酬所得的年收入额 = 5000×（1-20%）= 4000（元）

稿酬所得的年收入额 = 40000×（1-20%）×70% = 22400（元）

特许权使用费所得的年收入额 = 100000×（1-20%）= 80000（元）

综合所得年应纳税所得额 =（200000 + 4000 + 22400 + 80000）- 60000 - 30000 - 20000 = 196400（元）

(2) 全年经营所得应纳税所得额的计算。

合伙企业的经营所得按照“先分后税”的原则计算纳税。张某分得经营所得 250000 元，由于张某有综合所得，且已经选择在综合所得中扣除基础减除费用、专项扣除、专项附加扣除，因此张某的经营所得应纳税所得额即为 250000 元。

(3) 7 月利息收入应纳税所得额的计算。

利息、股息、红利所得应纳税所得额 = 50000（元）

(4) 9 月房屋转让所得个人的所得税的计算。

财产转让所得应纳税所得额 = 2000000 - 1000000 - 50000 = 950000（元）

(5) 10 月偶然所得应纳税所得额的计算。

偶然所得应纳税所得额 = 2000（元）

(6) 12 月房屋租赁所得应纳税所得额的计算。

财产租赁收入额超过 4000 元，可扣除 20%的费用。

财产租赁所得应纳税所得额 = 5000×（1-20%）= 4000（元）

三、劳务报酬等所得的“一次”收入的确定

(一) 政策规定

1. 根据《个人所得税法实施条例》第十四条规定,《个人所得税法》第六条第一款第二项、第四项、第六项所称每次，分别按照下列方法确定:

（1）劳务报酬所得、稿酬所得、特许权使用费所得，属于一次性收入的，以取得该项收入为一次；属于同一项目连续性收入的，以一个月内取得的收入为一次。

（2）财产租赁所得，以一个月内取得的收入为一次。

（3）利息、股息、红利所得，以支付利息、股息、红利时取得的收入为一次。

（4）偶然所得，以每次取得该项收入为一次。

2. 根据《国家税务总局关于个人所得税偷税案件查处中有关问题的补充通知》(国税函〔1996〕602 号）第四条规定,《个人所得税法实施条例》第二十一条[①]规定“属于同一项目连续性收入的，以一个月内取得的收入为一次”，考虑属地管辖与时间划定有交叉的特殊情况，统一规定以县（含县级市、区）为一地，其管辖内的一个月内的劳务服务为一次；当月跨县地域的，则应分别计算。

3. 根据《国家税务总局关于印发〈征收个人所得税若干问题的规定〉的通知》(国税发〔1994〕89 号）第四条规定：①个人每次以图书、报刊方式出版，发表同一作品（文字作品、书画作品、摄影作品以及其他作品)，不论出版单位是预付还是分笔支付稿酬，或者加印该作品后再付稿酬，均应合并其稿酬所得按一次计征个人所得税。在两处或两处以上出版，发表或再版同一作品而取得稿酬所得，则可分别各处取得的所得或再版所得按分次所得计征个人所得税。②个人的同一作品在报刊上连载，应合并其因连载而取得的所有稿酬所得为一次，按税法规定计征个人所得税。在其连载之后

① 编者注：现为《个人所得税法实施条例》第三次修订后的第十四条。

又出书取得稿酬所得，或先出书后连载取得稿酬所得，应视同再版稿酬分次计征个人所得税。

（二）政策解读

“一次”收入通常指的是个人或企业在一次性提供劳务服务后所获得的报酬，这种收入的特点是一次性结清，不涉及后续的收入分期。对于“一次”收入，其应纳税所得额的计算以每次收入额为基数。劳务报酬所得、稿酬所得“一次”收入的准确界定是正确计算应纳税额的前提条件。具体界定方法如表 4-19 所示。

表 4-19　“一次”收入的界定

<table>
<tr><th rowspan="2">序号</th><th rowspan="2">征收项目</th><th colspan="2">界定</th></tr>
<tr><th>基本规定</th><th>特殊规定</th></tr>
<tr><td>1</td><td>劳务报酬所得</td><td>属于一次性收入的，以取得该项收入为一次；属于同一项目连续性收入的，以一个月内取得的收入为一次</td><td>同一连续项目，同一县（含县级市、区）一个月内取得收入为一次，跨县地域的分别计算</td></tr>
<tr><td rowspan="4">2</td><td rowspan="4">稿酬所得</td><td rowspan="4">属于一次性收入的，以取得该项收入为一次；属于同一项目连续性收入的，以一个月内取得的收入为一次</td><td>同一作品，预付或分笔支付稿酬，或加印该作品后再付稿酬，合并为一次计征</td></tr>
<tr><td>不同处取得的所得或再版所得分次计征</td></tr>
<tr><td>同一作品连载，合并所有稿酬所得一次计征</td></tr>
<tr><td>连载后又出书取得稿酬，或先出书后连载取得稿酬，视同再版稿酬分次计征</td></tr>
<tr><td>3</td><td>特许权使用费所得</td><td colspan="2">属于一次性收入的，以取得该项收入为一次；属于同一项目连续性收入的，以一个月内取得的收入为一次</td></tr>
<tr><td>4</td><td>利息、股息、红利所得</td><td colspan="2">以支付利息、股息、红利时取得的收入为一次</td></tr>
<tr><td>5</td><td>财产租赁所得</td><td colspan="2">以一个月内取得的收入为一次</td></tr>
<tr><td>6</td><td>偶然所得</td><td colspan="2">以每次取得该项收入为一次</td></tr>
</table>

（三）案例分析

中国居民李雄是一名税务讲师，同时兼职写小说，2023 年 9 月、10 月收到如下所得：

（1）9月和10月为A公司就同一主题进行了4场培训。9月先后两次取得培训收入20000元、30000元。10月先后两次取得培训收入10000元、20000元。

（2）9月从齐峰公司取得培训收入10000元。

（3）9月在一家报刊上连载小说，先后取得收入2000元和5000元。

（4）10月从A公司取得专利权的使用费30000元。

请问李雄9月、10月所得如何缴纳个人所得税？

【分析】（1）李雄9月取得各项所得个人所得税的计算。

从A公司取得的培训收入，属于同一项目连续性的收入，以一个月内取得的收入为一次。9月两次取得的培训收入为一次劳务报酬所得，即：20000+30000=50000（元）。应缴纳个人所得税=50000×（1-20%）×30%-2000=10000（元）。

自齐峰公司取得的培训收入10000元为另一次劳务报酬所得，应缴纳个人所得税=10000×（1-20%）×20%=1600（元）。

9月取得连载小说的稿费属于同一项目的连续性收入，以一个月内取得的收入为一次，即：稿酬所得=2000+5000=7000（元），应缴纳个人所得税=7000×（1-20%）×70%×20%=784（元）。

（2）李雄10月取得各项所得个人所得税的计算。

10月两次自A公司取得的培训收入计算为一次劳务报酬所得，即：10000+20000=30000（元），应缴纳个人所得税=30000×（1-20%）×30%-2000=5200（元）。

从A公司取得的特许权使用费收入30000元，应缴纳个人所得税=30000×（1-20%）×20%=4800（元）。

四、个人取得非货币形式所得的个人所得税处理

（一）政策规定

根据《个人所得税法实施条例》第八条规定，个人所得的形式，包括

现金、实物、有价证券和其他形式的经济利益；所得为实物的，应当按照取得的凭证上所注明的价格计算应纳税所得额，无凭证的实物或者凭证上所注明的价格明显偏低的，参照市场价格核定应纳税所得额；所得为有价证券的，根据票面价格和市场价格核定应纳税所得额；所得为其他形式的经济利益的，参照市场价格核定应纳税所得额。

（二）政策解读

个人取得非货币形式所得所得额的确定方式如表 4-20 所示。

表 4-20　　非货币形式所得所得额的确定方式

所得形式	所得额确定方式	
实物	有凭证	按照凭证注明的价格
	无凭证或凭证上注明的价格明显偏低	参照市场价格核定
有价证券	根据票面价格和市场价格核定	
其他形式的经济利益	参照市场价格核定	

注：关于如何确认是否属于价格明显偏低，税法上无明确的标准，参考《最高人民法院关于印发〈全国法院贯彻实施民法典工作会议纪要〉的通知》（法〔2021〕94 号）第九条的规定，转让价格达不到交易时交易地的指导价或者市场交易价 70%的，一般可以视为明显不合理的低价。

（三）案例分析

2024 年 10 月张某获赠一套房屋，赠与人是张某曾经帮助过的朋友。该房屋的市场价格为 105 万元，赠与合同上注明的房产价值为 100 万元，赠与过程中张某支付相关税费 5 万元。假定不考虑其他税费。

请问张某受赠房屋如何计缴个人所得税？

【分析】 根据《财政部 税务总局关于个人取得有关收入适用个人所得税应税所得项目的公告》（财政部 税务总局公告 2019 年第 74 号）第二条的规定：房屋产权所有人将房屋产权无偿赠与他人的，受赠人因无偿受赠房屋取得的受赠收入，按照“偶然所得”项目计算缴纳个人所得税。按照《财政部 国家税务总局关于个人无偿受赠房屋有关个人所得税问题的通知》（财税

〔2009〕78号）第一条规定，符合以下情形的，对当事双方不征收个人所得税：①房屋产权所有人将房屋产权无偿赠与配偶、父母、子女、祖父母、外祖父母、孙子女、外孙子女、兄弟姐妹；②房屋产权所有人将房屋产权无偿赠与对其承担直接抚养或者赡养义务的抚养人或者赡养人；③房屋产权所有人死亡，依法取得房屋产权的法定继承人、遗嘱继承人或者受遗赠人。

张某的受赠收入应该按照“偶然所得”计算缴纳个人所得税。

根据《财政部 国家税务总局关于个人无偿受赠房屋有关个人所得税问题的通知》（财税〔2009〕78号）第五条的规定，受赠收入的应纳税所得额，为房地产赠与合同上标明的赠与房屋价值减除赠与过程中受赠人支付的相关税费后的余额。赠与合同标明的房屋价值明显低于市场价格或房地产赠与合同未标明赠与房屋价值的，税务机关可依据受赠房屋的市场评估价格或采取其他合理方式确定受赠人的应纳税所得额。

本例中合同上注明的房产价值占该房屋的市场价格比例=100÷105×100%=95.24%，未低于70%，故采用凭证上注明的房屋价值来计算应纳税所得额。

应纳税所得额=合同上注明的房产价值-受赠人支付的相关税费=100-5=95（万元）

应缴纳个人所得税=95×20%=19（万元）

五、个人所得税的扣除项目

（一）政策规定

1. 根据《个人所得税法》第六条第一款第一项、第三款、第四款规定，居民个人的综合所得，以每一纳税年度的收入额减除费用6万元以及专项扣除、专项附加扣除和依法确定的其他扣除后的余额，为应纳税所得额。

个人将其所得对教育、扶贫、济困等公益慈善事业进行捐赠，捐赠额未超过纳税人申报的应纳税所得额30%的部分，可以从其应纳税所得额中扣除；国务院规定对公益慈善事业捐赠实行全额税前扣除的，从其规定。

《个人所得税法》第六条第一款第一项规定的专项扣除，包括居民个人按照国家规定的范围和标准缴纳的基本养老保险、基本医疗保险、失业保险等社会保险费和住房公积金等；专项附加扣除，包括子女教育、继续教育、大病医疗、住房贷款利息或者住房租金、赡养老人等支出，具体范围、标准和实施步骤由国务院确定，并报全国人民代表大会常务委员会备案。

2. 根据《个人所得税法实施条例》第十三条、第十五条规定，《个人所得税法》第六条第一款第一项所称依法确定的其他扣除，包括个人缴付符合国家规定的企业年金、职业年金，个人购买符合国家规定的商业健康保险、税收递延型商业养老保险的支出，以及国务院规定可以扣除的其他项目。

专项扣除、专项附加扣除和依法确定的其他扣除，以居民个人一个纳税年度的应纳税所得额为限额；一个纳税年度扣除不完的，不结转以后年度扣除。

《个人所得税法》第六条第一款第三项所称成本、费用，是指生产、经营活动中发生的各项直接支出和分配计入成本的间接费用以及销售费用、管理费用、财务费用；所称损失，是指生产、经营活动中发生的固定资产和存货的盘亏、毁损、报废损失，转让财产损失，坏账损失，自然灾害等不可抗力因素造成的损失以及其他损失。

取得经营所得的个人，没有综合所得的，计算其每一纳税年度的应纳税所得额时，应当减除费用 6 万元、专项扣除、专项附加扣除以及依法确定的其他扣除。专项附加扣除在办理汇算清缴时减除。

从事生产、经营活动，未提供完整、准确的纳税资料，不能正确计算应纳税所得额的，由主管税务机关核定应纳税所得额或者应纳税额。

（二）政策解读

个人所得税的扣除项目汇总如表 4-21 所示。

表 4-21　　个人所得税的扣除项目汇总

扣除项目		扣除项目简介	相关文件	适用征收项目	其他规定
基本减除费用		为维持基本生计而发生的支出（每年 6 万元）	《个人所得税法》	综合所得 经营所得	以居民个人一个纳税年度的应纳税所得额为限，一个纳税年度扣除不完的，不结转以后年度扣除
专项扣除	基本养老保险费	国家建立的社会保险制度个人负担部分	《个人所得税法》；《个人所得税法实施条例》；财税〔2006〕10 号		
	基本医疗保险费				
	失业保险费				
	住房公积金	个人缴存的长期住房储金			
专项附加扣除	3 岁以下婴幼儿照护	3 岁以下婴幼儿照护费用	国发〔2018〕41 号；国家税务总局公告 2018 年第 60 号；国发〔2022〕8 号		
	子女教育	子女接受全日制学历教育和学前教育			
	继续教育	学历教育、职业资格教育			
	大病医疗	与基本医保相关的医药费用			
	住房贷款利息	本人或其配偶购买中国境内住房，发生的首套住房贷款利息			
	住房租金	在主要工作城市没有自有住房而发生的住房租金支出			
	赡养老人	赡养老人支出			
其他扣除	企业年金、职业年金	国家基本养老保险的重要补充，个人负担部分	财税〔2013〕103 号；税总发〔2013〕143 号		
	符合国家规定的商业健康保险	保险公司参照个人税收优惠型健康保险产品指引框架及示范条款开发的、符合财税〔2017〕39 号文件规定条件的健康保险产品	财税〔2017〕39 号		
	税收递延型商业养老保险	个人税收递延型商业养老保险，是由保险公司承保的一种商业养老年金保险，主要面向缴纳个人所得税的社会公众	财税〔2018〕22 号		
	国务院规定可以扣除的其他项目	个人养老金等	财政部、税务总局公告 2024 年第 21 号		

续表

扣除项目	扣除项目简介	相关文件	适用征收项目	其他规定
公益捐赠	通过境内公益性社会组织、县级以上人民政府及其部门等国家机关，向教育、扶贫、济困等公益慈善事业的捐赠	财税〔2019〕99号	所有项目	居民个人捐赠当月有多项多次分类所得的，应先在其中一项一次分类所得中扣除

注：基本减除费用的标准为每年60000元，统一适用于在中国境内无住所而在中国境内取得工资、薪金所得的纳税人和在中国境内有住所而在中国境外取得工资、薪金所得的纳税人，不再保留专门的附加减除费用（每月1300元）。

取得经营所得的个人，没有综合所得的，计算其每一纳税年度的应纳税所得额时，应当减除费用6万元、专项扣除、专项附加扣除以及依法确定的其他扣除，专项附加扣除在办理汇算清缴时扣除。

（三）案例分析

居民个人张某2024年度综合所得的收入额为260000元，当年发生的支出如下：

（1）按照国家规定缴纳的三险一金共计40000元。

（2）发生符合标准的住房租金支出18000元。

（3）发生符合标准的子女教育支出12000元。

（4）发生符合标准的赡养老人支出12000元。

（5）发生符合规定的条件的商业健康保险支出2400元。

假设张某当年度无其他收入，符合标准的扣除允许全额在个人所得税税前扣除。请计算张某应缴纳的个人所得税。

【分析】案例中，第（1）项属于专项扣除，第（2）项、第（3）项、第（4）项属于专项附加扣除，第（5）项属于其他扣除。

应纳税所得额 = 260000 − 60000 − 40000 − 18000 − 12000 − 12000 − 2400 =

115600（元）

查阅综合所得适用的税率表可知，适用税率为10%，速算扣除数为2520。

应纳税额=115600×10%-2520=9040（元）

六、个人独资企业和合伙企业核定应税所得率征收时应纳税所得额的计算

（一）政策规定

根据《财政部 国家税务总局关于印发〈关于个人独资企业和合伙企业投资者征收个人所得税的规定〉的通知》（财税〔2000〕91号）附件1《关于个人独资企业和合伙企业投资者征收个人所得税的规定》第九条规定，实行核定应税所得率征收方式的，应纳所得税额的计算公式如下：

应纳所得税额=应纳税所得额×适用税率

应纳税所得额=收入总额×应税所得率

或

应纳税所得额=成本费用支出额÷（1-应税所得率）×应税所得率

应税所得率应按表4-23规定的标准执行：企业经营多业的，无论其经营项目是否单独核算，均应根据其主营项目确定其适用的应税所得率。

（二）政策解读

计算应纳税所得额的方法如表4-22所示。核定应税所得率如表4-23所示。

表4-22　　应纳税所得额计算方法

项目	计算公式	备注
应纳税所得额	收入总额×应税所得率	1. 根据主营项目确定适用的应税所得率。 2. 应税所得率如表4-23所示
	成本费用支出额÷（1-应税所得率）×应税所得率	
应纳税额	应纳税所得额×适用税率	

表 4-23　　核定应税所得率

行业	应税所得率
工业、交通运输业、商业	5%—20%
建筑业、房地产开发业	7%—20%
饮食服务业	7%—25%
娱乐业	20%—40%
其他行业	10%—30%

（三）案例分析

王红经营着一家小型书店，为个体工商户。由于王红的书店规模较小，财务管理相对不够健全，因此税务机关决定对其采用核定征收的方式征收个人所得税。在 2024 年度，王红的书店经营所得（即扣除成本、费用后的净利润）为 20 万元。

请计算王红 2024 年应缴纳的个人所得税。

【分析】（1）确定应税所得率：

根据当地税务机关的规定，以及王红书店所处的行业（零售业）和规模，税务机关为其核定了一个应税所得率。假设核定的应税所得率为 10%（这个比例会根据不同地区、不同行业以及实际情况有所差异）。

（2）计算应纳税所得额：

王红经营所得为 20 万元，根据核定的应税所得率，其应纳税所得额 = 20×10% = 2（万元）。

（3）计算应纳税额：

王红需要按照其应纳税所得额对应的税率和速算扣除数来计算应纳税额。根据《个人所得税税率表（经营所得适用）》，2 万元落在不超过 3 万元的税率区间内，所以税率为 5%，速算扣除数为 0。

因此，王红经营所得应缴纳的个人所得税税额 = 2×5%×10000 = 1000（元）。

第四节　专项附加扣除

一、专项附加扣除的范围

（一）政策规定

1. 根据《国家税务总局关于修订发布〈个人所得税专项附加扣除操作办法（试行）〉的公告》（国家税务总局公告 2022 年第 7 号），修订后的《个人所得税专项附加扣除操作办法（试行）》第三条对纳税人享受符合规定的专项附加扣除的计算时间进行了明确，分别为：

（1）子女教育。学前教育阶段，为子女年满 3 周岁当月至小学入学前一月。学历教育，为子女接受全日制学历教育入学的当月至全日制学历教育结束的当月。

（2）继续教育。学历（学位）继续教育，为在中国境内接受学历（学位）继续教育入学的当月至学历（学位）继续教育结束的当月，同一学历（学位）继续教育的扣除期限最长不得超过 48 个月。技能人员职业资格继续教育、专业技术人员职业资格继续教育，为取得相关证书的当年。

（3）大病医疗。为医疗保障信息系统记录的医药费用实际支出的当年。

（4）住房贷款利息。为贷款合同约定开始还款的当月至贷款全部归还或贷款合同终止的当月，扣除期限最长不得超过 240 个月。

（5）住房租金。为租赁合同（协议）约定的房屋租赁期开始的当月至租赁期结束的当月。提前终止合同（协议）的，以实际租赁期限为准。

（6）赡养老人。为被赡养人年满 60 周岁的当月至赡养义务终止的年末。

（7）3 岁以下婴幼儿照护。为婴幼儿出生的当月至年满 3 周岁的前一个月。

上述第（1）点、第（2）点规定的学历教育和学历（学位）继续教育的期间，包含因病或其他非主观原因休学但学籍继续保留的休学期间，以及施教机构按规定组织实施的寒暑假等假期。

2. 根据《国务院关于提高个人所得税有关专项附加扣除标准的通知》（国发〔2023〕13 号）规定，3 岁以下婴幼儿照护专项附加扣除标准，由每个婴幼儿每月1000元提高到2000元。子女教育专项附加扣除标准，由每个子女每月1000元提高到2000元。赡养老人专项附加扣除标准，由每月2000元提高到3000元。其中，独生子女按照每月3000元的标准定额扣除；非独生子女与兄弟姐妹分摊每月3000元的扣除额度，每人分摊的额度不能超过每月1500元。3岁以下婴幼儿照护、子女教育、赡养老人专项附加扣除涉及的其他事项，按照《个人所得税专项附加扣除暂行办法》（国发〔2018〕41号）有关规定执行。上述政策自2023年1月1日起实施。

3. 根据《个人所得税专项附加扣除暂行办法》（国发〔2018〕41号）第五条规定，纳税人的子女接受全日制学历教育的相关支出，按照每个子女每月1000元（自2023年1月1日起，为每月2000元）的标准定额扣除。学历教育包括义务教育（小学、初中教育）、高中阶段教育（普通高中、中等职业、技工教育）、高等教育（大学专科、大学本科、硕士研究生、博士研究生教育）。年满3岁至小学入学前处于学前教育阶段的子女，按该条第一款规定执行。

根据该办法第六条规定，父母可以选择由其中一方按扣除标准的100%扣除，也可以选择由双方分别按扣除标准的50%扣除，具体扣除方式在一个纳税年度内不能变更。

根据该办法第八条规定，纳税人在中国境内接受学历（学位）继续教育的支出，在学历（学位）教育期间按照每月400元定额扣除。同一学历（学位）继续教育的扣除期限不能超过48个月。纳税人接受技能人员职业资格继续教育、专业技术人员职业资格继续教育的支出，在取得相关证书的当年，按照3600元定额扣除。

根据该办法第九条规定，个人接受本科及以下学历（学位）继续教育，符合该办法规定扣除条件的，可以选择由其父母扣除，也可以选择由本人扣除。

根据该办法第十一条规定，在一个纳税年度内，纳税人发生的与基本医保相关的医药费用支出，扣除医保报销后个人负担（指医保目录范围内的自付部分）累计超过15000元的部分，由纳税人在办理年度汇算清缴时，在80000元限额内据实扣除。

根据该办法第十二条规定，纳税人发生的医药费用支出可以选择由本人或者其配偶扣除；未成年子女发生的医药费用支出可以选择由其父母一方扣除。

纳税人及其配偶、未成年子女发生的医药费用支出，按该办法第十一条规定分别计算扣除额。

根据该办法第十四条规定，纳税人本人或者配偶单独或者共同使用商业银行或者住房公积金个人住房贷款为本人或者其配偶购买中国境内住房，发生的首套住房贷款利息支出，在实际发生贷款利息的年度，按照每月1000元的标准定额扣除，扣除期限最长不超过240个月。纳税人只能享受一次首套住房贷款的利息扣除。

所称首套住房贷款是指购买住房享受首套住房贷款利率的住房贷款。

根据该办法第十五条规定，经夫妻双方约定，可以选择由其中一方扣除，具体扣除方式在一个纳税年度内不能变更。

夫妻双方婚前分别购买住房发生的首套住房贷款，其贷款利息支出，婚后可以选择其中一套购买的住房，由购买方按扣除标准的100%扣除，也可以由夫妻双方对各自购买的住房分别按扣除标准的50%扣除，具体扣除方式在一个纳税年度内不能变更。

根据该办法第十七条规定，纳税人在主要工作城市没有自有住房而发生的住房租金支出，可以按照以下标准定额扣除：

（1）直辖市、省会（首府）城市、计划单列市以及国务院确定的其他城市，扣除标准为每月1500元；

（2）除第（1）项所列城市以外，市辖区户籍人口超过100万的城市，扣除标准为每月1100元；市辖区户籍人口不超过100万的城市，扣除标准为每月800元。

纳税人的配偶在纳税人的主要工作城市有自有住房的，视同纳税人在主要工作城市有自有住房。

市辖区户籍人口，以国家统计局公布的数据为准。

根据该办法第十八条规定，所称主要工作城市是指纳税人任职受雇的直辖市、计划单列市、副省级城市、地级市（地区、州、盟）全部行政区域范围；纳税人无任职受雇单位的，为受理其综合所得汇算清缴的税务机关所在城市。

夫妻双方主要工作城市相同的，只能由一方扣除住房租金支出。

根据该办法第十九条规定，住房租金支出由签订租赁住房合同的承租人扣除。

纳税人及其配偶在一个纳税年度内不能同时分别享受住房贷款利息和住房租金专项附加扣除。

纳税人应当留存住房租赁合同、协议等有关资料备查。

根据该办法第二十二条规定，纳税人赡养一位及以上被赡养人的赡养支出，统一按照以下标准定额扣除：

（1）纳税人为独生子女的，按照每月 2000 元（自 2023 年 1 月 1 日起，为每月 3000 元）的标准定额扣除；

（2）纳税人为非独生子女的，由其与兄弟姐妹分摊每月 2000 元（自 2023 年 1 月 1 日起，为每月 3000 元）的扣除额度，每人分摊的额度不能超过每月 1000 元（自 2023 年 1 月 1 日起，为每月 1500 元）。可以由赡养人均摊或者约定分摊，也可以由被赡养人指定分摊。约定或者指定分摊的须签订书面分摊协议，指定分摊优先于约定分摊。具体分摊方式和额度在一个纳税年度内不能变更。

该办法所称被赡养人是指年满 60 岁的父母，以及子女均已去世的年满 60 岁的祖父母、外祖父母。

（二）政策解读

专项附加扣除，包括 3 岁以下婴幼儿照护、子女教育、继续教育、大病医疗、住房贷款利息或者住房租金、赡养老人等支出，具体范围、标准和实施步骤由国务院确定，并报全国人民代表大会常务委员会备案；以居民个人一个纳税年度的应纳税所得额为限额；一个纳税年度扣除不完的，不结转以后年度扣除。具体详见表 4-24、表 4-25、表 4-26、表 4-27、表 4-28、表 4-29、表 4-30。

表 4-24　　3 岁以下婴幼儿照护专项附加扣除项目

项目	具体规定
标准	按照每个子女每月 1000 元的标准定额扣除（自 2023 年 1 月 1 日起，提高到 2000 元）
范围	3 岁以下婴幼儿照护

续表

<table>
<tr><td>项目</td><td>具体规定</td></tr>
<tr><td rowspan="3">方式</td><td>可以选择由父母其中一方按扣除标准的 100%扣除</td></tr>
<tr><td>也可以选择由双方分别按扣除标准的 50%扣除</td></tr>
<tr><td>具体扣除方式在一个纳税年度内不能变更</td></tr>
<tr><td>时间</td><td>为婴幼儿出生的当月至年满 3 周岁的前一个月（自 2022 年 1 月 1 日起）</td></tr>
</table>

表 4-25　　子女教育专项附加扣除项目

<table>
<tr><td>项目</td><td colspan="2">具体规定</td></tr>
<tr><td>标准</td><td colspan="2">按照每个子女每月 1000 元的标准定额扣除（自 2023 年 1 月 1 日起，提高到 2000 元）</td></tr>
<tr><td rowspan="4">范围</td><td>学前教育</td><td>年满 3 岁至小学入学前教育</td></tr>
<tr><td rowspan="3">学历教育</td><td>义务教育（小学、初中教育）</td></tr>
<tr><td>高中阶段教育（普通高中、中等职业、技工教育）</td></tr>
<tr><td>高等教育（大学专科、大学本科、硕士研究生、博士研究生教育）</td></tr>
<tr><td rowspan="3">方式</td><td colspan="2">可以选择由父母其中一方按扣除标准的 100%扣除</td></tr>
<tr><td colspan="2">也可以选择由双方分别按扣除标准的 50%扣除</td></tr>
<tr><td colspan="2">具体扣除方式在一个纳税年度内不能变更</td></tr>
<tr><td>时间</td><td colspan="2">学前教育阶段，为子女年满 3 周岁当月至小学入学前一月。学历教育，为子女接受全日制学历教育入学的当月至全日制学历教育结束的当月</td></tr>
</table>

表 4-26　　继续教育专项附加扣除项目

<table>
<tr><td colspan="2">范围</td><td>标准</td><td>方式</td><td>起扣时间</td></tr>
<tr><td colspan="2">学历继续教育</td><td>400 元/月</td><td>在学历（学位）教育期间按照每月 400 元定额扣除</td><td>录取通知书注明的入学时间的当月</td></tr>
<tr><td rowspan="2">职业资格教育</td><td>技能人员职业资格继续教育</td><td rowspan="2">3600 元</td><td rowspan="2">在取得相关证书的年度，按照 3600 元定额扣除</td><td rowspan="2">取得相关证书的当年</td></tr>
<tr><td>专业技术人员职业资格继续教育</td></tr>
<tr><td colspan="5">个人接受本科及以下学历（学位）继续教育，符合规定扣除条件的，可以选择由其父母扣除，也可以选择由本人扣除</td></tr>
</table>

表 4-27　　大病医疗专项附加扣除项目

项目	界定
范围	在一个纳税年度内，纳税人发生的与基本医保相关的医药费用支出，扣除医保报销后个人负担（指医保目录范围内的自付部分）累计超过 15000 元的部分，由纳税人在办理年度汇算清缴时，在 80000 元限额内据实扣除
标准	在每年 80000 元限额内据实扣除
方式	大病医疗专项附加扣除由纳税人在办理汇算清缴时扣除
	纳税人发生的医药费用支出可以选择由本人或者其配偶扣除；未成年子女发生的医药费用支出可以选择由其父母一方扣除
资料	纳税人应当留存医药服务收费及医保报销相关票据原件（或者复印件）
时间	为取得大病医疗服务收费票据年度的次年 3 月 1 日至 6 月 30 日

表 4-28　　住房贷款利息专项附加扣除项目

项目	界定
范围	纳税人本人或者配偶单独或者共同使用商业银行或者住房公积金个人住房贷款为本人或者其配偶购买中国境内住房，发生的首套住房贷款利息支出，在实际发生贷款利息的年度扣除。首套住房贷款是指购买住房享受首套住房贷款利率的住房贷款
标准	按照每月 1000 元的标准定额扣除，扣除期限最长不超过 240 个月
方式	非首套住房贷款利息支出，纳税人不得扣除
	纳税人只能享受一次首套住房贷款的利息扣除
	经夫妻双方约定，可以选择由其中一方扣除，具体扣除方式在一个纳税年度内不能变更
	夫妻双方婚前分别购买住房发生的首套住房贷款，其贷款利息支出，婚后可以选择其中一套购买的住房，由购买方按扣除标准的 100%扣除，也可以由夫妻双方对各自购买的住房分别按扣除标准的 50%扣除，具体扣除方式在一个纳税年度内不能变更
资料	纳税人应当留存住房贷款合同、贷款还款支出凭证
时间	贷款合同约定开始还款的当月至贷款全部归还或贷款合同终止的当月，但最长不超过 240 个月

表 4-29　　住房租金专项附加扣除项目

项目	具体标准
范围	纳税人的配偶在纳税人的主要工作城市有自有住房的，视同纳税人在主要工作城市有自有住房

续表

<table>
<tr><th>项目</th><th colspan="3">具体标准</th></tr>
<tr><td rowspan="3">标准</td><td colspan="2">承租的住房位于直辖市、省会（首府）城市、计划单列市以及国务院确定的其他城市</td><td>扣除标准为每月 1500 元</td></tr>
<tr><td rowspan="2">除上述城市以外</td><td>市辖区户籍人口超过 100 万的城市</td><td>扣除标准为每月 1100 元</td></tr>
<tr><td>市辖区户籍人口不超过 100 万的城市</td><td>扣除标准为每月 800 元</td></tr>
<tr><td rowspan="4">方式</td><td colspan="3">夫妻双方主要工作城市相同的，只能由一方扣除住房租金支出</td></tr>
<tr><td colspan="3">夫妻双方主要工作城市不相同，且各自在其主要工作城市都没有住房的，可以分别扣除住房租金支出</td></tr>
<tr><td colspan="3">住房租金支出由签订租赁住房合同的承租人扣除</td></tr>
<tr><td colspan="3">纳税人及其配偶在一个纳税年度内不能同时分别享受住房贷款利息和住房租金专项附加扣除</td></tr>
<tr><td>资料</td><td colspan="3">纳税人应当留存住房租赁合同、协议</td></tr>
<tr><td>时间</td><td colspan="3">租赁合同（协议）约定的房屋租赁期开始的当月至租赁期结束的当月</td></tr>
</table>

表 4-30　　　　　　　　赡养老人专项附加扣除项目

<table>
<tr><th>项目</th><th colspan="2">具体标准</th></tr>
<tr><td>范围</td><td colspan="2">赡养一位及以上被赡养人的赡养支出，统一按照以下标准定额扣除</td></tr>
<tr><td rowspan="2">标准</td><td>纳税人为独生子女的</td><td>按照每月 2000 元的标准定额扣除（自 2023 年 1 月 1 日起，提高到 3000 元）</td></tr>
<tr><td>纳税人为非独生子女的</td><td>由其与兄弟姐妹分摊每月 2000 元（自 2023 年 1 月 1 日起，提高到 3000 元）的扣除额度，每人分摊的额度不能超过每月 1000 元（自 2023 年 1 月 1 日起，提高到 1500 元）</td></tr>
<tr><td rowspan="2">方式</td><td colspan="2">可以由赡养人均摊或者约定分摊，也可以由被赡养人指定分摊。约定或者指定分摊的须签订书面分摊协议，指定分摊优先于约定分摊</td></tr>
<tr><td colspan="2">具体分摊方式和额度在一个纳税年度内不能变更</td></tr>
<tr><td>备注</td><td colspan="2">被赡养人是指年满 60 岁的父母，以及子女均已去世的年满 60 岁的祖父母、外祖父母</td></tr>
<tr><td>时间</td><td colspan="2">被赡养人年满 60 周岁的当月至赡养义务终止的年末</td></tr>
</table>

（三）案例分析

1. 李雄与王芳是夫妻，共同育有一儿一女。女儿 5 岁，在幼儿园中班，儿子16岁，是高二学生。

请问李雄与王芳子女教育的专项附加扣除应如何扣除？有几种扣除方式？

【分析】两个子女都符合国发〔2018〕41号文件规定的扣除政策，对每个子女可享受专项附加扣除2000元/月，共计4000元/月。

父母可以选择由其中一方按扣除标准的100%扣除，也可以选择由双方分别按扣除标准的50%扣除。对每个孩子，父母都有三种选择方式，具体如表4-31所示。

表4-31　　父母的选择方式

单位：元

父母	女儿			儿子		
	选择1	选择2	选择3	选择1	选择2	选择3
王芳	0	1000	2000	0	1000	2000
李雄	2000	1000	0	2000	1000	0
合计	2000	2000	2000	2000	2000	2000

2. 李雄是齐峰公司职员，2023年9月考取了某校在职研究生；2024年9月，取得中级会计职称资格证书；2024年10月因生病申请休学2个月。

请问2024年李雄可扣除的继续教育专项扣除是多少？

【分析】(1) 学历（学位）继续教育扣除。

自2023年9月攻读研究生起，在学历（学位）教育期间按照每月400元定额扣除；学历（学位）继续教育的扣除期限最长不得超过48个月。

48个月包括纳税人因病、因故等原因休学且学籍继续保留的休学期间，施教机构按规定组织实施的寒暑假期连续计算。

2024年全年可扣除学历（学位）继续教育 = 400×月份数 = 400×12 = 4800（元）

(2) 专业技术人员职业资格继续教育扣除。

取得中级会计职称资格证书，属于专业技术人员职业资格范畴，在取得相关证书的当年，按照3600元定额扣除。

综上，2024年，李雄可扣除的继续教育专项附加扣除=3600+4800=8400（元）。

3. 李雄与王芳是夫妻，约定全家人的大病医疗由李雄扣除，2024年发生以下事项。

（1）3月，儿子生病，发生的与基本医保相关的医药费用支出自付部分5000元；

（2）10月，李雄生病，发生的与基本医保相关的医药费用支出自付部分13000元。

请计算2024年李雄可扣除的大病医疗费用。

【分析】纳税人及其配偶、未成年子女发生的医药费用支出，应按规定分别计算扣除额。

李雄和儿子发生的医疗费用，单独计算均小于15000元，所以李雄不能享受大病医疗专项附加扣除。

4. 李雄和王芳是夫妻，2024年5月，共同在上海购买一套住房，每月发生首套住房贷款利息3000元，两人婚前均无房产。

请问其共同购买住房的贷款利息应如何扣除？

【分析】共同购买的住房发生的首套房利息，符合《个人所得税专项附加扣除暂行办法》（国发〔2018〕41号）第十四条规定的情形，可以享受专项附加扣除1000元/月，自2024年5月起2024年共计可扣除8000元，可选择由李雄或王芳其中一人扣除，但不能分摊扣除，且年度内不能变更。

5. 王芳于2023年5月在青岛购买一套住房，每月发生首套房住房贷款利息3000元。2024年1月，王芳与李雄登记结婚，李雄未曾购买住房。

请问2024年王芳婚前购买住房发生的贷款利息应如何扣除？

【分析】王芳购买住房发生的首套房贷款利息，符合国发〔2018〕41号文件第十四条规定的情形，可以享受专项附加扣除1000元/月，2024年共计可扣除12000元，可选择由王芳或者李雄一人扣除，但不能分摊扣除，且年度内不能变更。

6. 王芳和李雄于2024年3月登记结婚，2022年两人分别在烟台购买了住房，均发生了首套房贷款利息支出。

请问2024年王芳和李雄贷款利息应如何扣除?

【分析】 夫妻双方婚前分别购买住房发生的首套住房贷款，其贷款利息支出，婚后可以选择其中一套购买的住房，由购买方按扣除标准的100%扣除，也可以由夫妻双方对各自购买的住房分别按扣除标准的50%扣除，具体扣除方式在一个纳税年度内不能变更。

(1) 结婚前的贷款利息专项扣除。

对于王芳和李雄发生的贷款利息，2024年1—2月，各自按照1000/月扣除。

(2) 结婚后的贷款利息专项扣除。

2024年3月起选择其中一套，购买方可按标准100%扣除，或者双方对各自购买的住房分别按标准的50%扣除。可选择的扣除方式有3种，具体如表4-32所示。

表4-32　　李雄和王芳可选择的扣除方式

单位：元

扣除人	第1种	第2种	第3种
王芳	1000	500	0
李雄	0	500	1000

7. 李雄和王芳是夫妻，2024年5月，共同在上海购买一套住房，贷款期限20年，每月发生首套住房贷款利息3000元，目前仍在还款期。2024年10月李雄因公外派到北京工作，在北京租房发生费用3000元/月。

请问李雄和王芳贷款利息和住房租金应如何扣除?

【分析】 纳税人及其配偶在一个纳税年度内不能同时分别享受住房贷款利息和住房租金专项附加扣除。两人可选择以下两种方式进行扣除:

(1) 选择扣除贷款利息1000元/月，可选择由李雄或王芳其中一人扣除，但不能分摊扣除，且年度内不能变更。

(2) 选择由李雄申报享受在北京的住房租金专项附加扣除，并按照

1500 元/月的标准扣除。

8. 李雄有两个姐姐，父母均已 60 岁，姐弟三人约定，李雄每月固定给父母 3000 元赡养费，由两个姐姐负责照料；李雄父母指定赡养老人的专项附加扣除由李雄一人分摊，每月 3000 元。

请问父母指定李雄每月赡养老人的专项扣除分摊 3000 元，是否合规?

【分析】不合规。纳税人为非独生子女的，赡养老人的专项附加扣除，由其与兄弟姐妹分摊每月 3000 元的扣除额度，每人分摊的额度不能超过每月 1500 元。李雄为非独生子女，所以李雄分摊的额度不能超过每月 1500 元。

二、专项附加扣除的办理环节

（一）政策规定

1. 根据《个人所得税专项附加扣除暂行办法》（国发〔2018〕41 号）第十一条规定，在一个纳税年度内，纳税人发生的与基本医保相关的医药费用支出，扣除医保报销后个人负担（指医保目录范围内的自付部分）累计超过 15000 元的部分，由纳税人在办理年度汇算清缴时，在 80000 元限额内据实扣除。

2. 根据《国家税务总局关于修订发布〈个人所得税专项附加扣除操作办法（试行）〉的公告》（国家税务总局公告 2022 年第 7 号）第四条、第五条、第六条、第七条规定，享受子女教育、继续教育、住房贷款利息或者住房租金、赡养老人、3 岁以下婴幼儿照护专项附加扣除的纳税人，自符合条件开始，可以向支付工资、薪金所得的扣缴义务人提供上述专项附加扣除有关信息，由扣缴义务人在预扣预缴税款时，按其在本单位本年可享受的累计扣除额办理扣除；也可以在次年 3 月 1 日至 6 月 30 日内，向汇缴地主管税务机关办理汇算清缴申报时扣除。

纳税人同时从两处以上取得工资、薪金所得，并由扣缴义务人办理上述专项附加扣除的，对同一专项附加扣除项目，一个纳税年度内，纳税人只能选择从其中一处扣除。

享受大病医疗专项附加扣除的纳税人，由其在次年 3 月 1 日至 6 月 30 日内，自行向汇缴地主管税务机关办理汇算清缴申报时扣除。

扣缴义务人办理工资、薪金所得预扣预缴税款时，应当根据纳税人报送的《个人所得税专项附加扣除信息表》（以下简称《扣除信息表》）为纳税人办理专项附加扣除。

纳税人年度中间更换工作单位的，在原单位任职、受雇期间已享受的专项附加扣除金额，不得在新任职、受雇单位扣除。原扣缴义务人应当自纳税人离职不再发放工资薪金所得的当月起，停止为其办理专项附加扣除。

纳税人未取得工资、薪金所得，仅取得劳务报酬所得、稿酬所得、特许权使用费所得需要享受专项附加扣除的，应当在次年 3 月 1 日至 6 月 30 日内，自行向汇缴地主管税务机关报送《扣除信息表》，并在办理汇算清缴申报时扣除。

一个纳税年度内，纳税人在扣缴义务人预扣预缴税款环节未享受或未足额享受专项附加扣除的，可以在当年内向支付工资、薪金的扣缴义务人申请在剩余月份发放工资、薪金时补充扣除，也可以在次年 3 月 1 日至 6 月 30 日内，向汇缴地主管税务机关办理汇算清缴时申报扣除。

（二）政策解读

根据《个人所得税法》《个人所得税法实施条例》《个人所得税专项附加扣除暂行办法》以及《个人所得税专项附加扣除操作办法（试行）》的相关规定，专项附加扣除的办理环节如表 4-33 所示。

表 4-33　专项附加扣除办理环节

序号	情形		办理环节
1	有工资、薪金所得	选择由扣缴义务人办理 3 岁以下婴幼儿照护、子女教育、继续教育、住房贷款利息、住房租金、赡养老人六项专项附加扣除	预扣预缴
2		由扣缴义务人办理 3 岁以下婴幼儿照护、子女教育、继续教育、住房贷款利息、住房租金、赡养老人六项专项附加扣除但未享受或未足额享受的，选择向支付工资、薪金的扣缴义务人申请在剩余月份发放工资、薪金时补充扣除	

续表

序号	情形		办理环节
3	有工资、薪金所得	选择向汇缴地主管税务机关办理汇算清缴申报时，享受3岁以下婴幼儿照护、子女教育、继续教育、住房贷款利息、住房租金、赡养老人六项专项附加扣除	汇算清缴
4		自行向汇缴地主管税务机关办理汇算清缴申报时，申报享受大病医疗专项附加扣除	
5		由扣缴义务人办理3岁以下婴幼儿照护、子女教育、继续教育、住房贷款利息、住房租金、赡养老人六项专项附加扣除但未享受或未足额享受的，选择向汇缴地主管税务机关办理汇算清缴时申报扣除	
6	无工资、薪金所得	仅取得劳务报酬所得、稿酬所得、特许权使用费所得，且需要享受专项附加扣除的	
7		取得经营所得，没有综合所得，且个人所得税征收方式为查账征收的	

（三）案例分析

张女士是一位在职员工，她有一个正在上小学的孩子。同时，张女士的父母均已超过60岁。

请问张女士可以在哪些环节办理相关专项附加扣除的申报？

【分析】 张女士可以享受的专项附加扣除包括子女教育专项附加扣除和赡养老人专项附加扣除。由于张女士是在职员工，每月取得工资收入，因此可以由工作单位在每月办理预扣预缴时，在个人所得税税前扣除这两项专项附加扣除。她也可以在办理汇算清缴时一次性享受这两项专项附加扣除。

三、个人办理专项附加扣除的报送及留存资料

（一）政策规定

1. 根据《个人所得税专项附加扣除暂行办法》（国发〔2018〕41号）第二十五条规定，纳税人首次享受专项附加扣除，应当将专项附加扣除相关

信息提交扣缴义务人或者税务机关，扣缴义务人应当及时将相关信息报送税务机关，纳税人对所提交信息的真实性、准确性、完整性负责。专项附加扣除信息发生变化的，纳税人应当及时向扣缴义务人或者税务机关提供相关信息。

上述所称专项附加扣除相关信息，包括纳税人本人、配偶、子女、被赡养人等个人身份信息，以及国务院税务主管部门规定的其他与专项附加扣除相关的信息。

该办法规定纳税人需要留存备查的相关资料应当留存 5 年。

2. 根据《国家税务总局关于修订发布〈个人所得税专项附加扣除操作办法（试行）〉的公告》（国家税务总局公告 2022 年第 7 号）第八条、第十一条至第十八条、第二十三条规定，纳税人选择在扣缴义务人发放工资、薪金所得时享受专项附加扣除的，首次享受时应当填写并向扣缴义务人报送《扣除信息表》；纳税年度中间相关信息发生变化的，纳税人应当更新《扣除信息表》相应栏次，并及时报送给扣缴义务人。

更换工作单位的纳税人，需要由新任职、受雇扣缴义务人办理专项附加扣除的，应当在入职的当月，填写并向扣缴义务人报送《扣除信息表》。

纳税人将需要享受的专项附加扣除项目信息填报至《扣除信息表》相应栏次。填报要素完整的，扣缴义务人或者主管税务机关应当受理；填报要素不完整的，扣缴义务人或者主管税务机关应当及时告知纳税人补正或重新填报。纳税人未补正或重新填报的，暂不办理相关专项附加扣除，待纳税人补正或重新填报后再行办理。

纳税人享受子女教育专项附加扣除，应当填报配偶及子女的姓名、身份证件类型及号码、子女当前受教育阶段及起止时间、子女就读学校以及本人与配偶之间扣除分配比例等信息。

纳税人需要留存备查资料包括：子女在境外接受教育的，应当留存境外学校录取通知书、留学签证等境外教育佐证资料。

纳税人享受继续教育专项附加扣除，接受学历（学位）继续教育的，应当填报教育起止时间、教育阶段等信息；接受技能人员或者专业技术人员职业资格继续教育的，应当填报证书名称、证书编号、发证机关、发证（批准）时间等信息。

纳税人需要留存备查资料包括：纳税人接受技能人员职业资格继续教育、专业技术人员职业资格继续教育的，应当留存职业资格相关证书等资料。

纳税人享受住房贷款利息专项附加扣除，应当填报住房权属信息、住房坐落地址、贷款方式、贷款银行、贷款合同编号、贷款期限、首次还款日期等信息；纳税人有配偶的，填写配偶姓名、身份证件类型及号码。

纳税人需要留存备查资料包括：住房贷款合同、贷款还款支出凭证等资料。

纳税人享受住房租金专项附加扣除，应当填报主要工作城市、租赁住房坐落地址、出租人姓名及身份证件类型和号码或者出租方单位名称及纳税人识别号（统一社会信用代码）、租赁起止时间等信息；纳税人有配偶的，填写配偶姓名、身份证件类型及号码。

纳税人需要留存备查资料包括：住房租赁合同或协议等资料。

纳税人享受赡养老人专项附加扣除，应当填报纳税人是否为独生子女、月扣除金额、被赡养人姓名及身份证件类型和号码、与纳税人关系；有共同赡养人的，需填报分摊方式、共同赡养人姓名及身份证件类型和号码等信息。

纳税人需要留存备查资料包括：约定或指定分摊的书面分摊协议等资料。

纳税人享受大病医疗专项附加扣除，应当填报患者姓名、身份证件类型及号码、与纳税人关系、与基本医保相关的医药费用总金额、医保目录范围内个人负担的自付金额等信息。

纳税人需要留存备查资料包括：大病患者医药服务收费及医保报销相关票据原件或复印件，或者医疗保障部门出具的纳税年度医药费用清单等资料。

纳税人享受3岁以下婴幼儿照护专项附加扣除，应当填报配偶及子女的姓名、身份证件类型（如居民身份证、子女出生医学证明等）及号码以及本人与配偶之间扣除分配比例等信息。

纳税人需要留存备查资料包括：子女的出生医学证明等资料。

纳税人应当将《扣除信息表》及相关留存备查资料，自法定汇算清缴期结束后保存 5 年。

纳税人报送给扣缴义务人的《扣除信息表》，扣缴义务人应当自预扣预缴年度的次年起留存 5 年。

（二）政策解读

纳税人首次享受专项附加扣除，应当将专项附加扣除相关信息提交扣缴义务人或者税务机关，扣缴义务人应当及时将相关信息报送税务机关，纳税人对所提交信息的真实性、准确性、完整性负责。专项附加扣除信息发生变化的，纳税人应当及时向扣缴义务人或者税务机关提供相关信息。个人办理专项附加扣除的报送及留存资料归纳如表 4-34 所示。

表 4-34　　办理专项附加扣除报送及留存资料

<table>
<tr><th>序号</th><th>扣除项目</th><th>报送资料</th><th>留存资料</th><th>留存期限</th></tr>
<tr><td rowspan="2">1</td><td rowspan="2">子女教育</td><td rowspan="2">配偶及子女的姓名、身份证件类型及号码、子女当前受教育阶段及起止时间、子女就读学校以及本人与配偶之间扣除分配比例等信息</td><td>子女在境内接受教育不需要留存</td><td rowspan="5">1. 纳税人应当将《扣除信息表》及相关留存备查资料，自法定汇算清缴期结束后保存 5 年。
2. 纳税人报送给扣缴义务人的《扣除信息表》，扣缴义务人应当自预扣预缴年度的次年起留存 5 年</td></tr>
<tr><td>子女在境外接受教育，应当留存境外学校录取通知书、留学签证等境外教育佐证资料</td></tr>
<tr><td rowspan="2">2</td><td rowspan="2">继续教育</td><td>接受学历（学位）继续教育的，应当填报教育起止时间、教育阶段等信息</td><td>不需要留存</td></tr>
<tr><td>接受技能人员或者专业技术人员职业资格继续教育的，应当填报证书名称、证书编号、发证机关、发证（批准）时间等信息</td><td>留存职业资格相关证书等资料</td></tr>
<tr><td>3</td><td>大病医疗</td><td>填报患者姓名、身份证件类型及号码、与纳税人关系、与基本医保相关的医药费用总金额、医保目录范围内个人负担的自付金额等信息</td><td>大病患者医药服务收费及医保报销相关票据原件或复印件，或者医疗保障部门出具的纳税年度医药费用清单等资料</td></tr>
</table>

续表

<table>
<tr><th>序号</th><th>扣除项目</th><th>报送资料</th><th colspan="2">留存资料</th><th>留存期限</th></tr>
<tr><td>4</td><td>住房贷款利息</td><td>填报住房权属信息、住房坐落地址、贷款方式、贷款银行、贷款合同编号、贷款期限、首次还款日期等信息；纳税人有配偶的，填写配偶姓名、身份证件类型及号码</td><td colspan="2">住房贷款合同、贷款还款支出凭证等资料</td><td rowspan="5">1. 纳税人应当将《扣除信息表》及相关留存备查资料，自法定汇算清缴期结束后保存5年。
2. 纳税人报送给扣缴义务人的《扣除信息表》，扣缴义务人应当自预扣预缴年度的次年起留存5年</td></tr>
<tr><td>5</td><td>住房租金</td><td>填报主要工作城市、租赁住房坐落地址、出租人姓名及身份证件类型和号码或者出租方单位名称及纳税人识别号（统一社会信用代码）、租赁起止时间等信息；纳税人有配偶的，填写配偶姓名、身份证件类型及号码</td><td colspan="2">住房租赁合同或协议等资料</td></tr>
<tr><td rowspan="3">6</td><td rowspan="3">赡养老人</td><td rowspan="3">填报纳税人是否为独生子女，月扣除金额，被赡养人姓名及身份证件类型和号码、与纳税人关系；有共同赡养人的，需填报分摊方式、共同赡养人姓名及身份证件类型和号码等信息</td><td colspan="2">独生子女，不需要留存</td></tr>
<tr><td rowspan="2">非独生子女</td><td>平摊方式，不需要</td></tr>
<tr><td>约定或指定分摊方式，留存约定或指定分摊的书面分摊协议</td></tr>
<tr><td>7</td><td>3岁以下婴幼儿照护</td><td>婴幼儿子女的姓名、证件类型及号码以及本人与配偶之间扣除分配比例等信息</td><td colspan="2">子女的出生医学证明等资料</td><td></td></tr>
</table>

（三）案例分析

张女士是一位在职员工，她有一个正在境内上小学的孩子，同时，张女士的父母均已超过60岁，张女士还有一个哥哥。

请问张女士在享受子女教育、赡养老人专项附加扣除时需报送和保存的资料有哪些？

【分析】 张女士在报送子女教育专项附加扣除时需报送资料：配偶及子女的姓名、身份证件类型及号码，子女当前受教育阶段及起止时间，子女就读学校以及本人与配偶之间扣除分配比例等信息。因在境内上学，无须保存资料。

张女士在报送赡养老人专项附加扣除时需报送资料：与哥哥分摊情况，月扣除金额，被赡养人姓名及身份证件类型和号码、与纳税人关系；还需填报分摊方式、共同赡养人哥哥姓名及身份证件类型和号码等信息。如果是约定或指定分摊方式，还需留存约定或指定分摊的书面分摊协议。

第五节　应纳税额

一、居民个人取得各项所得的个人所得税处理

（一）政策规定

1. 根据《个人所得税法》第六条规定，应纳税所得额的计算：

（1）居民个人的综合所得，以每一纳税年度的收入额减除费用60000元以及专项扣除、专项附加扣除和依法确定的其他扣除后的余额，为应纳税所得额。

（2）非居民个人的工资、薪金所得，以每月收入额减除费用5000元后的余额为应纳税所得额；劳务报酬所得、稿酬所得、特许权使用费所得，以每次收入额为应纳税所得额。

（3）经营所得，以每一纳税年度的收入总额减除成本、费用以及损失后的余额，为应纳税所得额。

（4）财产租赁所得，每次收入不超过4000元的，减除费用800元；4000元以上的，减除20%的费用，其余额为应纳税所得额。

（5）财产转让所得，以转让财产的收入额减除财产原值和合理费用后的余额，为应纳税所得额。

（6）利息、股息、红利所得和偶然所得，以每次收入额为应纳税所得额。

劳务报酬所得、稿酬所得、特许权使用费所得以收入减除20%的费用后的余额为收入额。稿酬所得的收入额减按70%计算。

个人将其所得对教育、扶贫、济困等公益慈善事业进行捐赠，捐赠额未超过纳税人申报的应纳税所得额30%的部分，可以从其应纳税所得额中扣除；国务院规定对公益慈善事业捐赠实行全额税前扣除的，从其规定。

该条第一款第一项规定的专项扣除，包括居民个人按照国家规定的范围和标准缴纳的基本养老保险、基本医疗保险、失业保险等社会保险费和住房公积金等；专项附加扣除，包括子女教育、继续教育、大病医疗、住房贷款利息或者住房租金、赡养老人等支出，具体范围、标准和实施步骤由国务院确定，并报全国人民代表大会常务委员会备案。

2. 根据《国家税务总局关于发布〈个人所得税扣缴申报管理办法（试行）〉的公告》（国家税务总局公告2018年第61号）第六条、第八条、第十条、第十一条规定，扣缴义务人向居民个人支付工资、薪金所得时，应当按照累计预扣法计算预扣税款，并按月办理扣缴申报。

累计预扣法，是指扣缴义务人在一个纳税年度内预扣预缴税款时，以纳税人在本单位截至当前月份工资、薪金所得累计收入减除累计免税收入、累计减除费用、累计专项扣除、累计专项附加扣除和累计依法确定的其他扣除后的余额为累计预扣预缴应纳税所得额，适用个人所得税预扣率表一（如表4-16所示），计算累计应预扣预缴税额，再减除累计减免税额和累计已预扣预缴税额，其余额为本期应预扣预缴税额。余额为负值时，暂不退税。纳税年度终了后余额仍为负值时，由纳税人通过办理综合所得年度汇算清缴，税款多退少补。

具体计算公式如下：

本期应预扣预缴税额=(累计预扣预缴应纳税所得额×预扣率-速算扣除数)
-累计减免税额-累计已预扣预缴税额

累计预扣预缴应纳税所得额=累计收入-累计免税收入-累计减除费用
-累计专项扣除-累计专项附加扣除
-累计依法确定的其他扣除

其中：累计减除费用，按照5000元/月乘以纳税人当年截至本月在本单位的任职受雇月份数计算。

扣缴义务人向居民个人支付劳务报酬所得、稿酬所得、特许权使用费所得时，应当按照以下方法按次或者按月预扣预缴税款：

劳务报酬所得、稿酬所得、特许权使用费所得以收入减除费用后的余额为收入额；其中，稿酬所得的收入额减按70%计算。

减除费用：预扣预缴税款时，劳务报酬所得、稿酬所得、特许权使用费所得每次收入不超过4000元的，减除费用按800元计算；每次收入4000元以上的，减除费用按收入的20%计算。

应纳税所得额：劳务报酬所得、稿酬所得、特许权使用费所得，以每次收入额为预扣预缴应纳税所得额，计算应预扣预缴税额。劳务报酬所得适用个人所得税预扣率表二（如表4-17所示），稿酬所得、特许权使用费所得适用20%的比例预扣率。

居民个人办理年度综合所得汇算清缴时，应当依法计算劳务报酬所得、稿酬所得、特许权使用费所得的收入额，并入年度综合所得计算应纳税款，税款多退少补。

扣缴义务人支付利息、股息、红利所得，财产租赁所得，财产转让所得或者偶然所得时，应当依法按次或者按月代扣代缴税款。

劳务报酬所得、稿酬所得、特许权使用费所得，属于一次性收入的，以取得该项收入为一次；属于同一项目连续性收入的，以一个月内取得的收入为一次。

财产租赁所得，以一个月内取得的收入为一次。

利息、股息、红利所得，以支付利息、股息、红利时取得的收入为一次。

偶然所得，以每次取得该项收入为一次。

（二）政策解读

个人所得税的计税依据是纳税人取得的应纳税所得额。应纳税所得额是个人取得的各项应税收入减去税法规定的扣除项目或扣除金额后的余额。由于个人所得税的应税项目不同，并且取得某项所得所需费用也不相同，因此，计算个人应纳税所得额时需按不同应税项目单独计算。对于综合所得，居民个人取得工资、薪金所得，劳务报酬所得，稿酬所得，特许权使用费所得纳入综合所得，由扣缴义务人按月或按次预扣预缴税款，按纳税年度合并计算个人所得税，年度预扣预缴税额与年度应纳税额不一致的，由居民个人于次年 3 月 1 日至 6 月 30 日向主管税务机关办理综合所得年度汇算清缴，税款多退少补。对于经营所得，利息、股息、红利所得，财产租赁所得，财产转让所得和偶然所得，居民个人和非居民个人均适用相同的计算规则，分项计算个人所得税。居民个人取得各项所得应纳税额的计算方法如表 4-35 所示。

表 4-35　各项所得应纳税额的计算

序号	项目		应纳税额	
			预扣预缴	汇算清缴
1	综合所得	工资、薪金所得	累计预扣预缴应纳税所得额×预扣率-速算扣除数-累计减免税额-累计已预扣预缴税额	年度应纳税所得额×综合所得适用税率-速算扣除数
2		劳务报酬所得	预扣预缴应纳税所得额×预扣率-速算扣除数	
3		特许权使用费所得	预扣预缴应纳税所得额×20%比例预扣率	
4		稿酬所得		
5	经营所得		本月（或季）累计应纳税所得额×适用税率-速算扣除数-可减免税额-上月（或季）累计已预缴税额	年度应纳税所得额×经营所得适用税率-速算扣除数
6	利息、股息、红利所得		每次应纳税所得额×20%	
7	财产租赁所得			
8	财产转让所得			
9	偶然所得			

（三）案例分析

中国居民张某 2024 年取得如下所得。

（1）取得任职的齐峰公司发放的全年工资 200000 元，按照国家规定的标准缴纳了三险一金 30000 元，另有符合条件的专项附加扣除 20000 元。

（2）2 月收到 A 公司支付的设计费 5000 元。

（3）3 月收到了出版社支付的稿酬 40000 元。

（4）提供著作权的使用权给天成出版社，5 月取得一次性收入 100000 元。

（5）2024 年从其投资的诚悦有限合伙企业按照约定比例分得经营所得 250000 元。

（6）7 月，将 100 万元出借给朋友华梅的公司，收到该公司支付的借款利息 50000 元。

（7）9 月，转让其在青岛的一套住房，转让收入 2000000 元，该房屋的购置价格 1000000 元，转让时支付合理费用 50000 元（不属于免征个人所得税的情形）。

（8）10 月，在某商场的宣传活动中获赠价值 2000 元的跑步机。

（9）将自有的商铺出租给他人使用，12 月收取当月租金 5000 元（不含增值税）。

假设不考虑其他相关税费，张某选择在综合所得中扣除基本减除费用、专项扣除和专项附加扣除等费用。请计算张某的各项所得应缴纳的个人所得税。

【分析】（1）全年综合所得个人所得税的计算。

工资、薪金所得的年收入额为 200000 元。

劳务报酬所得的年收入额 = 5000×（1-20%）= 4000（元）

稿酬所得的年收入额 = 40000×（1-20%）×70% = 22400（元）

特许权使用费所得的年收入额 = 100000×（1-20%）= 80000（元）

综合所得年应纳税所得额 =（200000 + 4000 + 22400 + 80000）-60000-30000-20000 = 196400（元）

查阅居民个人综合所得适用税率表可知，适用税率为 20%，速算扣除数为 16920。

应纳税额 = 196400×20%-16920 = 22360（元）

（2）全年经营所得个人所得税的计算。

合伙企业的经营所得按照“先分后税”的原则计算纳税，张某分得经营所得250000元，由于张某有综合所得，且已经选择在综合所得中扣除基础减除费用、专项扣除、专项附加扣除，因此张某的经营所得应纳税所得额即为250000元。

查阅经营所得适用税率表可知，适用税率为20%，速算扣除数为10500。

经营所得应纳税额=250000×20%-10500=39500（元）

（3）7月利息收入个人所得税的计算。

利息、股息、红利所得应纳税额=50000×20%=10000（元）

（4）9月房屋转让所得个人的所得税的计算。

财产转让所得应纳税额=（2000000－1000000－50000）×20%=190000（元）

（5）10月偶然所得个人的所得税的计算。

偶然所得应纳税额=2000×20%=400（元）

（6）12月房屋租赁所得个人所得税的计算。

财产租赁收入额超过4000元，可扣除20%的费用。

财产租赁所得应纳税额=5000×（1-20%）×20%=800（元）

二、非居民个人各项所得的个人所得税处理

（一）政策规定

1. 根据《个人所得税法》第六条规定，应纳税所得额的计算如下：

（1）非居民个人的工资、薪金所得，以每月收入额减除费用5000元后的余额为应纳税所得额；劳务报酬所得、稿酬所得、特许权使用费所得，以每次收入额为应纳税所得额。

（2）经营所得，以每一纳税年度的收入总额减除成本、费用以及损失后的余额，为应纳税所得额。

（3）财产租赁所得，每次收入不超过4000元的，减除费用800元；4000元以上的，减除20%的费用，其余额为应纳税所得额。

(4) 财产转让所得，以转让财产的收入额减除财产原值和合理费用后的余额，为应纳税所得额。

(5) 利息、股息、红利所得和偶然所得，以每次收入额为应纳税所得额。

劳务报酬所得、稿酬所得、特许权使用费所得以收入减除20%的费用后的余额为收入额。稿酬所得的收入额减按70%计算。

个人将其所得对教育、扶贫、济困等公益慈善事业进行捐赠，捐赠额未超过纳税人申报的应纳税所得额30%的部分，可以从其应纳税所得额中扣除；国务院规定对公益慈善事业捐赠实行全额税前扣除的，从其规定。

2. 根据《国家税务总局关于发布〈个人所得税扣缴申报管理办法（试行）〉的公告》（国家税务总局公告2018年第61号）第九条第二款规定，非居民个人的工资、薪金所得，以每月收入额减除费用5000元后的余额为应纳税所得额；劳务报酬所得、稿酬所得、特许权使用费所得，以每次收入额为应纳税所得额，适用个人所得税税率表三（见表4-15）计算应纳税额。劳务报酬所得、稿酬所得、特许权使用费所得以收入减除20%的费用后的余额为收入额；其中，稿酬所得的收入额减按70%计算。

根据该公告第九条第三款规定，非居民个人在一个纳税年度内税款扣缴方法保持不变，达到居民个人条件时，应当告知扣缴义务人基础信息变化情况，年度终了后按照居民个人有关规定办理汇算清缴。

（二）政策解读

非居民个人取得工资、薪金所得，劳务报酬所得，稿酬所得，特许权使用费所得分别扣除费用，由扣缴义务人按月或按次分项代扣代缴个人所得税。对于经营所得，利息、股息、红利所得，财产租赁所得，财产转让所得和偶然所得，居民个人和非居民个人均适用相同的计算规则，分项计算个人所得税。

非居民个人取得各项所得应纳税额的计算方法如表4-36所示。

表 4-36　非居民个人应纳税额计算方法汇总

序号	项目	应纳税额
1	工资、薪金所得	应纳税所得额×适用税率-速算扣除数
2	劳务报酬所得	
3	稿酬所得	
4	特许权使用费所得	
5	经营所得	应纳税所得额×经营所得适用税率-速算扣除数
6	利息、股息、红利所得	每次应纳税所得额×20%
7	财产租赁所得	每次财产租赁所得应纳税所得额×20%
8	财产转让所得	财产转让所得应纳税所得额×20%
9	偶然所得	每次应纳税所得额×20%

（三）案例分析

美国人戴森，属于中国的非居民个人，某月由美国总公司派遣到中国工作，在中国取得工资 20000 元，同时取得中国 A 公司支付的劳务报酬 2000 元、中国 B 公司发放的稿酬 1000 元。

请计算戴森应缴纳的个人所得税。

【分析】 当月工资应纳税额＝（20000－5000）×20%－1410＝1590（元）

当月劳务报酬所得应纳税额＝2000×（1－20%）×3%＝48（元）

当月稿酬所得应纳税额＝1000×（1－20%）×70%×3%＝16.8（元）

因为戴森是非居民纳税人，所以以上所得按月或按次代扣代缴，次年不需要汇算清缴。

三、工资薪金所得的预扣预缴

（一）政策规定

根据《国家税务总局关于发布〈个人所得税扣缴申报管理办法（试

行）〉的公告》（国家税务总局公告 2018 年第 61 号）第六条、第七条规定，扣缴义务人向居民个人支付工资、薪金所得时，应当按照累计预扣法计算预扣税款，并按月办理扣缴申报。

累计预扣法，是指扣缴义务人在一个纳税年度内预扣预缴税款时，以纳税人在本单位截至当前月份工资、薪金所得累计收入减除累计免税收入、累计减除费用、累计专项扣除、累计专项附加扣除和累计依法确定的其他扣除后的余额为累计预扣预缴应纳税所得额，适用个人所得税预扣率表一（如表 4-16 所示），计算累计应预扣预缴税额，再减除累计减免税额和累计已预扣预缴税额，其余额为本期应预扣预缴税额。余额为负值时，暂不退税。纳税年度终了后余额仍为负值时，由纳税人通过办理综合所得年度汇算清缴，税款多退少补。

具体计算公式如下：

本期应预扣预缴税额＝(累计预扣预缴应纳税所得额×预扣率－速算扣除数)－累计减免税额－累计已预扣预缴税额

累计预扣预缴应纳税所得额＝累计收入－累计免税收入－累计减除费用－累计专项扣除－累计专项附加扣除－累计依法确定的其他扣除

其中：累计减除费用，按照 5000 元/月乘以纳税人当年截至本月在本单位的任职受雇月份数计算。

居民个人向扣缴义务人提供有关信息并依法要求办理专项附加扣除的，扣缴义务人应当按照规定在工资、薪金所得按月预扣预缴税款时予以扣除，不得拒绝。

（二）政策解读

扣缴义务人向居民个人支付工资、薪金所得时，应当按照累计预扣法计算预扣税款，并按月办理扣缴申报。

工资薪金所得预扣预缴按照累计预扣法计算预扣税款，并按月办理扣缴申报，具体如表 4-37 所示。

表 4-37　工资薪金所得预扣预缴规定

序号	项目	规定	
1	累计预扣法	累计收入	本期收入额+上期累计收入
		累计免税收入	本期免税收入+上期累计免税收入
		累计减除费用	5000×本年度在本单位实际任职的月份数
		累计专项扣除	累计可扣的社会保险费+累计可扣的住房公积金
		累计专项附加扣除	累计可扣除的子女教育、继续教育、住房贷款利息、住房租金、赡养老人、3 岁以下婴幼儿照护专项附加扣除
		累计依法确定的其他扣除	累计可扣除的年金、商业健康保险、个人税收递延型商业养老保险及其他扣除
		累计预扣预缴应纳税所得额	累计收入-累计免税收入-累计减除费用-累计专项扣除-累计专项附加扣除-累计依法确定的其他扣除
		累计应扣缴税额	累计预扣预缴应纳税所得额×预扣率-速算扣除数
		本期应预扣预缴税额	累计应扣缴税额-累计减免税额-累计已预扣预缴税额
2	税率	个人所得税预扣率表一	3%—45%超额累进税率（如表 4-16 所示）
3	纳税申报	扣缴义务人（支付人）	每月或每次预扣代扣税款
4	纳税期限	次月 15 日内缴入国库	报送《个人所得税扣缴申报表》
5	退税	余额为负值时	暂不退税

居民个人取得工资、薪金所得的，专项附加扣除可以选择在预扣预缴时扣除，也可以选择在年度汇算清缴时扣除。

（三）案例分析

假定中国居民张先生在上市公司任技术总监，2024 年 1—3 月工资为 20000 元/月。每月个人按规定缴纳的“三险一金”2500 元，按规定享受子女教育、赡养老人两项专项附加扣除共 2000 元。

请计算2024年1—3月，上市公司每月支付张先生工资时预扣预缴的个人所得税。

【分析】（1）2024年1月：

1月累计预扣预缴应纳税所得额＝20000－5000－2500－2000＝10500（元），对应预扣率为3%。

2024年1月，上市公司在支付工资时预扣预缴个人所得税＝10500×3%＝315（元）。

（2）2024年2月：

2月累计预扣预缴应纳税所得额＝20000×2－5000×2－2500×2－2000×2＝21000（元），对应预扣率为3%。

2月应预扣预缴税额＝21000×3%－315＝315（元）

2024年2月，上市公司在支付工资时预扣预缴个人所得税315元。

（3）2024年3月：

3月累计预扣预缴应纳税所得额＝20000×3－5000×3－2500×3－2000×3＝31500（元），对应预扣率为3%。

3月应预扣预缴税额＝31500×3%－315－315＝315（元）

2024年3月，上市公司在支付工资时预扣预缴个人所得税315元。

对上一完整纳税年度内每月均在同一单位预扣预缴工资、薪金所得个人所得税且全年工资、薪金收入（包括全年一次性奖金等各类工资、薪金所得，且不扣减任何费用及免税收入）不超过6万元的居民个人，扣缴义务人在预扣预缴本年度工资、薪金所得个人所得税时，累计减除费用自1月起直接按照全年6万元计算扣除。即在纳税人累计收入不超过6万元的月份，暂不预扣预缴个人所得税；在其累计收入超过6万元的当月及年内后续月份，再预扣预缴个人所得税。

四、劳务报酬所得、稿酬所得、特许权使用费所得的预扣预缴

（一）政策规定

1. 根据《国家税务总局关于发布〈个人所得税扣缴申报管理办法（试

行）〉的公告》（国家税务总局公告 2018 年第 61 号）第八条规定，扣缴义务人向居民个人支付劳务报酬所得、稿酬所得、特许权使用费所得时，应当按照以下方法按次或者按月预扣预缴税款：

劳务报酬所得、稿酬所得、特许权使用费所得以收入减除费用后的余额为收入额；其中，稿酬所得的收入额减按 70%计算。

减除费用：预扣预缴税款时，劳务报酬所得、稿酬所得、特许权使用费所得每次收入不超过 4000 元的，减除费用按 800 元计算；每次收入 4000 元以上的，减除费用按收入的 20%计算。

应纳税所得额：劳务报酬所得、稿酬所得、特许权使用费所得，以每次收入额为预扣预缴应纳税所得额，计算应预扣预缴税额。劳务报酬所得适用个人所得税预扣率表二（如表 4-17 所示），稿酬所得、特许权使用费所得适用 20%的比例预扣率。

居民个人办理年度综合所得汇算清缴时，应当依法计算劳务报酬所得、稿酬所得、特许权使用费所得的收入额，并入年度综合所得计算应纳税款，税款多退少补。

2. 根据《个人所得税法实施条例》第十四条规定，《个人所得税法》第六条第一款第二项、第四项、第六项所称每次，分别按照下列方法确定：

（1）劳务报酬所得、稿酬所得、特许权使用费所得，属于一次性收入的，以取得该项收入为一次；属于同一项目连续性收入的，以一个月内取得的收入为一次。

（2）财产租赁所得，以一个月内取得的收入为一次。

（3）利息、股息、红利所得，以支付利息、股息、红利时取得的收入为一次。

（4）偶然所得，以每次取得该项收入为一次。

3. 根据《国家税务总局关于印发〈征收个人所得税若干问题的规定〉的通知》（国税发〔1994〕89 号）第九条规定，《个人所得税法实施条例》第二十一条第一款第一项①中所述的“同一项目”，是指劳务报酬所得列举具体劳务项目中的某一单项，个人兼有不同的劳务报酬所得，应当分别减除

① 编者注：现为第十四条第一款第一项。

费用，计算缴纳个人所得税。

4. 根据《个人所得税法》第十一条规定，居民个人取得综合所得，按年计算个人所得税；有扣缴义务人的，由扣缴义务人按月或者按次预扣预缴税款；需要办理汇算清缴的，应当在取得所得的次年 3 月 1 日至 6 月 30 日内办理汇算清缴。预扣预缴办法由国务院税务主管部门制定。

居民个人向扣缴义务人提供专项附加扣除信息的，扣缴义务人按月预扣预缴税款时应当按照规定予以扣除，不得拒绝。

非居民个人取得工资、薪金所得，劳务报酬所得，稿酬所得和特许权使用费所得，有扣缴义务人的，由扣缴义务人按月或者按次代扣代缴税款，不办理汇算清缴。

（二）政策解读

扣缴义务人向居民个人支付劳务报酬所得、稿酬所得、特许权使用费所得时，应当按照以下方法按次或者按月预扣预缴税款：

（1）劳务报酬所得、稿酬所得、特许权使用费所得，属于一次性收入的，以取得该项收入为一次；属于同一项目连续性收入的，以一个月内取得的收入为一次。

（2）劳务报酬所得、稿酬所得、特许权使用费所得以收入减除费用后的余额为收入额；其中，稿酬所得的收入额减按 70%计算。

（3）减除费用：预扣预缴税款时，劳务报酬所得、稿酬所得、特许权使用费所得每次收入不超过 4000 元的，减除费用按 800 元计算；每次收入 4000 元以上的，减除费用按收入的 20%计算。

（4）应纳税所得额：劳务报酬所得、稿酬所得、特许权使用费所得，以每次收入额为预扣预缴应纳税所得额，计算应预扣预缴税额。

居民个人办理年度综合所得汇算清缴时，应当依法计算劳务报酬所得、稿酬所得、特许权使用费所得的收入额，并入年度综合所得计算应纳税款，税款多退少补。劳务报酬所得、稿酬所得、特许权使用费所得预扣预缴具体规定如表 4-38 所示。

表 4-38 劳务报酬所得、稿酬所得、特许权使用费所得预扣预缴

<table>
<tr><th>环节</th><th>所得</th><th>应预扣预缴税额</th><th>减除费用</th><th>预扣率</th><th>备注</th></tr>
<tr><td rowspan="3">税额计算</td><td>劳务报酬所得</td><td>(收入-费用)×预扣率-速算扣除数</td><td rowspan="3">每次收入≤4000元，费用为800元；每次收入>4000元，费用为收入的20%</td><td>个人所得税预扣率表二</td><td rowspan="3">属于一次性收入的，以取得该项收入为一次；属于同一项目连续性收入的，以一个月内取得的收入为一次</td></tr>
<tr><td>稿酬所得</td><td>(收入-费用)×70%×20%</td><td rowspan="2">20%</td></tr>
<tr><td>特许权使用费所得</td><td>(收入-费用)×20%</td></tr>
<tr><td>纳税申报</td><td colspan="5">按月或按次预扣预缴，次月15日内缴入国库，报送《个人所得税扣缴申报表》</td></tr>
</table>

仅取得劳务报酬所得、稿酬所得、特许权使用费所得，专项附加扣除在汇算清缴时办理，预扣预缴时不办理专项附加的扣除。

(三) 案例分析

李雄为齐峰公司职员，业余时间兼职健身教练或者写小说。2024年，李雄有如下收入。

(1) 3月12日，取得健身会所支付的健身专题讲座报酬2000元；

(2) 4月2日，取得健身会所支付的健身教练课时费10000元；

(3) 4月26日，取得健身会所支付的健身教练课时费20000元；

(4) 5月20日，新小说出版，取得出版社支付的版费收入20000元；

(5) 6月21日，将小说手稿改编成剧本，取得电影公司支付剧本使用费50000元。

请问李雄上述收入应如何预扣预缴个人所得税？

【分析】 根据规定，劳务报酬所得、稿酬所得、特许权使用费所得，属于一次性收入的，以取得该项收入为一次；属于同一项目连续性收入的，以一个月内取得的收入为一次。

(1) 劳务报酬所得预扣预缴。

李雄取得的健身会所支付的劳务报酬所得，3月计为一次，4月合并计为一次。

①3 月：收入额小于 4000 元，定额减除费用 800 元。

预扣预缴应纳税所得额 = 2000 − 800 = 1200（元）

适用预扣率 20%。

应预扣预缴税额 = 1200×20% = 240（元）

②4 月：合并两次劳务报酬所得 = 10000 + 20000 = 30000（元），扣除费用 20%。

预扣预缴应纳税所得额 = 30000×（1 − 20%）= 24000（元）

适用预扣率 30%，速算扣除数 2000。

应预扣预缴税额 = 24000×30% − 2000 = 5200（元）

上述所得的个人所得税应由健身会所代扣代缴，并于 4 月 15 日、5 月 15 日前（规定申报期内）分别向其所在地主管税务机关办理全额扣缴申报，同时报送《个人所得税扣缴申报表》。劳务报酬共预扣预缴个人所得税 = 240 + 5200 = 5440（元）。

（2）稿酬所得预扣预缴。

5 月取得稿酬所得，大于 4000 元，费用扣除 20%，适用预扣率 20%，

预扣预缴应纳税所得额 = 20000×（1 − 20%）×70% = 11200（元）

应预扣预缴税额 = 11200×20% = 2240（元）

上述所得的个人所得税应由出版社代扣代缴，并于 6 月 15 日前（规定申报期内）向其所在地主管税务机关办理全额扣缴申报，同时报送《个人所得税扣缴申报表》。

（3）特许权使用费所得预扣预缴。

6 月取得特许权使用费 50000 元，大于 4000 元，费用扣除 20%，适用预扣率 20%。

预扣预缴应纳税所得额 = 50000×（1 − 20%）= 40000（元）

应预扣预缴税额 = 40000×20% = 8000（元）

上述所得的个人所得税应由电影公司代扣代缴，并于 7 月 15 日前（规定申报期内）向其所在地主管税务机关办理全额扣缴申报，同时报送《个人所得税扣缴申报表》。

综上，2024 年李雄共预扣预缴个人所得税 = 5440 + 2240 + 8000 = 15680（元）。

五、年度汇算清缴应退或应补税额的计算

（一）政策规定

根据《国家税务总局关于办理2023年度个人所得税综合所得汇算清缴事项的公告》（国家税务总局公告2024年第2号）第一条规定，2023年度终了后，居民个人需要汇总2023年1月1日至12月31日取得的工资薪金、劳务报酬、稿酬、特许权使用费等四项综合所得的收入额，减除费用6万元以及专项扣除、专项附加扣除、依法确定的其他扣除和符合条件的公益慈善事业捐赠后，适用综合所得个人所得税税率并减去速算扣除数，计算最终应纳税额，再减去2023年已预缴税额，得出应退或应补税额，向税务机关申报并办理退税或补税。具体计算公式如下：

应退或应补税额=［（综合所得收入额-60000元-“三险一金”等专项扣除-子女教育等专项附加扣除-依法确定的其他扣除-符合条件的公益慈善事业捐赠）×适用税率-速算扣除数］-已预缴税额

汇算不涉及纳税人的财产租赁等分类所得，以及按规定不并入综合所得计算纳税的所得。

（二）政策解读

居民个人的综合所得，以每一纳税年度的收入额减除费用6万元以及专项扣除、专项附加扣除和依法确定的其他扣除后的余额，为应纳税所得额。适用综合所得年税率3%—45%七级超额累进税率，计算应纳的个人所得税税额。年度终了后，居民个人需要汇总当年1月1日至12月31日取得的工资薪金、劳务报酬、稿酬、特许权使用费等四项所得（综合所得）合并汇缴，向税务机关申报并办理退税或补税，如表4-39所示。

计算公式：

年度汇算应退或应补税额=［（综合所得收入额-60000元-“三险一金”等专项扣除-子女教育等专项附加扣除-依法确定的其他扣除-准予扣除的公益慈善事业捐赠）×适用税率-速算扣除数］-已预缴税额

表 4-39　个人所得税综合所得汇算清缴时应退（补）税额的计算

环节	所得	应税收入额	应纳税所得额	税率	应纳税额	应（补）退税额
汇算清缴	工资薪金所得	工资薪金所得×100%	应税收入额-免税收入-（60000+专项扣除+专项附加扣除+其他扣除+准予扣除的公益慈善事业捐赠）	3%—45%超额累进税率	应纳税所得额×适用税率-速算扣除数	应纳税额-已预扣预缴税额
	劳务报酬所得	劳务报酬所得×（1-20%）				
	稿酬所得	稿酬所得×（1-20%）×70%				
	特许权使用费所得	特许权使用费所得×（1-20%）				

（三）案例分析

李雄是齐峰公司的职员，2024 年发生以下事项。

（1）全年取得工资薪金收入 300000 元，符合规定可扣除的三险一金 60000 元（基本养老保险 24000 元，基本医疗保险 9600 元，失业保险 2400 元，住房公积金 24000 元），专项附加扣除（不含大病医疗）52400 元，其他扣除 12400 元，齐峰公司全年预扣预缴个人所得税 9000 元；

（2）符合规定可扣除的大病医疗费用 120000 元；

（3）全年从美派健身会所取得劳务报酬收入 32000 元，已预扣预缴个人所得税 5440 元；

（4）全年取得稿酬收入 20000 元，已预扣预缴个人所得税 2240 元；

（5）全年取得特许权使用费收入 50000 元，已预扣预缴个人所得税 8000 元。

请问李雄应如何办理 2024 年度个人所得税汇算清缴？

【分析】（1）判断是否需要进行年度个人所得税汇算清缴。

李雄 2024 年度取得劳务报酬所得、稿酬所得、特许权使用费所得，且 2024 年发生大病医疗专项附加扣除项目，需要在汇算清缴时予以扣除，符合《个人所得税法实施条例》规定的居民个人取得综合所得需要办理汇算清缴的情形。

(2) 计算李雄全年综合所得应纳个人所得税税额。

综合所得应税收入额 = 300000 + 32000 × 80% + 20000 × 80% × 70% + 50000 × 80% = 376800（元）

综合所得应纳税所得额 = 376800 − 60000 − 60000 − （52400 + 120000）− 12400 = 72000（元）

适用个人所得税税率表一，适用税率 10%，速算扣除数 2520。

应纳个人所得税税额 = 72000×10%−2520 = 4680（元）

(3) 计算应补（退）税额。

应补（退）税额 = 4680−9000−5440−2240−8000 = −20000（元）

应退个人所得税 20000 元。

(4) 李雄应于 2025 年 3 月 1 日至 6 月 30 日，向其任职受雇单位齐峰公司的所在地主管税务机关办理汇算清缴申报，同时报送《个人所得税年度自行纳税申报表（A 表）》。

六、居民个人取得的年终奖金的个人所得税处理

（一）政策规定

1. 根据《国家税务总局关于调整个人取得全年一次性奖金等计算征收个人所得税方法问题的通知》（国税发〔2005〕9 号）规定，全年一次性奖金是指行政机关、企事业单位等扣缴义务人根据其全年经济效益和对雇员全年工作业绩的综合考核情况，向雇员发放的一次性奖金。

上述一次性奖金也包括年终加薪、实行年薪制和绩效工资办法的单位根据考核情况兑现的年薪和绩效工资。

雇员取得除全年一次性奖金以外的其他各种名目奖金，如半年奖、季度奖、加班奖、先进奖、考勤奖等，一律与当月工资、薪金收入合并，按税法规定缴纳个人所得税。

2. 根据《财政部 税务总局关于延续实施全年一次性奖金个人所得税政

策的公告》（财政部 税务总局公告 2023 年第 30 号）规定，居民个人取得全年一次性奖金，符合《国家税务总局关于调整个人取得全年一次性奖金等计算征收个人所得税方法问题的通知》（国税发〔2005〕9 号）规定的，不并入当年综合所得，以全年一次性奖金收入除以 12 个月得到的数额，按照该公告所附按月换算后的综合所得税率表，确定适用税率和速算扣除数，单独计算纳税。计算公式为：

应纳税额=全年一次性奖金收入×适用税率-速算扣除数

居民个人取得全年一次性奖金，也可以选择并入当年综合所得计算纳税。

该公告执行至 2027 年 12 月 31 日。

（二）政策解读

全年一次性奖金是指行政机关、企事业单位等扣缴义务人根据其全年经济效益和对雇员全年工作业绩的综合考核情况，向雇员发放的一次性奖金，也包括年终加薪、实行年薪制和绩效工资办法的单位根据考核情况兑现的年薪和绩效工资。对全年一次性奖金的税务处理要点，归纳如表 4-40 所示。

表 4-40　　居民个人取得的年终奖金的个人所得税处理

<table>
<tr><th colspan="2">奖金</th><th>个人所得税处理</th></tr>
<tr><td rowspan="3">全年一次性奖金</td><td>根据全年经济效益和业绩考核，向雇员发放的一次性奖金</td><td rowspan="3">在 2027 年 12 月 31 日前，可选择单独计算缴纳个人所得税或并入当年综合所得计算个人所得税</td></tr>
<tr><td>年终加薪</td></tr>
<tr><td>根据考核兑现的年薪和绩效工资</td></tr>
<tr><td colspan="2">其他各种名目奖金，如半年奖、季度奖、加班奖、先进奖、考察奖等</td><td>与当月工资、薪金收入合并，按税法规定缴纳个人所得税</td></tr>
</table>

选择单独计算缴纳个人所得税，计算方法如表 4-41 所示。

表 4-41　　年终奖选择单独计算的征税方法

全年一次性奖金	计算公式	适用税率表	税率和速算扣除数选择方法	征税规定
选择单独计税	应纳税额 = 全年一次性奖金收入×适用税率-速算扣除数	按月换算后的综合所得税率表	全年一次性奖金收入÷12 得到的数额查表	一个纳税年度内，对每一个纳税人，该计税办法只允许采用一次

适用税率如表 4-42 所示。

表 4-42　　按月换算后的综合所得税率

级数	全月应纳税所得额	税率（%）	速算扣除数
1	不超过 3000 元的	3	0
2	超过 3000 元至 12000 元的部分	10	210
3	超过 12000 元至 25000 元的部分	20	1410
4	超过 25000 元至 35000 元的部分	25	2660
5	超过 35000 元至 55000 元的部分	30	4410
6	超过 55000 元至 80000 元的部分	35	7160
7	超过 80000 元的部分	45	15160

（三）案例分析

中国公民张某 2024 年 12 月取得全年一次性奖金 72000 元，全年工资总额 150000 元，全年缴纳“三险一金”24000 元。张某妻子全职照顾儿女上学，儿子上小学，女儿上初中，父母均已年满 60 周岁，张某兄妹 3 人，约定平均分摊享受赡养老人专项附加扣除，无其他专项附加扣除。

请分情况计算张某全年一次性奖金所缴纳的个人所得税。

【分析】（1）全年一次性奖金不并入当年综合所得。

每月奖金 = 72000÷12 = 6000（元），适用的税率为 10%，速算扣除数为 210。

全年一次性奖金缴纳个人所得税 = 72000×10%－210 = 6990（元）

当年每月享受子女教育和赡养老人专项附加扣除 = 2000 + 2000 + 1000 = 5000（元）

全年工资、薪金所得的应纳税所得额 = 150000 − 60000 − 24000 − 5000×12 = 6000（元）

全年工资、薪金所得应纳税额 = 6000×3% = 180（元）

张某应纳个人所得税 = 6990 + 180 = 7170（元）

（2）全年一次性奖金并入当年综合所得。

全年综合所得的应纳税所得额 = 150000 + 72000 − 60000 − 24000 − 5000×12 = 78000（元）

全年综合所得应纳个人所得税税额 = 78000×10% − 2520 = 5280（元）

七、查账征收的个体工商户的扣除项目及标准

（一）政策规定

根据《个体工商户个人所得税计税办法》第二十一条至第二十九条、第三十一条至第三十六条、第三十八条规定，个体工商户实际支付给从业人员的、合理的工资薪金支出，准予扣除。

个体工商户业主的费用扣除标准，依照相关法律、法规和政策规定执行。

个体工商户业主的工资薪金支出不得税前扣除。

个体工商户按照国务院有关主管部门或者省级人民政府规定的范围和标准为其业主和从业人员缴纳的基本养老保险费、基本医疗保险费、失业保险费、生育保险费、工伤保险费和住房公积金，准予扣除。

个体工商户为从业人员缴纳的补充养老保险费、补充医疗保险费，分别在不超过从业人员工资总额 5%标准内的部分据实扣除；超过部分，不得扣除。

个体工商户业主本人缴纳的补充养老保险费、补充医疗保险费，以当地（地级市）上年度社会平均工资的 3 倍为计算基数，分别在不超过该计算基数 5%标准内的部分据实扣除；超过部分，不得扣除。

除个体工商户依照国家有关规定为特殊工种从业人员支付的人身安全保险费和财政部、国家税务总局规定可以扣除的其他商业保险费外，个体工商户业主本人或者为从业人员支付的商业保险费，不得扣除。

个体工商户在生产经营活动中发生的合理的不需要资本化的借款费用，准予扣除。

个体工商户为购置、建造固定资产、无形资产和经过12个月以上的建造才能达到预定可销售状态的存货发生借款的，在有关资产购置、建造期间发生的合理的借款费用，应当作为资本性支出计入有关资产的成本，并依照该办法的规定扣除。

个体工商户在生产经营活动中发生的下列利息支出，准予扣除：①向金融企业借款的利息支出；②向非金融企业和个人借款的利息支出，不超过按照金融企业同期同类贷款利率计算的数额的部分。

个体工商户在货币交易中，以及纳税年度终了时将人民币以外的货币性资产、负债按照期末即期人民币汇率中间价折算为人民币时产生的汇兑损失，除已经计入有关资产成本部分外，准予扣除。

个体工商户向当地工会组织拨缴的工会经费、实际发生的职工福利费支出、职工教育经费支出分别在工资薪金总额的2%、14%、2.5%的标准内据实扣除。

工资薪金总额是指允许在当期税前扣除的工资薪金支出数额。

职工教育经费的实际发生数额超出规定比例当期不能扣除的数额，准予在以后纳税年度结转扣除。

个体工商户业主本人向当地工会组织缴纳的工会经费、实际发生的职工福利费支出、职工教育经费支出，以当地（地级市）上年度社会平均工资的3倍为计算基数，在规定比例内据实扣除。

个体工商户发生的与生产经营活动有关的业务招待费，按照实际发生额的60%扣除，但最高不得超过当年销售（营业）收入的5‰。

业主自申请营业执照之日至开始生产经营之日所发生的业务招待费，按照实际发生额的60%计入个体工商户的开办费。

个体工商户每一纳税年度发生的与其生产经营活动直接相关的广告费和业务宣传费不超过当年销售（营业）收入15%的部分，可以据实扣除；超过部分，准予在以后纳税年度结转扣除。

个体工商户按照规定缴纳的摊位费、行政性收费、协会会费等，按实际发生数额扣除。

个体工商户根据生产经营活动的需要租入固定资产支付的租赁费，按照以下方法扣除：①以经营租赁方式租入固定资产发生的租赁费支出，按照租赁期限均匀扣除；②以融资租赁方式租入固定资产发生的租赁费支出，按照规定构成融资租入固定资产价值的部分应当提取折旧费用，分期扣除。

个体工商户参加财产保险，按照规定缴纳的保险费，准予扣除。

个体工商户发生的合理的劳动保护支出，准予扣除。

个体工商户自申请营业执照之日至开始生产经营之日所发生符合《个体工商户个人所得税计税办法》规定的费用，除为取得固定资产、无形资产的支出，以及应计入资产价值的汇兑损益、利息支出外，作为开办费，个体工商户可以选择在开始生产经营的当年一次性扣除，也可自生产经营月份起在不短于3年期限内摊销扣除，但一经选定，不得改变。

开始生产经营之日为个体工商户取得第一笔销售（营业）收入的日期。

个体工商户通过公益性社会团体或者县级以上人民政府及其部门，用于《公益事业捐赠法》规定的公益事业的捐赠，捐赠额不超过其应纳税所得额30%的部分可以据实扣除。

财政部、国家税务总局规定可以全额在税前扣除的捐赠支出项目，按有关规定执行。

个体工商户直接对受益人的捐赠不得扣除。

公益性社会团体的认定，按照财政部、国家税务总局、民政部有关规定执行。

个体工商户研究开发新产品、新技术、新工艺所发生的开发费用，以及研究开发新产品、新技术而购置单台价值在10万元以下的测试仪器和试验性装置的购置费准予直接扣除；单台价值在10万元以上（含10万元）的测试仪器和试验性装置，按固定资产管理，不得在当期直接扣除。

（二）政策解读

查账征收的个体工商户的扣除项目及标准如表4-43所示。

表 4-43　　　　查账征收的个体工商户的扣除项目及标准

扣除项目	扣除标准	
工资薪金	从业人员合理的部分	准予扣除
	业主	不得扣除
工会经费、职工福利费、职工教育经费支出	个体工商户发生	分别在工资薪金总额的 2%、14%、2.5%的标准内据实扣除
	业主本人发生	以当地（地级市）上年度社会平均工资的 3 倍为计算基数，分别在工资薪金总额的 2%、14%、2.5%的标准内据实扣除
五险一金	在规定的范围和标准内的准予扣除	
补充养老保险费、补充医疗保险费	为从业人员缴纳	分别在不超过从业人员工资总额 5%标准内的部分据实扣除；超过部分，不得扣除
	为业主本人缴纳	以当地（地级市）上年度社会平均工资的 3 倍为计算基数，分别在不超过该计算基数 5%标准内的部分据实扣除；超过部分，不得扣除
财产保险	按照规定缴纳的保险费，准予扣除	
商业保险	为特殊工种从业人员支付的人身安全保险费	准予扣除
	财政部、国家税务总局规定可以扣除的其他商业保险费	
	其他	不得扣除
借款费用	不需要资本化的费用	准予扣除
	资本化的费用，作为资本性支出计入有关资产的成本	按规定扣除
利息支出	向金融企业借款	准予扣除
	向非金融企业和个人借款	不超过按照金融企业同期同类贷款利率计算的数额的部分准予扣除
汇兑损失	未计入资产成本	准予扣除
	计入资产成本	按规定扣除
业务招待费	1. 与生产经营活动有关的业务招待费，按照实际发生额的 60%扣除，但最高不得超过当年销售（营业）收入的 5‰	
	2. 业主自申请营业执照之日至开始生产经营之日所发生的业务招待费，按照实际发生额的 60%计入个体工商户的开办费	

续表

扣除项目	扣除标准	
广告费和业务宣传费	不超过当年销售（营业）收入15%的部分，据实扣除；超过部分，准予在以后纳税年度结转扣除	
租赁费	经营租赁	在租赁期内均匀扣除
	融资租赁	以折旧形式分期扣除
劳动保护支出	合理的部分准予扣除	
开办费	1. 开始生产经营的当年一次性扣除	
	2. 自生产经营月份起在不短于3年期限内摊销（扣除方式一经选定，不得改变）	
公益事业捐赠	符合规定的捐赠	捐赠额不超过其应纳税所得额30%的部分可以据实扣除
	财政部、国家税务总局规定可以全额在税前扣除的捐赠	全额扣除
	直接对受益人的捐赠	不得扣除
研发费用	购置单台价值在10万元以下的测试仪器和试验性装置的购置费	准予直接扣除
	单台价值在10万元以上（含10万元）的测试仪器和试验性装置	按固定资产管理，不得在当期直接扣除
行政性收费等其他费用	按实际发生数额扣除	

注：职工教育经费的实际发生数额超出规定比例当期不能扣除的数额，准予在以后纳税年度结转扣除。

个体工商户开始生产经营之日为取得第一笔销售（营业）收入的日期。

（三）案例分析

某个体工商户从事商品销售，2024年取得销售收入248000元，销售成本为100000元，各项费用支出为18000元，缴纳增值税12000元，其他税费合计1800元。该个体工商户业主无其他工作，有个上小学的女儿，妻子是全职太太。当年1—11月累计已预缴个人所得税4700元（各项成本费用支出符合税前扣除标准）。

假设不考虑个体工商户优惠政策，请计算该个体工商户当年应纳个人所得税税额及汇算清缴时补（退）税额。

【分析】该个体工商户当年的应纳税所得额＝248000－100000－18000－1800－60000－24000＝44200（元）

该个体工商户应纳税额＝44200×10%－1500＝2920（元）

该个体工商户汇算清缴应补（退）税额＝2920－4700＝－1780（元）

该个体工商户汇算清缴时应退税额1780元。

第六节　税收优惠

一、法定免征个人所得税的范围

（一）政策规定

1. 根据《个人所得税法》第四条规定，下列各项个人所得，免征个人所得税：

（1）省级人民政府、国务院部委和中国人民解放军军以上单位，以及外国组织、国际组织颁发的科学、教育、技术、文化、卫生、体育、环境保护等方面的奖金；

（2）国债和国家发行的金融债券利息；

（3）按照国家统一规定发给的补贴、津贴；

（4）福利费、抚恤金、救济金；

（5）保险赔款；

（6）军人的转业费、复员费、退役金；

（7）按照国家统一规定发给干部、职工的安家费、退职费、基本养老金或者退休费、离休费、离休生活补助费；

（8）依照有关法律规定应予免税的各国驻华使馆、领事馆的外交代表、领事官员和其他人员的所得；

（9）中国政府参加的国际公约、签订的协议中规定免税的所得；

（10）国务院规定的其他免税所得。

上述第（10）项免税规定由国务院报全国人民代表大会常务委员会备案。

2. 根据《个人所得税法实施条例》第九条、第十条、第十一条、第十二条规定，《个人所得税法》第四条第一款第二项所称国债利息，是指个人持有中华人民共和国财政部发行的债券而取得的利息；所称国家发行的金融债券利息，是指个人持有经国务院批准发行的金融债券而取得的利息。

《个人所得税法》第四条第一款第三项所称按照国家统一规定发给的补贴、津贴，是指按照国务院规定发给的政府特殊津贴、院士津贴，以及国务院规定免予缴纳个人所得税的其他补贴、津贴。

《个人所得税法》第四条第一款第四项所称福利费，是指根据国家有关规定，从企业、事业单位、国家机关、社会组织提留的福利费或者工会经费中支付给个人的生活补助费；所称救济金，是指各级人民政府民政部门支付给个人的生活困难补助费。

《个人所得税法》第四条第一款第八项所称依照有关法律规定应予免税的各国驻华使馆、领事馆的外交代表、领事官员和其他人员的所得，是指依照《中华人民共和国外交特权与豁免条例》和《中华人民共和国领事特权与豁免条例》规定免税的所得。

（二）政策解读

个人所得税是国家对个人所得征收的一种税，旨在调节收入分配，促进社会公平。近年来，随着我国经济的快速发展，个人所得税在税收收入中的比重也越来越高。为了更好地促进经济发展和社会稳定，国家出台了一系列个人所得税减免政策。个人所得税减免政策的目的是减轻人民群众的税收负担，促进社会公平，稳定经济发展。通过减免政策，可以鼓励人们更加积极地投入工作，提高收入水平，同时也能够促进社会资源的合理分配。个人所得税的免税政策规定，主要针对的是一些特定的收入项目。

（三）案例分析

1. 李教授是一位在科研领域有杰出贡献的学者，获得了政府颁发的特殊津贴。

请问李教授获得的特殊津贴应如何进行个人所得税处理?

【分析】根据税法规定,按照国家统一规定发给的补贴、津贴免征个人所得税,因此,李教授获得的政府特殊津贴无须缴纳个人所得税。这体现了国家对科研人才的重视和支持。

2. 张军是一名退役军人,他在办理退伍手续时,收到了一笔部队发放的退役金。

请问张军取得的退役金应如何进行个人所得税处理?

【分析】根据税法规定,军人的转业费、复员费、退役金是免征个人所得税的。张军收到的退役金无须缴纳个人所得税,这有助于保障退役军人的合法权益。

二、法定减征个人所得税的范围

(一) 政策规定

根据《个人所得税法》第五条规定,有下列情形之一的,可以减征个人所得税,具体幅度和期限,由省、自治区、直辖市人民政府规定,并报同级人民代表大会常务委员会备案:

(1) 残疾、孤老人员和烈属的所得;

(2) 因自然灾害遭受重大损失的。

国务院可以规定其他减税情形,报全国人民代表大会常务委员会备案。

(二) 政策解读

为凸显对残疾等困难群体的帮扶、救助,维护社会公平正义,充分发挥个人所得税“调高惠低”调节收入分配作用,让中低收入群体享受更多政策红利,税法允许各省、自治区、直辖市人民政府根据实际,对困难群体给予一定额度减税优惠。

(三) 案例分析

1. 小王是一位残疾人,他通过自己的努力找到了一份工作,每月工资收入为8000元。

请问小王是否可以减征个人所得税？

【分析】 根据《个人所得税法》第五条规定，残疾人的所得可以减征个人所得税。具体幅度和期限由省、自治区、直辖市人民政府规定。

小王作为残疾人，可以享受个人所得税的减征优惠。具体减征额度根据当地政策而定，这有助于减轻他的税收负担，提高他的生活水平。

2. 张阿姨家位于一个容易发生自然灾害的地区。去年，她的房屋因自然灾害严重受损，导致她花费了大量资金进行修复。同时，她的工作也受到了影响，收入大幅下降。

请问张阿姨是否可以享受减征个人所得税优惠？

【分析】 根据《个人所得税法》第五条规定，因自然灾害遭受重大损失的纳税人可以减征个人所得税。

张阿姨因自然灾害遭受了重大损失，她可以向当地税务机关申请个人所得税的减征。这将有助于她减轻经济负担，更好地应对灾害带来的困难。

三、个人取得储蓄存款利息的个人所得税处理

（一）政策规定

1. 根据《国务院关于修改〈对储蓄存款利息所得征收个人所得税的实施办法〉的决定》，修订后的《对储蓄存款利息所得征收个人所得税的实施办法》第五条规定，个人取得的教育储蓄存款利息所得以及国务院财政部门确定的其他专项储蓄存款或者储蓄性专项基金存款的利息所得，免征个人所得税。

所称教育储蓄是指个人按照国家有关规定在指定银行开户、存入规定数额资金、用于教育目的的专项储蓄。

2. 根据《财政部 国家税务总局关于储蓄存款利息所得有关个人所得税政策的通知》（财税〔2008〕132号）第五条规定，为配合国家宏观调控政策需要，经国务院批准，自2008年10月9日起，对储蓄存款利息所得暂免征收个人所得税。即储蓄存款在1999年10月31日前孳生的利息所得，不

征收个人所得税；储蓄存款在1999年11月1日至2007年8月14日孳生的利息所得，按照20%的比例税率征收个人所得税；储蓄存款在2007年8月15日至2008年10月8日孳生的利息所得，按照5%的比例税率征收个人所得税；储蓄存款在2008年10月9日后（含10月9日）孳生的利息所得，暂免征收个人所得税。

（二）政策解读

储蓄存款利息所得税在我国有着悠久的历史。新中国成立初期，我国曾开征利息所得税，但随着社会主义改造的完成，利息所得税的征税范围逐步缩小，最终在1959年停止征收。直到20世纪80年代，为了满足改革开放的需求，我国重新将利息所得纳入个人所得税体系，并对储蓄存款利息免税。

（三）案例分析

2024年10月，国内某研究所研究员张某取得部分收入项目如下。

（1）取得5年期国债利息收入5500元，一年期储蓄存款利息收入672.82元，齐峰上市公司发行的企业债券利息收入3200元。

（2）取得股票分红所得3210元，该股票为张某两年前购买的华宇上市公司股票。

假设不考虑其他因素，2024年10月，张某取得的利息、股息收入是否需要纳税？如需要，计算应纳税额。

【分析】（1）取得5年期国债利息收入5500元，免征个人所得税；取得一年期储蓄存款利息收入672.82元，免征个人所得税；取得齐峰上市公司发行的企业债券利息收入3200元，应缴纳个人所得税=3200×20%=640（元）。

（2）取得股票分红所得3210元不需要纳税。

这是因为，根据《财政部 国家税务总局 证监会关于上市公司股息红利差别化个人所得税政策有关问题的通知》（财税〔2015〕101号）规定，个人从公开发行和转让市场取得的上市公司股票，持股期限超过1年的，股息红利所得暂免征收个人所得税。

四、适用上市公司股息、红利差别化政策时的个人所得税处理

（一）政策规定

1. 根据《财政部 国家税务总局 证监会关于实施上市公司股息红利差别化个人所得税政策有关问题的通知》（财税〔2012〕85 号）第一条、第三条、第八条规定，上市公司是指在上海证券交易所、深圳证券交易所挂牌交易的上市公司；持股期限是指个人从公开发行和转让市场取得上市公司股票之日至转让交割该股票之日前一日的持有时间。

个人转让股票时，按照先进先出的原则计算持股期限，即证券账户中先取得的股票视为先转让。

应纳税所得额以个人投资者证券账户为单位计算，持股数量以每日日终结算后个人投资者证券账户的持有记录为准，证券账户取得或转让的股份数为每日日终结算后的净增（减）股份数。

该通知所称年（月）是指自然年（月），即持股一年是指从上一年某月某日至本年同月同日的前一日连续持股，持股一个月是指从上月某日至本月同日的前一日连续持股。

2. 根据《财政部 国家税务总局 证监会关于上市公司股息红利差别化个人所得税政策有关问题的通知》（财税〔2015〕101 号）第一条、第二条、第五条规定，个人从公开发行和转让市场取得的上市公司股票，持股期限超过 1 年的，股息红利所得暂免征收个人所得税。

个人从公开发行和转让市场取得的上市公司股票，持股期限在 1 个月以内（含 1 个月）的，其股息红利所得全额计入应纳税所得额；持股期限在 1 个月以上至 1 年（含 1 年）的，暂减按 50%计入应纳税所得额；上述所得统一适用 20%的税率计征个人所得税。

上市公司派发股息红利时，对个人持股 1 年以内（含 1 年）的，上市公司暂不扣缴个人所得税；待个人转让股票时，证券登记结算公司根据其持股期限计算应纳税额，由证券公司等股份托管机构从个人资金账户中扣收并划付证券登记结算公司，证券登记结算公司应于次月 5 个工作日内划付上市公

司，上市公司在收到税款当月的法定申报期内向主管税务机关申报缴纳。

该通知自 2015 年 9 月 8 日起施行。上市公司派发股息红利，股权登记日在 2015 年 9 月 8 日之后的，股息红利所得按照该通知的规定执行。该通知实施之日个人投资者证券账户已持有的上市公司股票，其持股时间自取得之日起计算。

（二）政策解读

上市公司股息红利是投资者从上市公司获取的重要收益之一。在过去的税收政策中，投资者在获得股息红利时需要缴纳个人所得税。然而，这种税收方式存在一些问题，如鼓励短期投机、不利于长期投资等。因此，为了促进资本市场的健康发展，我国政府制定了上市公司股息红利差别化个人所得税政策。

（三）案例分析

张某为国内某高校教授，2024 年 3 月除高校工资外，取得如下所得：

（1）从齐峰上市公司取得股息所得 12000 元，齐峰上市公司股票系张某 2023 年 8 月从公开市场购买，本月处置了该上市公司股票；

（2）从 B 非上市公司取得股息所得 5000 元；

（3）兑现 3 月 20 日到期的一年期银行储蓄存款利息所得 1500 元。

假设不考虑其他因素，请计算张某 2024 年 3 月上述所得应缴纳的个人所得税。

【分析】（1）张某从齐峰上市公司取得股息所得 12000 元，持股期限在 1 个月以上至 1 年（含 1 年），暂减按 50%计入应纳税所得额，应纳税额 = 12000×50%×20% = 1200（元）。

对个人转让上市公司股票取得的所得暂免征收个人所得税。

（2）从 B 非上市公司取得股息所得 5000 元，应当全额缴纳个人所得税。应纳税额 = 5000×20% = 1000（元）。

（3）自 2008 年 10 月 9 日起，对储蓄利息所得暂免征收个人所得税，因此 3 月 20 日取得的银行储蓄存款利息所得 1500 元，免征个人所得税。

综上所述，张某 3 月应纳个人所得税税额 = 1200+1000 = 2200（元）。

五、个人取得有奖发票的奖金的个人所得税处理

（一）政策规定

根据《财政部 国家税务总局关于个人取得有奖发票奖金征免个人所得税问题的通知》（财税〔2007〕34号）规定，为促进有奖发票的使用和推广，鼓励单位和个人依法开具发票，规范发票管理，个人取得单张有奖发票奖金所得不超过800元（含800元）的，暂免征收个人所得税；个人取得单张有奖发票奖金所得超过800元的，应全额按照个人所得税法规定的“偶然所得”征收个人所得税。税务机关或其指定的有奖发票兑奖机构，是有奖发票奖金所得个人所得税的扣缴义务人，应依法认真做好个人所得税代扣代缴工作。

（二）政策解读

有奖发票的奖金需根据金额大小判断是否缴税。个人取得单张有奖发票奖金所得不超过800元（含800元）的，暂免征收个人所得税；个人取得单张有奖发票奖金所得超过800元的，应全额按照个人所得税法规定的“偶然所得”征收个人所得税。

（三）案例分析

张某在某餐厅消费取得两张有奖发票，一张中奖金额为500元，另一张中奖金额为1000元。

请问张某应该如何缴纳个人所得税？

【分析】有奖发票的奖金应该按照偶然所得纳税，税率为20%。

张某取得的500元的有奖发票奖金由于未超过800元限额，暂免征收个人所得税；取得1000元的奖金应该缴纳个人所得税。应纳税额=1000×20%=200（元）。

税款200元应由该餐厅代扣代缴。

第七节　征收管理

一、扣缴义务人的全员全额申报

（一）政策规定

1.《个人所得税法》第十条第二款规定，扣缴义务人应当按照国家规定办理全员全额扣缴申报，并向纳税人提供其个人所得和已扣缴税款等信息。

2. 根据《个人所得税法实施条例》第二十六条规定，《个人所得税法》第十条第二款所称全员全额扣缴申报，是指扣缴义务人在代扣税款的次月15日内，向主管税务机关报送其支付所得的所有个人的有关信息、支付所得数额、扣除事项和数额、扣缴税款的具体数额和总额以及其他相关涉税信息资料。

3. 根据《国家税务总局关于发布〈个人所得税扣缴申报管理办法（试行）〉的公告》（国家税务总局公告2018年第61号）第四条、第五条规定，实行个人所得税全员全额扣缴申报的应税所得包括：①工资、薪金所得；②劳务报酬所得；③稿酬所得；④特许权使用费所得；⑤利息、股息、红利所得；⑥财产租赁所得；⑦财产转让所得；⑧偶然所得。

扣缴义务人首次向纳税人支付所得时，应当按照纳税人提供的纳税人识别号等基础信息，填写《个人所得税基础信息表（A表）》，并于次月扣缴申报时向税务机关报送。

扣缴义务人对纳税人向其报告的相关基础信息变化情况，应当于次月扣缴申报时向税务机关报送。

（二）政策解读

全员全额扣缴申报，是指扣缴义务人在代扣税款的次月15日内，向主管税务机关报送其支付所得的所有个人的有关信息、支付所得数额、扣除事项和数额、扣缴税款的具体数额和总额以及其他相关涉税信息资料。

扣缴义务人向个人支付应税所得时，无论其是否属于本单位人员、支付的应税所得是否达到纳税标准，扣缴义务人均应当在代扣税款的次月 15 日内，向主管税务机关办理全员全额扣缴申报。

(三) 案例分析

财务人员小新就职于一家医药公司，公司共有销售人员 200 余人，销售旺季有的员工工资能达到 20000 多元，销售淡季只有 2000 元的保底工资。所以，该公司人员流动性很大，经常出现不打招呼就离职的情况。人事和财务最头疼的就是工资计算和个人所得税申报，每个月都要加减 40 人左右，最后实在受不了的小新想到了一个办法，新增加人员不录入个人所得税申报系统，等满了试用期，稳定了以后再添加申报。

请问该医药公司申报个人所得税的做法是否存在问题?

【分析】根据《个人所得税法实施条例》第二十六条规定，扣缴义务人在代扣税款的次月 15 日内，向主管税务机关报送其支付所得的所有个人的有关信息、支付所得数额、扣除事项和数额、扣缴税款的具体数额和总额以及其他相关涉税信息资料。该医药公司应当在每月发放工资后将所有职工的发放工资情况进行申报。

二、扣缴义务人手续费处理

(一) 政策规定

1. 根据《个人所得税法》第十七条规定，对扣缴义务人按照所扣缴的税款，付给 2%的手续费。

2. 根据《个人所得税法》第三十三条规定，税务机关按照《个人所得税法》第十七条的规定付给扣缴义务人手续费，应当填开退还书；扣缴义务人凭退还书，按照国库管理有关规定办理退库手续。

3. 根据《国家税务总局关于发布〈个人所得税扣缴申报管理办法（试行）〉的公告》（国家税务总局公告 2018 年第 61 号）第十七条规定，对扣缴义务人按照规定扣缴的税款，按年付给 2%的手续费。不包括税务机关、司法机关等查补或者责令补扣的税款。

扣缴义务人领取的扣缴手续费可用于提升办税能力、奖励办税人员。

（二）政策解读

对扣缴义务人按照所扣缴的税款，付给2%的手续费。不包括税务机关、司法机关等查补或者责令补扣的税款。扣缴义务人领取的扣缴手续费可用于提升办税能力、奖励办税人员。

税务机关按照《个人所得税法》第十七条的规定付给扣缴义务人手续费，应当填开退还书；扣缴义务人凭退还书，按照国库管理有关规定办理退库手续。

（三）案例分析

华峰公司2024年共代扣代缴个人所得税200万元，另有税务机关查补的2017年未按规定代扣代缴的个人所得税税额30万元、罚款10万元，滞纳金5万元。

请计算华峰公司2024年代扣代缴的个人所得税可以取得多少手续费？

【分析】计算手续费的基数不包括税务机关、司法机关等查补或者责令补扣的税款，因此，该公司可取得的手续费＝200×2%＝4（万元）。

三、纳税人应当自行申报的情形

（一）政策规定

1. 根据《个人所得税法》第十条、第十二条规定，有下列情形之一的，纳税人应当依法办理纳税申报：

（1）取得综合所得需要办理汇算清缴；

（2）取得应税所得没有扣缴义务人；

（3）取得应税所得，扣缴义务人未扣缴税款；

（4）取得境外所得；

（5）因移居境外注销中国户籍；

（6）非居民个人在中国境内从两处以上取得工资、薪金所得；

（7）国务院规定的其他情形。

2. 根据《个人所得税法实施条例》第二十五条规定，取得综合所得需要办理汇算清缴的情形包括：

（1）从两处以上取得综合所得，且综合所得年收入额减除专项扣除的余额超过 6 万元；

（2）取得劳务报酬所得、稿酬所得、特许权使用费所得中一项或者多项所得，且综合所得年收入额减除专项扣除的余额超过 6 万元；

（3）纳税年度内预缴税额低于应纳税额；

（4）纳税人申请退税。

3. 根据《国家税务总局关于修订发布〈个人所得税专项附加扣除操作办法（试行）〉的公告》（国家税务总局公告 2022 年第 7 号）第四条规定，享受子女教育、继续教育、住房贷款利息或者住房租金、赡养老人、3 岁以下婴幼儿照护专项附加扣除的纳税人，自符合条件开始，可以向支付工资、薪金所得的扣缴义务人提供上述专项附加扣除有关信息，由扣缴义务人在预扣预缴税款时，按其在本单位本年可享受的累计扣除额办理扣除；也可以在次年 3 月 1 日至 6 月 30 日内，向汇缴地主管税务机关办理汇算清缴申报时扣除。

纳税人同时从两处以上取得工资、薪金所得，并由扣缴义务人办理上述专项附加扣除的，对同一专项附加扣除项目，一个纳税年度内，纳税人只能选择从其中一处扣除。

享受大病医疗专项附加扣除的纳税人，由其在次年 3 月 1 日至 6 月 30 日内，自行向汇缴地主管税务机关办理汇算清缴申报时扣除。

（二）政策解读

为了落实新修改的《个人所得税法》及其实施条例，确保 2019 年 1 月 1 日新税法实施后，符合自行申报条件的纳税人能够依法履行纳税申报义务，国家税务总局发布了《关于个人所得税自行纳税申报有关问题的公告》，明确了需要自行纳税申报的情形、申报时间、申报地点等具体内容。

自行申报个人所得税的主要目的是方便纳税人、调节高收入、便于税收征管、突出管理重点。通过自行申报，可以确保纳税人按照法律规定如实申报所得，防止逃税和避税行为，同时也有助于国家对高收入群体的税收监管。

（三）案例分析

小李是一名个体工商户，平时除经营自己在A市B区的服装店外，没有其他收入来源。2023年小李全年营业收入180000元，与经营有关的可在税前扣除的成本50000元、费用20000元、营业外支出5000元，本年度已预缴个人所得税3200元。

请问小李如何进行自行申报？

【分析】 根据《个人所得税法》第八条和《个人所得税法实施条例》第三十六条规定，纳税人取得应纳税所得，但没有扣缴义务人的，应当向税务机关自行申报纳税。个体工商户的生产、经营所得应纳的税款，按年计算，分月预缴，年度终了后3个月内汇算清缴，多退少补。因此，年度终了后，小李应将全年收入汇算清缴。

全年应纳税所得额＝收入－（成本＋费用＋支出）－60000＝180000－（50000+20000）－60000＝50000（元）

全年应纳税额＝应纳税所得额×税率－速算扣除数＝50000×10%－1500＝3500（元）

应补缴税额＝3500－3200＝300（元）

申报时，按照政策规定，小李应向实际经营所在地主管税务机关申报，即向A市B区服装店的主管税务机关进行申报。

四、年度汇算清缴的范围

（一）政策规定

1. 根据《个人所得税综合所得汇算清缴管理办法》（国家税务总局令第57号）第六条规定，纳税人取得综合所得时已依法预缴个人所得税且符合下列情形之一的，无须办理汇算清缴：

（1）汇算清缴需补税但综合所得收入全年不超过规定金额的；

（2）汇算清缴需补税但不超过规定金额的；

（3）已预缴税额与汇算清缴实际应纳税额一致的；

（4）符合汇算清缴退税条件但不申请退税的。

2. 根据《个人所得税综合所得汇算清缴管理办法》（国家税务总局令第57号）第七条规定，纳税人取得综合所得并且符合下列情形之一的，需要依法办理汇算清缴：

（1）已预缴税额大于汇算清缴实际应纳税额且申请退税的；

（2）已预缴税额小于汇算清缴实际应纳税额且不符合该办法第六条规定情形的；

（3）因适用所得项目错误、扣缴义务人未依法履行扣缴义务、取得综合所得无扣缴义务人，造成纳税年度少申报或者未申报综合所得的。

3. 根据《个人所得税综合所得汇算清缴管理办法》（国家税务总局令第57号）第十四条规定，纳税人可以选择下列方式办理汇算清缴：

（1）自行办理。

（2）通过任职受雇单位（含按累计预扣法预扣预缴其劳务报酬所得个人所得税的单位）代为办理；纳税人提出要求的，单位应当代为办理或者培训、辅导纳税人完成申报和退（补）税；由单位代为办理的，纳税人应当与单位以书面或者电子等方式进行确认，纳税人未与单位确认的，单位不得代为办理。

（3）委托涉税专业服务机构或者其他单位及个人办理。委托办理的，纳税人应当与受托人签订授权书。

4. 根据《个人所得税综合所得汇算清缴管理办法》（国家税务总局令第57号）第十七条规定，代为办理汇算清缴的单位或者受托人为纳税人办理汇算清缴后，应当及时将办理情况通知纳税人。纳税人发现汇算清缴存在错误的，可以要求单位或者受托人更正申报，也可以自行更正申报。

5. 根据《财政部 税务总局关于延续实施个人所得税综合所得汇算清缴有关政策的公告》（财政部 税务总局公告2023年第32号）规定，2024年1月1日至2027年12月31日居民个人取得的综合所得，年度综合所得收入不超过12万元且需要汇算清缴补税的，或者年度汇算清缴补税金额不超过400元的，居民个人可免于办理个人所得税综合所得汇算清缴。居民个人取得综合所得时存在扣缴义务人未依法预扣预缴税款的情形除外。

（二）政策解读

我国实行综合与分类相结合的个人所得税制，即“合并全年收入，按年计算税款”。将纳税人取得的工资薪金、劳务报酬、稿酬、特许权使用费收入合并为“综合所得”，以“年”为一个周期计算应该缴纳的个人所得税，只有居民个人，才需要办理年度汇算清缴。

需要办理年度汇算清缴的纳税人，分为两类：一类是预缴税额高于应纳税额，需要申请退税的纳税人，依法申请退税是纳税人的权利；另一类是预缴税额小于应纳税额，应当补税的纳税人，依法补税是纳税人的义务。具体如表 4–44 所示。

表 4–44　　需要办理年度汇算清缴的纳税人

序号	税额比较	情形	补（退）税	是否需要办理
1	预缴税额>应纳税额	不申请退税	—	不需要
		需要申请退税	退税	需要
2	预缴税额<应纳税额	综合所得收入超过 12 万元且需要补税金额在 400 元以上的	补税	
		综合所得≤12 万元	补税	免予办理
		补税金额≤400 元	补税	
3	预缴税额=应纳税额	不需要补税或退税	—	不需要

（三）案例分析

居民个人李雄是齐峰公司职工，2022 年从齐峰公司取得综合所得 30 万元，均已依法预扣预缴个人所得税。

（1）假定经计算，2023 年需要补缴 2022 年度个人所得税 300 元。

（2）假定 2022 年年末存在未足额扣除的大病医疗扣除，申请退税 300 元。

请问上述两种情况下，李雄是否需要办理年度汇算清缴？

【分析】(1) 李雄2022年需要补缴税款300元，小于400元，符合无须办理年度汇算清缴的条件之一，不需要办理年度汇算清缴。

(2) 李雄2022年度已预缴税额大于年度应纳税额且申请退税，需要办理汇算清缴。

第五章　资源和环境保护税相关税种

第一节　资源税

一、资源税的计征方式

（一）政策规定

根据《中华人民共和国资源税法》（以下简称《资源税法》）第三条规定，资源税按照《资源税税目税率表》实行从价计征或者从量计征。

《资源税税目税率表》中规定可以选择实行从价计征或者从量计征的，具体计征方式由省、自治区、直辖市人民政府提出，报同级人民代表大会常务委员会决定，并报全国人民代表大会常务委员会和国务院备案。

实行从价计征的，应纳税额按照应税资源产品（以下简称应税产品）的销售额乘以具体适用税率计算。

实行从量计征的，应纳税额按照应税产品的销售数量乘以具体适用税率计算。应税产品为矿产品的，包括原矿和选矿产品。

（二）政策解读

资源税按照《资源税税目税率表》实行从价计征或者从量计征。实行从价计征的，应纳税额按照应税产品的销售额乘以具体适用税率计算。实行从量计征的，应纳税额按照应税产品的销售数量乘以具体适用税率计算。

（三）案例分析

假设某矿泉水生产企业 2024 年 2 月开发生产矿泉水 20000 立方米，本月销售 10000 立方米。该企业所在省政府规定，矿泉水实行定额征收资源税，资源税税率为 5 元/立方米。

请计算该企业 2024 年 2 月应缴纳的资源税税额（不考虑“六税两费”减免优惠政策）。

【分析】从量定额征收的资源税计税依据是应税产品的销售数量，不是开采量。因此，该企业 2 月应缴纳资源税 = 10000×5 = 50000（元）。

二、资源税应税产品的销售数量的确定

（一）政策规定

1. 根据《资源税法》第四条规定，纳税人开采或者生产不同税目应税产品的，应当分别核算不同税目应税产品的销售额或者销售数量；未分别核算或者不能准确提供不同税目应税产品的销售额或者销售数量的，从高适用税率。

2. 根据《财政部 税务总局关于资源税有关问题执行口径的公告》（财政部 税务总局公告 2020 年第 34 号）第四条规定，应税产品的销售数量，包括纳税人开采或者生产应税产品的实际销售数量和自用于应当缴纳资源税情形的应税产品数量。

该公告第五条规定，纳税人外购应税产品与自采应税产品混合销售或者混合加工为应税产品销售的，在计算应税产品销售额或者销售数量时，准予扣减外购应税产品的购进金额或者购进数量；当期不足扣减的，可结转下期扣减。纳税人应当准确核算外购应税产品的购进金额或者购进数量，未准确核算的，一并计算缴纳资源税。

纳税人核算并扣减当期外购应税产品购进金额、购进数量，应当依据外购应税产品的增值税发票、海关进口增值税专用缴款书或者其他合法有效凭据。

该公告第六条规定，纳税人开采或者生产同一税目下适用不同税率应税产品的，应当分别核算不同税率应税产品的销售额或者销售数量；未分别核算或者不能准确提供不同税率应税产品的销售额或者销售数量的，从高适用

税率。

该公告第八条规定，纳税人开采或者生产同一应税产品，其中既有享受减免税政策的，又有不享受减免税政策的，按照免税、减税项目的产量占比等方法分别核算确定免税、减税项目的销售额或者销售数量。

3. 根据《国家税务总局关于资源税征收管理若干问题的公告》（国家税务总局公告2020年第14号）第一条规定，纳税人以外购原矿与自采原矿混合为原矿销售，或者以外购选矿产品与自产选矿产品混合为选矿产品销售的，在计算应税产品销售额或者销售数量时，直接扣减外购原矿或者外购选矿产品的购进金额或者购进数量。

纳税人以外购原矿与自采原矿混合洗选加工为选矿产品销售的，在计算应税产品销售额或者销售数量时，按照下列方法进行扣减：

$$\text{准予扣减的外购应税产品购进金额（数量）}=\text{外购原矿购进金额（数量）}\times\left(\frac{\text{本地区原矿适用税率}}{\text{本地区选矿产品适用税率}}\right)$$

不能按照上述方法计算扣减的，按照主管税务机关确定的其他合理方法进行扣减。

（二）政策解读

1. 资源税是以应税资源为课税对象，对在中华人民共和国领域和中华人民共和国管辖的其他海域开发应税资源的单位和个人，以其应税资源销售额或销售数量为计税依据而征收的一种税。

2. 从量定额征收的资源税的计税依据是应税产品的销售数量。应税产品的销售数量，包括纳税人开采或者生产应税产品的实际销售数量和自用于应当缴纳资源税情形的应税产品数量。

（三）案例分析

某铜矿开采企业2024年4月开采并销售铜矿原矿，开具增值税专用发票，注明金额6000万元、税额780万元；销售铜矿选矿取得含增值税销售额22600万元。当地省人民政府规定，铜矿原矿资源税税率为4%，铜矿选矿资源税税率为3%。

请计算该企业2024年4月应缴纳的资源税税额（不考虑“六税两费”

减免优惠政策）。

【**分析**】销售铜原矿应缴纳资源税＝6000×4%＝240（万元）

销售铜选矿应缴纳资源税＝22600÷（1+13%）×3%＝600（万元）

应缴纳的资源税合计＝240+600＝840（万元）

三、原矿和选矿产品的区分

（一）政策规定

1. 根据《资源税法》第二条规定，《资源税税目税率表》中规定征税对象为原矿或者选矿的，应当分别确定具体适用税率。

2. 根据《财政部 税务总局关于资源税有关问题执行口径的公告》（财政部 税务总局公告 2020 年第 34 号）第七条规定，纳税人以自采原矿（经过采矿过程采出后未进行选矿或者加工的矿石）直接销售，或者自用于应当缴纳资源税情形的，按照原矿计征资源税。

纳税人以自采原矿洗选加工为选矿产品（通过破碎、切割、洗选、筛分、磨矿、分级、提纯、脱水、干燥等过程形成的产品，包括富集的精矿和研磨成粉、粒级成型、切割成型的原矿加工品）销售，或者将选矿产品自用于应当缴纳资源税情形的，按照选矿产品计征资源税，在原矿移送环节不缴纳资源税。对于无法区分原生岩石矿种的粒级成型砂石颗粒，按照砂石税目征收资源税。

（二）政策解读

1. 原矿和选矿性质上存在不同：

（1）原矿，指直接开采或采集的、未经任何加工或处理的矿石。在《资源税法》中，原矿是征税对象之一，其计税依据是原矿的开采量或销售量。

（2）选矿，指经过破碎、筛分、磨矿、分级、选别等工序，将原矿中的有用矿物与其他成分分离，得到精矿（即富集了有用矿物的产品）的过程。选矿是矿产资源加工利用的重要环节，其产物精矿通常用于进一步的治

炼或深加工。

2. 原矿和选矿的资源税征收环节与税率方面存在不同：

（1）征收环节不同。根据《资源税法》规定，资源税在应税产品的销售或自用环节计算缴纳。对于原矿，纳税人销售或自用时即需缴纳资源税，移送选矿环节不缴纳资源税；而选矿则是在精矿销售或自用时才缴纳资源税。

（2）税率不同。资源税的税率根据应税产品的种类和等级而定。原矿和选矿在《资源税税目税率表》中通常被列为不同的税目，并分别规定有具体的适用税率。为鼓励企业对矿产品进行精深加工，促进资源节约集约利用，一般来说，原矿比选矿税率高。但具体税率还需由省、自治区、直辖市人民政府根据《资源税税目税率表》规定的税率，在幅度内确定。

3. 注意征税对象与税率适用。

（1）征税对象为原矿的：

应纳资源税税额=原矿销售额×原矿税率

（2）征税对象为选矿的：

应纳资源税税额=选矿销售额×选矿税率

（3）征税对象为原矿加选矿产品的，应分别核算两者销售额。如不能分别核算，从高适用税率。

（三）案例分析

某企业作为采选洗一体化的矿山企业，既生产原矿产品又生产选矿产品。请分析该企业如何申报缴纳资源税？

【分析】（1）《资源税法》第三条规定，应税产品为矿产品的，包括原矿和选矿产品。也就是说，资源税的征税对象包括原矿和选矿。

（2）《财政部 税务总局关于资源税有关问题执行口径的公告》（财政部 税务总局公告2020年第34号）进一步明确，纳税人以自采原矿（经过采矿过程采出后未进行选矿或者加工的矿石）直接销售，或者自用于应当缴纳资源税情形的，按照原矿计征资源税。纳税人以自采原矿洗选加工为选矿产品（通过破碎、切割、洗选、筛分、磨矿、分级、提纯、脱水、干燥等过程形成的产品，包括富集的精矿和研磨成粉、粒级成型、切割成型的原矿加工品）销售，或者将选矿产品自用于应当缴纳资源税情形的，按照选矿产品计征资源税，在原矿移送环节不缴纳资源税。对于无法区分原生岩石矿种的粒级成型砂石颗粒，按照砂石税目征收资源税。

四、运杂费的税务处理

（一）政策规定

根据《财政部 税务总局关于资源税有关问题执行口径的公告》（财政部 税务总局公告 2020 年第 34 号）第一条规定，资源税应税产品的销售额，按照纳税人销售应税产品向购买方收取的全部价款确定，不包括增值税税款。

计入销售额中的相关运杂费用，凡取得增值税发票或者其他合法有效凭据的，准予从销售额中扣除。相关运杂费用是指应税产品从坑口或者洗选（加工）地到车站、码头或者购买方指定地点的运输费用、建设基金以及随运销产生的装卸、仓储、港杂费用。

（二）政策解读

资源税规定中允许运杂费用扣减的政策出发点，是考虑部分应税产品，由于其自身特性，从开采到交货的过程中需要花费较高的运输成本，这部分运输成本实际上不涉及我国自然资源的占用或开采，对这部分运输成本自然不应该征税。

（三）案例分析

某矿山企业为增值税一般纳税人，其开采销售矿产品资源税税率为 10%。2023 年 12 月该矿山企业与甲公司签订出售合同，向其出售自行开发的资源税应税矿产品 200 吨并由矿山企业负责运输至购买方指定地点，合同约定不含增值税销售额 200 万元。其中矿山企业向运输公司（增值税一般纳税人）支付运费 20 万元（不含增值税）并取得增值税专用发票。不考虑其他因素。

请计算该矿山企业 2023 年 12 月应缴纳的资源税（不考虑“六税两费”减免优惠政策）。

【分析】 计入销售额中的相关运杂费用，凡取得增值税发票或者其他合法有效凭据的，准予从销售额中扣除。

因此，2023 年 12 月应缴纳的资源税=（200−20）×10%=18（万元）。

五、农村取水的税务处理

（一）政策规定

根据《财政部 税务总局 水利部关于印发〈水资源税改革试点实施办法〉的通知》（财税〔2024〕28 号）附件第三条规定，有下列情形之一的，不缴纳水资源税：①农村集体经济组织及其成员从本集体经济组织的水塘、水库中取用水的；②家庭生活和零星散养、圈养畜禽饮用等少量取用水的；③水工程管理单位为配置或者调度水资源取水的；④为保障矿井等地下工程施工安全和生产安全必须进行临时应急取用（排）水的；⑤为消除对公共安全或者公共利益的危害临时应急取水的；⑥为农业抗旱和维护生态与环境必须临时应急取水的。

根据该文件附件第十六条第一款规定，规定限额内的农业生产取用水，免征水资源税。

根据该文件附件第十七条规定，各省、自治区、直辖市人民政府可以根据实际情况，决定免征或者减征超过规定限额的农业生产取用水和主要供农村人口生活用水的集中式饮水工程取用水的水资源税。

根据该文件附件第二十一条规定，水资源税按月或者按季申报缴纳，由主管税务机关根据实际情况确定。不能按固定期限计算缴纳的，可以按次申报缴纳。对超过规定限额的农业生产取用水，可以按年申报缴纳。

（二）政策解读

1. 农业生产取用水，是指种植业、畜牧业、水产养殖业、林业等取用水。

2. 按年申报缴纳水资源税的，应当自年度终了之日起 5 个月内，向税务机关办理纳税申报并缴纳税款。

3. 对超出规定限额的农业生产取用水以及农村集中饮水工程取用水，授权地方减免水资源税。

4. 纳税人享受水资源税优惠政策，实行“自行判别、申报享受、有关资料留存备查”的办理方式。

（三）案例分析

农村集体经济组织从其他集体经济组织的水库中取用水，是否需要缴纳水资源税？

【分析】 农村集体经济组织及其成员从本集体经济组织的水塘、水库中取用水的，不缴纳水资源税。从其他水库取用水的，需要缴纳水资源税。

六、外购应税产品的税务处理

（一）政策规定

1. 根据《财政部 税务总局关于资源税有关问题执行口径的公告》（财政部 税务总局公告 2020 年第 34 号）第五条规定，纳税人外购应税产品与自采应税产品混合销售或者混合加工为应税产品销售的，在计算应税产品销售额或者销售数量时，准予扣减外购应税产品的购进金额或者购进数量；当期不足扣减的，可结转下期扣减。纳税人应当准确核算外购应税产品的购进金额或者购进数量，未准确核算的，一并计算缴纳资源税。

纳税人核算并扣减当期外购应税产品购进金额、购进数量，应当依据外购应税产品的增值税发票、海关进口增值税专用缴款书或者其他合法有效凭据。

2. 根据《国家税务总局关于资源税征收管理若干问题的公告》（国家税务总局公告 2020 年第 14 号）第一条规定，纳税人以外购原矿与自采原矿混合为原矿销售，或者以外购选矿产品与自产选矿产品混合为选矿产品销售的，在计算应税产品销售额或者销售数量时，直接扣减外购原矿或者外购选矿产品的购进金额或者购进数量。

纳税人以外购原矿与自采原矿混合洗选加工为选矿产品销售的，在计算应税产品销售额或者销售数量时，按照下列方法进行扣减：

$$\text{准予扣减的外购应税产品购进金额（数量）} = \text{外购原矿购进金额（数量）} \times \left(\frac{\text{本地区原矿适用税率}}{} \div \text{本地区选矿产品适用税率} \right)$$

不能按照上述方法计算扣减的，按照主管税务机关确定的其他合理方法进行扣减。

（二）政策解读

1. 根据资源税的特点，我国对应税的资源产品只征收一次资源税，因此，外购已税产品用于应税产品的，不再征税；外购已税产品用于非应税产品的，也不再征税；自采的未税产品和外购已税产品混合（混合销售或者混合加工）用于应税产品的，在计算资源税时，外购已税产品购进金额若单独核算的，已纳税额可以扣减。

2. 纳税人以外购原矿与自采原矿混合洗选加工为选矿产品销售的扣减公式需要注意，本地区是指应税产品的销售地，而不是采购地。

3. 纳税人应当单独核算外购产品的购进数量或购进金额，未准确核算的，一并计算缴纳资源税。

4. 准予扣减外购应税产品的购进金额或购进数量的规定。

（1）基本要求。

纳税人外购应税产品与自采应税产品混合销售或者混合加工为应税产品销售的，在计算应税产品销售额或者销售数量时，准予扣减外购应税产品的购进金额或者购进数量；当期不足扣减的，可结转下期扣减；纳税人应当准确核算外购应税产品的购进金额或者购进数量，未准确核算的，一并计算缴纳资源税。

（2）具体规定如下：

①纳税人以外购原矿与自采原矿混合为原矿销售，或者以外购选矿产品与自产选矿产品混合为选矿产品销售的。在计算应税产品销售额或者销售数量时，直接扣减外购原矿或者外购选矿产品的购进金额（从价定率）或者购进数量（从量定额）。

②纳税人以外购原矿与自采原矿混合洗选加工为选矿产品销售的，在计算应税产品销售额或者销售数量时，按照下列方法进行扣减：

$$\text{准予扣减的外购应税产品购进金额（数量）}=\text{外购原矿购进金额（数量）}\times\left(\text{本地区原矿适用税率}\div\text{本地区选矿产品适用税率}\right)$$

不能按照上述方法计算扣减的，按照主管税务机关确定的其他合理方法进行扣减。

纳税人核算并扣减当期外购应税产品购进金额、购进数量，应当依据外购应税产品的增值税发票、海关进口增值税专用缴款书或者其他合法有效凭据。

（三）案例分析

1. 某煤炭企业将外购 100 万元原煤与自采 300 万元原煤混合洗选加工为选煤销售，取得选煤销售额 650 万元。当地原煤税率为 3%，选煤税率为 2%，上述金额均为不含税金额。请计算该企业应纳资源税（不考虑“六税两费”减免优惠政策）。

【分析】本题属于纳税人以外购原矿与自采原矿混合洗选加工为选矿产品销售的情形，在计算应税产品销售额时，准予扣减的外购应税产品购进金额＝外购原煤购进金额×（本地区原煤适用税率÷本地区选煤适用税率）＝100×（3%÷2%）＝150（万元）。该企业应纳资源税＝（650－150）×2%＝10（万元）。

2. A 煤炭企业位于 A 地，2024 年 3 月从位于 B 地的 B 煤炭生产企业购进原煤，取得增值税专用发票，注明金额 100 万元。A 企业将购进原煤与部分自采原煤混合为原煤并在本月全部销售，取得不含税销售额 2000 万元。已知 A 地和 B 地原煤资源税税率均为 3%（不考虑“六税两费”减免优惠政策）。

请计算 A 企业 2024 年 3 月上述业务应纳资源税。

【分析】本题属于纳税人以外购原矿与自采原矿混合原矿产品销售的情形。A 企业应纳资源税＝（2000－100）×3%＝57（万元）。

七、中外合作开采陆上、海上石油资源企业的税务处理

（一）政策规定

1. 根据《资源税法》第十五条规定，中外合作开采陆上、海上石油资

源的企业依法缴纳资源税。2011 年 11 月 1 日前已依法订立中外合作开采陆上、海上石油资源合同的，在该合同有效期内，继续依照国家有关规定缴纳矿区使用费，不缴纳资源税；合同期满后，依法缴纳资源税。

2. 根据《中华人民共和国对外合作开采陆上石油资源条例》第十一条的规定，对外合作开采陆上石油资源，应当依法纳税。

3. 根据《中华人民共和国对外合作开采海洋石油资源条例》第十条规定，参与合作开采海洋石油资源的中国企业、外国企业，都应当依法纳税。

（二）政策解读

1. 中外合作开采陆上、海上石油资源的企业应依法缴纳资源税。

2. 开采陆上、海洋油气资源的中外合作油气田，在 2011 年 11 月 1 日前已签订的合同继续缴纳矿区使用费，不缴纳资源税。合同期满后，依法缴纳资源税。

（三）案例分析

中外合作油气田及海上自营油气田资源税如何征收管理？

【分析】（1）开采海洋或陆上油气资源的中外合作油气田，在 2011 年 11 月 1 日前已签订的合同继续缴纳矿区使用费，不缴纳资源税；自 2011 年 11 月 1 日起新签订的合同，应缴纳资源税，不再缴纳矿区使用费。

开采海洋油气资源的自营油气田，自 2011 年 11 月 1 日起缴纳资源税，不再缴纳矿区使用费。

（2）开采海洋或陆上油气资源的中外合作油气田，按实物量计算缴纳资源税，以该油气田开采的原油、天然气扣除作业用量和损耗量之后的原油、天然气产量作为课税数量。中外合作油气田的资源税由作业者负责代扣，申报缴纳事宜由参与合作的中国石油公司负责办理。计征的原油、天然气资源税实物随同中外合作油气田的原油、天然气一并销售，按实际销售额（不含增值税）扣除其本身所发生的实际销售费用后入库。

海上自营油气田比照上述规定执行。

（3）海洋原油、天然气资源税由国家税务总局海洋石油税务管理机构负责征收管理。

八、申报的应税产品销售额明显偏低且无正当理由的税务处理

（一）政策规定

根据《财政部 税务总局关于资源税有关问题执行口径的公告》（财政部 税务总局公告 2020 年第 34 号）第三条规定，纳税人申报的应税产品销售额明显偏低且无正当理由的，或者有自用应税产品行为而无销售额的，主管税务机关可以按下列方法和顺序确定其应税产品销售额：

（1）按纳税人最近时期同类产品的平均销售价格确定。

（2）按其他纳税人最近时期同类产品的平均销售价格确定。

（3）按后续加工非应税产品销售价格，减去后续加工环节的成本利润后确定。

（4）按应税产品组成计税价格确定。

组成计税价格=成本×（1+成本利润率）÷（1−资源税税率）

上述公式中的成本利润率由省、自治区、直辖市税务机关确定。

（二）政策解读

该政策适应范围为：①纳税人申报的应税产品销售额明显偏低且无正当理由的；②有自用应税产品行为而无销售额的。

（三）案例分析

某煤矿为增值税一般纳税人，2023 年 10 月开采原煤 20 万吨，对外销售 6 万吨，取得不含税销售额 3000 万元；将 2 万吨原煤用于职工食堂。已知原煤资源税税率为 8%。

请计算该煤矿当月应缴纳的资源税（不考虑“六税两费”减免优惠政策）。

【分析】将自采原煤用于职工食堂，视同销售，需要缴纳资源税。该企业当月原煤应缴纳资源税=3000÷6×（6+2）×8%=320（万元）。

九、开采或者生产应税产品自用应纳资源税的规定

（一）政策规定

根据《资源税法》第五条规定，纳税人开采或者生产应税产品自用的，应当依照该法规定缴纳资源税；但是，自用于连续生产应税产品的，不缴纳资源税。

（二）政策解读

1. 基本原则：纳税人开采或者生产应税产品自用的应当缴纳资源税；但是自用于连续生产应税产品的除外。

2. 具体情形：纳税人自用应税产品应当缴纳资源税的情形，包括纳税人以应税产品用于非货币性资产交换、捐赠、偿债、赞助、集资、投资、广告、样品、职工福利、利润分配或者连续生产非应税产品等。

3. 计税依据：主管税务机关可以按下列方法和顺序确定其应税产品销售额。

（1）按纳税人最近时期同类产品的平均销售价格确定。

（2）按其他纳税人最近时期同类产品的平均销售价格确定。

（3）按后续加工非应税产品销售价格，减去后续加工环节的成本利润后确定。

（4）按应税产品组成计税价格确定。

组成计税价格=成本×（1+成本利润率）÷（1−资源税税率）

上述公式中的成本利润率由省、自治区、直辖市税务机关确定。

（5）按其他合理方法确定。

（三）案例分析

某石化企业为增值税一般纳税人，假设其2024年3月发生以下业务：

（1）开采原油8000吨，本月销售3000吨，取得含增值税销售额1469万元。

(2) 将自行开采的原油 600 吨移送加工汽油 410 吨。

已知：原油资源税税率为 6%。

请计算该石化企业 2024 年 3 月应缴纳的资源税（不考虑“六税两费”减免优惠政策)。

【分析】(1) 业务 (1) 应缴纳的资源税 = 1469÷（1+13%）×6% = 78（万元）

(2) 业务 (2) 应缴纳的资源税 = 1469÷（1+13%）÷3000×600×6% = 15.6（万元）

因此，2024 年 3 月该企业应缴纳资源税 = 78+15.6 = 93.6（万元）。

十、资源税的税收优惠

(一) 政策规定

1. 根据《资源税法》第六条规定，有下列情形之一的，免征资源税：

(1) 开采原油以及在油田范围内运输原油过程中用于加热的原油、天然气；

(2) 煤炭开采企业因安全生产需要抽采的煤成（层）气。

有下列情形之一的，减征资源税：

(1) 从低丰度油气田开采的原油、天然气，减征 20%资源税；

(2) 高含硫天然气、三次采油和从深水油气田开采的原油、天然气，减征 30%资源税；

(3) 稠油、高凝油减征 40%资源税；

(4) 从衰竭期矿山开采的矿产品，减征 30%资源税。

根据国民经济和社会发展需要，国务院对有利于促进资源节约集约利用、保护环境等情形可以规定免征或者减征资源税，报全国人民代表大会常务委员会备案。

2. 根据《资源税法》第七条规定，有下列情形之一的，省、自治区、直辖市可以决定免征或者减征资源税：

(1) 纳税人开采或者生产应税产品过程中，因意外事故或者自然灾害等原因遭受重大损失；

（2）纳税人开采共伴生矿、低品位矿、尾矿。

上述规定的免征或者减征资源税的具体办法，由省、自治区、直辖市人民政府提出，报同级人民代表大会常务委员会决定，并报全国人民代表大会常务委员会和国务院备案。

3. 根据《资源税法》第八条规定，纳税人的免税、减税项目，应当单独核算销售额或者销售数量；未单独核算或者不能准确提供销售额或者销售数量的，不予免税或者减税。

4. 根据《资源税法》第十六条规定，该法下列用语的含义是：

（1）低丰度油气田，包括陆上低丰度油田、陆上低丰度气田、海上低丰度油田、海上低丰度气田。陆上低丰度油田是指每平方公里原油可开采储量丰度低于25万立方米的油田；陆上低丰度气田是指每平方公里天然气可开采储量丰度低于2亿5000万立方米的气田；海上低丰度油田是指每平方公里原油可开采储量丰度低于60万立方米的油田；海上低丰度气田是指每平方公里天然气可开采储量丰度低于6亿立方米的气田。

（2）高含硫天然气，是指硫化氢含量在每立方米30克以上的天然气。

（3）三次采油，是指二次采油后继续以聚合物驱、复合驱、泡沫驱、气水交替驱、二氧化碳驱、微生物驱等方式进行采油。

（4）深水油气田，是指水深超过300米的油气田。

（5）稠油，是指地层原油粘度大于或等于每秒50毫帕或原油密度大于或等于每立方厘米0.92克的原油。

（6）高凝油，是指凝固点高于40摄氏度的原油。

（7）衰竭期矿山，是指设计开采年限超过15年，且剩余可开采储量下降到原设计可开采储量的20%以下或者剩余开采年限不超过5年的矿山。衰竭期矿山以开采企业下属的单个矿山为单位确定。

5. 根据《财政部 税务总局关于延续对充填开采置换出来的煤炭减征资源税优惠政策的公告》（财政部 税务总局公告2023年第36号）规定，为了鼓励煤炭资源集约开采利用，自2023年9月1日至2027年12月31日，对充填开采置换出来的煤炭，资源税减征50%。

6. 根据《财政部 税务总局关于继续实施页岩气减征资源税优惠政策的

公告》（财政部 税务总局公告 2023 年第 46 号）规定，为促进页岩气开发利用，有效增加天然气供给，在 2027 年 12 月 31 日之前，继续对页岩气资源税（按 6%的规定税率）减征 30%。

7.《财政部 税务总局关于进一步支持小微企业和个体工商户发展有关税费政策的公告》（财政部 税务总局公告 2023 年第 12 号）第二条规定，自 2023 年 1 月 1 日至 2027 年 12 月 31 日，对增值税小规模纳税人、小型微利企业和个体工商户减半征收资源税（不含水资源税）、城市维护建设税、房产税、城镇土地使用税、印花税（不含证券交易印花税）、耕地占用税和教育费附加、地方教育附加。第四条规定，增值税小规模纳税人、小型微利企业和个体工商户已依法享受资源税、城市维护建设税、房产税、城镇土地使用税、印花税、耕地占用税、教育费附加、地方教育附加等其他优惠政策的，可叠加享受该公告第二条规定的优惠政策。

（二）政策解读

1. 税法减免事项。

（1）免征资源税：

①开采原油以及在油田范围内运输原油过程中用于加热的原油、天然气。

②煤炭开采企业因安全生产需要抽采的煤成（层）气。

（2）减征资源税：

①从低丰度油气田开采的原油、天然气，减征 20%资源税。

②高含硫天然气、三次采油和从深水油气田开采的原油、天然气，减征 30%资源税。

③稠油、高凝油减征 40%资源税。

④从衰竭期矿山开采的矿产品，减征 30%资源税。

2. 授权地方决定的减免事项。

（1）纳税人开采或者生产应税产品过程中，因意外事故或者自然灾害等原因遭受重大损失，按其损失金额的 50%减征资源税，减税额最高不超过其遭受重大损失当年应纳资源税总额。

（2）开采共伴生矿：纳税人开采伴生矿，伴生矿与主矿产品销售额分开核算的，伴生矿免征资源税。

（3）开采尾矿：纳税人回收利用尾矿库里的尾矿，免征资源税。

除上述所列减免事项外，其他资源税税收优惠政策，自《资源税法》实施日起停止执行。

3. 自2023年1月1日至2027年12月31日，对增值税小规模纳税人、小型微利企业和个体工商户减半征收资源税（不含水资源税）。

4. 如何享受资源税税收优惠。

（1）符合减免规定的纳税人：自行判别、申报享受、有关资料留存备查。

（2）意外事故、自然灾害、尾矿：由县级以上政府应急管理部门会同有关部门认定。

（3）共伴生矿：由县级以上政府自然资源部门会同有关部门认定。

自然资源、应急管理等部门应当向税务部门提供共伴生矿、尾矿、自然灾害、意外事故等的认定材料以及与减免税相关的其他信息，并在税务部门书面函件送达的15个工作日内回复。

（三）案例分析

公司开采原油，用这些原油来加热、修井，要缴纳资源税吗？

【分析】根据《资源税法》规定，开采原油以及在油田范围内运输原油过程中用于加热的原油免征资源税，对用于修井的原油并未规定免税，需要按照规定缴纳资源税。

第二节　环境保护税

一、排污主体和排污行为的税务处理

（一）政策规定

1. 根据《中华人民共和国环境保护税法》（以下简称《环境保护税法》）第二条规定，在中华人民共和国领域和中华人民共和国管辖的其他海域，直接向环境排放应税污染物的企业事业单位和其他生产经营者为环境保护税的纳税人，应当依照该法规定缴纳环境保护税。

2. 根据《环境保护税法》第三条规定，应税污染物，是指该法所附《环境保护税税目税额表》《应税污染物和当量值表》规定的大气污染物、水污染物、固体废物和噪声。

3. 根据《环境保护税法》第四条规定，有下列情形之一的，不属于直接向环境排放污染物，不缴纳相应污染物的环境保护税：①企业事业单位和其他生产经营者向依法设立的污水集中处理、生活垃圾集中处理场所排放应税污染物的；②企业事业单位和其他生产经营者在符合国家和地方环境保护标准的设施、场所贮存或者处置固体废物的。

4. 根据《环境保护税法》第五条规定，依法设立的城乡污水集中处理、生活垃圾集中处理场所超过国家和地方规定的排放标准向环境排放应税污染物的，应当缴纳环境保护税。企业事业单位和其他生产经营者贮存或者处置固体废物不符合国家和地方环境保护标准的，应当缴纳环境保护税。

5. 根据《中华人民共和国环境保护税法实施条例》（以下简称《环境保护税法实施条例》）第四条规定，达到省级人民政府确定的规模标准并且有污染物排放口的畜禽养殖场，应当依法缴纳环境保护税；依法对畜禽养殖废弃物进行综合利用和无害化处理的，不属于直接向环境排放污染物，不缴纳环境保护税。

6. 根据《财政部 税务总局 生态环境部关于明确环境保护税应税污染物适用等有关问题的通知》（财税〔2018〕117 号）第一条规定，燃烧产生废气中的颗粒物，按照烟尘征收环境保护税。排放的扬尘、工业粉尘等颗粒物，除可以确定为烟尘、石棉尘、玻璃棉尘、炭黑尘的外，按照一般性粉尘征收环境保护税。

（二）政策解读

1. 环境保护税的征税对象为大气污染物、水污染物、固体废物和噪声等四类。大气污染物是指向环境排放影响大气环境质量的物质；水污染物是指向环境排放影响水环境质量的物质；固体废物是指在工业生产活动中产生的固体废物和医疗、预防和保健等活动中产生的医疗废物，以及省、自治区、直辖市人民政府确定的其他固体废物；噪声是指在工业生产活动中产生的干扰周围生活环境的声音。上述应税污染物的具体范围依照《环境保护税法》所附《环境保护税税目税额表》《应税污染物和当量值表》确定。

2. 其他生产经营者是指个体工商户和其他组织。

3. 城乡污水集中处理场所，是指为社会公众提供生活污水处理服务的场所，不包括为工业园区、开发区等工业聚集区域内的企业事业单位和其他生产经营者提供污水处理服务的场所，以及企业事业单位和其他生产经营者自建自用的污水处理场所。

4. 达到省级人民政府确定的规模标准并且有污染物排放口的畜禽养殖场，应当依法缴纳环境保护税；依法对畜禽养殖废弃物进行综合利用和无害化处理的，不属于直接向环境排放污染物，不缴纳环境保护税。

5. 规模化养殖。

（1）规模化养殖是指从事猪、牛、鸡、鸭等家禽的养户，且规模分别大于50头牛、500头猪、5000羽鸡、鸭等的禽畜养殖场。

（2）根据《畜禽规模养殖污染防治条例》第二条规定，畜禽养殖场、养殖小区的规模标准根据畜牧业发展状况和畜禽养殖污染防治要求确定。

（3）根据《畜禽规模养殖污染防治条例》第四十三条规定，畜禽养殖场、养殖小区的具体规模标准由省级人民政府确定，并报国务院环境保护主管部门和国务院农牧主管部门备案。

（三）案例分析

1. 政府机关直接排放应税污染物的行为，是否缴纳环境保护税？

【分析】 不缴纳。根据《环境保护税法》第二条规定，环境保护税的纳税人主要是企事业单位和其他经营者。政府机关、家庭和个人即便有排放污染物的行为，因其不属于企业事业单位和其他生产经营者，不属于环境保护税的纳税人。

2. 风力发电涉及环境保护税吗？

【分析】《环境保护税法》第二条规定，在中华人民共和国领域和中华人民共和国管辖的其他海域，直接向环境排放应税污染物的企业事业单位和其他生产经营者为环境保护税的纳税人，应当依照规定缴纳环境保护税。

风力发电者应根据《环境保护税法》的有关规定，自行判断是否涉及环境保护税缴纳义务。

二、建筑施工噪声、交通噪声的税务处理

（一）政策规定

1. 根据《环境保护税法》第三条规定，所称应税污染物，是指该法所附《环境保护税税目税额表》《应税污染物和当量值表》规定的大气污染物、水污染物、固体废物和噪声。

2. 根据《环境保护税法》所附《环境保护税税目税额表》的规定，应税噪声指工业噪声。

3. 根据《财政部 税务总局 生态环境部关于明确环境保护税应税污染物适用等有关问题的通知》（财税〔2018〕117号）规定，在建筑施工、货物装卸和堆存过程中无组织排放应税大气污染物的，按照生态环境部规定的排污系数、物料衡算方法计算应税污染物排放量；不能按照生态环境部规定的排污系数、物料衡算方法计算的，按照省、自治区、直辖市生态环境主管部门规定的抽样测算的方法核定计算应税污染物排放量。

（二）政策解读

1. 根据《环境保护税法》所附《环境保护税税目税额表》规定，应税噪声是指在工业生产活动中产生的干扰周围生活环境的声音。目前未将建筑施工噪声和交通噪声纳入征收范围。

2. 建筑施工噪声、交通噪声虽然也是影响人们工作生活的重要污染源，但考虑到对建筑施工噪声和交通噪声监测难度都比较大，例如，交通噪声具有瞬时性、流动性和隐蔽性等特点，不同建筑施工类型、工艺和位置产生的噪声也不同，很难统一标准，将其纳入环境保护税征税范围的条件尚不成熟。

（三）案例分析

1. 建筑工地是否应缴纳环境保护税？

【分析】在中华人民共和国领域和中华人民共和国管辖的其他海域，直接向环境排放应税污染物的企业事业单位和其他生产经营者为环境保护税的纳税人，应按规定缴纳环境保护税。

若纳税人在建筑工地排放固体废物、水污染物或者一般性粉尘在内的大气污染物等应税污染物，应按规定缴纳环境保护税。

2. 建筑施工、交通产生的噪声也是一种污染，是否需要缴纳环境保护税？

【分析】不需要。目前列入《环境保护税法》所附《环境保护税税目税额表》应税污染物的噪声仅指工业噪声。暂未将建筑施工、交通产生的噪声列入征收范围。今后随着对噪声污染监测水平的提高，待具备征税条件时，再考虑是否将建筑施工噪声和交通噪声纳入征税范围。

三、税务部门与生态环境部门协同

（一）政策规定

1. 根据《环境保护税法》第十四条规定，环境保护税由税务机关依照《税收征收管理法》和该法的有关规定征收管理。生态环境主管部门依照该法和有关环境保护法律法规的规定负责对污染物的监测管理。县级以上地方人民政府应当建立税务机关、生态环境主管部门和其他相关单位分工协作工作机制，加强环境保护税征收管理，保障税款及时足额入库。

2. 根据《环境保护税法》第十五条规定，生态环境主管部门和税务机关应当建立涉税信息共享平台和工作配合机制。生态环境主管部门应当将排污单位的排污许可、污染物排放数据、环境违法和受行政处罚情况等环境保护相关信息，定期交送税务机关。税务机关应当将纳税人的纳税申报、税款入库、减免税额、欠缴税款以及风险疑点等环境保护税涉税信息，定期交送生态环境主管部门。

3. 根据《环境保护税法》第二十条规定，税务机关应当将纳税人的纳税申报数据资料与生态环境主管部门交送的相关数据资料进行比对。税务机关发现纳税人的纳税申报数据资料异常或者纳税人未按照规定期限办理纳税申报的，可以提请生态环境主管部门进行复核，生态环境主管部门应当自收到税务机关的数据资料之日起 15 日内向税务机关出具复核意见。税务机关应当按照生态环境主管部门复核的数据资料调整纳税人的应纳税额。

4. 根据《环境保护税法实施条例》第十二条规定，税务机关依法履行环境保护税纳税申报受理、涉税信息比对、组织税款入库等职责。环境保护主管部门依法负责应税污染物监测管理，制定和完善污染物监测规范。

5. 根据《环境保护税法实施条例》第十三条规定，县级以上地方人民政府应当加强对环境保护税征收管理工作的领导，及时协调、解决环境保护税征收管理工作中的重大问题。

6. 根据《环境保护税法实施条例》第十四条规定，国务院税务、环境保护主管部门制定涉税信息共享平台技术标准以及数据采集、存储、传输、查询和使用规范。

7. 根据《环境保护税法实施条例》第十五条规定，环境保护主管部门应当通过涉税信息共享平台向税务机关交送在环境保护监督管理中获取的下列信息：

（1）排污单位的名称、统一社会信用代码以及污染物排放口、排放污染物种类等基本信息；

（2）排污单位的污染物排放数据（包括污染物排放量以及大气污染物、水污染物的浓度值等数据）；

（3）排污单位环境违法和受行政处罚情况；

（4）对税务机关提请复核的纳税人的纳税申报数据资料异常或者纳税人未按照规定期限办理纳税申报的复核意见；

（5）与税务机关商定交送的其他信息。

8. 根据《环境保护税法实施条例》第十六条规定，税务机关应当通过涉税信息共享平台向环境保护主管部门交送下列环境保护税涉税信息：

（1）纳税人基本信息；

（2）纳税申报信息；

（3）税款入库、减免税额、欠缴税款以及风险疑点等信息；

（4）纳税人涉税违法和受行政处罚情况；

（5）纳税人的纳税申报数据资料异常或者纳税人未按照规定期限办理纳税申报的信息；

（6）与环境保护主管部门商定交送的其他信息。

（二）政策解读

1. 税务机关依法履行环境保护税纳税申报受理、涉税信息比对、组织税款入库等职责。环境保护主管部门依法负责应税污染物监测管理，制定和完善污染物监测规范。

2. 国务院税务、环境保护主管部门制定涉税信息共享平台技术标准以及数据采集、存储、传输、查询和使用规范。

3. 税务机关应当依据环境保护主管部门交送的排污单位信息进行纳税人识别。在环境保护主管部门交送的排污单位信息中没有对应信息的纳税人，由税务机关在纳税人首次办理环境保护税纳税申报时进行纳税人识别，并将相关信息交送环境保护主管部门。

4. 环境保护主管部门发现纳税人申报的应税污染物排放信息或者适用的排污系数、物料衡算方法有误的，应当通知税务机关处理。

5. 纳税人申报的污染物排放数据与环境保护主管部门交送的相关数据不一致的，按照环境保护主管部门交送的数据确定应税污染物的计税依据。

（三）案例分析

在环境保护税的征收管理过程中，税务机关与生态环境主管部门如何进行职责分工的？

【分析】 生态环境主管部门和税务机关应当建立涉税信息共享平台和工作配合机制。具体如下：①生态环境主管部门应当将排污单位的排污许可、污染物排放数据、环境违法和受行政处罚情况等环境保护相关信息，定期交送税务机关。②税务机关应当将纳税人的纳税申报、税款入库、减免税额、欠缴税款以及风险疑点等环境保护涉税信息，定期交送生态环境主管部门。

四、居民个人产生生活污水和垃圾的税务处理

（一）政策规定

根据《环境保护税法》第二条规定，在中华人民共和国领域和中华人民共和国管辖的其他海域，直接向环境排放应税污染物的企业事业单位和其他生产经营者为环境保护税的纳税人，应当依照规定缴纳环境保护税。

（二）政策解读

1. 环境保护税的纳税人是指在中华人民共和国领域和中华人民共和国管辖的其他海域，直接向环境排放应税污染物的企业事业单位和其他生产经营者。

2. 居民个人不属于《环境保护税法》规定的环境保护税纳税人范畴，其日常生活中排放的污水、生活垃圾以及其他的废弃物是不用缴纳环境保护税的。

（三）案例分析

居民家庭和个人直接向环境排放污染物，是否需要缴纳环境保护税？

【分析】 不需要。环境保护税的纳税人是指在中华人民共和国领域和中华人民共和国管辖的其他海域，直接向环境排放应税污染物的企业事业单位和其他生产经营者，不包括家庭和个人。

五、征收环境保护税的污染物的计税依据

（一）政策规定

1. 根据《环境保护税法》第七条规定，应税污染物的计税依据，按照下列方法确定：①应税大气污染物按照污染物排放量折合的污染当量数确定；②应税水污染物按照污染物排放量折合的污染当量数确定；③应税固体废物按照固体废物的排放量确定；④应税噪声按照超过国家规定标准的分贝

数确定。

2. 根据《环境保护税法》第八条规定，应税大气污染物、水污染物的污染当量数，以该污染物的排放量除以该污染物的污染当量值计算。每种应税大气污染物、水污染物的具体污染当量值，依照该法所附《应税污染物和当量值表》执行。

3. 根据《环境保护税法》第九条规定，每一排放口或者没有排放口的应税大气污染物，按照污染当量数从大到小排序，对前三项污染物征收环境保护税。每一排放口的应税水污染物，按照该法所附《应税污染物和当量值表》，区分第一类水污染物和其他类水污染物，按照污染当量数从大到小排序，对第一类水污染物按照前五项征收环境保护税，对其他类水污染物按照前三项征收环境保护税。省、自治区、直辖市人民政府根据本地区污染物减排的特殊需要，可以增加同一排放口征收环境保护税的应税污染物项目数，报同级人民代表大会常务委员会决定，并报全国人民代表大会常务委员会和国务院备案。

（二）政策解读

1. 污染当量，是指根据污染物或者污染排放活动对环境的有害程度以及处理的技术经济性，衡量不同污染物对环境污染的综合性指标或者计量单位。同一介质相同污染当量的不同污染物，其污染程度基本相当。

2. 不同种类应税污染物的计税依据各不相同：①大气污染物和水污染物的计税依据是按照排放量换算出的污染当量数，大气污染物的污染当量数排序取前三征税。水污染物的污染当量数分类排序，第一类取前五征税，其他类取前三征税。②固体废物的计税依据为排放量，用产生量减除综合利用、贮存和处置量。③噪声的计税依据为超标分贝。

3. 关于应税水污染物污染当量数的计算问题。应税水污染物的污染当量数，以该污染物的排放量除以该污染物的污染当量值计算。其中，色度的污染当量数，以污水排放量乘以色度超标倍数再除以适用的污染当量值计算。畜禽养殖业水污染物的污染当量数，以该畜禽养殖场的月均存栏量除以适用的污染当量值计算。畜禽养殖场的月均存栏量按照月初存栏量和月末存栏量的平均数计算。

（三）案例分析

A企业2024年6月向大气直接排放二氧化硫180吨、氮氧化物220吨、烟尘50吨、一氧化碳20吨，该企业所在地区大气污染物的税额标准为1.2元/污染当量，该企业只有一个排放口。已知二氧化硫、氮氧化物的污染当量值为0.95千克，烟尘污染当量值为2.18千克，一氧化碳污染当量值为16.7千克。请计算该企业6月大气污染物应缴纳的环境保护税（结果保留两位小数）。

【分析】大气污染物对一个排污口排放的应税污染物，按照污染当量数从大到小排序，对前三项污染物征收环境保护税。

二氧化硫污染当量数=180×1000÷0.95=189473.68

氮氧化物污染当量数=220×1000÷0.95=231578.94

烟尘污染当量数=50×1000÷2.18=22935.78

一氧化碳污染当量数=20×1000÷16.7=1197.6

氮氧化物（231578.94）>二氧化硫（189473.68）>烟尘（22935.78）>一氧化碳（1197.6），应对前三项污染物计算应纳税额。

因此，该企业6月应纳环境保护税税额=（231578.94+189473.68+22935.78）×1.2=532786.08（元）。

六、污染物排放量的确定

（一）政策规定

1. 根据《环境保护税法》第十条规定，应税大气污染物、水污染物、固体废物的排放量和噪声的分贝数，按照下列方法和顺序计算：①纳税人安装使用符合国家规定和监测规范的污染物自动监测设备的，按照污染物自动监测数据计算；②纳税人未安装使用污染物自动监测设备的，按照监测机构出具的符合国家有关规定和监测规范的监测数据计算；③因排放污染物种类多等原因不具备监测条件的，按照国务院生态环境主管部门规定的排污系数、物料衡算方法计算；④不能按照该条第一项至第三项规定的方法计算的，按照省、自治区、直辖市人民政府生态环境主管部门规定的抽样测算的方法核定计算。

2. 根据《环境保护税法实施条例》第五条规定，应税固体废物的计税依据，按照固体废物的排放量确定。固体废物的排放量为当期应税固体废物的产生量减去当期应税固体废物的贮存量、处置量、综合利用量的余额。

固体废物的贮存量、处置量，是指在符合国家和地方环境保护标准的设施、场所贮存或者处置的固体废物数量；固体废物的综合利用量，是指按照国务院发展改革、工业和信息化主管部门关于资源综合利用要求以及国家和地方环境保护标准进行综合利用的固体废物数量。

3. 根据《环境保护税法实施条例》第六条规定，纳税人有下列情形之一的，以其当期应税固体废物的产生量作为固体废物的排放量：①非法倾倒应税固体废物；②进行虚假纳税申报。

4. 根据《环境保护税法实施条例》第七条规定，应税大气污染物、水污染物的计税依据，按照污染物排放量折合的污染当量数确定。

纳税人有下列情形之一的，以其当期应税大气污染物、水污染物的产生量作为污染物的排放量：①未依法安装使用污染物自动监测设备或者未将污染物自动监测设备与环境保护主管部门的监控设备联网；②损毁或者擅自移动、改变污染物自动监测设备；③篡改、伪造污染物监测数据；④通过暗管、渗井、渗坑、灌注或者稀释排放以及不正常运行防治污染设施等方式违法排放应税污染物；⑤进行虚假纳税申报。

5. 根据《环境保护税法实施条例》第八条规定，从两个以上排放口排放应税污染物的，对每一排放口排放的应税污染物分别计算征收环境保护税；纳税人持有排污许可证的，其污染物排放口按照排污许可证载明的污染物排放口确定。

6. 根据《环境保护税法实施条例》第九条规定，属于《环境保护税法》第十条第二项规定情形的纳税人，自行对污染物进行监测所获取的监测数据，符合国家有关规定和监测规范的，视同《环境保护税法》第十条第二项规定的监测机构出具的监测数据。

（二）政策解读

1. 应税污染物排放量的计算。

（1）一般情况下，根据应税大气污染物、水污染物、固体废物的排放量与噪声的分贝数确定。具体计算方式如表 5-1 所示。

表 5-1 应税污染物排放量的确定（一般情况）

项目	如何计算
1. 纳税人安装使用符合国家规定和监测规范的污染物自动监测设备的	按照污染物自动监测数据计算
2. 纳税人未安装使用符合国家规定和监测规范的污染物自动监测设备的	按照监测机构出具的符合国家有关规定和监测规范的监测数据计算；为减轻监测负担，对当月无监测数据的，可沿用最近一次的监测数据
3. 因排放污染物种类多等原因不具备监测条件的排污单位	按照国务院生态环境主管部门公布的排污系数或者物料衡算方法计算
4. 其他	按照省、自治区、直辖市生态环境主管部门公布的抽样测算方法核定计算

根据《生态环境部 财政部 税务总局关于发布计算环境保护税应税污染物排放量的排污系数和物料衡算方法的公告》（生态环境部 财政部 税务总局公告 2021 年第 16 号）规定：①属于排污许可管理的排污单位，适用生态环境部发布的排污许可证申请与核发技术规范中规定的排（产）污系数、物料衡算方法计算应税污染物排放量；排污许可证申请与核发技术规范未规定相关排（产）污系数的，适用生态环境部发布的排放源统计调查制度规定的排（产）污系数方法计算应税污染物排放量。②不属于排污许可管理的排污单位，适用生态环境部发布的排放源统计调查制度规定的排（产）污系数方法计算应税污染物排放量。③上述情形中仍无相关计算方法的，由各省、自治区、直辖市生态环境主管部门结合本地实际情况，科学合理制定抽样测算方法。该公告自 2021 年 5 月 1 日起施行。

（2）特殊情况下，以应税大气污染物、水污染物、固体废物的产生量作为排放量。具体情形如表 5-2 所示。

表 5-2　　应税污染物排放量的确定（特殊情况）

项目	特殊情况
应税大气污染物、水污染物	1. 未依法安装使用污染物自动监测设备或者未将污染物自动监测设备与环境保护主管部门的监控设备联网
	2. 损毁或者擅自移动、改变污染物自动监测设备
	3. 篡改、伪造污染物监测数据
	4. 通过暗管、渗井、渗坑、灌注或者稀释排放以及不正常运行防治污染设施等方式违法排放应税污染物
	5. 进行虚假纳税申报
固体废物	1. 非法倾倒应税固体废物
	2. 进行虚假纳税申报

2. 关于应税污染物排放量的监测计算问题。

（1）纳税人按照规定须安装污染物自动监测设备并与生态环境主管部门联网的，当自动监测设备发生故障、设备维护、启停炉、停运等状态时，应当按照相关法律法规和《固定污染源烟气（SO_2、NO_X、颗粒物）排放连续监测技术规范》（HJ 75—2017）、《水污染源在线监测系统（COD_{Cr}、NH3-N等）数据有效性判别技术规范》（HJ 356—2019）等规定，对数据状态进行标记，以及对数据缺失、无效时段的污染物排放量进行修约和替代处理，并按标记、处理后的自动监测数据计算应税污染物排放量。相关纳税人当月不能提供符合国家规定和监测规范的自动监测数据的，应当按照排污系数、物料衡算方法计算应税污染物排放量。纳入排污许可管理行业的纳税人，其应税污染物排放量的监测计算方法按照排污许可管理要求执行。

纳税人主动安装使用符合国家规定和监测规范的污染物自动监测设备，但未与生态环境主管部门联网的，可以按照自动监测数据计算应税污染物排放量；不能提供符合国家规定和监测规范的自动监测数据的，应当按照监测机构出具的符合监测规范的监测数据或者排污系数、物料衡算方法计算应税污染物排放量。

（2）纳税人委托监测机构监测应税污染物排放量的，应当按照国家有关规定制定监测方案，并将监测数据资料及时报送生态环境主管部门。监测机构实施的监测项目、方法、时限和频次应当符合国家有关规定和监测规范要求。监测机构出具的监测报告应当包括应税水污染物种类、浓度值和污水流量，应税大气污染物种类、浓度值、排放速率和烟气量，执行的污染物排放标准和排放浓度限值等信息。监测机构对监测数据的真实性、合法性负责，凡发现监测数据弄虚作假的，依照相关法律法规的规定追究法律责任。

纳税人采用委托监测方式，在规定监测时限内当月无监测数据的，可以沿用最近一次的监测数据计算应税污染物排放量，但不得跨季度沿用监测数据。纳税人采用监测机构出具的监测数据申报减免环境保护税的，应当取得申报当月的监测数据；当月无监测数据的，不予减免环境保护税。有关污染物监测浓度值低于生态环境主管部门规定的污染物检出限的，除有特殊管理要求外，视同该污染物排放量为零。生态环境主管部门、计量主管部门发现委托监测数据失真或者弄虚作假的，税务机关应当按照同一纳税期内的监督性监测数据或者排污系数、物料衡算方法计算应税污染物排放量。

（3）在建筑施工、货物装卸和堆存过程中无组织排放应税大气污染物的，按照生态环境部规定的排污系数、物料衡算方法计算应税污染物排放量；不能按照生态环境部规定的排污系数、物料衡算方法计算的，按照省、自治区、直辖市生态环境主管部门规定的抽样测算的方法核定计算应税污染物排放量。

（4）纳税人因环境违法行为受到行政处罚的，应当依据相关法律法规和处罚信息计算违法行为所属期的应税污染物排放量。生态环境主管部门发现纳税人申报信息有误的，应当通知税务机关处理。

3. 关于应税固体废物排放量计算和纳税申报问题。

（1）应税固体废物的排放量为当期应税固体废物的产生量减去当期应税固体废物贮存量、处置量、综合利用量的余额。纳税人应当准确计量应税固体废物的贮存量、处置量和综合利用量，未准确计量的，不得从其应税固体废物的产生量中减去。纳税人依法将应税固体废物转移至其他单位和个人进行贮存、处置或者综合利用的，固体废物的转移量相应计入其当期应税固体废物的贮存量、处置量或者综合利用量；纳税人接收的应税固体废物转移量，不计入其当期应税固体废物的产生量。纳税人对应税固体废物进行综合利用的，应当符合工业和信息化部制定的工业固体废物综合利用评价管理规范。

（2）纳税人申报纳税时，应当向税务机关报送应税固体废物的产生量、贮存量、处置量和综合利用量，同时报送能够证明固体废物流向和数量的纳税资料，包括固体废物处置利用委托合同、受委托方资质证明、固体废物转移联单、危险废物管理台账复印件等。有关纳税资料已在环境保护税基础信息采集表中采集且未发生变化的，纳税人不再报送。纳税人应当参照危险废物台账管理要求，建立其他应税固体废物管理台账，如实记录产生固体废物的种类、数量、流向以及贮存、处置、综合利用、接收转入等信息，并将应税固体废物管理台账和相关资料留存备查。

（三）案例分析

1. 某企业 2023 年 10 月生产产生 1000 吨固体废物，按照国家标准贮存 500 吨，已知固体废物单位税额每吨 25 元。请计算该企业排放固体废物需要缴纳的环境保护税。

【分析】固体废物的应纳税额为固体废物排放量乘以具体适用税额，其排放量为当期应税固体废物的产生量减去当期应税固体废物的贮存量、处置量、综合利用量的余额。因此，该企业应缴纳的环境保护税税额 =（1000−500）×25 = 12500（元）。

2. 同一企业有多个污染物排放口，应该怎么计征环境保护税？

【分析】从两个以上排放口排放应税污染物的，对每一排放口排放的应税污染物分别计算征收环境保护税。纳税人持有排污许可证的，其污染物排放口按照排污许可证载明的污染物排放口确定。

七、环境保护税的税收优惠

（一）政策规定

1. 根据《环境保护税法》第十二条规定，下列情形，暂予免征环境保护税：

（1）农业生产（不包括规模化养殖）排放应税污染物的；

（2）机动车、铁路机车、非道路移动机械、船舶和航空器等流动污染源排放应税污染物的；

（3）依法设立的城乡污水集中处理、生活垃圾集中处理场所排放相应应税污染物，不超过国家和地方规定的排放标准的；

（4）纳税人综合利用的固体废物，符合国家和地方环境保护标准的；

（5）国务院批准免税的其他情形。

上述第（5）项免税规定，由国务院报全国人民代表大会常务委员会备案。

2. 根据《环境保护税法》第十三条规定，纳税人排放应税大气污染物或者水污染物的浓度值低于国家和地方规定的污染物排放标准30%的，减按75%征收环境保护税。纳税人排放应税大气污染物或者水污染物的浓度值低于国家和地方规定的污染物排放标准50%的，减按50%征收环境保护税。

3. 根据《财政部 税务总局 生态环境部关于明确环境保护税应税污染物适用等有关问题的通知》（财税〔2018〕117号）第二条规定，依法设立的生活垃圾焚烧发电厂、生活垃圾填埋场、生活垃圾堆肥厂，属于生活垃圾集中处理场所，其排放应税污染物不超过国家和地方规定的排放标准的，依法予以免征环境保护税。纳税人任何一个排放口排放应税大气污染物、水污染物的浓度值，以及没有排放口排放应税大气污染物的浓度值，超过国家和地方规定的污染物排放标准的，依法不予减征环境保护税。

（二）政策解读

1.《环境保护税法》第十三条所称应税大气污染物或者水污染物的浓度值，是指纳税人安装使用的污染物自动监测设备当月自动监测的应税大气污染物浓度值的小时平均值再平均所得数值或者应税水污染物浓度值的日平均值再平均所得数值，或者监测机构当月监测的应税大气污染物、水污染物浓度值的平均值。

2. 依照《环境保护税法》第十三条的规定减征环境保护税的，应税大气污染物浓度值的小时平均值或者应税水污染物浓度值的日平均值，以及监测机构当月每次监测的应税大气污染物、水污染物的浓度值，均不得超过国

家和地方规定的污染物排放标准。

3. 依照《环境保护税法》第十三条的规定减征环境保护税的，应当对每一排放口排放的不同应税污染物分别计算。

（三）案例分析

某企业废气排放口，应税污染物当量数前三项中有一项废气排放浓度超标，另两项排放浓度达到国家标准50%以下。这种情况下，达到国家标准50%以下的两种废气能否享受环境保护税的减征优惠？

【分析】（1）根据《环境保护税法实施条例》第十条第二款规定，依照《环境保护税法》第十三条的规定减征环境保护税的，应税大气污染物浓度值的小时平均值或者应税水污染物浓度值的日平均值，以及监测机构当月每次监测的应税大气污染物、水污染物的浓度值，均不得超过国家和地方规定的污染物排放标准。

（2）根据《财政部 税务总局 生态环境部关于明确环境保护税应税污染物适用等有关问题的通知》（财税〔2018〕117号）第二条规定，纳税人任何一个排放口排放应税大气污染物、水污染物的浓度值，以及没有排放口排放应税大气污染物的浓度值，超过国家和地方规定的污染物排放标准的，依法不予减征环境保护税。

实践中，环保部门是按照只要同一排放口某一项污染物超标排放，即认为该排放口为超标排放的口径进行管理的。结合税法精神和环保部门管理实践，同一排放口享受减税优惠的前提是该排放口排放的所有应税污染物均不超标。因此本问题中，企业不能享受环境保护税减征的优惠。

第三节　烟叶税

一、烟叶税纳税人的判定

（一）政策规定

根据《中华人民共和国烟叶税法》（以下简称《烟叶税法》）第一条规

定，在中华人民共和国境内，依照《中华人民共和国烟草专卖法》的规定收购烟叶的单位为烟叶税的纳税人。纳税人应当依照规定缴纳烟叶税。

（二）政策解读

烟叶税的销售方不是纳税人；个人也不是纳税人。

（三）案例分析

王某在集市上收购烟叶，王某是否是烟叶税的纳税人？

【分析】不是。《烟叶税法》规定，收购烟叶的单位为烟叶税的纳税人。

二、价外补贴的税务处理

（一）政策规定

根据《财政部 税务总局关于明确烟叶税计税依据的通知》（财税〔2018〕75号）规定，纳税人收购烟叶实际支付的价款总额包括纳税人支付给烟叶生产销售单位和个人的烟叶收购价款和价外补贴。其中，价外补贴统一按烟叶收购价款的10%计算。

（二）政策解读

计算烟叶税时的价外补贴比例固定为收购价款的10%，和实际支付的价外补贴金额可能不同。

（三）案例分析

某卷烟厂（增值税一般纳税人）2023年5月收购烟叶，向烟叶生产者支付收购价款50000元，并支付了价外补贴3000元，请计算烟叶税时实际支付的价款总额是多少？

【分析】烟叶税的计税依据是实际支付的价款总额，包括纳税人支付给烟叶生产销售单位和个人的烟叶收购价款和价外补贴，价外补贴统一按烟叶收购价款的10%计算。

因此，实际支付的价款总额=50000×（1+10%）=55000（元）。

三、烟叶税应纳税额的计算

（一）政策规定

1. 根据《烟叶税法》第三条规定，烟叶税的计税依据为纳税人收购烟叶实际支付的价款总额。

2. 根据《烟叶税法》第四条规定，烟叶税的税率为20%。

3. 根据《烟叶税法》第五条规定，烟叶税的应纳税额按照纳税人收购烟叶实际支付的价款总额乘以税率计算。

（二）政策解读

烟叶税的应纳税额=实际支付的价款×税率=收购价格×（1+10%）×税率

（三）案例分析

某卷烟厂（增值税一般纳税人）2023年5月收购烟叶，向烟叶生产者支付收购价款50000元，并支付了价外补贴3000元。

请计算该卷烟厂应缴纳多少烟叶税？

【分析】（1）烟叶税的应纳税额=实际支付的价款×税率，烟叶税的税率为20%。

（2）烟叶税的计税依据是实际支付的价款总额，包括纳税人支付给烟叶生产销售单位和个人的烟叶收购价款和价外补贴，价外补贴统一按烟叶收购价款的10%计算。

因此，应缴纳的烟叶税=50000×（1+10%）×20%=11000（元）。

第四节　车船税

一、车船税征税范围的确定

（一）政策规定

1. 根据《中华人民共和国车船税法》（以下简称《车船税法》）第一条规定，在中华人民共和国境内属于该法所附《车船税税目税额表》规定的车辆、船舶的所有人或者管理人，为车船税的纳税人，应当依照规定缴纳车船税。

2. 根据《中华人民共和国车船税法实施条例》（以下简称《车船税法实施条例》）第二条规定，《车船税法》第一条所称车辆、船舶，是指：①依法应当在车船登记管理部门登记的机动车辆和船舶；②依法不需要在车船登记管理部门登记的在单位内部场所行驶或者作业的机动车辆和船舶。

（二）政策解读

1. 根据《车船税法》附件《车船税税目税额表》的规定，车船税的征税范围包括乘用车、客车、货车、挂车、专用作业车、轮式专用机械车、摩托车、机动船舶、游艇。其中，货车包括半挂牵引车、三轮汽车和低速载货汽车等。

2. 车船税征税范围不包括拖拉机、纯电动乘用车和燃料电池乘用车。

3. 专用作业车包括汽车起重机、消防车、混凝土泵车、清障车、高空作业车、洒水车、扫路车。救护车不属于专用作业车。

4. 船舶，是指各类机动、非机动船舶以及其他水上移动装置，但是船舶上装备的救生艇筏和长度小于 5 米的艇筏除外。

5. 对港作车船、工程船等经营性车船，国家机关、事业单位、人民团体等财政拨付经费单位的车船，以及趸船、浮桥用船，应照章征税。

（三）案例分析

单位内部使用车辆，不登记也不上路，是否缴纳车船税？

【分析】(1) 根据《车船税法实施条例》第二条规定,《车船税法》第一条所称车辆、船舶,包括依法不需要在车船登记管理部门登记的在单位内部场所行驶或者作业的机动车辆和船舶。

(2) 根据《车船税法实施条例》第二十五条规定,依法不需要在车船登记管理部门登记的机场、港口、铁路站场内部行驶或者作业的车船,自《车船税法》实施之日起5年内免征车船税。

《车船税法》已实施满5年,目前没有针对内部行驶的车船免征车船税的规定,因此,所有内部行驶的车船均应按规定缴纳车船税。

二、新能源汽车的税务处理

(一) 政策规定

1. 根据《车船税法》第四条规定,对节约能源、使用新能源的车船可以减征或者免征车船税;对受严重自然灾害影响纳税困难以及有其他特殊原因确需减税、免税的,可以减征或者免征车船税。具体办法由国务院规定,并报全国人民代表大会常务委员会备案。

2. 根据《车船税法实施条例》第十条规定,节约能源、使用新能源的车船可以免征或者减半征收车船税。免征或者减半征收车船税的车船的范围,由国务院财政、税务主管部门商国务院有关部门制订,报国务院批准。

3. 根据《财政部 税务总局 工业和信息化部 交通运输部关于节能 新能源车船享受车船税优惠政策的通知》(财税〔2018〕74号)规定:

(1) 对节能汽车,减半征收车船税。

①减半征收车船税的节能乘用车应同时符合以下标准:

A. 获得许可在中国境内销售的排量为1.6升以下(含1.6升)的燃用汽油、柴油的乘用车(含非插电式混合动力、双燃料和两用燃料乘用车);

B. 综合工况燃料消耗量应符合标准,具体要求见该通知附件1。

②减半征收车船税的节能商用车应同时符合以下标准:

A. 获得许可在中国境内销售的燃用天然气、汽油、柴油的轻型和重型商用车(含非插电式混合动力、双燃料和两用燃料轻型和重型商用车);

B. 燃用汽油、柴油的轻型和重型商用车综合工况燃料消耗量应符合标准，具体标准见该通知附件 2 和附件 3。

（2）对新能源车船，免征车船税。

①免征车船税的新能源汽车是指纯电动商用车、插电式（含增程式）混合动力汽车、燃料电池商用车。纯电动乘用车和燃料电池乘用车不属于车船税征税范围，对其不征车船税。

②免征车船税的新能源汽车应同时符合以下标准：

A. 获得许可在中国境内销售的纯电动商用车、插电式（含增程式）混合动力汽车、燃料电池商用车；

B. 符合新能源汽车产品技术标准，具体标准见该通知附件 4；

C. 通过新能源汽车专项检测，符合新能源汽车标准，具体标准见该通知附件 5；

D. 新能源汽车生产企业或进口新能源汽车经销商在产品质量保证、产品一致性、售后服务、安全监测、动力电池回收利用等方面符合相关要求，具体要求见该通知附件 6。

③免征车船税的新能源船舶应符合以下标准：船舶的主推进动力装置为纯天然气发动机。发动机采用微量柴油引燃方式且引燃油热值占全部燃料总热值的比例不超过 5%的，视同纯天然气发动机。

（3）符合上述标准的节能、新能源汽车，由工业和信息化部、税务总局不定期联合发布《享受车船税减免优惠的节约能源使用新能源汽车车型目录》（以下简称《目录》）予以公告。

4. 根据《中华人民共和国工业和信息化部 财政部 税务总局关于调整享受车船税优惠的节能 新能源汽车产品技术要求的公告》（中华人民共和国工业和信息化部 财政部 税务总局公告 2024 年第 10 号）规定，自 2024 年 7 月 1 日起，①对财税〔2018〕74 号文件中第一条第一项、第二项中涉及的节能乘用车、轻型商用车、重型商用车综合工况燃料消耗量限值标准进行更新，具体要求见该公告附件 1、附件 2 和附件 3；②对财税〔2018〕74 号文件中第二条第二项中涉及的新能源汽车产品技术标准进行调整，具体要求见该公告附件 4；③享受车船税优惠的节能、新能源汽车产品其他技术要求继续按照财税〔2018〕74 号文件有关规定执行。

（二）政策解读

1. 节能、新能源车辆减免（见表5-3）。

表5-3　　节能、新能源车辆减免政策

优惠政策	具体规定
节能汽车（减半征收）	节能汽车，包括允许在中国境内销售的综合工况燃料量符合标准的以下车辆： （1）排量为1.6升以下（含1.6升）的燃用汽油、柴油的乘用车（含非插电式混合动力、双燃料和两用燃料乘用车）。 （2）燃用天然气、汽油、柴油的轻型和重型商用车（含非插电式混合动力、双燃料和两用燃料轻型和重型商用车）
新能源车辆（免征）	新能源车辆，包括允许在中国境内销售的以下车辆： （1）符合新能源汽车标准、产品技术标准等的纯电动商用车、插电式（含增程式）混合动力汽车、燃料电池商用车。 【提示】纯电动乘用车和燃料电动乘用车不属于车船税的征税范围。 （2）主推进动力装置为纯天然气发动机的新能源船舶

2. 根据《车船税法》第八条“车船税纳税义务发生时间为取得车船所有权或者管理权的当月”和财税〔2018〕74号文件第七条“列入新公告的各批次《目录》（以下简称新《目录》）的节能、新能源汽车，自新《目录》公告之日起，按新《目录》和财税〔2018〕74号文件相关规定享受车船税减免优惠政策”的规定，车船税纳税义务发生时间（即取得车船所有权或者管理权时间）在新《目录》公告之日以后，并且汽车车型在新《目录》中的，可以按规定享受减免税优惠。

（三）案例分析

电动汽车是否缴纳车船税？

【分析】根据《财政部 税务总局 工业和信息化部 交通运输部关于节能新能源车船享受车船税优惠政策的通知》（财税〔2018〕74号）规定，对新能源车船，免征车船税。免征车船税的新能源汽车是指纯电动商用车、插电式（含增程式）混合动力汽车、燃料电池商用车。纯电动乘用车和燃料电池乘用车不属于车船税征税范围，对其不征车船税。

因此，纯电动乘用车和燃料电池乘用车不征车船税，纯电动商用车、插电式（含增程式）混合动力汽车、燃料电池商用车免征车船税。

三、车辆丢失、退回的车船税处理

（一）政策规定

1. 根据《车船税法实施条例》第十九条规定，购置的新车船，购置当年的应纳税额自纳税义务发生的当月起按月计算。应纳税额为年应纳税额除以 12 再乘以应纳税月份数。在一个纳税年度内，已完税的车船被盗抢、报废、灭失的，纳税人可以凭有关管理机关出具的证明和完税凭证，向纳税所在地的主管税务机关申请退还自被盗抢、报废、灭失月份起至该纳税年度终了期间的税款。已办理退税的被盗抢车船失而复得的，纳税人应当从公安机关出具相关证明的当月起计算缴纳车船税。

2. 根据《国家税务总局关于车船税征管若干问题的公告》（国家税务总局公告 2013 年第 42 号）第四条规定，已经缴纳车船税的车船，因质量原因，车船被退回生产企业或者经销商的，纳税人可以向纳税所在地的主管税务机关申请退还自退货月份起至该纳税年度终了期间的税款。退货月份以退货发票所载日期的当月为准。

3. 根据《中华人民共和国税收征收管理法实施细则》（以下简称《税收征收管理法实施细则》）第七十八条规定，税务机关发现纳税人多缴税款的，应当自发现之日起 10 日内办理退还手续；纳税人发现多缴税款，要求退还的，税务机关应当自接到纳税人退还申请之日起 30 日内查实并办理退还手续。《税收征收管理法》第五十一条规定的加算银行同期存款利息的多缴税款退税，不包括依法预缴税款形成的结算退税、出口退税和各种减免退税。退税利息按照税务机关办理退税手续当天中国人民银行规定的活期存款利率计算。

4. 根据《税收征收管理法实施细则》第七十九条规定，纳税人既有应退税款又有欠缴税款的，税务机关可以将应退税款和利息先抵扣欠缴税款；抵扣后有余额的，退还纳税人。

（二）政策解读

1. 在一个纳税年度内，已完税的车船被盗抢、报废、灭失的，纳税人可以申请退还自被盗抢、报废、灭失月份起至该纳税年度终了期间的税款。

2. 已经缴纳车船税的车船，因质量原因，被退回生产企业或者经销商的，纳税人可以申请退还自退货月份起至该纳税年度终了期间的税款。退货月份以退货发票所载日期的当月为准。

3. 已办理退税的被盗抢车船，失而复得的，纳税人应当从公安机关出具相关证明的当月起计算缴纳车船税。

4. 已缴纳车船税的车船在同一纳税年度内办理转让过户的，不另纳税，也不退税。

5. 车船税纳税义务的发生和终止，都在发生、终止的当月确认。

（三）案例分析

1. 车辆被盗之后又找回来，应该从什么时候开始缴纳车船税？

【分析】已办理退税的被盗抢车船失而复得的，纳税人应当从公安机关出具相关证明的当月起计算缴纳车船税。

2. 某汽车运输企业 2023 年 1 月缴纳了 4 辆客车车船税。其中一辆 7 月被盗，已办理车船税退还手续；9 月由公安机关找回并出具证明，企业补缴了车船税。假定该类型客车年税额为 480 元，计算该企业 2023 年实缴的车船税金额。

【分析】已办理退税的被盗抢车船，失而复得的，纳税人应当从公安机关出具相关证明的当月起计算缴纳车船税，故被盗车辆 7 月、8 月两个月无须缴纳车船税。

因此，该企业 2023 年实缴的车船税 = 3×480+480÷12×10 = 1840（元）。

四、特殊车辆的车船税处理

（一）政策规定

1. 根据《车船税法实施条例》第二十六条的规定，《车船税法》所附《车船税税目税额表》中车辆、船舶的含义如下：

（1）乘用车，是指在设计和技术特性上主要用于载运乘客及随身行李，核定载客人数包括驾驶员在内不超过9人的汽车。

（2）商用车，是指除乘用车外，在设计和技术特性上用于载运乘客、货物的汽车，划分为客车和货车。

（3）半挂牵引车，是指装备有特殊装置用于牵引半挂车的商用车。

（4）三轮汽车，是指最高设计车速不超过每小时50公里，具有三个车轮的货车。

（5）低速载货汽车，是指以柴油机为动力，最高设计车速不超过每小时70公里，具有四个车轮的货车。

（6）挂车，是指就其设计和技术特性需由汽车或者拖拉机牵引，才能正常使用的一种无动力的道路车辆。

（7）专用作业车，是指在其设计和技术特性上用于特殊工作的车辆。

（8）轮式专用机械车，是指有特殊结构和专门功能，装有橡胶车轮可以自行行驶，最高设计车速大于每小时20公里的轮式工程机械车。

（9）摩托车，是指无论采用何种驱动方式，最高设计车速大于每小时50公里，或者使用内燃机，其排量大于50毫升的两轮或者三轮车辆。

（10）船舶，是指各类机动、非机动船舶以及其他水上移动装置，但是船舶上装备的救生艇筏和长度小于5米的艇筏除外。其中，机动船舶是指用机器推进的船舶；拖船是指专门用于拖（推）动运输船舶的专业作业船舶；非机动驳船，是指在船舶登记管理部门登记为驳船的非机动船舶；游艇是指具备内置机械推进动力装置，长度在90米以下，主要用于游览观光、休闲娱乐、水上体育运动等活动，并应当具有船舶检验证书和适航证书的船舶。

2. 根据《国家税务总局关于车船税征管若干问题的公告》（国家税务总

局公告2013年第42号）第一条“关于专用作业车的认定”规定，对于在设计和技术特性上用于特殊工作，并装置有专用设备或器具的汽车，应认定为专用作业车，如汽车起重机、消防车、混凝土泵车、清障车、高空作业车、洒水车、扫路车等。以载运人员或货物为主要目的的专用汽车，如救护车，不属于专用作业车。

（二）政策解读

1. 专用作业车，是指在其设计和技术特性上用于特殊工作的车辆。

2. 关于专用作业车的认定。对于在设计和技术特性上用于特殊工作，并装置有专用设备或器具的汽车，应认定为专用作业车，如汽车起重机、消防车、混凝土泵车、清障车、高空作业车、洒水车、扫路车等。以载运人员或货物为主要目的的专用汽车，如救护车，不属于专用作业车。

（三）案例分析

1. 救护车是否缴纳车船税？

【分析】救护车应缴纳车船税，根据《车船税法》及其实施条例，救护车不属于免税范围，应缴纳车船税。

2. 拖拉机是否需要缴纳车船税？

【分析】（1）《车船税法》规定的征税范围是该法所附《车船税税目税额表》所列的车辆、船舶，包括依法应当在车船登记管理部门登记的机动车辆和船舶，也包括依法不需要在车船登记管理部门登记的在单位内部场所行驶或者作业的机动车辆和船舶。

（2）上述机动车辆包括乘用车、商用车（包括客车、货车）、挂车、专用作业车、轮式专用机械车、摩托车。

因此，拖拉机不需要缴纳车船税。

五、车船税的税收优惠

（一）政策规定

1. 根据《车船税法》第三条规定，下列车船免征车船税：

（1）捕捞、养殖渔船；

（2）军队、武装警察部队专用的车船；

（3）警用车船；

（4）悬挂应急救援专用号牌的国家综合性消防救援车辆和国家综合性消防救援专用船舶；

（5）依照法律规定应当予以免税的外国驻华使领馆、国际组织驻华代表机构及其有关人员的车船。

2. 根据《车船税法》第四条规定，对节约能源、使用新能源的车船可以减征或者免征车船税；对受严重自然灾害影响纳税困难以及有其他特殊原因确需减税、免税的，可以减征或者免征车船税。具体办法由国务院规定，并报全国人民代表大会常务委员会备案。

3. 根据《车船税法》第五条规定，省、自治区、直辖市人民政府根据当地实际情况，可以对公共交通车船，农村居民拥有并主要在农村地区使用的摩托车、三轮汽车和低速载货汽车定期减征或者免征车船税。

4. 根据《车船税法实施条例》第七条规定，《车船税法》第三条第一项所称的捕捞、养殖渔船，是指在渔业船舶登记管理部门登记为捕捞船或者养殖船的船舶。

5. 根据《车船税法实施条例》第八条规定，《车船税法》第三条第二项所称的军队、武装警察部队专用的车船，是指按照规定在军队、武装警察部队车船登记管理部门登记，并领取军队、武警牌照的车船。

6. 根据《车船税法实施条例》第九条规定，《车船税法》第三条第三项所称的警用车船，是指公安机关、国家安全机关、监狱、劳动教养管理机关和人民法院、人民检察院领取警用牌照的车辆和执行警务的专用船舶。

7. 根据《车船税法实施条例》第十条规定，节约能源、使用新能源的车船可以免征或者减半征收车船税。免征或者减半征收车船税的车船的范围，由国务院财政、税务主管部门商国务院有关部门制订，报国务院批准。

对受地震、洪涝等严重自然灾害影响纳税困难以及其他特殊原因确需减免税的车船，可以在一定期限内减征或者免征车船税。具体减免期限和数额由省、自治区、直辖市人民政府确定，报国务院备案。

（二）政策解读

1. 法定减免（如表 5-4 所示）。

表 5-4　　车船税法定减免项目

优惠类型	具体情形
法定减免	（1）捕捞、养殖渔船。 （2）军队、武装警察部队专用的车船。 （3）警用车船。 （4）悬挂应急救援专用号牌的国家综合性消防救援车辆和国家综合性消防救援专用船舶。 【提示】国家综合性消防救援车辆由部队号牌改挂应急救援专用号牌的，一次性免征改挂当年车船税。 （5）依照法律规定应当予以免税的外国驻华使领馆、国际组织驻华代表机构及其有关人员的车船
国务院规定的减免	节约能源、使用新能源的车辆
省、自治区、直辖市人民政府决定减免税	（1）受严重自然灾害影响纳税困难以及有其他特殊原因确需减税、免税的； （2）公共交通车船，农村居民拥有并主要在农村地区使用的摩托车、三轮汽车和低速载货汽车

2. 节能、新能源车辆减免（如表 5-5 所示）。

表 5-5　　节能、新能源车辆车船税减免政策

优惠政策	具体规定
节能汽车（减半征收）	节能汽车，包括允许在中国境内销售的综合工况燃料量符合标准的以下车辆： （1）排量为 1.6 升以下（含 1.6 升）的燃用汽油、柴油的乘用车（含非插电式混合动力、双燃料和两用燃料乘用车）； （2）燃用天然气、汽油、柴油的轻型和重型商用车（含非插电式混合动力、双燃料和两用燃料轻型和重型商用车）
新能源车辆（免征）	新能源车辆，包括允许在中国境内销售的以下车辆： （1）符合新能源汽车标准、产品技术标准等的纯电动商用车、插电式（含增程式）混合动力汽车、燃料电池商用车。 【提示】纯电动乘用车和燃料电池乘用车不属于车船税的征税范围。 （2）主推进动力装置为纯天然气发动机的新能源船舶

3. 有特殊规定的车辆和可享受税收优惠的车辆需注意以下几点：

①挂车按货车的50%计算；拖船、非机动驳船按机动船舶税额的50%计算。

②节能汽车，减半征收。

③纯电动商用车、燃料电池商用车、插电式（含增程式）混合动力汽车免税。

④捕捞养殖、军警应急、外交人员车辆免税。

（三）案例分析

1. 保险机构在销售交强险时，可以向投保人赠送机动车车船税吗？

【分析】根据《国家税务总局 中国保险监督管理委员会关于机动车车船税代收代缴有关事项的公告》（国家税务总局 中国保险监督管理委员会公告2011年第75号）第二条第十款的规定，保险机构在销售交强险时，要严格按照有关规定代收代缴车船税，并将相关信息据实录入交强险业务系统中。不得擅自多收、少收或不收机动车车船税，不得以任何形式擅自减免、赠送机动车车船税，不得遗漏应录入的信息或录入虚假信息。各保险机构不得将代收代缴的机动车车船税计入交强险保费收入，不得向保险中介机构支付代收车船税的手续费。

2. 保险公司以什么凭证作为不代收免税车辆车船税的判定依据？

【分析】对税务机关出具减免税证明的车辆，保险机构在销售交强险时，对免税车辆不代收代缴车船税；对减税车辆根据减税证明的规定处理。保险机构应将减免税证明号和出具该证明的税务机关名称录入交强险业务系统。

第六章　财产和行为税相关税种

第一节　土地增值税

一、清算项目的确认

（一）政策规定

1. 根据《中华人民共和国土地增值税暂行条例实施细则》（以下简称《土地增值税暂行条例实施细则》）第八条规定，土地增值税以纳税人房地产成本核算的最基本的核算项目或核算对象为单位计算。

2. 根据《国家税务总局关于房地产开发企业土地增值税清算管理有关问题的通知》（国税发〔2006〕187号）第一条规定，土地增值税以国家有关部门审批的房地产开发项目为单位进行清算，对于分期开发的项目，以分期项目为单位清算。开发项目中同时包含普通住宅和非普通住宅的，应分别计算增值额。

3. 根据《土地增值税清算管理规程》（国税发〔2009〕91号）第十七条规定，清算审核时，应审核房地产开发项目是否以国家有关部门审批、备案的项目为单位进行清算；对于分期开发的项目，是否以分期项目为单位清算；对不同类型房地产是否分别算增值额、增值率，缴纳土地增值税。

4. 根据《财政部 国家税务总局关于土地增值税一些具体问题规定的通知》（财税字〔1995〕48号）第十三条“关于既建普通标准住宅又搞其他类型房地产开发的如何计税的问题”的规定，对纳税人既建普通标准住宅又搞其他房地产开发的应分别核算增值额。不分别核算增值额或不能准确核算增值额的，其建造的普通标准住宅不能适用《中华人民共和国土地增值税暂行条例》（以下简称《土地增值税暂行条例》）第八条第一项的免税规定。

5. 根据《土地增值税暂行条例》第八条第一项规定，纳税人建造普通标准住宅出售，增值额未超过扣除项目金额 20%，免征土地增值税。

（二）政策解读

根据《国家税务总局关于房地产开发企业土地增值税清算管理有关问题的通知》（国税发〔2006〕187 号）规定，土地增值税以国家有关部门审批的房地产开发项目为单位进行清算，对于分期开发的项目，以分期项目为单位清算。开发项目中同时包含普通住宅和非普通住宅的，应分别计算增值额。首先，对于“国家有关部门”，国家税务总局并未具体明确，各省在执行中也不完全一致。如江西省、江苏省、贵州省等以发展和改革委员会为口径，以其立项批复确定的房地产开发项目为清算单位；海南省、安徽省、河南省等以规划部门下发的《建设工程规划许可证》确认的房地产开发项目为单位。其次，对于“分期开发的项目”，没有严格统一的标准，各地在实际执行中也不完全一致。有的地方以“工程规划许可证”作为分期标准，如辽宁、安徽、重庆等地；有的以“销售许可证”作为分期的标准，如深圳；有的以税务局审核后的企业会计核算对象作为分期的标准，如大连。企业具体清算单位的确认应根据项目的具体情况，在符合国家税务总局政策规定的前提下，根据当地政策规定执行。

（三）案例分析

1. 取得一个立项的清算单位确定。

X 房地产开发公司拍得一块地，取得发展和改革委员会一个立项——甲项目，该项目不分期开发。在项目开发之初，X 公司将甲项目向主管税务机关备案，土地增值税清算项目如何确定？

【分析】根据《国家税务总局关于房地产开发企业土地增值税清算管理有关问题的通知》（国税发〔2006〕187 号）第一条规定，土地增值税以国家有关部门审批的房地产开发项目为单位进行清算，对于分期开发的项目，以分期项目为单位清算。案例中甲项目为独立项目，且不分期开发，所以该公司将甲项目单独作为清算单位。

2. 一个立项分期开发的清算单位确定。

Y 房地产开发公司通过转让取得一块土地，并取得当地发展和改革委员会的一个立项——乙项目。该项目建筑面积近 200 万平方米，企业自行将其分成三个片区（乙 1、乙 2、乙 3）单独开发，并且在项目开发之初，将乙 1、乙 2、乙 3 向主管税务部门进行项目登记备案，土地增值税清算项目如何确定？

【分析】根据《国家税务总局关于房地产开发企业土地增值税清算管理有关问题的通知》（国税发〔2006〕187 号）第一条规定，土地增值税以国家有关部门审批的房地产开发项目为单位进行清算，对于分期开发的项目，以分期项目为单位清算。案例中，Y 公司取得当地发展和改革委员会的立项，自行将乙项目分成三个片区（乙 1、乙 2、乙 3）单独开发，并且在项目开发之初，将乙 1、乙 2、乙 3 向主管税务部门进行项目登记备案，因而，清算单位可分别确定为乙 1、乙 2、乙 3。

3. 一个立项分期开发中途发生变化的清算单位确定。

Z 房地产开发公司的一个立项——丙项目，在开发过程中，该企业自行将其分成四个片区（丙 1、丙 2、丙 3、丙 4）单独开发，并且在项目开发之初将丙 1、丙 2、丙 3、丙 4 向主管税务部门进行项目登记备案。但后期实际情况发生变化，公司将丙 1、丙 2 作为甲进行开发，丙 3、丙 4 作为乙进行开发，并与主管税务部门进行沟通，及时进行项目备案修改，将甲、乙作为新备案。这种情况下，土地增值税清算项目如何确定？

【分析】根据《国家税务总局关于房地产开发企业土地增值税清算管理有关问题的通知》（国税发〔2006〕187 号）第一条规定，土地增值税以国家有关部门审批的房地产开发项目为单位进行清算，对于分期开发的项目，以分期项目为单位清算。案例中，Z 房地产开发公司取得当地发展和改革委员会的立项，后期根据实际将项目分为甲、乙两个项目单独开发，并在主管税务部门进行了项目备案修改，因而，土地增值税的清算单位可确定为甲、乙。

二、开发产品改变用途的土地增值税处理

（一）政策规定

根据《土地增值税清算管理规程》（国税发〔2009〕91号）第十九条第二项及《国家税务总局关于房地产开发企业土地增值税清算管理有关问题的通知》（国税发〔2006〕187号）第三条第二项规定，房地产开发企业将开发的部分房地产转为企业自用或用于出租等商业用途时，如果产权未发生转移，不征收土地增值税，在税款清算时不列收入，不扣除相应的成本和费用。

（二）政策解读

根据《国家税务总局关于房地产开发企业土地增值税清算管理有关问题的通知》（国税发〔2006〕187号）第三条第二项规定，房地产公司将开发产品自用或出租，产权未发生转移，不征收土地增值税，但如果房地产公司将开发产品权属变更到其他公司或个人名下，发生了权属变更，应征收土地增值税。

（三）案例分析

W房地产开发公司开发的“山水田园”项目中，既有住宅、临街门面，也有写字楼等商业地产，该项目中的住宅已全部实现销售，85%的商业地产都已经对外销售，剩余15%商业地产共计20000平方米尚未销售，其对应的市场价值2亿元，造价成本8000万元。公司决定将其中的10000平方米转为公司的固定资产，10000平方米用于出租。W房地产开发公司将开发产品自用和出租的行为，是否应当缴纳土地增值税？

【分析】 根据《土地增值税清算管理规程》（国税发〔2009〕91号）第十九条第二项规定，房地产开发企业将开发的部分房地产转为企业自用或用于出租等商业用途时，如果产权未发生转移，不征收土地增值税，如果房地产开发公司将尚未售出部分的房产进行了权属变更，属于视同销售，需要征

收土地增值税。本案例中，W 房地产开发公司将开发产品自用和出租，房产的产权并未发生转移，因而无须缴纳土地增值税。

三、土地增值税收入的确认处理

（一）政策规定

1. 根据《土地增值税暂行条例》及其实施细则规定，纳税人转让房地产取得的收入，应包括转让房地产的全部价款及有关的经济收益。从收入的形式来看，分为货币收入、实物收入和其他收入。

2. 根据《财政部 国家税务总局关于营改增后契税 房产税 土地增值税 个人所得税计税依据问题的通知》（财税〔2016〕43 号）第三条规定，土地增值税纳税人转让房地产取得的收入，为不含增值税收入。

3. 根据《国家税务总局关于营改增后土地增值税若干征管规定的公告》（国家税务总局公告 2016 年第 70 号）第一条规定，营改增后，纳税人转让房地产的土地增值税应税收入不含增值税。适用增值税一般计税方法的纳税人，其转让房地产的土地增值税应税收入不含增值税销项税额；适用简易计税方法的纳税人，其转让房地产的土地增值税应税收入不含增值税应纳税额。

4. 根据《国家税务总局关于发布〈房地产开发企业销售自行开发的房地产项目增值税征收管理暂行办法〉的公告》（国家税务总局公告 2016 年第 18 号）第四条的规定，自 2016 年 5 月 1 日起，房地产开发企业中的一般纳税人，销售自行开发的房地产项目，适用一般计税方法计税，按照取得的全部价款和价外费用，扣除当期销售房地产项目对应的土地价款后的余额计算销售额。

5. 根据《国家税务总局关于土地增值税清算有关问题的通知》（国税函〔2010〕220 号）第一条规定，土地增值税清算时，已全额开具商品房销售发票的，按照发票所载金额确认收入；未开具发票的，以交易双方签订的销售合同所载的售房金额及其他收益确认收入。销售合同所载商品房面积与有关部门实际测量面积不一致，在清算前已发生补、退房款的，应在计算土地增值税时予以调整。

6. 根据《国家税务总局关于房地产开发企业土地增值税清算管理有关问题的通知》(国税发〔2006〕187 号)第三条第一项规定，房地产开发企业将开发产品用于职工福利、奖励、对外投资、分配给股东或投资人、抵偿债务、换取其他单位和个人的非货币性资产等，发生所有权转移时应视同销售房地产。

7. 根据《土地增值税清算管理规程》(国税发〔2009〕91 号)第十九条规定，非直接销售和自用房地产的收入确定如下：

(1) 房地产开发企业将开发产品用于职工福利、奖励、对外投资、分配给股东或投资人、抵偿债务、换取其他单位和个人的非货币性资产等，发生所有权转移时应视同销售房地产，其收入按下列方法和顺序确认：①按本企业在同一地区、同一年度销售的同类房地产的平均价格确定；②由主管税务机关参照当地当年、同类房地产的市场价格或评估价值确定。

(2) 房地产开发企业将开发的部分房地产转为企业自用或用于出租等商业用途时，如果产权未发生转移，不征收土地增值税，在税款清算时不列收入，不扣除相应的成本和费用。

(二) 政策解读

根据以上政策规定，土地增值税纳税人转让房地产取得的收入，为不含增值税收入。实务中，一些适用增值税一般计税方法计税的房地产开发企业，在对土地增值税应税收入的确认中易存在误区。一些房地产开发企业将土地增值税应税收入直接等同于会计收入，或者直接以所开具售房发票的不含税开票金额为应税收入。虽然土地增值税纳税人转让房地产取得的收入为不含增值税收入，但并不是简单的不含税开票金额，根据《国家税务总局关于发布〈房地产开发企业销售自行开发的房地产项目增值税征收管理暂行办法〉的公告》(国家税务总局公告 2016 年第 18 号)第四条的规定，房地产开发企业中的一般纳税人，销售自行开发的房地产项目，适用一般计税方法计税，按照取得的全部价款和价外费用，扣除当期销售房地产项目对应的土地价款后的余额计算销售额，依据该销售额计算对应的增值税销项税额，土地增值税收入为扣减该增值税销项税额后的金额。因而，土地增值税收入不等于发票上开具的不含税金额，也不等于会计上确认的收入。

（三）案例分析

D房地产开发公司为增值税一般纳税人，其开发的A项目适用一般计税方法计税，2023年6月已完工交付使用。该项目共取得含税销售收入（售房款）21800万元。假设对应的土地成本为5000万元，适用增值税税率9%，那么，D房地产开发公司在土地增值税清算时确认应税收入20000万元是否正确？

【分析】项目的增值税销项税额=（含税销售收入-土地价款）÷（1+增值税税率）×增值税税率=（21800-5000）÷（1+9%）×9%=1387.16（万元）

土地增值税应税收入=含税销售收入-增值税销项税额=21800-1387.16=20412.84（万元）

案例中，D房地产开发公司确认土地增值税应税收入20000万元不正确，少确认应税收入412.84万元。

四、销售价格明显偏低的处理

（一）政策规定

1. 根据《土地增值税暂行条例》第九条规定，纳税人有下列情形之一的，按照房地产评估价格计算征收：①隐瞒、虚报房地产成交价格的；②提供扣除项目金额不实的；③转让房地产的成交价格低于房地产评估价格，又无正当理由的。

2. 根据《土地增值税暂行条例实施细则》第十四条规定，隐瞒，虚报房地产成交价格，是指纳税人不报或有意低报转让土地使用权、地上建筑物及其附着物价款的行为。提供扣除项目金额不实，是指纳税人在纳税申报时不据实提供扣除项目金额的行为。转让房地产的成交价格低于房地产评估价格，又无正当理由的，是指纳税人申报的转让房地产的实际成交价低于房地产评估机构评定的交易价，纳税人又不能提供凭据或无正当理由的行为。隐瞒、虚报房地产成交价格，应由评估机构参照同类房地产的市场交易价格进行评估。税务机关根据评估价格确定转让房地产的收入。提供扣除项目金额不实的，应由评估机构按照房屋重置成本价乘以成新度折扣率计算的房屋成本价和取得土地使用权时的基准地价进行评估。税务机关根据评估价格确定扣除项目金额。

根据《财政部 国家税务总局 国家国有资产管理局关于转让国有房地产征收土地增值税中有关房地产价格评估问题的通知》（财税字〔1995〕61号）第一条规定，凡转让国有土地使用权、地上建筑物及其附属物（以下简称房地产）的纳税人，按照土地增值税的有关规定，需要根据房地产的评估价格计税的，可委托经政府批准设立、并按照《国有资产评估管理办法》规定的由省以上国有资产管理部门授予评估资格的资产评估事务所、会计师事务所等各类资产评估机构受理有关转让房地产的评估业务。

（二）政策解读

实际工作中，转让房地产的价格明显偏低的标准，各省的具体规定情况不同，但值得注意的是，如果纳税人转让房地产的成交价格明显偏低，但有正当理由且可以提供凭据的，视为正常价格，比如法院的判决裁定、公开拍卖等情形。

（三）案例分析

X房地产开发公司将其开发产品中的100套住宅以8000元/平方米的团购价格销售给公司的职工，共计取得收入12000万元，同类产品市场销售价格为12000元/平方米，当地税收政策规定，低于同类开发产品平均销售价格30%以上的，税务机关可委托房地产评估机构对其评估。X房地产开发公司销售给公司职工的100套住宅如何确认土地增值税收入？

【分析】价格偏低幅度=（12000−8000）÷12000×100%=33.33%

低于同类开发产品平均销售价格30%以上，因而销售给公司职工的这100套开发产品，应按评估机构的评估价格确认收入。

五、装修费用在土地增值税中的处理

（一）政策规定

1. 根据《国家税务总局关于房地产开发企业土地增值税清算管理有关问题的通知》（国税发〔2006〕187 号）第四条第四项规定，房地产开发企业销售已装修的房屋，其装修费用可以计入房地产开发成本。

2. 根据《土地增值税暂行条例实施细则》第七条第（六）项规定，对从事房地产开发的纳税人，可按取得土地使用权所支付金额、开发土地和新建房及配套设施的成本之和，加计 20%予以扣除。

（二）政策解读

国家税务总局在《国家税务总局关于房地产开发企业土地增值税清算管理有关问题的通知》（国税发〔2006〕187 号）中，仅说明了房地产开发企业销售已装修的房屋，其装修费用可以计入房地产开发成本，但对装修费用情况、装修的内容等没有统一确定的标准，各地根据当地的实际情况，出台了不同的规定，包括家具家电的扣除情况，独立建造的样板房装修费用扣除情况等，虽然各地尺度有一定差异，但总体把握尺度是，装修费用需要在房屋销售合同中明确，对于可移动的家具、家电物品等装修费用一般不予扣除。

（三）案例分析

甲房地产开发有限公司，为了销售积压开发产品，及时筹措资金，对刚开盘的碧水春风项目，实行买精装修商品房赠送家电家具优惠酬宾。房屋销售合同价款 300 万元，售房合同中说明销售精装修房并在交房时送家具家电，其中家具家电为可移动家具家电，家具家电的购进价格为 5 万元，即其公允价值为 5 万元，房屋对应的成本为 180 万元。该业务在土地增值税清算中精装修费用如何处理，赠送的家具家电如何处理？

【分析】购房合同中说明销售精装修房并在交房时送家具家电，因而其实际发生的合理的装修费用可以计入房地产开发成本，在土地增值税清算中扣除。对于不属于以建筑物为载体的可移动家电、家具，不论销售合同如何约定，都不能作为房地产“开发成本”处理，不可在土地增值税清算中作为装修费用扣除。

六、不同清算单位之间土地成本分摊处理

（一）政策规定

1. 根据《土地增值税暂行条例实施细则》第九条规定，纳税人成片受让土地使用权后，分期分批开发、分块转让，对允许扣除项目的金额，原则上按转让土地使用权的面积占总面积的比例计算分摊。若按此办法难以计算或明显不合理的，也可按建筑面积计算分摊允许扣除项目的金额。

2. 根据《土地增值税清算管理规程》（国税发〔2009〕91号）第二十一条规定，纳税人分期开发项目或者同时开发多个项目的，或者同一项目中建造不同类型房地产的，应按照受益对象，采用合理的分配方法，分摊共同的成本费用。根据该规程第二十二条规定，审核取得土地使用权支付金额和土地征用及拆迁补偿费时应当重点关注同一宗土地有多个开发项目，是否予以分摊，分摊办法是否合理、合规，具体金额的计算是否正确。

3. 根据《国家税务总局关于房地产开发企业土地增值税清算管理有关问题的通知》（国税发〔2006〕187号）规定，属于多个房地产项目共同的成本费用，应按清算项目可售建筑面积占多个项目可售总建筑面积的比例或其他合理的方法，计算确定清算项目的扣除金额。

根据上述规定，房地产开发企业在计算各开发项目的扣除成本时，对项目占用的土地成本或者是共同成本的分摊方法主要是：

（1）转让土地面积占总面积比例法（占地面积法）；

（2）可售建筑面积计算分摊（平均成本法）；

（3）受益对象分摊法（直接成本归集法）；

（4）税务机关确认的其他合理的方法。

（二）政策解读

国家税务总局总体按照“根据受益对象、合理分配、共同分摊”的原则进行土地成本的分摊，各地根据具体情况，制定相应的具体规定。尽管各地具体规定不尽相同，但对分期分批开发房地产项目或同时开发多个房地产项目（不同清算单位）之间分摊土地成本，主要原则是一致的，即土地成本一般按照占地面积法分摊，共有的其他成本费用按照建筑面积占比法分摊。

（三）案例分析

A 房地产开发公司 2021 年 1 月拍得的一块土地，面积为 48000 平方米，公司为取得土地使用权所支付的金额为 1.95 亿元。A 房地产开发公司将该块土地分为四期进行开发。2023 年 5 月，第一期开发的甲项目可以进行清算。假定第一期项目占地面积为 12000 平方米，第二期项目占地面积为 10000 平方米，第三期项目占地面积为 8000 平方米，第四期项目占地面积为 18000 平方米。按占地面积法计算，A 房地产开发公司各期应分摊土地成本多少万元?

【分析】 第一期项目分摊土地成本 = 195000000×（12000÷48000） = 4875（万元）

第二期项目分摊土地成本 = 195000000×（10000÷48000） = 4062.50（万元）

第三期项目分摊土地成本 = 195000000×（8000÷48000） = 3250（万元）

第四期项目分摊土地成本 = 195000000×（18000÷48000） = 7312.50（万元）

七、企业未支付的质量保证金处理

（一）政策规定

根据《国家税务总局关于土地增值税清算有关问题的通知》（国税函

〔2010〕220号）第二条规定，房地产开发企业在工程竣工验收后，根据合同约定，扣留建筑安装施工企业一定比例的工程款，作为开发项目的质量保证金，在计算土地增值税时，建筑安装施工企业就质量保证金对房地产开发企业开具发票的，按发票所载金额予以扣除；未开具发票的，扣留的质保金不得计算扣除。

（二）政策解读

由于质量保证金的特殊性质，企业扣留的质量保证金要在土地增值税清算中扣除的前提条件是取得发票，未开具发票的，扣留的质保金不得计算扣除。

（三）案例分析

A房地产开发公司开发一住宅项目。2023年项目竣工验收后，A房地产开发公司按照合同约定与施工方B公司办理了竣工结算，结算价款20000万元，同时预留质量保证金800万元。B公司向A房地产开发公司开具了20000万元的增值税专用发票。A房地产开发公司支付了19200万元，财务上将18348.62万元计入开发成本，1651.38万元计入增值税进项税额，并按照合同约定将扣留的质量保证金800万元计入“应付账款”账户。该质量保证金800万元在土地增值税清算时能否扣除？

【分析】根据《国家税务总局关于土地增值税清算有关问题的通知》（国税函〔2010〕220号）第二条规定，房地产开发企业在工程竣工验收后，根据合同约定，扣留建筑安装施工企业一定比例的工程款，作为开发项目的质量保证金，在计算土地增值税时，建筑安装施工企业就质量保证金对房地产开发企业开具发票的，按发票所载金额予以扣除；未开具发票的，扣留的质保金不得计算扣除。案例中，A房地产开发公司向施工方B公司结算的工程款20000万元，根据合同约定，A房地产开发公司预留质量保证金800万元后，支付价款19200万元，因此，这800万元款项合同约定清楚，属于质量保证金。施工方B公司按照20000万元全额开具了增值税专用发票，属于建筑安装施工企业就质量保证金对房地产开发企业开具发票，因而，可以按发票所载金额予以扣除，即在A房地产开发公司进行土地增值税清算时，可以扣除20000万元，也就意味着800万元的质量保证金可以扣除。

八、同一清算单位不同类型房产之间共同成本费用分摊处理

（一）政策规定

根据《土地增值税清算管理规程》（国税发〔2009〕91号）第二十一条规定，纳税人分期开发项目或者同时开发多个项目的，或者同一项目中建造不同类型房地产的，应按照受益对象，采用合理的分配方法，分摊共同的成本费用。

（二）政策解读

根据以上政策可知，国家税务总局仅指出了不同类型房产之间共同费用分摊的原则，具体如何分摊共同费用，采用何种方法，总局并未给出明确说明。由于各地房地产市场具体情况不同，各地税务机关根据不同情况制定了其他合理方法作为辅助方式，包括建筑面积法、层高系数法以及一些其他税务机关认为合理的方法，利用这些方法，旨在使不同类型房产的共同成本费用分摊准确合理，减少清算误差。

（三）案例分析

A房地产开发有限公司开发的“状元府”项目，现已进入土地增值税可清算阶段，准备进行清算。该项目中包含不同类型用房，其中普通住宅可售建筑面积20000平方米，已售18000平方米、非普通住宅可售建筑面积10000平方米，已售9000平方米（住宅层高3米）；商用房可售建筑面积5000平方米，已售4500平方米，其中商用房层高4.5米的有3000平方米，已售2700平方米，层高5.5米的有2000平方米，已售1800平方米。扣除项目金额为10000万元，分别按照建筑面积分摊法和层高系数建筑面积分摊法计算可扣除项目金额。

【分析】1. 建筑面积分摊法。

（1）每平方米应分摊的扣除项目金额=扣除项目总金额÷总可售面积=10000÷（20000+10000+5000）=0.2857（万元/平方米）

（2）已售普通住宅应分摊的扣除项目金额=0.2857×18000=5142.6（万元）

（3）已售非普通住宅应分摊的扣除项目金额=0.2857×9000=2571.3（万元）

（4）已售商用房应分摊的扣除项目金额=0.2857×4500=1285.65（万元）

（5）已售房扣除金额合计=5142.6+2571.3+1285.65=8999.55（万元）

2. 层高系数建筑面积分摊法。

（1）计算层高系数。

①4.5米商用房层高系数=该类型用房层高÷住宅层高=4.5÷3=1.5

②5.5米商用房层高系数=该类型用房层高÷住宅层高=5.5÷3=1.83

（2）计算层高系数面积。

①总层高系数面积=∑（某类型用房层高系数×某类型用房可售建筑面积）=1×20000+1×10000+1.5×3000+1.83×2000=20000+10000+4500+3660=38160（平方米）

②某类型用房已售部分的层高系数面积=某类型用房层高系数×某类型用房已售建筑面积

普通住宅已售部分层高系数建筑面积=1×18000=18000（平方米）

非普通住宅已售部分层高系数建筑面积=1×9000=9000（平方米）

4.5米商用房已售部分层高系数建筑面积=1.5×2700=4050（平方米）

5.5米商用房已售部分层高系数建筑面积=1.83×1800=3294（平方米）

（3）计算不同类型用房已售部分可分摊的房地产开发成本。

某类型用房已售部分应分摊的房地产开发成本=房地产开发总成本÷总层高系数面积×某类型用房已售部分的层高系数面积

普通住宅已售部分应分摊的房地产开发成本=10000÷38160×18000=4716.98（万元）

非普通住宅已售部分应分摊的房地产开发成本=10000÷38160×9000=2358.49（万元）

4.5 米商用房已售部分应分摊的房地产开发成本 = 10000÷38160×4050 = 1061.32（万元）

5.5 米商用房已售部分应分摊的房地产开发成本 = 10000÷38160×3294 = 863.21（万元）

商铺扣除合计金额 = 1061.32+863.21 = 1924.53（万元）

已售房扣除金额合计 = 4716.98 + 2358.49 + 1061.32 + 863.21 = 9000（万元）

九、多种形式借款利息支出扣除处理

（一）政策规定

1. 根据《土地增值税暂行条例实施细则》第七条第三项规定，财务费用中的利息支出，凡能够按转让房地产项目计算分摊并提供金融机构证明的，允许据实扣除，但最高不能过按商业银行同类同期贷款利率计算的金额。其他房地产开发费用，按《土地增值税暂行条例实施细则》第七条第一项、第二项规定计算的金额之和的 5%以内计算扣除。凡不能按转让房地产项目计算分摊利息支出或不能提供金融机构证明的，房地产开发费用按《土地增值税暂行条例实施细则》第七条第一项、第二项规定计算的金额之和的 10%以内计算扣除。

2. 根据《国家税务总局关于土地增值税清算有关问题的通知》（国税函〔2010〕220 号）第三条规定，财务费用中的利息支出，凡能够按转让房地产项目计算分摊并提供金融机构证明的，允许据实扣除，但最高不能超过按商业银行同类同期贷款利率计算的金额。其他房地产开发费用，在按照“取得土地使用权所支付的金额”与“房地产开发成本”金额之和的 5%以内计算扣除。凡不能按转让房地产项目计算分摊利息支出或不能提供金融机构证明的，房地产开发费用在按“取得土地使用权所支付的金额”与“房地产开发成本”金额之和的 10%以内计算扣除。全部使用自有资金，没有利息支出的，按照以上方法扣除。房地产开发企业既向金融机构借款，又有其他借款的，其房地产开发费用计算扣除时不能同时适用上述两种办法。

（二）政策解读

根据上述政策规定，房地产开发企业既向金融机构借款，又有其他借款，支付的利息属于“其他房地产开发费用”。房地产开发费用在计算扣除时不能同时适用10%或5%扣除计算方法。即房地产开发费用计算时不能同时使用据实扣除法和比例扣除法。

（三）案例分析

2023年，A房地产开发公司开发房地产项目，全年向金融机构贷款本金1亿元，支付银行贷款利息800万元（有金融机构证明，未超过按商业银行同类同期贷款利率计算的金额），同时向其他企业和个人借款5000万元并支付借款利息750万元。2023年项目开发中实际发生的房地产开发费用1800万元（销售费用200万元、财务费用1550万元、管理费用50万元），取得土地使用权所支付金额1000万元，房地产开发成本5000万元。土地增值税清算时，如果按照比例扣除计算，房地产开发费用则是600万元。假设A房地产开发公司发生的利息支出能够按转让房地产项目计算分摊。A房地产开发公司既有金融贷款又有民间借款，利息支出应如何扣除？

【分析】 本案例中，A房地产开发公司利息支出的扣除方法有两种，企业可以选择适用。

方法一：从金融企业取得借款部分的利息支出据实扣除，其他房地产开发费用，按“取得土地使用权所支付的金额”与“房地产开发成本”金额之和的5%以内计算扣除。从其他企业和个人处取得的借款利息支出不扣除。

可以扣除房地产开发费用＝800+（1000+5000）×5%＝1100（万元）

方法二：全部“按照取得土地使用权所支付的金额”与“房地产开发成本”金额之和的10%以内计算扣除。

可以扣除房地产开发费用＝（1000+5000）×10%＝600（万元）

企业可以根据自身情况选择采用何种方法扣除，但是不可对利息支出既使用据实扣除，又对其他房地产开发费用使用5%比例扣除。

十、企业用建造的开发产品安置回迁户处理

（一）政策规定

1. 根据《国家税务总局关于土地增值税清算有关问题的通知》（国税函〔2010〕220号）第六条第一项规定，房地产企业用建造的本项目房地产安置回迁户的，安置用房视同销售处理，按《国家税务总局关于房地产开发企业土地增值税清算管理有关问题的通知》（国税发〔2006〕187号）第三条第一款规定确认收入，同时将此确认为房地产开发项目的拆迁补偿费。房地产开发企业支付给回迁户的补差价款，计入拆迁补偿费；回迁户支付给房地产开发企业的补差价款，应抵减本项目拆迁补偿费。

2. 根据《国家税务总局关于营改增后土地增值税若干征管规定的公告》（国家税务总局公告2016年第70号）第二条规定，纳税人安置回迁户，其拆迁安置用房应税收入和扣除项目的确认，应按照《国家税务总局关于土地增值税清算有关问题的通知》（国税函〔2010〕220号）第六条规定执行。

（二）政策解读

根据政策规定可知，房地产开发企业用建造的本项目房地产安置回迁户的，安置用房应做视同销售处理，在本项目土地增值税清算中，安置回迁户用房应确认收入，同时将此确认为房地产开发项目的拆迁补偿费，房地产开发企业支付给回迁户的补差价款，计入拆迁补偿费，回迁户支付给房地产开发企业的补差价款，应抵减本项目拆迁补偿费。

（三）案例分析

某房地产开发公司2022年度采取拆迁安置方式对某小区进行住宅开发建设，其中，居民张某的住宅拆迁情况如下：原拆迁面积60平方米，还原面积125平方米，市场不含增值税售价为8000元/平方米。假定拆迁补偿协议约定：该企业除按1∶1的比例对回迁户进行实物补偿外，超补偿面积部分按2400元/平方米（不含增值税）收取补差款。

【分析】根据《国家税务总局关于土地增值税清算有关问题的通知》(国税函〔2010〕220号)第六条第一项规定，房地产企业用建造的本项目房地产安置回迁户的，安置用房视同销售处理，确认收入，同时将此确认为房地产开发项目的拆迁补偿费。房地产开发企业支付给回迁户的补差价款，计入拆迁补偿费；回迁户支付给房地产开发企业的补差价款，应抵减本项目拆迁补偿费。因而，对于超过回迁的65平方米（125-60）按照2400元/平方米（不含增值税）收取的补差款抵减拆迁补偿费。

视同销售收入=8000×（60+65）÷10000=100（万元）

拆迁补偿支出=8000×（60+65）÷10000-65×2400÷10000=84.4（万元）

十一、项目清算后再转让房地产的处理

（一）政策规定

根据《国家税务总局关于房地产开发企业土地增值税清算管理有关问题的通知》(国税发〔2006〕187号)第八条规定，在土地增值税清算时未转让的房地产清算后销售或有偿转让的，纳税人应按规定进行土地增值税的纳税申报，扣除项目金额按清算时的单位建筑面积成本费用乘以销售或转让面积计算。

单位建筑面积成本费用=清算时的扣除项目总金额÷清算的总建筑面积

（二）政策解读

根据以上政策规定可知，在企业土地增值税清算时未销售掉的开发产品，在土地增值税清算后销售或有偿转让的，纳税人应按规定进行土地增值税纳税申报，扣除项目金额按清算时的单位建筑面积成本费用乘以本次销售或转让的面积进行计算。

（三）案例分析

某房地产开发公司开发A房地产项目，项目总可售建筑面积10000平方米。其中普通住宅7000平方米，占70%；商铺3000平方米，占30%。

2021年A房地产项目已销售建筑面积8500平方米，其中普通住宅售出面积6800平方米，商铺售出面积1700平方米。该项目已转让的房地产建筑面积占整个项目可售建筑面积的比例为85%，符合土地增值税可清算条件。企业在收到主管税务机关清算通知后，对项目进行土地增值税清算。税务机关经过审核确认的清算资料显示，该项目普通住宅的销售均价3500元/平方米、售出面积6800平方米；商铺销售均价6176.47元/平方米、售出面积1700平方米。包含城市维护建设税、印花税、教育费附加及地方教育附加的扣除项目总金额为3500万元。

（1）企业土地增值税清算时应缴纳土地增值税多少万元？

（2）2023年12月，该项目在土地增值税已清算后，发生了剩余未售商品房再销售业务，共售出面积600平方米（其中，普通住宅100平方米，均价5100元/平方米；商铺500平方米，均价8000元/平方米），房地产开发企业对剩余房屋销售应如何缴纳土地增值税？

【分析】（1）普通住宅收入＝3500×6800÷10000＝2380（万元）

商铺收入＝6176.47×1700÷10000＝1050（万元）

销售总收入＝2380+1050＝3430（万元）

普通住宅分摊扣除项目金额＝3500×70%＝2450（万元）

商铺分摊扣除项目金额＝3500×30%＝1050（万元）

普通住宅增值额＝（3500÷10000）×6800－（6800÷7000×2450）＝0（万元）

住宅部分无须缴纳土地增值税。

商铺增值额＝（6176.47÷10000）×1700－（1700÷3000×1050）＝455（万元）

商铺增值率＝455÷（1700÷3000×1050）×100%＝76.47%

适用税率40%，速算扣除系数为5%。

应纳土地增值税税额＝455×40%－（1700÷3000×1050）×5%＝152.25（万元）

（2）根据《国家税务总局关于房地产开发企业土地增值税清算管理有关问题的通知》（国税发〔2006〕187号）第八条规定，在土地增值税清算时未转让的房地产，清算后销售或有偿转让的，纳税人应按规定进行土地增值税的纳税申报，扣除项目金额按清算时的单位建筑面积成本费用乘以销售或转让面积计算。

单位建筑面积成本费用=清算时的扣除项目总金额÷清算的总建筑面积

该项目单位建筑面积成本费用=3500÷10000=0.35（万元）

当期普通住宅增值额=（100×0.51）-（100×0.35）=16（万元）

增值率=16÷（100×0.35）×100%=45.7%

对照税率表可知，普通住宅适用30%的税率。

当期普通住宅土地增值税应纳税额=16×30%=4.8（万元）

当期商铺增值额=（500×0.8）-（500×0.35）=225（万元）

增值率=225÷（500×0.35）×100%=128.6%

对照税率表可知，适用50%的税率、速算扣除系数为15%。

土地增值税应纳税额=225×50%-175×15%=86.25（万元）

应追缴企业后续销售土地增值税=86.25+4.8=91.05（万元）

第二节　房产税

一、企业开发未售出的商品房房产税处理

（一）政策规定

根据《国家税务总局关于房产税、城镇土地使用税有关政策规定的通知》（国税发〔2003〕89号）第一条规定，鉴于房地产开发企业开发的商品房在出售前，对房地产开发企业而言是一种产品，因此，对房地产开发企业建造的商品房，在出售前，不征收房产税；但对售出前房地产开发企业已使用或出租、出借的商品房应按规定征收房产税。

（二）政策解读

对于房地产开发企业而言，其开发的商品房不属于企业的固定资产，而是企业的产品，商品房在未售出前，只要未出租、出租或者自用，均不征收房产税。即房地产企业建造的用于出售的商品房，待售期间不征收房产税。

（三）案例分析

B房地产开发企业2023年尚有10套完工的商品房未售出，其中3套被企业装修为样板房用于销售展示，在其他房屋未销售完毕之前，样板房不对外出售。样板房每套原值180万元，其他房屋每套130万元，当地政府规定的房产余值为原值减除30%。2023年B房地产开发企业就该10套商品房缴纳多少房产税？

【分析】根据《国家税务总局关于房产税、城镇土地使用税有关政策规定的通知》（国税发〔2003〕89号）第一条规定，鉴于房地产开发企业开发的商品房在出售前，对房地产开发企业而言是一种产品，因此，对房地产开发企业建造的商品房，在出售前，不征收房产税；但对售出前房地产开发企业已使用或出租、出借的商品房应按规定征收房产税。案例中，3套样板房主要用于销售展示，在其他房屋未销售完毕之前，并不对外出售，属于房屋在售出前房地产开发企业已使用的情形，应征收房产税，其他7套属于企业产品，不征收房产税。

2023年应纳房产税税额＝180×3×（1−30%）×1.2%＝4.54（万元）

二、学校的房产税处理

（一）政策规定

1. 根据《财政部 国家税务总局关于教育税收政策的通知》（财税〔2004〕39号）第二条规定，对国家拨付事业经费和企业办的各类学校、托儿所、幼儿园自用的房产、土地，免征房产税、城镇土地使用税。

2. 根据《财政部 国家税务总局关于继续执行高校学生公寓和食堂有关税收政策的通知》（财税〔2016〕82号）、《财政部 国家税务总局关于高校学生公寓房产税、印花税政策的通知》（财税〔2019〕14号）和《财政部 税务总局关于继续实施高校学生公寓房产税、印花税政策的公告》（财政部 税务总局公告2023年第53号）规定，自2016年1月1日至2027年12月31日，对高校学生公寓免征房产税。

3. 根据《财政部 国家税务总局关于教育税收政策的通知》（财税〔2004〕39 号）规定，对国家拨付事业经费和企业办的各类学校、托儿所、幼儿园自用的房产，免征房产税。

（二）政策解读

根据上述政策可知，享受房产税免税优惠的学校房产包括国家拨付事业经费的学校和企业经办的各类学校的自用房产，对于学校内的营业用房，不能视为自用的房产，应当征收房产税。

（三）案例分析

国家拨付事业经费的某大学拥有教学楼、图书馆、宿舍楼房产原值 30000 万元；对外出租的餐厅、超市房产原值 1000 万元，年租金 300 万元；因宿舍楼不够学生居住，从学校周围租用公寓楼 1 栋作为学生宿舍使用，该公寓楼原值 2000 万元，年租金 100 万元。当地政府规定房产余值为原值减除 30%。该大学是否缴纳房产税，如果缴纳，应如何计算缴纳？

【分析】根据《财政部 国家税务总局关于教育税收政策的通知》（财税〔2004〕39 号）规定，对国家拨付事业经费和企业办的各类学校、托儿所、幼儿园自用的房产，免征房产税。本案例中，该大学拥有的教学楼、图书馆、宿舍楼免征房产税，出租的餐厅、超市不属于自用房产，应当按照租金计算缴纳房产税。对于从学校周围租用的公寓楼，虽作为学生宿舍使用，但不属于学校的房产，不应由学校缴纳房产税。应由房屋所有者按照房产租金的一定比例缴纳房产税。

按房产租金缴纳的房产税 = 300×12% = 36（万元）

三、融资租赁房产的房产税处理

（一）政策规定

根据《财政部 国家税务总局关于房产税、城镇土地使用税有关问题的通知》（财税〔2009〕128 号）规定，融资租赁的房产，由承租人自融资租赁合同约定开始日的次月起依照房产余值缴纳房产税。合同未约定开始日的，由承租人自合同签订的次月起依照房产余值缴纳房产税。

（二）政策解读

融资租赁在会计上应遵循实质重于形式原则，虽然在形式上为租赁的房产，但在实质上，应视同承租方企业自己的房产处理。在房产税的处理上，融资租入的房产，也应由承租方来计算缴纳房产税。

融资租赁期内的房产，由承租人自融资租赁合同约定开始日的次月起依照房产余值缴纳房产税，与支付的租金无关。此处，房产的计税余值，是指房产原值一次减除10%—30%的自然损耗等因素后的余额。房产原值，是指纳税人按照会计准则规定，在账簿固定资产科目中记载的不扣减折旧额的房产原价。对于融资租入的房产，承租方采用的会计准则不同，房产原值的确定也不同，对于执行企业会计准则的承租方，租入固定资产不区分融资租赁和经营性租赁，租入固定资产计入“使用权资产”科目，并与自有固定资产一样计提折旧。使用权资产的初始入账价值为租赁负债和初始直接费用之和。租赁负债为租赁付款额的现值。而执行小企业会计准则的承租方，融资租赁房屋根据租赁合同约定的付款总额和在签订租赁合同过程中发生的相关税费等确定。

（三）案例分析

2023年1月，某生产企业响应某地政府招商引资，与当地政府签订合同入驻当地，合同约定，由当地政府负责建造厂房，企业以租赁形式分10年支付租金，年租金300万元，企业付清租金后，厂房产权归企业所有。厂房在产权转移前，企业是否需要支付房产税？

【分析】案例中，出租人即政府将房屋出租给承租人使用，承租人分期向出租人支付租金，在租赁期内房屋的所有权属于出租人所有，承租人拥有房屋的使用权。租期届满，租金支付完毕并且承租人根据租赁合同的规定完全履行部分义务后，房屋的所有权即转归承租人所有。根据租赁合同的约定，该租赁行为的实质属于融资租赁。

根据《财政部 国家税务总局关于房产税、城镇土地使用税有关问题的通知》(财税〔2009〕128号)规定，融资租赁的房产，由承租人自融资租赁合同约定开始日的次月起依照房产余值缴纳房产税。合同未约定开始日的，由承租人自合同签订的次月起依照房产余值缴纳房产税。案例中该企业与当地政府的租赁形式属于融资租赁，应由承租人即该生产企业依照房产余值缴纳房产税。

四、租赁合同约定免租期的房产税处理

(一) 政策规定

1. 根据《财政部 国家税务总局关于安置残疾人就业单位城镇土地使用税等政策的通知》(财税〔2010〕121号)第二条规定，对出租房产，租赁双方签订的租赁合同约定有免租期的，免租期由产权所有人按照房产原值缴纳房产税。

2. 根据《财政部 国家税务总局关于营改增后契税 房产税 土地增值税 个人所得税计税依据问题的通知》(财税〔2016〕43号)规定，房产出租的，计征房产税的租金收入不含增值税。免征增值税的，确定计税依据时，租金收入不扣减增值税税额。在计征上述税种时，税务机关核定的计税价格或收入不含增值税。

(二) 政策解读

根据上述政策规定，免租期内也需要缴纳房产税，但因为免租期内没有租金收入，所以按照房产原值计算缴纳房产税，房产税纳税人为产权所有人。

(三) 案例分析

P公司从W公司租赁办公楼，办公楼原值300万元，合同约定租期为2023年1月1日至2023年12月31日，其中第一个月免租金。当年W公司实际收到不含增值税租金110万元。当地政府规定房产余值为原值减除30%。2023年W公司缴纳房产税为多少万元?

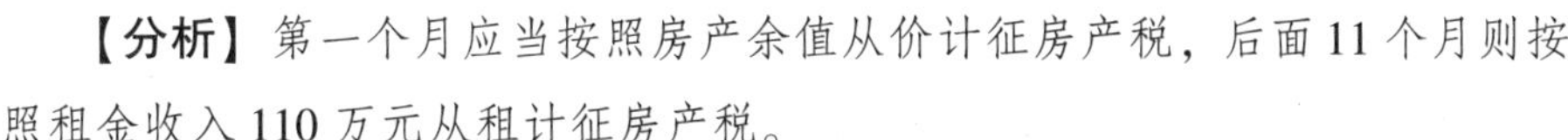

【分析】第一个月应当按照房产余值从价计征房产税，后面 11 个月则按照租金收入 110 万元从租计征房产税。

按房产余值缴纳的房产税 = 300 ×（1 − 30%）× 1.2% ÷ 12 × 1 = 0.21（万元）

按房产租金缴纳的房产税 = 110×12% = 13.2（万元）

2023 年应纳房产税税额 = 0.21+13.2 = 13.41（万元）

五、无租使用其他单位房产的房产税计算

（一）政策规定

根据《财政部 国家税务总局关于房产税、城镇土地使用税有关问题的通知》（财税〔2009〕128 号）第一条规定，无租使用其他单位房产的应税单位和个人，依照房产余值代缴纳房产税。

（二）政策解读

根据上述政策规定，无租使用期间，房产税仍要缴纳，因使用人无须支付租金，此时，房产税应按照原值减除 10%—30%后的余值计算缴纳房产税，税率为 1.2%。

（三）案例分析

W 公司无租使用某大学内某一房产作为图书报刊及咖啡厅，该房产原值 100 万元，当地政府规定房产余值为原值减除 30%。对于该无租使用的房产，W 公司是否需要缴纳房产税？

【分析】根据《财政部 国家税务总局关于房产税、城镇土地使用税有关问题的通知》（财税〔2009〕128 号）第一条规定，无租使用其他单位房产的应税单位和个人，依照房产余值代缴纳房产税。所以，W 公司需要缴纳房产税。

年应纳房产税税额 = 100×（1−30%）×1.2% = 0.84（万元）

六、房地产企业临时性售楼处、样板房的房产税计算

（一）政策规定

1. 根据《财政部税务总局关于房产税若干具体问题的解释和暂行规定》（财税地字〔1986〕8号）第二十一条的规定，凡是在基建工地为基建工地服务的各种工棚、材料棚、休息棚和办公室、食堂、茶炉房、汽车房等临时性房屋，不论是施工企业自行建造还是由基建单位出资建造交施工企业使用的，在施工期间，一律免征房产税。但是，如果在基建工程结束以后，施工企业将这种临时性房屋交还或者估价转让给基建单位的，应当从基建单位接收的次月起，依照规定征收房产税。

2. 根据《国家税务总局关于房产税、城镇土地使用税有关政策规定的通知》（国税发〔2003〕89号）规定，房地产开发企业自用、出租、出借本企业建造的商品房，自房屋使用或交付之次月起计征房产税和城镇土地使用税。

（二）政策解读

根据《财政部税务总局关于房产税若干具体问题的解释和暂行规定》（财税地字〔1986〕8号）中列举的设施是项目施工中所需要的设施，而房地产开发企业为销售房屋所建造的临时设施（包括售楼部、样板间等营销设施），是企业经营业务所用的设施，不属于免征房产税范围，应当于建成次月起缴纳房产税。

（三）案例分析

2023年，A房地产开发企业因商品房销售，临时建造了售楼部及样板房，当年6月售楼部和样板房建成并投入使用。售楼部原值400万元，样板房原值600万元，当地政府规定房产余值为原值减除30%。A房地产开发企业2023年就该售楼部和样板房需要缴纳多少房产税？

【分析】本例中A房地产开发企业因商品房销售需要临时建造的售楼部

及样板房不属于项目施工中所需要的设施，不应免征房产税，应于营销设施建成次月起缴纳房产税。

2023年应纳房产税税额=（400+600）×（1-30%）×1.2%÷12×6=4.2（万元）

第三节　城镇土地使用税

一、母子公司之间土地划拨的城镇土地使用税处理

（一）政策规定

根据《中华人民共和国城镇土地使用税暂行条例》（以下简称《城镇土地使用税暂行条例》第二条第一款规定，在城市、县城、建制镇、工矿区范围内使用土地的单位和个人，为城镇土地使用税的纳税人，应当依照规定缴纳城镇土地使用税；第三条规定，城镇土地使用税以纳税人实际占用的土地面积为计税依据，依照规定税额计算征收。

（二）政策解读

根据上述政策规定，母子公司之间划拨土地使用权，在土地划拨之前，土地使用权为母公司占有使用的，由母公司按照占有使用的面积申报缴纳城镇土地使用税；土地划拨给子公司之后，由子公司按照实际划拨的土地面积申报缴纳城镇土地使用税，其缴纳起始时间为权属变更的次月。

（三）案例分析

A公司（集团）2023年4月20日将待开发土地的使用权划拨到子公司B公司，面积为15000平方米，该土地使用权转移手续于2017年5月20日办理完毕，假定当地单位税额为10元/平方米。2023年度就该土地，A公司（集团）与子公司B公司应缴纳城镇土地使用税多少元？

【分析】该土地使用权转移手续于2017年5月20日办理完毕，A公司（集团）2023年需要对该土地1—5月缴纳城镇土地使用税，子公司B公司

2023 年需要对该土地缴纳 6—12 月的城镇土地使用税。

2023 年应纳城镇土地使用税税额 = 15000×10 = 150000（元）

A 公司（集团）2023 年应纳城镇土地使用税税额 = 150000 ÷ 12 × 5 = 62500（元）

B 公司 2023 年应纳城镇土地使用税税额 = 150000÷12×7 = 87500（元）

二、学校的城镇土地使用处理

（一）政策规定

1. 根据《财政部 国家税务总局关于教育税收政策的通知》（财税〔2004〕39 号）第二条规定，对国家拨付事业经费和企业办的各类学校、托儿所、幼儿园自用的房产、土地，免征城镇土地使用税。

2. 根据《国家税务局关于印发〈关于土地使用税若干具体问题的解释和暂行规定〉的通知》（国税地字〔1988〕15 号）第十八条规定，集体和个人办的各类学校、医院、托儿所、幼儿园用地的征免税，由省、自治区、直辖市税务局确定。

（二）政策解读

根据《中华人民共和国民办教育促进法》第十九条规定，民办学校的举办者可以自主选择设立非营利性或者营利性民办学校。但是，不得设立实施义务教育的营利性民办学校。非营利性民办学校的举办者不得取得办学收益，学校的办学结余全部用于办学。营利性民办学校的举办者可以取得办学收益，学校的办学结余依照公司法等有关法律、行政法规的规定处理。第三十八条规定，民办学校收取费用的项目和标准根据办学成本、市场需求等因素确定，向社会公示，并接受有关主管部门的监督。非营利性民办学校收费的具体办法，由省、自治区、直辖市人民政府制定；营利性民办学校的收费标准，实行市场调节，由学校自主决定。第四十七条规定，民办学校享受国家规定的税收优惠政策；其中，非营利性民办学校享受与公办学校同等的税收优惠政策。

对于学校的性质，无论是《财政部 国家税务总局关于教育税收政策的通知》（财税〔2004〕39号），还是《国家税务局关于印发〈关于土地使用税若干具体问题的解释和暂行规定〉的通知》（国税地字〔1988〕15号），都明确了国家拨付事业经费的各类学校、企业经办的各类学校，抑或是集体和个人办的各类学校，都属于上述房产税优惠政策范围。对于房产性质，《财政部 国家税务总局关于教育税收政策的通知》（财税〔2004〕39号）中强调了，享受房产税优惠政策的前提是学校、托儿所、幼儿园自用的房产、土地，即房产必须是自用的，方可免征城镇土地使用税，对于出租、出借等非自用情况，应正常缴纳城镇土地使用税。

（三）案例分析

D生产企业办公区占地面积2000平方米，生产车间占地面积4000平方米，企业内部有职工幼儿园，占地700平方米。企业所占用的土地，城镇土地使用税税额为3元/平方米。D企业2023年全年的城镇土地使用税为多少元？

【分析】 根据《财政部 国家税务总局关于教育税收政策的通知》（财税〔2004〕39号）第二条规定，对国家拨付事业经费和企业办的各类学校、托儿所、幼儿园自用的房产、土地，免征城镇土地使用税。案例中，D企业内部有职工幼儿园，属于税收政策规定的城镇土地使用税免税范围，其所占用的700平方米土地免缴城镇土地使用税。

D企业2023年城镇土地使用税税额＝（2000+4000）×3＝18000（元）

三、地下建筑的城镇土地使用税处理

（一）政策规定

根据《财政部 国家税务总局关于房产税、城镇土地使用税有关问题的通知》（财税〔2009〕128号）第四条规定，对在城镇土地使用税征税范围内单独建造的地下建筑用地，按规定征收城镇土地使用税。其中，已取得地下土地使用权证的，按土地使用权证确认的土地面积计算应征税款；未取得地下土地使用权证或地下土地使用权证上未标明土地面积的，按地下建筑垂直投影面积计算应征税款。对上述地下建筑用地暂按应征税款的50%征收城镇土地使用税。

（二）政策解读

值得注意的是，财税〔2009〕128号文件中提到的按上述规定计算城镇土地使用税的地下建筑指的是单独建造的地下建筑，对于非单独建造与地上建筑连成一体的建筑，其城镇土地使用税的征税，应按照《城镇土地使用税暂行条例》第三条的规定处理，即城镇土地使用税以纳税人实际占用的土地面积为计税依据进行征收。

（三）案例分析

A房地产开发公司单独拥有自行开发的写字楼甲楼地下室产权，地下室入账原值380万元，甲楼地下室单独拥有产权，其地下土地使用权证注明面积为1200平方米。同时拥有乙楼裙楼及地下室产权，乙楼裙楼土地使用权证注明面积为150平方米。假设当地确定的城镇土地使用税单位税额为每平方米10元，A房地产开发公司当年年度应纳城镇土地使用税税额为多少元？

【分析】 甲楼地下室年应纳税额＝1200×10＝12000（元）

甲楼地下室年实际应缴纳税额＝12000×50%＝6000（元）

乙楼地下室因没有单独土地产权，不涉及城镇土地使用税。

乙楼裙楼年应纳税额＝150×10＝1500（元）

四、房地产企业开发产品的城镇土地使用税处理

（一）政策规定

1. 根据《财政部 国家税务总局关于房产税、城镇土地使用税有关政策的通知》（财税〔2006〕186号）第二条规定，自2007年1月1日起，以出让或转让方式有偿取得土地使用权的，应由受让方从合同约定交付土地时间

的次月起缴纳城镇土地使用税；合同未约定交付土地时间的，由受让方从合同签订的次月起缴纳城镇土地使用税。

2. 根据《财政部 国家税务总局关于房产税、城镇土地使用税有关问题的通知》（财税〔2008〕152号）第三条规定，自2009年1月1日起，纳税人因房产、土地的实物或权利状态发生变化而依法终止房产税、城镇土地使用税纳税义务的，其应纳税款的计算应截止到房产土地的实物或权利状态发生变化的当月末。

（二）政策解读

房地产开发企业，以出让或转让方式有偿取得土地使用权的，应从合同约定交付土地时间的次月起缴纳城镇土地使用税。随着每期开发项目的进行，当开发项目建成预售或销售后，应纳城镇土地使用税会逐渐减少。等到开发的房地产项目销售完毕，城镇土地使用税的纳税义务也全部终止。具体房地产企业应纳城镇土地使用税税额的计算公式如下：

本月应纳税额＝本月剩余应税占地面积×月单位税额

本月剩余应税占地面积＝占地总面积−免税占地面积−已签订合同预售或销售房屋分摊占地面积

月应纳税额＝年应纳税额÷12

已签订合同预售或销售房屋分摊占地面积＝占地总面积×（已签订预售或销售合同房屋建筑面积÷可售建筑总面积）

【提示】分摊面积以合同规定交付时间或合同签订时间为准进行统计

（三）案例分析

A房地产开发公司2023年取得6万平方米的土地开发权，城镇土地使用税税额为每平方米20元。已建商品房可售面积18万平方米，2023年10月将首批房源9万平方米交付购房者。2023年A房地产开发公司应纳城镇土地使用税多少万元？

【分析】 已售房源分摊的土地面积＝9÷18×6＝3（万平方米）

2023年全年应缴城镇土地使用税＝6×20＝120（万元）

A公司自2023年11月起停止缴纳已售房源的城镇土地使用税＝3×20÷

12×2=10（万元）

2023年应纳城镇土地使用税=120-10=110（万元）

五、企业内部绿化建设占用土地的城镇土地使用税处理

（一）政策规定

1. 根据《国家税务局关于印发〈关于土地使用税若干具体问题的补充规定〉的通知》（国税地字〔1989〕140号）第十三条“关于对企业的绿化用地可否免征土地使用税问题”规定，对企业厂区（包括生产、办公及生活区）以内的绿化用地，应照章征收城镇土地使用税，厂区以外的公共绿化用地和向社会开放的公园用地，暂免征收城镇土地使用税。

2. 根据《城镇土地使用税暂行条例》第六条规定，下列土地免缴城镇土地使用税：①国家机关、人民团体、军队自用的土地；②由国家财政部门拨付事业经费的单位自用的土地；③宗教寺庙、公园、名胜古迹自用的土地；④市政街道、广场、绿化地带等公共用地；⑤直接用于农、林、牧、渔业的生产用地；⑥经批准开山填海整治的土地和改造的废弃土地，从使用的月份起免缴土地使用税5—10年；⑦由财政部另行规定免税的能源、交通、水利设施用地和其他用地。

（二）政策解读

根据上述政策规定，凡是能够明确的市政街道、广场、绿化地带等公共绿化用地，暂免征收城镇土地使用税。企业厂区内部的绿化用地，正常缴纳城镇土地使用税。

（三）案例分析

A公司为一生产性企业，其实际占地面积80000平方米，各设施具体占地情况如下：

（1）企业内学校占地2000平方米；

（2）厂区外公共绿化用地5000平方米，厂区内生活小区的绿化用地

1000平方米；

(3) 2023年1月1日，公司将一块1000平方米的土地出租给B企业，用以生产经营；

(4) 2023年1月1日，将一块1500平方米的土地无偿借给某国家机关使用；

(5) 与C企业共同拥有一块面积为5000平方米的土地，其中A公司实际占有面积为3000平方米，其余归C企业使用；

(6) 除上述土地外，其余土地均为公司生产经营用地，A公司所在地城镇土地使用税税额标准为2元/平方米。

A公司2023年应纳城镇土地使用税多少元？

【分析】(1) 根据《财政部 国家税务总局关于教育税收政策的通知》(财税〔2004〕39号) 第二条规定，对国家拨付事业经费和企业办的各类学校、托儿所、幼儿园自用的房产、土地，免征城镇土地使用税。因而，案例中，企业内学校占地免征城镇土地使用税。

(2) 根据《城镇土地使用税暂行条例》第六条规定，市政街道、广场、绿化地带等公共用地免缴城镇土地使用税。

根据《国家税务局关于印发〈关于土地使用税若干具体问题的补充规定〉的通知》(国税地字〔1989〕140号) 规定，对企业厂区 (包括生产、办公及生活区) 以内的绿化用地，应照章征收城镇土地使用税，厂区以外的公共绿化用地和向社会开放的公园用地，暂免征收城镇土地使用税。

因此，A公司厂内生活小区绿化用地应纳城镇土地使用税税额=1000×2=2000 (元)。

(3)《国家税务局关于印发〈关于土地使用税若干具体问题的解释和暂行规定〉的通知》(国税地字〔1988〕15号) 第四条对城镇土地使用税纳税人进一步作了解释，城镇土地使用税由拥有土地使用权的单位或个人缴纳。拥有土地使用权的纳税人不在土地所在地的，由代管人或实际使用人纳税；土地使用权未确定或权属纠纷未解决的，由实际使用人纳税；土地使用权共有的，由共有各方分别纳税。案例中，土地使用权出租，由拥有土地使用权的企业缴纳城镇土地使用税。A公司出租给B企业使用的土地不缴纳城镇土地使用税。

（4）根据《国家税务局关于印发〈关于土地使用税若干具体问题的补充规定〉的通知》（国税地字〔1989〕140号）第一条“关于对免税单位与纳税单位之间无偿使用的土地应否征税问题”规定，对免税单位无偿使用纳税单位的土地（如公安、海关等单位使用铁路、民航等单位的土地），免征城镇土地使用税；对纳税单位无偿使用免税单位的土地，纳税单位应照章缴纳城镇土地使用税。案例中，A公司将土地无偿借给某国家机关使用，承租土地的国家机关免予缴纳城镇土地使用税，A公司不缴纳城镇土地使用税。

（5）《国家税务局关于印发〈关于土地使用税若干具体问题的解释和暂行规定〉的通知》（国税地字〔1988〕15号）第四条对城镇土地使用税纳税人进一步作了解释，土地使用权共有的，由共有各方分别纳税。A公司与C企业共同占有的土地中，该公司实际占用3000平方米，A公司就占用部分缴纳城镇土地使用税。

应纳税额＝3000×2＝6000（元）

A公司全年城镇土地使用税应纳税额＝2000+6000＝8000（元）

六、无偿使用土地时的城镇土地使用税处理

（一）政策规定

根据《国家税务局关于印发〈关于土地使用税若干具体问题的补充规定〉的通知》（国税地字〔1989〕140号）规定，对免税单位无偿使用纳税单位的土地（如公安、海关等单位使用铁路、民航等单位的土地），免征城镇土地使用税；对纳税单位无偿使用免税单位的土地，纳税单位应照章缴纳城镇土地使用税。纳税单位与免税单位共同使用共有使用权土地上的多层建筑，对纳税单位可按其占用的建筑面积占建筑总面积的比例计征城镇土地使用税。

（二）政策解读

根据以上政策规定，免费使用的土地，是否需要缴纳城镇土地使用税，需要根据土地使用方和被使用方的单位性质确定。一般而言，如果是纳税单位无偿使用对方的土地，需要缴纳城镇土地使用税，免税单位无偿使用对方

的土地，不需要缴纳城镇土地使用税，纳税单位与免税单位共同使用共有使用权土地上的多层建筑，对纳税单位按所占建筑面积计征城镇土地使用税。

（三）案例分析

某市居民赵某因出国将其闲置经营用仓库免费提供给 W 公司用于生产经营使用。双方约定，赵某出国期间，W 公司可以免费使用，W 公司需对其仓库进行必要的日常维护打扫，待赵某回国，W 公司需将仓库归还赵某。该业务是否需要缴纳城镇土地使用税？应当由谁缴纳？

【分析】案例中，某市居民赵某拥有经营用仓库，属于城镇土地使用税纳税人。根据《国家税务局关于印发〈关于土地使用税若干具体问题的补充规定〉的通知》（国税地字〔1989〕140 号）规定，对免税单位无偿使用纳税单位的土地（如公安、海关等单位使用铁路、民航等单位的土地），免征城镇土地使用税；对纳税单位无偿使用免税单位的土地，纳税单位应照章缴纳城镇土地使用税。W 公司为生产经营企业，属于城镇土地使用税纳税单位，因而，在仓库无偿使用期间，W 公司应当缴纳城镇土地使用税，赵某无须缴纳城镇土地使用税。

七、农业观光用地的城镇土地使用税处理

（一）政策规定

1. 根据《城镇土地使用税暂行条例》第二条规定，在城市、县城、建制镇、工矿区范围内使用土地的单位和个人，作为城镇土地使用税的纳税人，应当依照该条例的规定缴纳城镇土地使用税。

2. 根据《财政部 国家税务总局关于集体土地城镇土地使用税有关政策的通知》（财税〔2006〕56 号）规定，在城镇土地使用税征税范围内实际使用应税集体所有建设用地、但未办理土地使用权流转手续的，由实际使用集体土地的单位和个人按规定缴纳城镇土地使用税。

3. 根据《财政部 国家税务总局关于房产税、城镇土地使用税有关政策的通知》（财税〔2006〕186 号）第三条规定，在城镇土地使用税征收范围

内经营采摘、观光农业的单位和个人，其直接用于采摘、观光的种植、养殖、饲养的土地，根据《城镇土地使用税暂行条例》第六条中“直接用于农、林、牧、渔业的生产用地”的规定，免征城镇土地使用税。

（二）政策解释

根据以上政策规定，农业观光属于直接用于农、林、牧、渔业的生产用地范畴，应享受城镇土地使用税免税优惠，但如果企业用地非全部用于农业观光，而是在应税范围内的其他经营用地，依然需要缴纳城镇土地使用税。

（三）案例分析

甲公司是一家制造业企业。2023 年 1 月，甲公司收购了某观光农业企业所属的一块农业综合用地，占地 200 万平方米，用于采摘和观光。甲公司是否需要对该农业综合用地缴纳城镇土地使用税？

【分析】案例中，甲公司将收购的农业综合用地，用于采摘和观光，甲公司属于城镇土地使用税纳税人，但符合免税条件规定，因而，就该用于采摘观光的农业综合用地甲公司享受城镇土地使用税免税优惠，无须缴纳城镇土地使用税。

八、物流企业仓储设施用地的城镇土地使用税处理

（一）政策规定

根据《财政部 国家税务总局关于继续实施物流企业大宗商品仓储设施用地城镇土地使用税优惠政策的通知》（财税〔2015〕98 号）、《财政部 税务总局关于继续实施物流企业大宗商品仓储设施用地城镇土地使用税优惠政策的通知》（财税〔2017〕33 号）和《财政部 税务总局关于继续实施物流企业大宗商品仓储设施用地城镇土地使用税优惠政策的公告》（财政部 税务总局公告 2023 年第 5 号）规定，对物流企业自有的（包括自用和出租）大宗商品仓储设施用地，减按所属土地等级适用税额标准的 50%计征城镇土地使用税。

上述所称物流企业，是指至少从事仓储或运输一种经营业务，为工农业生产、流通、进出口和居民生活提供仓储、配送等第三方物流服务，实行独立核算、独立承担民事责任，并在工商部门注册登记为物流、仓储或运输的专业物流企业。

上述所称大宗商品仓储设施，是指同一仓储设施占地面积在6000平方米及以上，且主要储存粮食、棉花、油料、糖料、蔬菜、水果、肉类、水产品、化肥、农药、种子、饲料等农产品和农业生产资料，煤炭、焦炭、矿砂、非金属矿产品、原油、成品油、化工原料、木材、橡胶、纸浆及纸制品、钢材、水泥、有色金属、建材、塑料、纺织原料等矿产品和工业原材料的仓储设施。

仓储设施用地，包括仓库库区内的各类仓房（含配送中心）、油罐（池）、货场、晒场（堆场）、罩棚等储存设施和铁路专用线、码头、道路装卸搬运区域等物流作业配套设施的用地。

物流企业的办公、生活区用地及其他非直接从事大宗商品仓储的用地不属于上述规定的优惠范围，应按规定征收城镇土地使用税。

非物流企业的内部仓库，不属于上述规定的优惠范围，应按规定征收城镇土地使用税。

上述优惠政策自2015年1月1日起执行至2027年12月31日。

（二）政策解读

根据以上政策规定可知，对于物流企业减半征收城镇土地使用优惠的范围，已经由物流企业自有的（包括自用和出租）大宗商品仓储设施用地，拓宽到物流企业承租用于大宗商品仓储设施的土地。但值得注意的是，二者的纳税人不同，对于物流企业自有的（包括自用和出租）大宗商品仓储设施用地优惠，纳税人是物流企业。对于物流企业承租的用于大宗商品仓储设施的土地优惠，其纳税人是拥有土地使用权的单位或个人。

此外，根据政策规定，物流企业的办公、生活区用地、其他非直接从事大宗商品仓储的用地，以及非物流企业的内部仓库和非物流企业承租的大宗仓储用地，不属于优惠范围，应按规定征收城镇土地使用税。也就是说，对于非仓储用地，或是物流仓储企业自有或租用的仓储用地，如果仓储物品和库点面积不符合政策规定，均不属于减半征收的优惠范围。

（三）案例分析

甲企业属于物流企业，其在自有土地上自建仓储设施，主要用于储存粮食、棉花、油料、糖料、蔬菜等商品。占地面积共 100000 平方米，其中：仓房（含配送中心）占地 7500 平方米，道路、装卸搬运区域占地 2500 平方米，办公、生活区用地 2000 平方米。仓储设施所在地段的城镇土地使用税的税额标准为每平方米 6 元。2023 年甲企业应缴多少城镇土地使用税？

【分析】本案例中，仓房（含配送中心）占地 7500 平方米，道路、装卸搬运区域占地 2500 平方米，均属于仓储设施用地，可以按规定减征城镇土地使用税。办公、生活区用地 2000 平方米，不属于规定的减税范围，应按规定缴纳城镇土地使用税。

仓储设施用地面积 =（7500+2500）= 100000（平方米）

仓储设施用地年应纳税额 = 100000×6×（1−50%）= 300000（元）

办公、生活区用年应纳税额 = 2000×6 = 12000（元）

年度应缴城镇土地使用税总额 = 300000+12000 = 312000（元）

九、公共租赁住房的城镇土地使用税处理

（一）政策规定

根据《财政部 国家税务总局关于继续实施公共租赁住房税收优惠政策的公告》（财政部 国家税务总局公告 2023 年第 33 号）第一条规定，对公租房建设期间用地及公租房建成后占地，免征城镇土地使用税。在其他住房项目中配套建设公租房，按公租房建筑面积占总建筑面积的比例免征建设、管理公租房涉及的城镇土地使用税。该公告执行至 2025 年 12 月 31 日。

（二）政策解读

根据上述政策规定可知，享受城镇土地使用税免税优惠的单位不仅包括建设单位，还包括经营单位。如果属于在其他住房项目中配套建设公租房情

形的，企业需要按照公租房建筑面积占总建筑面积的比例，计算城镇土地使用税减免数额。对于公租房经营单位，除按公租房建筑面积占总建筑面积的比例免征城镇土地使用税外，上述公告还明确，公租房经营单位可以享受的税收优惠还包括印花税、房产税、契税、增值税等。

（三）案例分析

2023 年，W 房地产开发公司开发的某项目中，总建筑面积为 30000 平方米，配套建设的公租房建筑面积为 10000 平方米，当地城镇土地使用税税额为每平方米 4 元。那么，W 房地产开发公司当年应缴纳城镇土地使用税多少元?

【分析】本案例中，W 房地产开发公司开发的某项目中，既有普通项目，又有配套建设的公租房建筑，因而，按照政策规定，应当按公租房建筑面积占总建筑面积的比例免征建设、管理公租房涉及的城镇土地使用税。

2023 年可免缴的城镇土地使用税税额 = 10000×（10000÷30000）×4 = 13333.33（元）

2023 年应纳城镇土地使用税税额 = 30000×4－13333.33 = 106666.67（元）

第四节　契税

一、企业接受房屋、土地使用权投资的契税处理

（一）政策规定

1. 根据《中华人民共和国契税法》（以下简称《契税法》）第一条规定，在中华人民共和国境内转移土地、房屋权属，承受的单位和个人为契税的纳税人，应当依照该条例的规定缴纳契税。

根据《契税法》第二条规定，所称转移土地、房屋权属，是指下列行为：①土地使用权出让；②土地使用权转让，包括出售、赠与、互换；③房屋买卖、赠与、互换。以作价投资（入股）、偿还债务、划转、奖励等方式转移土地、房屋权属的，应当依照规定征收契税。

2. 根据《财政部 国家税务总局关于企业事业单位改制重组契税政策的

通知》（财税〔2012〕4号）第八条的规定，对承受县级以上人民政府或国有资产管理部门按规定进行行政性调整、划转国有土地、房屋权属的单位，免征契税。同一投资主体内部所属企业之间土地、房屋权属的划转，包括母公司与其全资子公司之间，同一公司所属全资子公司之间，同一自然人与其设立的个人独资企业、一人有限公司之间土地、房屋权属的划转，免征契税。

3. 根据《财政部 税务总局关于继续实施企业、事业单位改制重组有关契税政策的公告》（财政部 税务总局公告2023年第49号）第一条规定，企业按照《中华人民共和国公司法》有关规定整体改制，包括非公司制企业改制为有限责任公司或股份有限公司，有限责任公司变更为股份有限公司，股份有限公司变更为有限责任公司，原企业投资主体存续并在改制（变更）后的公司中所持股权（股份）比例超过75%，且改制（变更）后公司承继原企业权利、义务的，对改制（变更）后公司承受原企业土地、房屋权属，免征契税。

根据该公告第二条规定，事业单位按照国家有关规定改制为企业，原投资主体存续并在改制后企业中出资（股权、股份）比例超过50%的，对改制后企业承受原事业单位土地、房屋权属，免征契税。

根据该公告第六条规定，对承受县级以上人民政府或国有资产管理部门按规定进行行政性调整、划转国有土地、房屋权属的单位，免征契税。同一投资主体内部所属企业之间土地、房屋权属的划转，包括母公司与其全资子公司之间，同一公司所属全资子公司之间，同一自然人与其设立的个人独资企业、一人有限公司之间土地、房屋权属的划转，免征契税。母公司以土地、房屋权属向其全资子公司增资，视同划转，免征契税。

（二）政策解读

根据上述政策规定，在涉及房屋、土地使用权投资的业务中，由承受房屋土地使用权的一方，即接受投资的一方缴纳契税。如果是属于企业事业单位改制重组导致的房屋、土地使用权划转，对承受县级以上人民政府或国有资产管理部门按规定进行行政性调整、划转国有土地、房屋权属的单位，免征契税。同一投资主体内部所属企业之间，包括母公司与其全资子公司之间

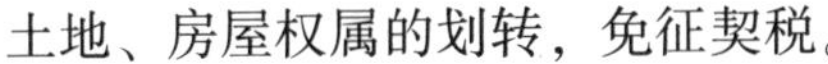
土地、房屋权属的划转，免征契税。

（三）案例分析

甲公司为增值税一般纳税人，于2020年1月外购房屋一套，成本600万元。2022年2月，甲公司将该套房屋投资于A房地产开发公司（增值税一般纳税人），该套房屋投资作价900万元（含税），甲公司因此投资持有A房地产开发公司20%股权。假设当地契税税率3%，该业务是否需要缴纳契税？如果缴纳，应纳契税多少万元？

【分析】根据《财政部 税务总局关于继续实施企业、事业单位改制重组有关契税政策的公告》（财政部 税务总局公告2023年第49号）第六条规定，同一投资主体内部所属企业之间土地、房屋权属的划转，包括母公司与其全资子公司之间，同一公司所属全资子公司之间，同一自然人与其设立的个人独资企业、一人有限公司之间土地、房屋权属的划转，免征契税。根据《契税法》第二条规定，以作价投资（入股）、偿还债务、划转、奖励等方式转移土地、房屋权属的，应当依照规定征收契税。本案例中，甲公司以房产投资持有A房地产开发公司20%股权，A公司不是甲公司的全资子公司，不享受契税免税优惠。因而，在上述房产投资中，受让方负有缴纳契税义务。应纳税额＝900÷（1+9%）×3%＝24.77（万元）。

二、离婚分割财产所得房屋的契税处理

（一）政策规定

根据《财政部 国家税务总局关于契税法实施后有关优惠政策衔接问题的公告》（财政部 国家税务总局公告2021年第29号）第一条规定，夫妻因离婚分割共同财产发生土地、房屋权属变更的，免征契税。

（二）政策解读

根据上述政策规定，夫妻因离婚分割共同财产发生土地、房屋权属变更的，免征契税，但如果夫妻之间在婚姻存续期间发生的土地、房屋权属变

更，正常缴纳契税。

（三）案例分析

甲、乙于2020年1月结婚。2021年5月，甲将自己名下的房屋A赠送给乙。2022年2月，二人购置共同所有的房屋B。2023年甲、乙离婚，离婚协议约定，其婚后购入的共有房屋B归甲所有。该业务中，是否涉及契税缴纳？

【分析】根据《国家税务总局关于加强房地产交易个人无偿赠与不动产税收管理有关问题的通知》（国税发〔2006〕144号）第一条第二款的规定，对于个人无偿赠与不动产行为，应对受赠人全额征收契税。因而，2021年5月，甲将自己名下的房屋A赠送给乙，乙需要缴纳契税。

根据《契税法》第一条规定，在中华人民共和国境内转移土地、房屋权属，承受的单位和个人为契税的纳税人，应当依照规定缴纳契税。因而，2022年2月，二人购置共同所有的房屋B时，甲、乙均需要缴纳契税。

根据《财政部 国家税务总局关于契税法实施后有关优惠政策衔接问题的公告》（财政部 国家税务总局公告2021年第29号）第一条规定，夫妻因离婚分割共同财产发生土地、房屋权属变更的，免征契税。因而，2023年甲、乙离婚，离婚协议约定，其婚后购入的共有房屋B归甲所有的行为中，甲免征契税。

三、房屋交换的契税处理

（一）政策规定

1. 根据《契税法》第四条第二项规定，土地使用权互换、房屋互换，契税的计税依据为所互换的土地使用权、房屋价格的差额。

2. 根据《财政部 税务总局关于贯彻实施契税法若干事项执行口径的公告》（财政部 税务总局公告2021年第23号）第二条第八项规定，土地使用权互换、房屋互换，互换价格相等的，互换双方计税依据为零；互换价格不相等的，以其差额为计税依据，由支付差额的一方缴纳契税。

（二）政策解读

《契税法》第四条第二项明确土地使用权互换、房屋互换，以所互换的土地使用权、房屋价格的差额为契税的计税依据。根据《财政部 税务总局关于贯彻实施契税法若干事项执行口径的公告》（财政部 税务总局公告2021年第23号）第二条第八项规定中强调土地使用权互换、房屋互换，互换价格相等的，互换双方计税依据为零；互换价格不相等的，以其差额为计税依据，由支付差额的一方缴纳契税。上述两份文件均明确的是土地使用权互换、房屋互换，并未指出土地使用权和房屋之间互换的情形，所以，土地使用权和房屋之间互换并不适用上述优惠政策。

（三）案例分析

自然人甲与自然人乙协商进行住房互换，甲的房屋不含增值税销售价格为160万元，乙的房屋不含增值税销售价格为120万元。乙在房屋互换过程中需要另外支付甲40万元。在该房屋互换过程中，甲、乙是否需要缴纳契税？

【分析】根据《财政部 税务总局关于贯彻实施契税法若干事项执行口径的公告》（财政部 税务总局公告2021年第23号）第二条第八项规定，土地使用权互换、房屋互换，互换价格相等的，互换双方计税依据为零；互换价格不相等的，以其差额为计税依据，由支付差额的一方缴纳契税。上述案例中，乙在房屋互换过程中需要另外支付甲40万元，因而，乙需要缴纳契税，计税依据为其差额40万元。

四、企业通过划拨方式获取的国有土地使用权的契税处理

（一）政策规定

1. 根据《中华人民共和国城镇国有土地使用权出让和转让暂行条例》第四十三条规定，划拨土地使用权是指土地使用者通过各种方式依法无偿取得的土地使用权。第四十四条规定，划拨土地使用权，除该条例第四十五条规定的情况外，不得转让、出租、抵押。第四十五条规定，符合下列条件

的，经市、县人民政府土地管理部门和房产管理部门批准，其划拨土地使用权和地上建筑物、其他附着物所有权可以转让出租、抵押：①土地使用者为公司、企业、其他经济组织和个人；②领有国有土地使用证；③具有地上建筑物、其他附着物合法的产权证明；④依照该条例第二章的规定签订土地使用权出让合同，向当地市、县人民政府补交土地使用权出让金或者以转让、出租、抵押所获收益抵交土地使用权出让金。

第四十七条规定，无偿取得划拨土地使用权的土地使用者，因迁移解散、撤销、破产或者其他原因而停止使用土地的，市、县人民政府应当无偿收回其划拨土地使用权，并可依照该条例的规定予以出让。对划拨土地使用权，市、县人民政府根据城市建设发展需要和城市规划的要求，可以无偿收回，并可依照该条例的规定予以出让。无偿收回划拨土地使用权时，对其地上建筑物、其他附着物，市、县人民政府应当根据实际情况给予适当补偿。

2. 根据《财政部 税务总局关于贯彻实施契税法若干事项执行口径的公告》（财政部 税务总局公告 2021 年第 23 号）第二条第一项规定，以划拨方式取得的土地使用权，经批准改为出让方式重新取得该土地使用权的，应由该土地使用权人以补缴的土地出让价款为计税依据缴纳契税。第二条第二项规定，先以划拨方式取得土地使用权，后经批准转让房地产，划拨土地性质改为出让的，承受方应分别以补缴的土地出让价款和房地产权属转移合同确定的成交价格为计税依据缴纳契税。第二条第三项规定，先以划拨方式取得土地使用权，后经批准转让房地产，划拨土地性质未发生改变的，承受方应以房地产权属转移合同确定的成交价格为计税依据缴纳契税。

（二）政策解读

根据《财政部 税务总局关于贯彻实施契税法若干事项执行口径的公告》（财政部 税务总局公告 2021 年第 23 号）第二条第二款规定，先以划拨方式取得土地使用权后经批准转让房地产的契税政策发生了变化。分为以下两种情形：

第一种情形，对于划拨土地性质改为出让的，应分两笔缴纳契税：第一笔是按补缴的土地出让价款为计税依据计算缴纳；第二笔按房地产权属转移合同确定的成交价格为计税依据计算缴纳。即在办理出让手续时，如果是承受方（受让方）负责补缴土地出让价款，则同时以该部分补缴土地出让价款为依据计算缴纳契税，纳税人依然为转让方。

第二种情形，划拨土地性质未发生改变的，承受方以房地产权属转移合同确定的成交价格为计税依据缴纳契税。即由于划拨土地性质未发生改变，不存在对承受划拨用地征收契税的问题。此时仅涉及承受方承受房地产的契税问题，计税依据为房地产权属转移合同确定的成交价格。

（三）案例分析

2023 年 1 月，经市级政府批准，某国有企业 D 企业将其以划拨方式取得的土地使用权，转让给 X 房地产开发企业用于房地产开发。在转让之前，D 企业需补缴土地出让金 8000 万元，改变土地使用权性质为商业用地。D 企业与 X 企业签订的土地使用权转让合同中约定，合同价款 15000 万元。假定当地契税税率为 3%。该业务中，企业应如何缴纳契税？

【分析】根据《财政部 税务总局关于贯彻实施契税法若干事项执行口径的公告》（财政部 税务总局公告 2021 年第 23 号）第二条规定，以划拨方式取得的土地使用权，经批准改为出让方式重新取得该土地使用权的，应由该土地使用权人以补缴的土地出让价款为计税依据缴纳契税。上述案例中，2023 年 1 月，经市级政府批准，D 企业将土地转让给 X 企业用于房地产开发，前提条件是 D 企业需补缴土地出让金 8000 万元，改变土地使用权性质为商业用地。在补缴土地出让金 8000 万元时，转让方 D 企业应支付出让金 8000 万元，并补缴契税。在土地使用权转让合同中，受让方以合同价款 15000 万元作为计税依据，需要缴纳契税。

D 企业契税应纳税额 = 8000×3% = 240（万元）

X 企业契税应纳税额 = 15000×3% = 450（万元）

五、社区养老、托育机构的契税处理

（一）政策规定

1. 根据《契税法》第六条规定，有下列情形之一的，免征契税：

（1）国家机关、事业单位、社会团体、军事单位承受土地、房屋权属用于办公、教学、医疗、科研、军事设施；

（2）非营利性的学校、医疗机构、社会福利机构承受土地、房屋权属用于办公、教学、医疗、科研、养老、救助。

2. 根据《财政部 税务总局 发展改革委 民政部 商务部 卫生健康委关于养老、托育、家政等社区家庭服务业税费优惠政策的公告》（财政部 税务总局 发展改革委 民政部 商务部 卫生健康委公告 2019 年第 76 号）第一条第三项规定，为支持养老、托育、家政等社区家庭服务业发展，自 2019 年 6 月 1 日起执行至 2025 年 12 月 31 日，承受房屋、土地用于提供社区养老、托育、家政服务的，免征契税。根据该公告第三条规定，为社区提供养老服务的机构，是指在社区依托固定场所设施，采取全托日托、上门等方式，为社区居民提供养老服务的企业、事业单位和社会组织。社区养老服务是指为老年人提供的生活照料、康复护理、助餐助行、紧急救援、精神慰藉等服务。为社区提供托育服务的机构，是指在社区依托固定场所设施，采取全日托、半日托、计时托、临时托等方式，为社区居民提供托育服务的企业、事业单位和社会组织。社区托育服务是指为 3 周岁（含）以下婴幼儿提供的照料、看护、膳食、保育等服务。为社区提供家政服务的机构，是指以家庭为服务对象，为社区居民提供家政服务的企业、事业单位和社会组织。社区家政服务是指进入家庭成员住所或医疗机构为孕产妇、婴幼儿、老人、病人、残疾人提供的照护服务，以及进入家庭成员住所提供的保洁、烹饪等服务。

（二）政策解读

根据《契税法》第六条第二项规定，非营利性的学校、医疗机构、社会福利机构承受土地、房屋权属用于办公、教学、医疗、科研、养老、救助免征契税，即《契税法》规定的免征契税范围仅限于非营利性的学校、医疗机构、社会福利机构承受土地、房屋权属用于办公、教学、医疗、科研、养老、救助，前提是非营利性机构。

《财政部 税务总局 发展改革委 民政部 商务部 卫生健康委关于养老、托育、家政等社区家庭服务业税费优惠政策的公告》（财政部 税务总局 发展改革委 民政部 商务部 卫生健康委公告 2019 年第 76 号）中规定的契税免税范围，并不局限于非营利性机构从事的养老、托育、家政等社区家庭服务。

（三）案例分析

某国有企业受让土地、房屋等设施从事社区养老、托育服务。已知受让土地、房屋等产权共支付不含增值税价款30000万元。该业务中，该国有企业因受让土地、房屋等产权共需缴纳契税多少万元？

【分析】案例中，该国有企业受让土地、房屋等设施从事社区养老、托育服务，满足《财政部 税务总局 发展改革委 民政部 商务部 卫生健康委关于养老、托育、家政等社区家庭服务业税费优惠政策的公告》（财政部 税务总局 发展改革委 民政部 商务部 卫生健康委公告2019年第76号）第一条第三项规定，属于免征契税政策范围，应免征契税。

六、个体工商户经营者与其企业之间的房产转移的契税处理

（一）政策规定

根据《财政部 国家税务总局关于企业以售后回租方式进行融资等有关契税政策的通知》（财税〔2012〕82号）第六条规定，个体工商户的经营者将其个人名下的房屋、土地权属转移至个体工商户名下，或个体工商户将其名下的房屋、土地权属转回原经营者个人名下，免征契税。

合伙企业的合伙人将其名下的房屋、土地权属转移至合伙企业名下，或合伙企业将其名下的房屋、土地权属转回原合伙人名下，免征契税。

（二）政策解读

根据上述政策规定可知，个体工商户的经营者将其名下的房屋、土地权属转移至其所属的个体工商户名下，合伙企业的合伙人将其名下的房屋、土地权属转移至其所属的合伙企业名下，或者发生相反方向转移的，免征契税。

（三）案例分析

A合伙企业由合伙人甲、乙、丙三人投资设立。甲以其一套房产设立投

资。2023 年，经其他合伙人同意，A 合伙企业将其名下的一套房产转入甲合伙人名下，甲合伙人是否需要缴纳契税？

【分析】根据《财政部 国家税务总局关于企业以售后回租方式进行融资等有关契税政策的通知》（财税〔2012〕82 号）第六条规定，合伙企业的合伙人将其名下的房屋、土地权属转移至合伙企业名下，或合伙企业将其名下的房屋、土地权属转回原合伙人名下，免征契税。案例中，A 合伙企业将其名下的房产一套转入甲合伙人名下，属于上述政策规定范围，应当免征契税，因而，甲合伙人不需要缴纳契税。

七、法院判决转让不动产产权无效的契税处理

（一）政策规定

1. 根据《契税法》第十二条规定，在依法办理土地、房屋权属登记前，权属转移合同、权属转移合同性质凭证不生效、无效、被撤销或者被解除的，纳税人可以向税务机关申请退还已缴纳的税款，税务机关应当依法办理。

2. 根据《财政部 税务总局关于贯彻实施契税法若干事项执行口径的公告》（财政部 税务总局公告 2021 年第 23 号）第五条第四项的规定，纳税人缴纳契税后发生下列情形，可依照有关法律法规申请退税：

（1）因人民法院判决或者仲裁委员会裁决导致土地、房屋权属转移行为无效、被撤销或者被解除，且土地、房屋权属变更至原权利人的；

（2）在出让土地使用权交付时，因容积率调整或实际交付面积小于合同约定面积需退还土地出让价款的；

（3）在新建商品房交付时，因实际交付面积小于合同约定面积需返还房价款的。

（二）政策解读

根据以上政策规定可知，对于在依法办理土地、房屋权属登记之前缴纳契税的情形，只要双方自愿、达到条件解除，或者法院判决、仲裁，且合同

不生效、无效、被撤销、被解除，都可以申请退还契税。对于在办理土地、房屋权属登记之后缴纳契税的情形，这时的退税判定比较严格，需要法院判决或仲裁裁决，同时权属登记要还原到原权利人。也认为转移土地、房屋权属的行为不存在，不需要缴纳契税，才可以退税。这种情况下，双方自愿解除等情形不能退税，第一次变更视为一次转移，需要缴纳契税，土地、房屋权属变更至原权利人是第二次转移，需要再缴纳一次契税。

（三）案例分析

境内居民张某与中介人员恶意串通，向常居境外的李某散布其小区房价大跌，小区居住环境恶劣等信息，最终以较低的价格购入李某境内住房一套，已经足额缴纳房款并缴纳契税，且已办理产权登记。李某了解情况后，向房屋所在地的人民法院起诉，人民法院判决张某购房行为无效，张某应将该房产退还至原产权人，并变更产权，张某退还房产后，是否可以申请退还已缴纳契税？

【分析】根据《财政部 税务总局关于贯彻实施契税法若干事项执行口径的公告》（财政部 税务总局公告2021年第23号）第五条第四项的规定，因人民法院判决或者仲裁委员会裁决导致土地、房屋权属转移行为无效、被撤销或者被解除，且土地、房屋权属变更至原权利人的，可依照有关法律法规申请退还已经缴纳的契税。本案例符合该种情形，因而，张某退还房产后，可以申请退还已缴纳契税。

第五节 耕地占用税

一、农村居民建设住宅占用耕地的耕地占用税处理

（一）政策规定

根据《中华人民共和国耕地占用税法》（以下简称《耕地占用税法》）第七条规定，农村居民在规定用地标准以内占用耕地新建自用住宅，按照当地适用税额减半征收耕地占用税；其中农村居民经批准搬迁，新建自用住宅

占用耕地不超过原宅基地面积的部分，免征耕地占用税。

（二）政策解读

上述政策规定了农村居民建设住宅占用耕地减半征收耕地占用税和免税的两种情形，但各自均有适用条件。对于减半征收耕地占用税的情形，强调“在规定用地标准以内”“新建”“住宅”及“自用”几个前提，即必须在同时满足这几个前提的条件下，方可减半征收耕地占用税。对于免征耕地占用税的情形，《耕地占用税法》中强调“经批准搬迁”“新建自用住宅”“不超过原宅基地面积的部分”几个前提，同时满足方可免税。

（三）案例分析

某村民张某在规定用地标准以内占用耕地1000平方米，建造住宅一栋，房屋共计10套。房屋建成后，张某将其全部出租。已知当地耕地占用税22.5元/平方米。张某能否享受耕地占用税减免税优惠？

【分析】根据《耕地占用税法》第七条规定，农村居民在规定用地标准以内占用耕地新建自用住宅，按照当地适用税额减半征收耕地占用税；其中农村居民经批准搬迁，新建自用住宅占用耕地不超过原宅基地面积的部分，免征耕地占用税。上述案例中，张某占用耕地建造住房但并未自用，而是将其建造的住房用于出租，因而，不满足减半征收耕地占用税的优惠条件，张某不享受减免耕地占用税优惠。

二、企业临时占用耕地的耕地占用税处理

（一）政策规定

1. 根据《耕地占用税法》第十一条规定，纳税人因建设项目施工或者地质勘查临时占用耕地，应当依照规定缴纳耕地占用税。纳税人在批准临时占用耕地期满之日起一年内依法复垦，恢复种植条件的，全额退还已经缴纳的耕地占用税。

2. 根据《财政部 税务总局 自然资源部 农业农村部 生态环境部关于发

布〈中华人民共和国耕地占用税法实施办法〉的公告》（财政部 税务总局 自然资源部 农业农村部 生态环境部公告 2019 年第 81 号，以下简称《耕地占用税法实施办法》）第十八条规定，临时占用耕地，是指经自然资源主管部门批准，在一般不超过 2 年内临时使用耕地并且没有修建永久性建筑物的行为。依法复垦应由自然资源主管部门会同有关行业管理部门认定并出具验收合格确认书。

（二）政策解读

临时占用耕地，是指经自然资源主管部门批准，在一般不超过 2 年内临时使用耕地并且没有修建永久性建筑物的行为。税法对临时占用耕地的行为，采取的是“先征后退”模式，对于因建设项目施工或者地质勘查临时占用耕地，需要在批准临时占用耕地期满之日起一年内依法复垦，恢复种植条件；依法复垦应由自然资源主管部门会同有关行业管理部门认定并出具验收合格确认书，并据以退还已纳耕地占用税。

（三）案例分析

2022 年 3 月某煤矿公司在采矿作业中造成村民耕地塌陷，当地乡政府认定造成了耕地毁损。2022 年 5 月该煤矿公司与村民达成赔偿协议进行赔偿，并签订租赁协议，约定从 2022 年 6 月起，对煤矿作业造成的塌陷耕地进行租赁。随后，煤矿公司又将其租赁的塌陷耕地转包给第三方由其进行种植。该案例中，是否涉及耕地占用税？如果涉及，应由哪个公司缴纳？

【分析】案例中，煤矿公司因挖损、采矿塌陷、压占、污染等损毁耕地，属于税法所称的非农业建设。在乡政府认定土地毁损时，煤矿公司就应按规定缴纳耕地占用税。第三方种植公司不需要缴纳耕地占用税。煤矿公司将后期该塌陷耕地进行转包，由第三方在上面种植了农作物，但因为没有自然资源主管部门认定并出具验收合格确认书，无法判断是否完全恢复了种植条件，不满足全额退还已经缴纳的耕地占用税条件。所以，最终的处理结果是，该煤矿公司按确认耕地毁损的时点缴纳耕地占用税；如果能在认定毁损之日起 2 年内，由自然资源主管部门认定并出具验收合格确认书后，再到税务机关申请退税。

三、学校内教职工住房占用耕地的耕地占用税处理

（一）政策规定

1. 根据《耕地占用税法》第七条规定，军事设施、学校、幼儿园、社会福利机构、医疗机构占用耕地，免征耕地占用税。

2. 根据《耕地占用税法实施办法》第六条规定，免税的学校，具体范围包括县级以上人民政府教育行政部门批准成立的大学、中学、小学，学历性职业教育学校和特殊教育学校，以及经省级人民政府或人力资源社会保障行政部门批准成立的技工院校。学校内经营性场所和教职工住房占用耕地的，按照当地适用税额缴纳耕地占用税。第七条规定，免税的幼儿园，具体范围限于县级以上人民政府教育行政部门批准成立的幼儿园内专门用于幼儿保育、教育的场所。

（二）政策解读

根据上述政策规定，此处免税的学校，具体范围包括县级以上人民政府教育行政部门批准成立的大学、中学、小学，学历性职业教育学校和特殊教育学校，以及经省级人民政府或人力资源社会保障行政部门批准成立的技工院校。因而，社会上非学历性质的各类培训机构，不属于上述耕地占用税免税范围。

（三）案例分析

某会计培训学校主要从事于会计实操培训、会计职称考试培训等。2022年该学校占用耕地修建新校区、教职工住房和校内商店，该学校仅对其教职工住房和校内商店占用的耕地部分申报缴纳了耕地占用税，是否正确？

【分析】案例中，该会计培训学校主要从事于会计实操培训、会计职称考试培训等培训教育，不属于上述《耕地占用税法实施办法》第六条规定的耕地占用税免税范围，应就全部占用耕地面积缴纳耕地占用税，所以，该学校仅对其教职工住房和校内商店占用的耕地部分申报缴纳了耕地占用税，不正确。

四、村办仓库或露天货场临时占用耕地的耕地占用税处理

（一）政策规定

1. 根据《耕地占用税法》第十一条规定，纳税人因建设项目施工或者地质勘查临时占用耕地，应当依照规定缴纳耕地占用税。纳税人在批准临时占用耕地期满之日起一年内依法复垦，恢复种植条件的，全额退还已经缴纳的耕地占用税。

2. 根据《耕地占用税法实施办法》第十八条规定，临时占用耕地，是指经自然资源主管部门批准，在一般不超过 2 年内临时使用耕地并且没有修建永久性建筑物的行为。

依法复垦应由自然资源主管部门会同有关行业管理部门认定并出具验收合格确认书。

3. 根据《耕地占用税法实施办法》第十九条规定，因挖损、采矿塌陷、压占、污染等损毁耕地属于税法所称的非农业建设，应依照《耕地占用税法》规定缴纳耕地占用税；自自然资源、农业农村等相关部门认定损毁耕地之日起 3 年内依法复垦或修复，恢复种植条件的，比照《耕地占用税法》第十一条规定办理退税。

（二）政策解读

根据上述政策规定，村办仓库或露天货场临时占用耕地，属于《耕地占用税法实施办法》规定的临时占用耕地行为，应照章征收耕地占用税。对于在不超过 2 年内复垦的，经自然资源等相关部门认定并出具验收合格确认书后，纳税人可以申请办理退税。

（三）案例分析

2023 年，某村办钢铁企业因业务需要，与村民协商后，临时占用村集体耕地 1000 平方米用作钢材露天货场。该地耕地占用税税标准额为 7 元/平方米，2023 年该钢铁企业应纳耕地占用税多少元？

【分析】案例中，该村办钢铁企业临时占用耕地作为钢材露天货场，属于临时占用耕地行为，应根据适用税额缴纳耕地占用税。如果该企业在2年内复垦，恢复种植条件的，应由自然资源等相关部门确认后，可以申请退还耕地占用税。

因此，2023年应纳耕地占用税税额=1000×7=7000（元）。

五、道路建设占用耕地的耕地占用税处理

（一）政策规定

1. 根据《耕地占用税法》第七条规定，铁路线路、公路线路、飞机场跑道、停机坪、港口、航道、水利工程占用耕地，减按每平方米2元的税额征收耕地占用税。

2. 根据《耕地占用税法实施办法》第十一条规定，减税的公路线路，具体范围限于经批准建设的国道、省道、县道、乡道和属于农村公路的村道的主体工程以及两侧边沟或者截水沟。专用公路和城区内机动车道占用耕地的，按照当地适用税额缴纳耕地占用税。

（二）政策解读

根据以上政策规定可知，因修建道路占用耕地并不享受免征耕地占用税优惠，而是减按每平方米2元的税额征收。这一政策可与城镇土地使用税对比理解。根据《城镇土地使用税暂行条例》第六条第四项规定，市政街道、广场、绿化地带等公共用地免缴城镇土地使用税。即市政街道公共用地，可享受城镇土地使用税免征优惠，但街道占用耕地不享受免税，而是减按每平方米2元的税额征收。

（三）案例解析

经相关部门批准后，某村庄进行村道修建，因修建村道占用耕地100平方米，该村集体是否应缴纳耕地占用税？

【分析】本案例中，村集体因修建村道占用耕地，属于耕地占用税纳税

人。根据《耕地占用税法实施办法》第十一条规定，减税的公路线路，具体范围限于经批准建设的国道、省道、县道、乡道和属于农村公路的村道的主体工程以及两侧边沟或者截水沟。本案例中，村集体修建的村道属于上述政策中的减税范围，应按每平方米 2 元的税额征收耕地占用税。

因此，应纳耕地占用税 = 100×2 = 200（元）。

第六节　城市维护建设税

一、农村地区城市维护建设税的处理

（一）政策规定

1. 根据《中华人民共和国城市维护建设税法》（以下简称《城市维护建设税法》）第一条规定，在中华人民共和国境内缴纳增值税、消费税的单位和个人，为城市维护建设税的纳税人，应当依照规定缴纳城市维护建设税。

2. 根据《城市维护建设税法》第四条规定，城市维护建设税税率如下：

（1）纳税人所在地在市区的，税率为 7%；

（2）纳税人所在地在县城、镇的，税率为 5%；

（3）纳税人所在地不在市区、县城或者镇的，税率为 1%。

（二）政策解读

1. 城市维护建设税是附加税，依附于增值税、消费税而征收，这就决定了城市维护建设税的纳税义务人也是增值税、消费税的纳税义务人；但并不是同时缴纳增值税、消费税两种税才需缴纳城市维护建设税，只要缴纳了其中一种税，就构成了城市维护建设税的纳税人，其中包括其他个人。

2. 纳税人所在地，是指纳税人住所地或者与纳税人生产经营活动相关的其他地点，具体地点由省、自治区、直辖市确定。

（三）案例分析

农村地区是否缴纳城市维护建设税？

【分析】纳税人所在地，是指纳税人住所地或者与纳税人生产经营活动相关的其他地点，具体地点由省、自治区、直辖市确定。因此，农村地区是否缴纳城市维护建设税，需要根据具体情况进行判断。

二、城市维护建设税计税依据的确认

（一）政策规定

根据《城市维护建设税法》第二条规定，城市维护建设税以纳税人依法实际缴纳的增值税、消费税税额为计税依据。城市维护建设税的计税依据应当按照规定扣除期末留抵退税退还的增值税税额。城市维护建设税计税依据的具体确定办法，由国务院依据该法和有关税收法律、行政法规规定，报全国人民代表大会常务委员会备案。

（二）政策解读

城市维护建设税具体征收规定如表 6-1 所示。

表 6-1　　城市维护建设税具体征收规定

“两税”征收情况	具体情形	城市维护建设税征收规定
征收	实际缴纳的“两税”	征收
	进口货物、劳务、服务和无形资产缴纳的“两税”	不征
减免	“两税”按规定享受减免的	不征
退（返）还	出口产品退还的“两税”	不退
	出口产品免抵的增值税	征收
	增值税期末留抵退税	不征
	享受“两税”先征后返、先征后退、即征即退而退还的税额	不退

（三）案例分析

增值税纳税人可以将税控设备全款抵减增值税，城市维护建设税能否按抵减后实际缴纳的增值税为计税依据？

【分析】（1）根据《财政部 国家税务总局关于增值税税控系统专用设备和技术维护费用抵减增值税税额有关政策的通知》（财税〔2012〕15号）规定，自2011年12月1日起，增值税纳税人购买增值税税控系统专用设备支付的费用以及缴纳的技术维护费可在增值税应纳税额中全额抵减。

（2）根据《城市维护建设税法》第二条规定，城市维护建设税以纳税人依法实际缴纳的增值税、消费税税额为计税依据。

因此，增值税附征的城市维护建设税是按照减征后实际缴纳的增值税为计税依据的。

三、代扣代缴企业的城市维护建设税计税处理

（一）政策规定

根据《城市维护建设税法》第八条规定，城市维护建设税的扣缴义务人为负有增值税、消费税扣缴义务的单位和个人，在扣缴增值税、消费税的同时扣缴城市维护建设税。

（二）政策解读

1. 委托加工由受托方代收、代扣两税时，按缴纳“两税”所在地的规定税率，就地缴纳城市维护建设税。

2. 流动经营等无固定纳税地点的单位和个人，可按纳税人缴纳“两税”所在地的规定税率，就地缴纳城市维护建设税。

（三）案例分析

代扣非居民企业增值税后，是否代扣城市维护建设税？

【分析】（1）《城市维护建设税法》已由中华人民共和国第十三届全国

人民代表大会常务委员会第二十一次会议于2020年8月11日通过，自2021年9月1日起施行。

(2)《城市维护建设税法》第三条规定，对进口货物或者境外单位和个人向境内销售劳务、服务、无形资产缴纳的增值税、消费税税额，不征收城市维护建设税。

因此，从2021年9月1日起代扣境外单位和个人向境内销售劳务、服务、无形资产缴纳的增值税，不需要再代扣代缴城市维护建设税。

第七节 印花税

一、融资租赁合同的印花税处理

（一）政策规定

根据《中华人民共和国印花税法》（以下简称《印花税法》）所附《印花税税目税率表》规定，融资租赁合同税率为租金的万分之零点五。

（二）政策解读

1. 融资租赁合同是出租人根据承租人对出卖人、租赁物的选择，向出卖人购买租赁物，提供给承租人使用，承租人支付租金的合同。在这里，出租人与承租人签订的融资租赁合同属于印花税的征税范围，因此要缴纳印花税。

2. 应税合同的计税依据，为合同所列的金额，不包括列明的增值税税款。

（三）案例分析

出租人与承租人双方签订一份融资租赁合同，合同约定租赁一台机器，租金金额1000000元，请计算应纳印花税（不考虑“六税两费”的减免）。

【分析】 融资租赁合同按照其所载明的租金总额按万分之零点五的税率计税贴花。

因此，应纳印花税 = 1000000×0.05‰ = 50（元）。

二、承揽合同的印花税处理

（一）政策规定

根据《印花税法》所附《印花税税目税率表》规定，承揽合同，税率为报酬的万分之三。

（二）政策解读

1. 承揽合同是承揽人按照定作人的要求完成工作，交付工作成果，定作人支付报酬的合同。印花税里面的承揽合同包括加工、定做、修缮、修理、印刷、广告、测绘、测试等合同。

2. 应税合同的计税依据，为合同所列的金额，不包括列明的增值税税款。

（三）案例分析

企业租借其他单位一块广告牌用于自己广告的宣传而签订的合同，应该按照哪个税目贴花？

【分析】 该企业应按承揽合同税目缴纳印花税。

三、建设工程合同的印花税处理

（一）政策规定

根据《印花税法》所附《印花税税目税率表》规定，建设工程合同，按价款金额万分之三的税率计算缴纳印花税。

（二）政策解读

1. 建设工程合同是承包人进行工程建设，发包人支付价款的合同。建设工程合同包括工程勘察、设计、施工合同。

2. 建设工程合同的计税依据为合同约定的价格，不得剔除任何费用。如果施工单位将自己承包的建设项目再分包或转包给其他施工单位，其所签订的分包或转包合同，仍应按所载金额另行计算缴纳印花税。

3. 应税合同的计税依据，为合同所列的金额，不包括列明的增值税税款。

（三）案例分析

甲建筑施工单位与某房地产公司签订一份建设工程合同，合同载明承包金额为3000万元，甲单位发生的支出为300万元。甲单位将该承包项目中的玻璃幕墙安装业务分包给乙建筑施工单位，分包合同载明金额为500万元。请计算甲建筑施工单位应缴纳的印花税（不考虑“六税两费”减免优惠政策）。

【分析】 建设工程合同的计税依据为承包金额，不得剔除任何费用。如果施工单位将自己承包的建筑项目再分包或转包给其他施工单位，其所签订的分包或转包合同，仍应按所载金额另行计算缴纳印花税。

因此，甲建筑施工单位应缴纳印花税＝（3000+500）×0.3‰×10000＝10500（元）。

四、买卖合同的印花税处理

（一）政策规定

1. 根据《印花税法》所附《印花税税目税率表》规定，买卖合同，指动产买卖合同（不包括个人书立的动产买卖合同），税率为价款的万分之三。

2. 根据《财政部 税务总局关于印花税若干事项政策执行口径的公告》（财政部 税务总局公告2022年第22号）第二条第二款规定，企业之间书立的确定买卖关系、明确买卖双方权利义务的订单、要货单等单据，且未另外书立买卖合同的，应当按规定缴纳印花税。

（二）政策解读

1. 买卖合同是出卖人转移标的物的所有权于买受人，买受人支付价款的合同。买卖包括供应、预购、采购、购销结合及协作、调剂、补偿、易货等合同。

2. 买卖合同的计税依据为合同记载的价款，不得做任何扣除。

3. 应税合同的计税依据，为合同所列的金额，不包括列明的增值税税款。

4. 买卖合同仅包括动产买卖合同，土地使用权、房屋和建筑物、构筑物所有权转让合同按产权转移书据缴纳印花税。

（三）案例分析

购买软件等无形资产是否按照买卖合同缴纳印花税？

【分析】 根据《印花税法》所附《印花税税目税率表》“买卖合同”税目的备注，买卖合同税目适用于动产买卖合同（不包括个人书立的动产买卖合同）。根据《中华人民共和国民法典》规定及有关释义，计算机软件是知识产权的载体，属于动产。因此，购买计算机软件的合同属于动产买卖合同，应当按照规定计征印花税。

五、运输合同的印花税处理

（一）政策规定

根据《印花税法》所附《印花税税目税率表》规定，运输合同，指货运合同和多式联运（不包括管道运输合同），税率为运输费用的万分之三。

（二）政策解读

1. 运输合同是承运人将旅客或者货物从起运地点运输到约定地点，旅客、托运人或者收货人支付票款或者运输费用的合同。

2. 运输合同的计税依据为取得的运费收入，不包括所运货物的金额、装卸费和保险费等。

3. 应税合同的计税依据，为合同所列的金额，不包括列明的增值税税款。

（三）案例分析

2023年9月甲企业与乙企业签订运输合同一份，合同列明货物价值1000万元，不含税运费5万元，保险费0.5万元，装卸费0.3万元。

请计算甲企业该份合同应缴纳的印花税（不考虑“六税两费”减免优惠政策）。

【分析】运输合同的计税依据为取得的运费收入，不包括所运货物的金额、装卸费和保险费等。因此，甲企业应缴纳的印花税 = 5×0.3‰×10000 = 15（元）。

六、技术合同的印花税处理

（一）政策规定

根据《印花税法》所附《印花税税目税率表》规定，技术合同，不包括专利权、专有技术使用权转让书据，税率为价款、报酬或者使用费的万分之三。

（二）政策解读

1. 技术合同是当事人就技术开发、转让、许可、咨询或者服务订立的确立相互之间权利和义务的合同。

2. 对各类技术合同，应当按合同所载价款、报酬、使用费的金额依率计税。为鼓励技术研究开发，对技术开发合同，只就合同所载的报酬金额计税，研究开发经费不作为计税依据。但对合同约定按研究开发经费一定比例作为报酬的，应按一定比例的报酬金额计税贴花。

3. 技术转让合同不包括专利权转让、专利实施许可、专有技术使用权转让书据。

（三）案例分析

某企业受托研发一项专利技术，合同所载研究开发经费金额为1000万元，按照20%结算劳务报酬。

请计算该企业应缴纳的印花税（不考虑“六税两费”减免优惠政策）。

【分析】对技术开发合同，只就合同所载的报酬金额计税，研究开发经费不作为计税依据。但对合同约定按研究开发经费一定比例作为报酬的，应按一定比例的报酬金额计税。

因此，应缴纳的印花税＝1000×20%×0.3‰×10000＝600（元）。

七、租赁合同的印花税处理

（一）政策规定

根据《印花税法》所附《印花税税目税率表》规定，租赁合同，税率为租金的千分之一。

（二）政策解读

1. 租赁合同是出租人将租赁物交付承租人使用、收益，承租人支付租金的合同。

2. 应税合同的计税依据，为合同所列的金额，不包括列明的增值税税款。

3. 个人出租、承租住房签订的租赁合同，不区分房产用途，免征印花税。

（三）案例分析

企业与主管部门签订的租赁承包合同，是否应按照“财产租赁合同”缴纳印花税？

【分析】企业与主管部门签订的租赁承包合同不属于财产租赁合同的范围，不缴纳印花税。

八、保管合同的印花税处理

（一）政策规定

根据《印花税法》所附《印花税税目税率表》规定，保管合同，税率为保管费的千分之一。

（二）政策解读

1. 保管合同是保管人保管寄存人交付的保管物，并返还该物的合同。寄存人到保管人处从事购物、就餐、住宿等活动，将物品存放在指定场所的，视为保管，但是当事人另有约定或者另有交易习惯的除外。

2. 保管费的计税依据为收取（支付）的保管费。

3. 应税合同的计税依据，为合同所列的金额，不包括列明的增值税税款。

（三）案例分析

王某将贵重物品长久寄存于某寄存公司并签订一份保管合同，合同载明的不含税保管费用为 10000 元。

请计算该项合同双方各应缴纳的印花税税额（不考虑“六税两费”减免优惠政策）。

【分析】保管合同税率为保管费的千分之一。该项合同双方各应缴纳印花税 $=10000\times1‰=10$（元）。

九、仓储合同的印花税处理

（一）政策规定

根据《印花税法》所附《印花税税目税率表》规定，仓储合同，税率为仓储费的千分之一。

（二）政策解读

1. 仓储合同是保管人储存存货人交付的仓储物，存货人支付仓储费的合同。

2. 计税依据为收取的仓储费，不包括仓储物的价值。

3. 应税合同的计税依据，为合同所列的金额，不包括列明的增值税税款。

（三）案例分析

某运输公司与某商贸公司签订一份运输保管合同，合同载明的金额为200000元（运输费和仓储费未分别记载）。

请计算该项合同双方各应缴纳的印花税税额（不考虑“六税两费”减免优惠政策）。

【分析】同一应税凭证载有两个以上税目事项并分别列明金额的，按照各自适用的税目税率分别计算应纳税额；未分别列明金额的，从高适用税率。因此，该项合同适用仓储合同税率。双方各应缴纳印花税＝200000×1‰＝200（元）。

十、财产保险合同的印花税处理

（一）政策规定

根据《印花税法》所附《印花税税目税率表》规定，财产保险合同，不包括再保险合同，税率为保险费的千分之一。

（二）政策解读

1. 财产保险合同是投保人与保险人约定的以财产及其有关利益为保险标的的协议。

2. 财产保险合同计税依据为保险费，不包括所保财产的金额。

3. 应税合同的计税依据，为合同所列的金额，不包括列明的增值税税款。

（三）案例分析

车辆保险合同是否需要缴纳印花税？

【分析】需要缴纳。财产保险分为企业财产保险、机动车辆保险、货物运输保险。因此，车辆保险合同应按财产保险合同征收印花税。

十一、产权转移书据的印花税处理

（一）政策规定

根据《印花税法》所附《印花税税目税率表》规定，产权转移书据中，土地使用权出让书据，税率为价款的万分之五；土地使用权、房屋等建筑物和构筑物所有权转让书据（不包括土地承包经营权和土地经营权转移），税率为价款的万分之五；股权转让书据（不包括应缴纳证券交易印花税的），税率为价款的万分之五；商标专用权、著作权、专利权、专有技术使用权转让书据，税率为价款的万分之三。转让包括买卖（出售）、继承、赠与、互换、分割。

（二）政策解读

1. 产权转移书据类税目中共列明了4类子目，具体包括：①土地使用权出让书据。②土地使用权、房屋等建筑物和构筑物所有权转让书据。③股权转让书据。④商标专用权、著作权、专利权、专有技术使用权转让书据。

2. 应税合同的计税依据，为合同所列的金额，不包括列明的增值税税款。

（三）案例分析

抵押贷款合同如何贴花？

【分析】根据《国家税务局关于对借款合同贴花问题的具体规定》（国税地字〔1988〕30号）“关于对抵押贷款合同的贴花问题”的规定，借款方以财产作抵押，与贷款方签订的抵押借款合同，属于资金信贷业务，借贷双方应按"借款合同"计税贴花。因借款方无力偿还借款而将抵押财产转移给贷款方，应就双方书立的产权转移书据，按"产权转移书据"计税贴花。

十二、证券交易的印花税处理

（一）政策规定

1.《印花税法》所称证券交易，是指转让在依法设立的证券交易所、国务院批准的其他全国性证券交易场所交易的股票和以股票为基础的存托凭证。证券交易印花税对证券交易的出让方征收，不对受让方征收。

2. 根据《印花税法》所附《印花税税目税率表》规定，证券交易，税率为成交金额的千分之一。

3. 根据《印花税法》第五条规定，证券交易的计税依据，为成交金额。

4. 根据《财政部 税务总局关于减半征收证券交易印花税的公告》（财政部 税务总局公告 2023 年第 39 号）规定，自 2023 年 8 月 28 日起，证券交易印花税实施减半征收。

（二）政策解读

证券交易印花税的纳税人为证券交易人，即出让证券的当事人，特别注意不包括受让方。

（三）案例分析

假设某股票投资人买入每股 10 元的股票 500 股，同日卖出 1000 股每股 10 元的股票，请问如何缴纳印花税？

【分析】证券交易印花税对证券交易的出让方征收，不对受让方征收。因此，应缴纳印花税=（1000×10）×1‰=10（元）。

十三、依据法院判决书裁定过户的房产的印花税处理

（一）政策规定

根据《财政部 税务总局关于印花税若干事项政策执行口径的公告》（财政部 税务总局公告 2022 年第 22 号）规定，人民法院的生效法律文书，仲裁机构的仲裁文书，监察机关的监察文书，不属于印花税征收范围。

（二）政策解读

根据《财政部 税务总局关于印花税若干事项政策执行口径的公告》（财政部 税务总局公告 2022 年第 22 号）规定，人民法院的生效法律文书不属于印花税的征收范围。因此，根据法院判决书裁定过户的房产不需要缴纳印花税。

（三）案例分析

王某购买一套二手房，交了定金过后卖方反悔，不配合办理过户手续。王某将其起诉至法院。法院作出判决强制过户。请问经过法院判决办理房屋过户，要缴纳印花税吗？

【分析】人民法院的生效法律文书，仲裁机构的仲裁文书，监察机关的监察文书，不属于印花税征收范围。因此，经法院判决办理房屋过户，无须缴纳印花税。

第八节　车辆购置税

一、价外费用的车辆购置税处理

（一）政策规定

根据《中华人民共和国车辆购置税法》（以下简称《车辆购置税法》）第六条规定，纳税人购买自用应税车辆的计税价格，为纳税人实际支付给销

售者的全部价款，不包括增值税税款。

（二）政策解读

《车辆购置税法》实施后，车辆购置税计税依据仅包括全部价款，不再包括价外费用。价外费用是指销售方价外向购买方收取的基金、集资费、违约金（延期付款利息）和手续费、包装费、储存费、优质费、运输装卸费、保管费以及其他各种性质的价外收费。

（三）案例分析

王某2023年9月从某汽车有限公司购买一辆小汽车供自己使用，支付了含税价款113000元，另外支付代收临时牌照费550元、代收保险费900元、车辆装饰费300元。其中车辆价款由该汽车公司开具了机动车销售统一发票，代收的临时牌照和代收保险费分别取得了车辆管理部门、保险公司开具的财政收据和发票，并转交给王某，支付的车辆装饰费取得增值税普通发票。请计算王某应缴纳的车辆购置税。

【分析】王某购买自用应税车辆的计税价格，为纳税人实际支付给销售者的全部价款，即机动车销售统一发票上载明的不含增值税的价款。支付的临时牌照费及保险费为代收款项，不计入计税价格；支付的车辆装饰费为真实装饰费，且单独取得增值税普通发票，同样不计入计税价格中。

因此，计税依据＝113000÷（1+13%）＝100000（元），王某应缴纳的车辆购置税＝100000×10%＝10000（元）。

二、购置旧车的车辆购置税处理

（一）政策规定

1. 根据《车辆购置税法》第三条规定，车辆购置税实行一次性征收。购置已征车辆购置税的车辆，不再征收车辆购置税。

2. 根据《车辆购置税法》第十四条规定，免税、减税车辆因转让、改变用途等原因不再属于免税、减税范围的，纳税人应当在办理车辆转移登记或者变更登记前缴纳车辆购置税。计税价格以免税、减税车辆初次办理纳税申报时确定的计税价格为基准，每满一年扣减 10%。

（二）政策解读

已经办理减税、免税手续的车辆因转让、改变用途等原因不再属于免税、减税范围的，纳税人在办理纳税申报时，应如实填报相关申报表。发生二手车交易行为的，提供二手车销售统一发票；属于其他情形的，按照相关规定提供申报材料。

（三）案例分析

甲企业 2020 年 2 月购进两辆轿车，其中一辆是未上牌照的新车，不含税成交价 120000 元，税务机关核定同类型车辆的最低计税价格为 110000 元；另一辆是从某企业购入已使用 3 年的轿车，不含税成交价 60000 元。请计算甲企业应纳车辆购置税。

【分析】车辆购置税实行一次性征收，购置已征车辆购置税的车辆，不再征收车辆购置税。因此，本案例中，只对未上牌照的新车征收车辆购置税。

因此，甲企业应纳车辆购置税＝120000×10%＝12000（元）。

三、丢失、退回车辆的车辆购置税处理

（一）政策规定

根据《车辆购置税法》第十五条规定，纳税人将已征车辆购置税的车辆退回车辆生产企业或者销售企业的，可以向主管税务机关申请退还车辆购置税。退税额以已缴税款为基准，自缴纳税款之日至申请退税之日，每满一年扣减 10%。

（二）政策解读

1. 车辆召回、被盗、损坏等不属于退税情形。

2. 已征车辆购置税的车辆退回车辆生产或销售企业，纳税人申请退还

车辆购置税的，应退税额计算公式为：

应退税额=已纳税额×（1-使用年限×10%）

【提示】①应退税额不得为负数。②使用年限的计算方法是，自纳税人缴纳税款之日至申请退税之日。

（三）案例分析

2023年3月，因质量问题，王某将其2022年1月购置的小汽车退回销售单位，汽车在购置当月已纳车辆购置税3万元，王某向税务机关申请退税并提交资料。请计算车辆购置税应退税额。

【分析】退税额以已缴税款为基准，自纳税人缴纳税款之日起，至申请退税之日，每满一年扣减10%。

因此，车辆购置税应退税额=3×（1-1×10%）=2.7（万元）。

四、不需要办理车辆登记车辆的车辆购置税处理

（一）政策规定

根据《车辆购置税法》第十一条规定，纳税人购置不需要办理车辆登记的应税车辆的，应当向纳税人所在地的主管税务机关申报缴纳车辆购置税。

（二）政策解读

不需要办理车辆登记注册手续的纳税人，单位纳税人向其机构所在地的主管税务机关办理纳税申报。个人纳税人向其户籍所在地或者经常居住地的主管税务机关办理纳税申报。

（三）案例分析

公司购置的车辆，按规定不需要办理车辆登记，需要申报缴纳车辆购置税吗？

【分析】需要。《车辆购置税法》规定，购置不需要办理车辆登记的应税车辆的，应当向纳税人所在地的主管税务机关申报缴纳车辆购置税。

第七章　社会保险费和非税收入

第一节　社会保险费

一、基本养老保险的种类与区别

（一）政策规定

1. 职工基本养老保险。

根据《中华人民共和国社会保险法》（以下简称《社会保险法》）第十条的规定，职工应当参加基本养老保险，由用人单位和职工共同缴纳基本养老保险费。

根据该法第十二条第三款的规定，无雇工的个体工商户、未在用人单位参加基本养老保险的非全日制从业人员以及其他灵活就业人员参加基本养老保险的，应当按照国家规定缴纳基本养老保险费，分别记入基本养老保险统筹基金和个人账户。

2. 城乡居民基本养老保险。

（1）根据《社会保险法》第二十条的规定，国家建立和完善新型农村社会养老保险制度。新型农村社会养老保险实行个人缴费、集体补助和政府补贴相结合。

根据该法第二十二条的规定，国家建立和完善城镇居民社会养老保险制度。省、自治区、直辖市人民政府根据实际情况，可以将城镇居民社会养老保险和新型农村社会养老保险合并实施。

（2）根据《国务院关于建立统一的城乡居民基本养老保险制度的意见》（国发〔2014〕8号）第三条的规定，年满16周岁（不含在校学生），非国家机关和事业单位工作人员及不属于职工基本养老保险制度覆盖范围的城乡居民，可以在户籍地参加城乡居民养老保险。

根据该意见第四条的规定，城乡居民养老保险基金由个人缴费、集体补助、政府补贴构成。

①个人缴费。参加城乡居民养老保险的人员应当按规定缴纳养老保险费。缴费标准目前设为每年 100 元、200 元、300 元、400 元、500 元、600 元、700 元、800 元、900 元、1000 元、1500 元、2000 元 12 个档次，省（区、市）人民政府可以根据实际情况增设缴费档次，最高缴费档次标准原则上不超过当地灵活就业人员参加职工基本养老保险的年缴费额，并报人力资源社会保障部备案。人力资源社会保障部会同财政部依据城乡居民收入增长等情况适时调整缴费档次标准。参保人自主选择档次缴费，多缴多得。

②集体补助。有条件的村集体经济组织应当对参保人缴费给予补助，补助标准由村民委员会召开村民会议民主确定，鼓励有条件的社区将集体补助纳入社区公益事业资金筹集范围。鼓励其他社会经济组织、公益慈善组织、个人为参保人缴费提供资助。补助、资助金额不超过当地设定的最高缴费档次标准。

③政府补贴。政府对符合领取城乡居民养老保险待遇条件的参保人全额支付基础养老金，其中，中央财政对中西部地区按中央确定的基础养老金标准给予全额补助，对东部地区给予 50%的补助。地方人民政府应当对参保人缴费给予补贴，对选择最低档次标准缴费的，补贴标准不低于每人每年 30 元；对选择较高档次标准缴费的，适当增加补贴金额；对选择 500 元及以上档次标准缴费的，补贴标准不低于每人每年 60 元，具体标准和办法由省（区、市）人民政府确定。对重度残疾人等缴费困难群体，地方人民政府为其代缴部分或全部最低标准的养老保险费。

3. 机关事业单位基本养老保险。

根据《中华人民共和国公务员法》第九十四条的规定，公务员退休后，享受国家规定的养老金和其他待遇，国家为其生活和健康提供必要的服务和帮助，鼓励发挥个人专长，参与社会发展。

根据《国务院关于机关事业单位工作人员养老保险制度改革的决定》

（国发〔2015〕2号）第二条、第三条的规定，该决定适用于按照公务员法管理的单位、参照公务员法管理的机关（单位）、事业单位及其编制内的工作人员。实行社会统筹与个人账户相结合的基本养老保险制度。基本养老保险费由单位和个人共同负担。单位缴纳基本养老保险费的比例为本单位工资总额的20%，个人缴纳基本养老保险费的比例为本人缴费工资的8%，由单位代扣。按本人缴费工资8%的数额建立基本养老保险个人账户，全部由个人缴费形成。

根据《国务院办公厅关于印发降低社会保险费率综合方案的通知》（国办发〔2019〕13号）第一条的规定，自2019年5月1日起，降低城镇职工基本养老保险（包括企业和机关事业单位基本养老保险）单位缴费比例。各省、自治区、直辖市及新疆生产建设兵团（以下统称省）养老保险单位缴费比例高于16%的，可降至16%；目前低于16%的，要研究提出过渡办法。各省具体调整或过渡方案于2019年4月15日前报人力资源社会保障部、财政部备案。

（二）政策解读

1. 适用的对象范围不同。

（1）职工基本养老保险适用于职工、无雇工的个体工商户、非全日制从业人员以及其他灵活就业人员；

（2）城乡居民基本养老保险适用于16周岁以上的城乡居民；

（3）机关事业单位基本养老保险适用于按照公务员法管理的单位、参照公务员法管理的机关（单位）、事业单位及其编制内的工作人员；

（4）职业年金适用于机关事业单位工作人员。

2. 缴费对象不同。

（1）职工基本养老保险的缴费对象是用人单位和职工，其中，无雇工的个体工商户、非全日制从业人员以及其他灵活就业人员，需缴纳职工基本养老保险的单位缴纳部分和个人缴纳部分；

（2）城乡居民基本养老保险的缴费对象包括个人、集体和政府；

（3）机关事业单位基本养老保险的缴费对象是机关事业单位及其工作人员；

（4）职业年金的缴费对象是机关事业单位及其工作人员。

3. 缴费标准不同。

（1）职工基本养老保险的缴费标准是，单位缴费比例16%，个人缴费比例8%；

（2）城乡居民基本养老保险的缴费标准个人缴费分为每年100元、200元、300元、400元、500元、600元、700元、800元、900元、1000元、1500元、2000元12个档次，集体补助标准由村民委员会召开村民会议民主确定。对选择最低档次标准缴费的，政府补贴标准不低于每人每年30元；对选择较高档次标准缴费的，适当增加补贴金额；对选择500元及以上档次标准缴费的，补贴标准不低于每人每年60元，具体标准和办法由省（区、市）人民政府确定。对重度残疾人等缴费困难群体，地方人民政府为其代缴部分或全部最低标准的养老保险费；

（3）机关事业单位基本养老保险的缴费标准为，单位缴费比例16%，个人缴费比例8%；

（4）职业年金的缴费标准为，单位缴费比例8%，个人缴费比例4%。

（三）案例分析

1. 李女士在一家企业工作，企业每月按照她的工资收入为她缴纳城镇职工基本养老保险。该女士每月工资为5000元，企业按照16%的比例缴纳，即800元；该女士个人按照8%的比例缴纳，即400元。根据该案例，分析城镇职工基本养老保险的主要内容有哪些？

【分析】（1）参保对象：各类企业及其职工、实行企业化管理的事业单位及其职工、个体工商户和灵活就业人员等。

（2）缴费方式：由用人单位和职工共同缴纳。用人单位按职工工资总额一定比例缴纳，个人按本人工资一定比例缴纳。

（3）养老金待遇：计算方式复杂，由基础养老金和个人账户养老金组成。基础养老金与当地上年度在岗职工月平均工资、本人指数化月平均缴费工资、缴费年限等有关；个人账户养老金取决于个人缴费积累及利息等。李女士退休后，养老金会根据这些因素来确定，一般会随着经济发展和政策调整而有所增长。

(4) 特点：具有强制性，用人单位必须为职工缴纳。保障较为稳定，能为参保人提供可靠养老保障。

2. 张大爷是一位农民，参加了城乡居民基本养老保险。他选择了每年2000元的缴费档次。当地政府根据政策给予一定的补贴。结合案例，分析城乡居民基本养老保险的主要内容有哪些？

【分析】(1) 参保对象：年满16周岁（不含在校学生），非国家机关和事业单位工作人员及不属于职工基本养老保险制度覆盖范围的城乡居民。

(2) 缴费方式：个人缴费、集体补助、政府补贴相结合。个人缴费标准设多个档次，如张大爷选择的2000元档次。集体补助和政府补贴根据各地实际情况确定。

(3) 养老金待遇：主要由基础养老金和个人账户养老金组成。基础养老金由政府确定标准并全额支付；个人账户养老金由个人缴费、集体补助、政府补贴及利息等组成。张大爷退休后领取的养老金相对较少，但也会随着国家政策调整有一定幅度的增长。

(4) 特点：自愿参保，具有灵活性。缴费标准相对较低，适合收入较低的人群。

3. 城镇职工基本养老保险与城乡居民基本养老保险的区别有哪些？

【分析】(1) 缴费标准。

城镇职工基本养老保险缴费金额相对较高，与工资水平挂钩。如上述案例1中李女士的缴费金额与她5000元的月工资相关。

城乡居民基本养老保险缴费标准较低，有多个档次可供选择，像案例2中张大爷可以根据自身经济状况选择合适的缴费档次。

(2) 养老金待遇。

城镇职工基本养老保险养老金待遇较高，且有较为完善的调整机制。案例1中李女士退休后有望获得相对较高的养老金，且养老金会随着经济发展不断调整。

城乡居民基本养老保险养老金待遇相对较低，调整幅度较小。案例2中张大爷的养老金水平相对较低，增长幅度也较小。

(3) 参保强制性。

城镇职工基本养老保险对企业和职工具有强制性。企业必须为职工缴纳，职工个人也需按规定缴费。

城乡居民基本养老保险自愿参保。张大爷可以根据自己的意愿选择是否参加以及选择何种缴费档次。

(4) 保障对象。

城镇职工基本养老保险主要保障企业职工、个体工商户和灵活就业人员等。案例 1 中李女士作为企业职工，享受城镇职工基本养老保险的保障。

城乡居民基本养老保险主要保障城乡居民中未参加城镇职工基本养老保险的人群。案例 2 中张大爷作为农民，参加城乡居民基本养老保险以获得养老保障。

二、基本养老保险的领取条件

(一) 政策规定

1. 根据《社会保险法》第十六条的规定，参加基本养老保险的个人，达到法定退休年龄时累计缴费满 15 年的，按月领取基本养老金。参加基本养老保险的个人，达到法定退休年龄时累计缴费不足 15 年的，可以缴费至满 15 年，按月领取基本养老金；也可以转入新型农村社会养老保险或者城镇居民社会养老保险，按照国务院规定享受相应的养老保险待遇。

2. 根据《国务院关于工人退休、退职的暂行办法》（国发〔1978〕104 号）第一条的规定，全民所有制企业、事业单位和党政机关、群众团体的工人，符合下列条件之一的，应该退休。

(1) 男年满 60 周岁，女年满 50 周岁，连续工龄满 10 年的。

(2) 从事井下、高空、高温、特别繁重体力劳动或者其他有害身体健康的工作，男年满 55 周岁、女年满 45 周岁，连续工龄满 10 年的。本项规定也适用于工作条件与工人相同的基层干部。

(3) 男年满 50 周岁，女年满 45 周岁，连续工龄满 10 年，由医院证明，并经劳动鉴定委员会确认，完全丧失劳动能力的。

(4) 因工致残，由医院证明，并经劳动鉴定委员会确认，完全丧失劳动能力的。

（说明：2024 年 9 月 13 日，第十四届全国人民代表大会常务委员会第十一次会议通过《国务院关于渐进式延迟法定退休年龄的办法》，自 2025 年 1 月 1 日起施行。第五届全国人民代表大会常务委员会第二次会议批准的《国务院关于安置老弱病残干部的暂行办法》和《国务院关于工人退休、退职的暂行办法》中有关退休年龄的规定不再施行。）

（二）政策解读

基本养老保险的领取条件主要有以下几点。

1. 达到法定退休年龄。

企业职工：男性职工一般年满 60 周岁（按照渐进式延迟法定退休年龄的规定执行）；女工人年满 50 周岁，女干部年满 55 周岁（按照渐进式延迟法定退休年龄的规定执行）。

灵活就业人员：一般男性年满 60 周岁，女性年满 55 周岁（按照渐进式延迟法定退休年龄的规定执行）。

2. 累计缴费年限满足最低要求。

一般要求累计缴费满 15 年（按照渐进式延迟法定退休年龄的规定执行）。这里的缴费年限包括实际缴费年限和视同缴费年限。

实际缴费年限是指参保人员实际缴纳养老保险费的年限。

视同缴费年限是指在实行养老保险制度之前，职工的工作年限经认定后可视同缴费年限。例如，一些国有企业在养老保险制度改革前的职工工龄可以被认定为视同缴费年限。

3. 办理退休手续。

参保人员在达到法定退休年龄和满足缴费年限要求后，需要向当地社保经办机构办理退休手续。办理退休手续时，一般需要提供以下材料：

（1）身份证、户口簿等身份证明材料。

（2）职工档案，用于核实工作经历和视同缴费年限等信息。

（3）养老保险缴费凭证，证明参保人员的缴费情况。

（4）退休申请表等相关表格，需填写个人基本信息、工作经历等内容。

社保经办机构会对参保人员的资格进行审核，审核通过后，参保人员即可按月领取基本养老保险金。

4. 如果参保人员在达到法定退休年龄时累计缴费年限不足 15 年，可以采取以下方式处理：

（1）延长缴费至满 15 年。可以继续逐年缴纳养老保险费，直至累计缴费年限满 15 年，再办理退休手续并领取养老金。

（2）转入城乡居民养老保险。可以将企业职工基本养老保险关系转入城乡居民养老保险，按照城乡居民养老保险的规定领取养老金。但需要注意的是，城乡居民养老保险的养老金待遇相对较低。

（三）案例分析

1. 李大爷是一名企业职工，一直按时缴纳基本养老保险。他出生于 1964 年，到 2024 年满 60 周岁。李大爷自参加工作以来，实际缴费年限加上视同缴费年限累计达到了 30 年。李大爷需要满足哪些养老保险的领取条件？

【分析】（1）在达到法定退休年龄后，本案例中李大爷到 2024 年满 60 周岁，符合领取条件。

（2）累计缴费年限满 15 年，本案例中李大爷累计缴费年限达到 30 年，符合领取条件。

（3）李大爷需要准备资料，及时办理退休手续。一般需要提供：身份证、户口簿、职工档案和养老保险缴费凭证等材料。从申请次月起，李大爷按月领取养老金，他的晚年生活有了稳定的经济保障。

2. 王阿姨是一名灵活就业人员，1974 年出生，按规定 55 周岁可以退休。到 2029 年，王阿姨年满 55 周岁，但她的基本养老保险累计缴费年限只有 13 年，不满 15 年。王阿姨选择延长缴费，继续缴纳养老保险费。王阿姨需要满足哪些养老保险的领取条件？

【分析】（1）王阿姨需要继续缴纳两年养老保险，累计缴费年限达到 15 年。

（2）王阿姨在继续缴纳两年养老保险后，年龄也满足法定退休年龄。

（3）及时办理退休手续。

三、渐进式延迟退休的主要内容与意义

（一）政策规定

根据《全国人民代表大会常务委员会关于实施渐进式延迟法定退休年龄的决定》（2024 年 9 月 13 日第十四届全国人民代表大会常务委员会第十一次会议通过）和《国务院关于渐进式延迟法定退休年龄的办法》的规定，笔者梳理出以下政策规定。

1. 退休年龄。

调整范围：涉及男职工、女干部和女工人。

具体标准：从 2025 年 1 月 1 日起，用 15 年时间，逐步将男职工的法定退休年龄从原 60 周岁延迟到 63 周岁；将原法定退休年龄为 50 周岁的女职工延迟到 55 周岁，原法定退休年龄为 55 周岁的女职工延迟到 58 周岁。

延迟节奏：男职工和原法定退休年龄 55 周岁的女职工，每 4 个月延迟 1 个月；原法定退休年龄 50 周岁的女职工，每 2 个月延迟 1 个月。

2. 弹性退休。

提前退休：职工达到养老保险最低缴费年限，可以自愿选择弹性提前退休，提前时间最长不超过 3 年，且退休年龄不低于原法定退休年龄。

延迟退休：职工达到法定退休年龄，所在单位与职工协商一致的，可以弹性延迟退休，延迟时间最长不超过 3 年。

3. 养老金最低缴费年限：从 2030 年 1 月 1 日起，将职工按月领取基本养老金最低缴费年限由 15 年逐步提高至 20 年，每年提高 6 个月。

4. 特殊工种政策：国家规范完善特殊工种等提前退休政策。从事井下、高空、高温、特别繁重体力劳动等国家规定的特殊工种，以及在高海拔地区工作的职工，符合条件的可以申请提前退休。

5. 配套保障措施。

就业保障：完善就业公共服务体系、健全终身职业技能培训制度、完善困难人员就业援助制度、加强灵活就业和新就业形态劳动者权益保障等。加强对就业年龄歧视的防范和治理，激励用人单位吸纳更多大龄劳动者就业。

养老托育服务：国家建立居家社区机构相协调、医养康养相结合的养老服务体系，大力发展普惠托育服务体系。

（二）政策解读

实施渐进式延迟退休，有以下重要意义。

1. 适应人口结构变化。

减轻养老负担：我国人口老龄化程度不断加深，老年人口数量增加，年轻劳动力相对减少。延迟退休可以增加劳动力供给，减少养老金支付压力，有助于减轻养老保障体系的负担。

充分利用人力资源：随着医疗水平的提高，人们的预期寿命延长，身体素质也有所提升。许多老年人仍然具备工作能力和意愿，延迟退休可以让他们继续为社会作出贡献，充分利用人力资源。

2. 促进经济发展。

提高劳动参与率：增加劳动力供给，稳定劳动参与率，为经济发展提供更多的人力资源支持，有助于推动经济的持续增长。

优化人力资源配置：一些经验丰富、专业技能较高的劳动者可以继续在工作岗位上发挥作用，避免人才资源的浪费，提高人力资源的利用效率，促进产业升级和经济结构调整。

3. 保障制度可持续性。

增强养老金制度的可持续性。延迟退休可以延长职工的缴费年限，增加养老金的积累，同时减少领取养老金的时间，有助于缓解养老金支付压力，保障养老金制度的可持续运行。

推动相关制度改革。延迟退休的实施需要配套完善相关的养老保险制度、就业政策等，这将推动我国社会保障制度和就业制度的进一步改革和完善。

（三）案例分析

1. 张师傅是一名技术工人，出生于 1972 年 7 月，根据原法定退休年龄为 60 周岁计算，他本该在 2032 年 7 月退休，但随着从 2025 年 1 月 1 日起实施的渐进式延迟退休政策，原法定退休年龄为 60 周岁的男职工的退休年龄有了变化。按照渐进式延迟退休的规定，张师傅的退休年龄是多少？其领取基本养老金的最低缴费年限是多少？

【分析】按照渐进式延迟退休的规定，张师傅的法定退休年龄每4个月延迟1个月，法定退休时间应该是2034年6月（参照原法定退休年龄，延迟了1年11个月）。按照渐进式延迟退休的规定，如果张师傅在2034年6月申请退休，则领取基本养老金的最低缴费年限是17年6个月。

2. 李女士出生于1984年11月，是某家企业的管理人员，原法定退休年龄为55周岁。按照渐进式延迟退休规定，李女士的退休年龄是多少？领取基本养老金的最低缴费年限是多少？

【分析】按照渐进式延迟退休规定，李女士的退休年龄是58岁。按照渐进式延迟退休的规定，如果李女士在2042年10月申请退休，则领取基本养老金的最低缴费年限是20年。

四、企业职工基本养老保险病残津贴的主要内容与意义

（一）政策规定

2024年10月18日，人力资源和社会保障部、财政部发布《企业职工基本养老保险病残津贴暂行办法》（人社部发〔2024〕72号）。办法明确，自2025年1月1日起，企业职工基本养老保险参保人员达到法定退休年龄前，因病或者非因工致残经鉴定为完全丧失劳动能力的，可以申请按月领取病残津贴。

1. 适用对象。

企业职工基本养老保险的参保人员，在达到法定退休年龄前，因病或者非因工致残经鉴定为完全丧失劳动能力的，可以申请领取病残津贴。

2. 标准确定。

参保人员申请病残津贴时，累计缴费年限（含视同缴费年限，下同）满领取基本养老金最低缴费年限且距离法定退休年龄5年（含）以内的，病残津贴月标准执行参保人员待遇领取地退休人员基本养老金计发办法，并在国家统一调整基本养老金水平时按待遇领取地退休人员政策同步调整。领取

病残津贴人员达到法定退休年龄时，应办理退休手续，基本养老金不再重新计算，符合弹性提前退休条件的，可申请弹性提前退休。

参保人员申请病残津贴时，累计缴费年限满领取基本养老金最低缴费年限且距离法定退休年龄5年以上的，病残津贴月标准执行参保人员待遇领取地退休人员基础养老金计发办法，并在国家统一调整基本养老金水平时按照基本养老金全国总体调整比例同步调整。参保人员距离法定退休年龄5年时，病残津贴重新核算，按上一段规定执行。

累计缴费年限不满领取基本养老金最低缴费年限的，病残津贴月标准执行参保人员待遇领取地退休人员基础养老金计发办法，并在国家统一调整基本养老金水平时按照基本养老金全国总体调整比例同步调整。参保人员累计缴费年限不足5年的，支付12个月的病残津贴；累计缴费年限满5年以上的，每多缴费1年（不满1年按1年计算），增加3个月的病残津贴。

3. 待遇领取地。

参保人员申请领取病残津贴，按国家基本养老保险关系转移接续有关规定确定待遇领取地，并将基本养老保险关系归集至待遇领取地，应在待遇领取地申请领取病残津贴。

4. 缴费规定。

参保人员领取病残津贴期间，不再缴纳基本养老保险费。继续就业并按国家规定缴费的，自恢复缴费次月起，停发病残津贴。

5. 鉴定要求。

申请领取病残津贴人员应持有待遇领取地或最后参保地地级（设区市）以上劳动能力鉴定机构作出的完全丧失劳动能力鉴定结论，且该结论一年内有效。

6. 复查制度。

建立病残津贴领取人员劳动能力复查鉴定制度，由省级人力资源社会保障行政部门负责组织实施。经复查鉴定不符合完全丧失劳动能力的，自作出复查鉴定结论的次月起停发病残津贴。对于无正当理由不按时参加复查鉴定的病残津贴领取人员，自告知应复查鉴定的60日后暂停发放病残津贴，经复查鉴定为完全丧失劳动能力的，恢复其病残津贴，自暂停发放之日起补发。

7. 资金来源。

病残津贴所需资金由基本养老保险基金支付。

8. 违规处理。

以欺诈、伪造证明材料或者其他手段骗取病残津贴的，由人力资源社会保障行政部门责令退回，并按照有关法律规定追究相关人员责任。

（二）政策解读

实施企业职工基本养老保险病残津贴有以下重要意义。

1. 对参保人员的保障。

提供基本生活保障。对于因病或非因工致残完全丧失劳动能力的企业职工，病残津贴为他们提供了一定的经济收入，保障其基本生活需求，使其在无法工作的情况下能够维持生计，减轻因丧失劳动能力而面临的经济压力。

消除参保后顾之忧。让参保人员知道即使在未达到法定退休年龄就不幸丧失劳动能力，也能获得一定的保障，这会增强人们对企业职工基本养老保险的信心，鼓励更多人积极参保，从而扩大养老保险的覆盖范围。

2. 对社会保障体系的完善。

使保障更科学合理。过去对于病残职工的保障主要体现在工伤保险、残疾人福利等政策中，权益划分和保障水平的科学性与合理性不够精准。在养老保险中设定病残津贴，使得社会保障的内容更加科学、规范和合理，完善了我国的社会保障体系。

与其他保障制度相互衔接。病残津贴制度的建立，为未来与其他相关保障制度（如长期护理保险等）的衔接和协同发展提供了基础和经验，有助于构建更加全面、多层次的社会保障体系。

3. 对社会经济发展的积极影响。

促进社会公平稳定。病残津贴制度确保了企业职工在遭遇不幸时能够得到一定的经济支持，减少了因疾病或残疾导致的贫困和社会不稳定因素，有利于维护社会的公平正义和稳定和谐。

合理利用人力资源。一方面，部分因病残无法继续从事原有工作，但仍具备一定能力的人员，可以通过适当的康复和职业培训，重新参与到适合他们的工作中，实现人力资源的再利用；另一方面，在一定程度上减轻了企业因职工病残而承担的经济负担，有利于企业的稳定发展。

（三）案例分析

1. 李先生，58 岁，在某企业工作了 30 多年，一直参加企业职工基本养老保险。由于长期劳累和疾病，李先生身体状况急剧下降，经地级（设区市）以上劳动能力鉴定机构鉴定为完全丧失劳动能力。李先生所在地区的退休人员基本养老金计发办法中基础养老金部分较高。李先生可以领取的病残津贴如何计算？

【分析】李先生累计缴费年限远超领取基本养老金的最低缴费年限，且距离法定退休年龄5年（含）以内。按照政策，他的病残津贴月标准执行待遇领取地退休人员基本养老金计发办法。在国家统一调整基本养老金水平时，他也能按待遇领取地退休人员政策同步调整。假设当地退休人员平均基础养老金为每月 3000 元，个人账户养老金等其他部分暂不考虑，那么李先生最初每月可获得的病残津贴约为 3000 元左右（具体金额可能会因地区差异和个人缴费情况有所不同）。

2. 王女士，45 岁，在企业工作了 15 年，刚刚满足领取基本养老金的最低缴费年限。不幸的是，她患上了严重的疾病，无法继续工作，经鉴定为完全丧失劳动能力。她所在地区的经济发展水平一般，基础养老金标准处于中等水平。王女士可以领取的病残津贴如何计算？

【分析】王女士申请病残津贴时累计缴费年限刚满领取基本养老金最低缴费年限。按照规定，她的病残津贴月标准执行参保人员待遇领取地退休人员基础养老金计发办法，并在国家统一调整基本养老金水平时按照基本养老金全国总体调整比例同步调整。假设当地基础养老金标准为 1500 元，那么王女士每月可获得的病残津贴约为 1500 元。

3. 赵先生，50 岁，在企业工作了 13 年，距离领取基本养老金的最低缴费年限 15 年还差 2 年。然而，他突发疾病，经鉴定完全丧失劳动能力，无法继续工作。其所在地区的基本养老保险政策较为灵活，对缴费年限不足的情况有一定的倾斜政策。赵先生可以领取的病残津贴如何计算？

【分析】赵先生累计缴费年限不满领取基本养老金最低缴费年限，按照政策，他的病残津贴月标准同样执行参保人员待遇领取地退休人员基础养老金计发办法，并在国家统一调整基本养老金水平时按照基本养老金全国总体调整比例同步调整。假设当地基础养老金标准为2000元，由于他的缴费年限为13年，按照规定应支付的病残津贴月数＝12+3×7＝33（个）。所以赵先生在接下来的33个月内，每月可获得一定比例的病残津贴，具体金额根据当地政策和基础养老金标准计算确定。

五、企业缴纳社会保险费的优惠政策

（一）政策规定

1. 根据《人力资源社会保障部 财政部 税务总局关于阶段性减免企业社会保险费的通知》（人社部发〔2020〕11号）的规定，阶段性减免企业基本养老保险、失业保险、工伤保险（以下简称三项社会保险）单位缴费部分。

自2020年2月起，各省、自治区、直辖市（除湖北省外）及新疆生产建设兵团（以下统称省）可根据受疫情影响情况和基金承受能力，免征中小微企业三项社会保险单位缴费部分，免征期限不超过5个月；对大型企业等其他参保单位（不含机关事业单位）三项社会保险单位缴费部分可减半征收，减征期限不超过3个月。

自2020年2月起，湖北省可免征各类参保单位（不含机关事业单位）三项社会保险单位缴费部分，免征期限不超过5个月。

受疫情影响生产经营出现严重困难的企业，可申请缓缴社会保险费，缓缴期限原则上不超过6个月，缓缴期间免收滞纳金。

2. 根据《国家医保局 财政部 税务总局关于阶段性减征职工基本医疗保险费的指导意见》（医保发〔2020〕6号）的规定，阶段性减征职工基本医疗保险（以下简称职工医保）单位缴费。

自2020年2月起，各省、自治区、直辖市及新疆生产建设兵团可指导统筹地区根据基金运行情况和实际工作需要，在确保基金收支中长期平衡的前提下，对职工医保单位缴费部分实行减半征收，减征期限不超过5个月。

3. 根据《人力资源社会保障部 财政部 国家税务总局关于阶段性降低失

业保险、工伤保险费率有关问题的通知》（人社部发〔2023〕19号）的规定，自2023年5月1日起，继续实施阶段性降低失业保险费率至1%的政策，实施期限延长至2024年底。在省（区、市）行政区域内，单位及个人的费率应当统一，个人费率不得超过单位费率。

自2023年5月1日起，按照《国务院办公厅关于印发降低社会保险费率综合方案的通知》（国办发〔2019〕13号）有关实施条件，继续实施阶段性降低工伤保险费率政策，实施期限延长至2024年底。

（二）政策解读

企业缴纳社会保险费的优惠政策主要包括以下几方面。

1. 失业保险。

延续实施阶段性降低失业保险费率政策，例如有的地区规定用人单位缴费费率降至0.6%，职工个人缴费费率为0.4%，执行至2025年12月31日。这一政策降低了企业的失业保险缴费负担，有助于企业稳定用工。

2. 工伤保险。

阶段性降低工伤保险费率政策实施期限延长至2024年底。比如某些地区自2023年5月1日起，工伤保险一类至八类行业统一按照基准费率的80%执行，不同类别的行业执行不同的降低后的费率标准，减轻了企业的工伤风险负担。

3. 缓缴政策。

在特定时期或企业面临经营困难等情况下，允许企业申请缓缴社会保险费。缓缴期间免收滞纳金，且企业职工的个人权益不受影响。例如因受疫情影响，面临暂时性严重经营困难的企业，按规定报相关部门批准后，可缓缴养老保险、失业保险和工伤保险费，首次缓缴期不超过3个月，最长不超过6个月。

4. 稳岗返还政策。

参保企业上年度未裁员，或裁员率不高于上年度全国城镇调查失业率的控制目标，30人（含）以下的参保企业裁员率不高于参保职工总数一定比例的，可享受失业保险稳岗返还。通常大型企业按一定比例标准、中小微企业按更高比例标准返还。

5. 一次性扩岗补助政策。

对聘用特定人群，如2023届及离校两年内未就业普通高校毕业生、登记失业的16—24岁青年，与其签订劳动合同并为其缴纳失业、工伤、职工养老保险费1个月以上的企业，发放一次性扩岗补助。一般按每招用1人补助一定金额（如1500元）的标准发放。

6. 残疾人就业保障金优惠。

如果企业安排残疾人就业的比例达到一定标准（通常不低于本单位在职职工总数的1.5%，具体比例由各地政府根据实际情况确定），且用人单位将残疾人纳入在编人员或依法与就业年龄段的残疾人签订1年以上（含1年）劳动协议、服务协议，支付工资不低于当地最低工资标准并足额缴纳社会保险费的，可减免残疾人就业保障金。

7. 税收优惠。

企业缴纳的社会保险费可以在企业所得税税前扣除，减少企业的应纳税所得额，从而降低企业的税收负担。这虽然不是直接的社保费优惠政策，但在一定程度上减轻了企业的综合成本。

（三）案例分析

1. A企业是一家中型制造业企业，有员工500人。在阶段性降低失业保险费率政策实施前，企业按照1%的费率需为每位员工每月缴纳失业保险费30元。实施阶段性降低费率政策后，用人单位缴费费率降至0.6%。A企业可以享受的失业保险费优惠金额是多少？

【分析】 A企业可以享受的失业保险费优惠金额＝30÷1%×（1%－0.6%）×500×12＝72000（元）

2. B企业是一家大型建筑企业，员工人数众多。在工伤保险阶段性降低费率政策实施前，企业按照原基准费率每年需缴纳工伤保险费500万元。政策实施后，工伤保险一类至八类行业统一按照基准费率的80%执行，B企业属于四类行业，原基准费率为1.2%，降低后为0.96%。B企业可以享受的工伤保险费优惠金额是多少？

【分析】 B企业可以享受的工伤保险费优惠金额＝500÷1.2%×（1.2%－0.96%）＝100（万元）

3. C 企业是一家科技型中小企业，共有员工 200 人。上年度企业未裁员，且符合稳岗返还政策的其他条件。按照当地政策，中小微企业稳岗返还比例为 90%。企业上年度缴纳的失业保险费总额为 10 万元。C 企业可以享受的稳岗返还失业保险费的金额是多少？

【分析】 C 企业可以享受的稳岗返还失业保险费的金额 = 10×90% = 9（万元）

4. D 企业是一家互联网创业公司，积极响应国家政策，招聘了 10 名 2024 届普通高校毕业生。企业与这些毕业生签订了劳动合同，并为他们缴纳了失业、工伤、职工养老保险费。根据一次性扩岗补助政策，企业每招用 1 人可获得 1500 元的补助。D 企业可以享受的一次性扩岗补助的金额是多少？

【分析】 D 企业可以享受的一次性扩岗补助的金额 = 1500×10 = 15000（元）

六、灵活就业人员缴纳社会保险费的优惠政策

（一）政策规定

1. 根据《国务院办公厅关于印发降低社会保险费率综合方案的通知》（国办发〔2019〕13 号）第三条的规定，完善个体工商户和灵活就业人员缴费基数政策。个体工商户和灵活就业人员参加企业职工基本养老保险，可以在本省全口径城镇单位就业人员平均工资的 60%—300% 选择适当的缴费基数。

2. 根据《人力资源社会保障部 财政部 国家税务总局关于做好失业保险稳岗位提技能防失业工作的通知》（人社部发〔2022〕23 号）第七条的规定，实施降费率和缓缴社会保险费政策。以个人身份参加企业职工基本养老保险的个体工商户和各类灵活就业人员，2022 年缴纳养老保险费有困难的，可自愿暂缓缴费至 2023 年底前补缴。

3. 根据《人力资源社会保障部办公厅 国家税务总局办公厅关于特困行业阶段性实施缓缴企业社会保险费政策的通知》（人社厅发〔2022〕16 号）

第一条的规定，以个人身份参加企业职工基本养老保险的个体工商户和各类灵活就业人员，2022 年缴纳费款有困难的，可自愿暂缓缴费，2022 年未缴费月度可于 2023 年底前进行补缴，缴费基数在 2023 年当地个人缴费基数上下限范围内自主选择，缴费年限累计计算。

（二）政策解读

灵活就业人员缴纳社会保险费的优惠政策主要包括以下几方面。

1. 社保补贴政策。

（1）补贴对象有两类。一是就业困难人员，通常包括女 40 周岁以上、男 50 周岁以上的大龄失业人员、残疾人员、享受低保人员、城镇“零就业家庭”人员、农村零转移就业原建档立卡贫困家庭人员、失地农民、连续失业 1 年以上人员、失业 6 个月以上的退役军人、需赡养患重大疾病直系亲属人员等。不过具体的认定标准可能因地区而异。

二是离校 2 年内未就业的高校毕业生。毕业两年内初次就业为灵活就业的高校毕业生可以申请。部分地区对于毕业 5 年内自主创业的高校毕业生也有相关补贴。

（2）补贴标准。一般是按灵活就业后缴纳的社会保险费，给予一定比例的补贴，原则上不超过实际缴费的 2/3。有的地区是固定金额补贴，比如有的地方每月给予一定金额的养老和医疗保险补贴。

（3）补贴期限。就业困难人员除距法定退休年龄不足 5 年（含 5 年）的可延长至退休外，其余人员最长不超过 3 年（以初次核定其享受补贴年龄为准）；高校毕业生社保补贴最长不超过 2 年。

2. 缴费基数选择灵活。灵活就业人员可以在参保地所在省全口径城镇单位就业人员平均工资的 60%—300% 选择适当的缴费基数。这样可以根据自己的经济状况选择合适的缴费档次，在一定程度上减轻缴费压力。

3. 缴费方式灵活。可选择按月、按季度、按半年、按年等方式缴纳社会保险费，方便灵活就业人员根据自己的收入情况安排缴费时间。

4. 特殊群体优惠。一些地区对特定群体有额外的优惠政策，比如对残疾人等特殊群体，在缴纳社会保险费时可能会有一定的减免或补贴。具体政策需要根据当地规定来确定。

需要注意的是，不同地区的灵活就业人员社会保险费优惠政策可能会有所差异，具体的申请条件、补贴标准和办理流程等，建议咨询当地的社保部门或相关机构。

（三）案例分析

1. 张大姐今年 45 岁，是一名下岗工人。她成为灵活就业人员后，以个人身份缴纳社会保险费。根据当地政策，40 周岁以上的女性大龄失业人员属于就业困难人员，可以申请社保补贴。张大姐向当地社区提交了申请材料，经审核通过后，她开始享受社保补贴。张大姐每月缴纳的养老保险和医疗保险费用共计 1000 元，当地补贴标准为实际缴费的 60%。张大姐每月可以获得的社保补助金额是多少?

【分析】 张大姐每月可以获得的社保补助金额 = 1000×60% = 600（元）

2. 李先生因身体残疾，无法从事全日制工作，选择了灵活就业。他在当地从事一些手工制作的工作，收入不稳定。李先生所在地区对残疾灵活就业人员有社保补贴政策。他申请了补贴后，按照当地规定，每月可获得实际缴费 50%的补贴。李先生每月缴纳社保费用 800 元。李先生每月可以获得的社保补助金额是多少?

【分析】 李先生每月可以获得的社保补助金额 = 800×50% = 400（元）

第二节　非税收入

一、教育费附加和地方教育附加的优惠政策

（一）政策规定

1. 根据《财政部 国家税务总局关于扩大有关政府性基金免征范围的通知》（财税〔2016〕12 号）的规定，自 2016 年 2 月 1 日起，按月纳税的月销售额或营业额不超过 10 万元（按季度纳税的季度销售额或营业额不超过 30 万元）的缴纳义务人，免征教育费附加、地方教育附加。

2. 根据《财政部 税务总局关于增值税期末留抵退税有关城市维护建设

税、教育费附加和地方教育附加政策的通知》（财税〔2018〕80号）的规定，对实行增值税期末留抵退税的纳税人，允许其从城市维护建设税、教育费附加和地方教育附加的计税（征）依据中扣除退还的增值税税额。

3. 根据《财政部关于调整部分政府性基金有关政策的通知》（财税〔2019〕46号）的规定，自2019年1月1日起，纳入产教融合型企业建设培育范围的试点企业，兴办职业教育的投资符合该通知规定的，可按投资额的30%比例，抵免该企业当年应缴教育费附加和地方教育附加。试点企业属于集团企业的，其下属成员单位（包括全资子公司、控股子公司）对职业教育有实际投入的，可按该通知规定抵免教育费附加和地方教育附加。

允许抵免的投资是指试点企业当年实际发生的，独立举办或参与举办职业教育的办学投资和办学经费支出，以及按照有关规定与职业院校稳定开展校企合作，对产教融合实训基地等国家规划布局的产教融合重大项目建设投资和基本运行费用的支出。

试点企业当年应缴教育费附加和地方教育附加不足抵免的，未抵免部分可在以后年度继续抵免。试点企业有撤回投资和转让股权等行为的，应当补缴已经抵免的教育费附加和地方教育附加。

4. 根据《财政部 税务总局关于进一步实施小微企业“六税两费”减免政策的公告》（财政部 税务总局公告2022年第10号）第一条的规定，自2022年1月1日至2024年12月31日，省、自治区、直辖市人民政府对小规模纳税人、小型微利企业和个体工商户可以在50%的税额幅度内减征教育费附加、地方教育附加。根据该公告第二条规定，增值税小规模纳税人、小型微利企业和个体工商户已依法享受资源税、城市维护建设税、房产税、城镇土地使用税、印花税、耕地占用税、教育费附加、地方教育附加其他优惠政策的，可叠加享受该公告第一条规定的优惠政策。

5. 根据《财政部 税务总局关于进一步支持小微企业和个体工商户发展有关税费政策的公告》（财政部 税务总局公告2023年第12号）的规定，自2023年1月1日至2027年12月31日，对增值税小规模纳税人、小型微利企业和个体工商户减半征收教育费附加、地方教育附加。

6. 根据《财政部 税务总局 退役军人事务部关于进一步扶持自主就业退役士兵创业就业有关税收政策的公告》（财政部 税务总局 退役军人事务部

公告2023年第14号）的规定：

（1）自2023年1月1日至2027年12月31日，自主就业退役士兵从事个体经营的，自办理个体工商户登记当月起，在3年（36个月，下同）内按每户每年20000元为限额依次扣减其当年实际应缴纳的增值税、城市维护建设税、教育费附加、地方教育附加和个人所得税。限额标准最高可上浮20%，各省、自治区、直辖市人民政府可根据本地区实际情况在此幅度内确定具体限额标准。

纳税人年度应缴纳税款小于上述扣减限额的，减免税额以其实际缴纳的税款为限；大于上述扣减限额的，以上述扣减限额为限。纳税人的实际经营期不足1年的，应当按月换算其减免税限额。

换算公式为：

减免税限额＝年度减免税限额÷12×实际经营月数

城市维护建设税、教育费附加、地方教育附加的计税依据是享受本项税收优惠政策前的增值税应纳税额。

（2）自2023年1月1日至2027年12月31日，企业招用自主就业退役士兵，与其签订1年以上期限劳动合同并依法缴纳社会保险费的，自签订劳动合同并缴纳社会保险当月起，在3年内按实际招用人数予以定额依次扣减增值税、城市维护建设税、教育费附加、地方教育附加和企业所得税优惠。定额标准为每人每年6000元，最高可上浮50%，各省、自治区、直辖市人民政府可根据本地区实际情况在此幅度内确定具体定额标准。

企业按招用人数和签订的劳动合同时间核算企业减免税总额，在核算减免税总额内每月依次扣减增值税、城市维护建设税、教育费附加和地方教育附加。企业实际应缴纳的增值税、城市维护建设税、教育费附加和地方教育附加小于核算减免税总额的，以实际应缴纳的增值税、城市维护建设税、教育费附加和地方教育附加为限；实际应缴纳的增值税、城市维护建设税、教育费附加和地方教育附加大于核算减免税总额的，以核算减免税总额为限。

纳税年度终了，如果企业实际减免的增值税、城市维护建设税、教育费附加和地方教育附加小于核算减免税总额，企业在企业所得税汇算清缴时以差额部分扣减企业所得税。当年扣减不完的，不再结转以后年度扣减。自主就业退役士兵在企业工作不满1年的，应当按月换算减免税限额。

计算公式为：

$$企业核算减免税总额=\sum 每名自主就业退役士兵本年度在本单位工作月份\div 12\times 具体定额标准$$

城市维护建设税、教育费附加、地方教育附加的计税依据是享受此项税收优惠政策前的增值税应纳税额。

7. 根据《财政部 税务总局 住房城乡建设部关于保障性住房有关税费政策的公告》（财政部 税务总局 住房城乡建设部公告 2023 年第 70 号）的规定，自 2023 年 10 月 1 日起，保障性住房项目免收各项行政事业性收费和政府性基金，包括防空地下室易地建设费、城市基础设施配套费、教育费附加和地方教育附加等。享受税费优惠政策的保障性住房项目，按照城市人民政府认定的范围确定。城市人民政府住房城乡建设部门将本地区保障性住房项目、保障性住房经营管理单位等信息及时提供给同级财政、税务部门。

（二）政策解读

1. 教育费附加和地方教育附加的优惠政策通过减轻企业的税费负担，尤其是小微企业和鼓励就业的特定人群，使企业能够将更多资金用于生产经营、技术研发、员工培训等，增强企业的市场竞争力和发展潜力，进而稳定就业、促进经济增长。同时，教育的发展也能为经济培养更多高素质人才，提供有力的人力资源支持，推动产业结构升级和经济结构优化。

2. 之所以允许从计税依据中扣除退还的增值税留抵税额，是因为纳税人期末留抵退税退还的增值税税额，会减少增值税留抵税额，以后纳税人发生增值税应税行为时，也会因留抵税额减少而造成增值税应纳税款增加，从而导致未来多缴纳增值税，进而造成未来多缴纳附加税。

（三）案例分析

本案例重点分析《财政部 税务总局关于增值税期末留抵退税有关城市维护建设税、教育费附加和地方教育附加政策的通知》（财税〔2018〕80 号）的相关内容，该政策于 2018 年 7 月 27 日颁布，自发布之日起施行，以下案例内容时间限定在该政策颁布前后时间段。

1. 某设备制造公司 2018 年 6 月产生增值税销项税额 60 万元，当期取得进项税额 20 万元，上月账面期末增值税留抵税额为 30 万元，6 月的应抵扣税额为 50 万元（进项税额 20 万元+留抵税额 30 万元）。该公司当月应缴纳的城市维护建设税及附加是多少？

【分析】增值税应纳税额=当期销项税额−当期进项税额−上期末留抵税额=60−20−30=10（万元）

同时，由于该公司缴纳了 6 月的增值税 10 万元，当期还应申报缴纳城市维护建设税 0.7 万元、教育费附加 0.3 万元、地方教育附加 0.2 万元。具体计算过程如下：

应纳城市维护建设税=10×7%=0.7（万元）

应纳教育费附加=10×3%=0.3（万元）

应纳地方教育附加=10×2%=0.2（万元）

缴纳城市维护建设税及附加合计=0.7+0.3+0.2=1.2（万元）

2. 某软件开发有限公司 2018 年 6 月产生增值税销项税额 60 万元，当期取得进项税额 20 万元，上月账面期末留抵税额 30 万元因符合退还部分行业增值税留抵税额的政策，已在 6 月申报期内申请退还。该公司当月应缴纳的城市维护建设税及附加是多少？

【分析】增值税应纳税额=当期销项税额−当期进项税额=60−20=40（万元）

同时，由于该公司缴纳了 6 月的增值税 40 万元，此时还没有附加税计税依据扣除的政策，则还应申报缴纳城市维护建设税 2.8 万元、教育费附加 1.2 万元、地方教育附加 0.8 万元。具体计算过程如下：

应纳城市维护建设税=40×7%=2.8（万元）

应纳教育费附加=40×3%=1.2（万元）

应纳地方教育附加=40×2%=0.8（万元）

缴纳城市维护建设税及附加合计=2.8+1.2+0.8=4.8（万元）

3. 某软件开发有限公司 2018 年 7 月产生增值税销项税额 60 万元，当期取得进项税额 20 万元，上月账面期末留抵税额 30 万元因符合退还部分行业增值税留抵税额的政策，已在 7 月申报期内申请退还。该公司当月应缴纳的城市维护建设税及附加是多少？

【分析】增值税应纳税额=60−20=40（万元）

同时，由于该公司缴纳了7月的增值税40万元，还应申报缴纳城市维护建设税、教育费附加和地方教育附加。根据财税〔2018〕80号文件的规定，允许该公司将退还的增值税留抵税额30万元从当期城市维护建设税及附加的计税（征）依据中扣除，该公司还应申报缴纳7月的城市维护建设税0.7万元、教育费附加0.3万元、地方教育附加0.2万元。具体计算过程如下：

应纳城市维护建设税=（40-30）×7%=0.7（万元）

应纳教育费附加=（40-30）×3%=0.3（万元）

应纳地方教育附加=（40-30）×2%=0.2（万元）

缴纳城市维护建设税及附加合计=0.7+0.3+0.2=1.2（万元）

说明：（1）从例1中可以看出，在2018年6月，该公司不申请退还增值税留抵税额，应缴城市维护建设税及附加1.2万元。

（2）从例2中可以看出，如果没有相关配套政策，该公司在退还增值税留抵税额30万元以后，要缴纳城市维护建设税及附加4.8万元，与例1不申请退还留抵税额相比，要多缴纳城市维护建设税及附加3.6万元（4.8-1.2），相当于额外支出了退还的30万元留抵税额12%的款项。

（3）从例3中可以看出，现根据相关配套政策，仍只需缴纳城市维护建设税及附加1.2万元，与例1中没有退还留抵税额时应缴纳的城市维护建设税及附加1.2万元持平，保证了增值税期末留抵退税政策的有效落实。

二、文化事业建设费的优惠政策

（一）政策规定

1. 根据《财政部 国家税务总局关于营业税改征增值税试点有关文化事业建设费政策及征收管理问题的通知》（财税〔2016〕25号）第七条的规定，自2016年5月1日起增值税小规模纳税人中月销售额不超过2万元（按季纳税不超过6万元）的企业和非企业性单位提供的应税服务，免征文化事业建设费。

2. 根据《财政部 国家税务总局关于营业税改征增值税试点有关文化事业建设费政策及征收管理问题的补充通知》（财税〔2016〕60号）第三条

的规定，自 2016 年 5 月 1 日起未达到增值税起征点的缴纳义务人，免征文化事业建设费。

3. 根据《财政部关于调整部分政府性基金有关政策的通知》（财税〔2019〕46 号）第一条的规定，自 2019 年 7 月 1 日至 2024 年 12 月 31 日，对归属中央收入的文化事业建设费，按照缴纳义务人应缴费额的 50%减征；对归属地方收入的文化事业建设费，各省（区、市）财政、党委宣传部门可以结合当地经济发展水平、宣传思想文化事业发展等因素，在应缴费额 50%的幅度内减征。

（二）政策解读

1. 免征文化事业建设费的范围要从以下方面理解。

（1）企业和非企业性单位。

根据《财政部 国家税务总局关于营业税改征增值税试点有关文化事业建设费政策及征收管理问题的通知》（财税〔2016〕25 号）的规定，小规模纳税人中的“企业和非企业性单位”月销售额不超过 2 万元（按季纳税 6 万元）的，免征文化事业建设费，但是不包括个人。

（2）个人。

根据《财政部 国家税务总局关于营业税改征增值税试点有关文化事业建设费政策及征收管理问题的通知》（财税〔2016〕60 号）的规定，未达到增值税起征点的缴纳义务人，免征文化事业建设费。

根据《增值税暂行条例实施细则》第三十七条的规定，增值税起征点的适用范围限于个人。增值税起征点的幅度规定如下：①销售货物的，为月销售额 5000—2 万元；②销售应税劳务的，为月销售额 5000—2 万元；③按次纳税的，为每次（日）销售额 300—500 元。

无论是企业，还是个体工商户，凡是登记为一般纳税人的，均不享受财税〔2016〕25 号文件的免征文化事业建设费优惠政策。

2. 现阶段，免征文化事业建设费的销售额是否为月销售额不超过 10 万元（按季纳税 30 万元）？

《财政部 税务总局关于增值税小规模纳税人减免增值税政策的公告》（财政部 税务总局公告 2023 年第 19 号）第一条的规定，对月销售额 10 万元以下（含本数）的增值税小规模纳税人，免征增值税。

该文件并没有调整增值税起征点，只不过是暂时性提高了免征额，该公告执行至2027年12月31日。增值税起征点仍然为按期纳税的，为月销售额5000—2万元（含本数）。

因此，不能以月销售额不超过10万元，作为免征文化事业建设费的条件。

（三）案例分析

在某地区，一般情况下文化事业建设费的费率为3%。某广告公司月销售额为100万元。该地区为了鼓励文化产业发展，按应缴费额的50%减征文化事业建设费。那么，该广告公司应缴纳的文化事业建设费是多少？

【分析】（1）无优惠政策情况。

在没有优惠政策时，该广告公司每月应缴纳的文化事业建设费=100×3%=3（万元）。

（2）享受优惠政策情况。

享受减半征收政策后，实际缴纳的文化事业建设费=3×50%=1.5（万元）。

文化事业建设费的优惠政策可以在一定程度上减轻企业的负担，促进文化产业的发展。具体的优惠政策和计算方式会因地区和政策的不同而有所差异。

三、残疾人就业保障金的优惠政策

（一）政策规定

1. 根据《财政部 国家税务总局 中国残疾人联合会关于印发〈残疾人就业保障金征收使用管理办法〉的通知》（财税〔2015〕72号）第十七条的规定，用人单位遇不可抗力自然灾害或其他突发事件遭受重大直接经济损失，可以申请减免或者缓缴残疾人就业保障金。用人单位申请减免残疾人就业保障金的最高限额不得超过1年的残疾人就业保障金应缴额，申请缓缴的最长期限不得超过6个月。

2. 根据《财政部关于取消、调整部分政府性基金有关政策的通知》（财税〔2017〕18号）的规定，自2017年4月1日起，将残疾人就业保障金免征范围，由自工商注册登记之日起3年内，在职职工总数20人（含）以下小微企业，调整为在职职工总数30人（含）以下的企业。调整免征范围后，工商注册登记未满3年、在职职工总数30人（含）以下的企业，可在剩余时期内按规定免征残疾人就业保障金。

3. 根据《财政部关于降低部分政府性基金征收标准的通知》（财税〔2018〕39号）第一条的规定，自2018年4月1日起，将残疾人就业保障金征收标准上限，由当地社会平均工资的3倍降低至2倍。其中，用人单位在职职工平均工资未超过当地社会平均工资2倍（含）的，按用人单位在职职工年平均工资计征残疾人就业保障金；超过当地社会平均工资2倍的，按当地社会平均工资2倍计征残疾人就业保障金。

4. 根据《财政部关于调整残疾人就业保障金征收政策的公告》（财政部公告2019年第98号）的规定，自2020年1月1日至2022年12月31日，对残疾人就业保障金实行分档减缴政策。其中，用人单位安排残疾人就业比例达到1%（含）以上，但未达到所在地省、自治区、直辖市人民政府规定比例的，按规定应缴费额的50%缴纳残疾人就业保障金；用人单位安排残疾人就业比例在1%以下的，按规定应缴费额的90%缴纳残疾人就业保障金。自2020年1月1日至2022年12月31日，在职职工人数在30人（含）以下的企业，暂免征收残疾人就业保障金。

5. 根据《财政部关于延续实施残疾人就业保障金优惠政策的公告》（财政部公告2023年第8号）的规定，自2023年1月1日起至2027年12月31日，延续实施残疾人就业保障金分档减缴政策。其中，用人单位安排残疾人就业比例达到1%（含）以上，但未达到所在地省、自治区、直辖市人民政府规定比例的，按规定应缴费额的50%缴纳残疾人就业保障金；用人单位安排残疾人就业比例在1%以下的，按规定应缴费额的90%缴纳残疾人就业保障金。自2023年1月1日至2027年12月31日，在职职工人数在30人（含）以下的企业，继续免征收残疾人就业保障金。

（二）政策解读

1. 残疾人就业保障金每年度申报缴纳一次。安置有残疾人的用人单位，需要先进行申报年审，审核确认是否可以享受优惠政策；未安置残疾人的用人单位，不需要进行申报年审。申报年审后，再进行申报缴纳。

2. 申报年审，一般在上半年进行；申报缴纳残疾人就业保障金一般在下半年进行。具体时间安排请参看所在省（区、市）每年的具体规定。

3. 残疾人就业保障金计算公式中“上年用人单位在职职工人数”计算结果须四舍五入取整数，具体公式为：

用工年平均用工人数=用工人数×用工算术平均月数÷12个月

上年度用人单位实际安排残疾人就业人数，是指本单位安排残疾人就业的实际人数，可以不满1年，不满1年的按月计算，可以不是整数。

（三）案例分析

某公司是一家工业制造企业，2024年职工工资总额3000万元，全年职工平均人数400人。企业安置残疾人5人。当地社会平均工资6万元，当地规定残疾人安置比例是1.5%。请问该公司应缴纳2024年残疾人就业保障金多少？

【分析】该公司应安置残疾人员=400×1.5%=6（人）

由于该公司只安置了5人，达不到规定标准。通过计算发现，该公司安排残疾人就业比例为1.25%（5÷400×100%），大于1%，但未达到当地的规定安置比例1.5%。因此，该企业应按应缴费额的50%缴纳残疾人就业保障金。

该公司残疾人就业保障金年缴纳额=（上年用人单位在职职工人数×1.5%-上年用人单位实际安排的残疾人就业人数）×上年用人单位在职职工平均工资×50%=（400×1.5%-5）×3000÷400×50%=3.75（万元）

说明：按照规定计算，该公司应该安置残疾人6人，由于该公司安排了5个残疾人就业，因此该公司就要按照单位平均工资计算确认一个人的工资后以残疾人就业保障金形式进行上缴，又由于符合了财政部公告2019年第98号的优惠政策，按照应交金额50%的缴纳。因此，该公司2024年度应该缴纳残疾人就业保障金 3.75 万元。

四、工会经费的优惠政策

（一）政策规定

1. 根据《中华全国总工会办公厅关于实施小微企业工会经费支持政策的通知》（厅字〔2019〕32 号）的规定，对小微企业工会经费自 2020 年 1 月 1 日至 2021 年 12 月 31 日实行全额返还的支持政策。小型企业和微型企业界定标准执行《中小企业划型标准规定》（工信部联企业〔2011〕300 号）确定的小微企业划型标准。对符合返还条件的小微企业工会经费采取先交后返的方式，向上级工会申报，经上级工会审核后，按经费来源渠道返还。

2. 根据《中华全国总工会办公厅关于继续实施小微企业工会经费支持政策的通知》（厅字〔2021〕38 号）的规定，符合《财政部 税务总局关于明确增值税小规模纳税人免征增值税政策的公告》（财政部 税务总局公告 2021 年第 11 号）条件的小微企业，继续享受全额返还工会经费支持政策。小微企业工会经费全额返还支持政策顺延至 2022 年 12 月 31 日。

3. 根据《中华全国总工会办公厅关于实施小额缴费工会组织工会经费全额返还支持政策的通知》（厅字〔2022〕47 号）的规定，自 2023 年 1 月 1 日至 2024 年 12 月 31 日，对全年上缴工会经费低于 1 万元（不含）的小额缴费工会组织，继续实施小额缴费工会组织工会经费全额返还支持政策。建立工会组织的用人单位要依据《工会法》有关规定，按照全部职工工资总额的 2%及时足额拨缴工会经费。上级工会要建立小额缴费工会组织工会经费收缴台账，按照调整后的经费上缴周期及时汇算其年度上缴经费，并于每年 11 月底前足额返还其上缴的工会经费。

此外，部分地区还出台了降低征缴比例、免征等优惠政策，详情查看当地工会组织发布的政策规定。

（二）政策解读

1. 工会经费一般按月或按季度缴纳，享受优惠政策也是按月或按季度享受的。

2. 一定要区分“缴费单位”和“单位的工会组织”。缴费单位是承担工会会费的主体，一般可以简单理解为企业或公司，是经济组织，往往也是企业所得税的纳税人；缴费单位缴纳的工会经费可以按照规定在企业所得税前扣除；单位的工会组织是一个群众组织，应当开立独立的账户，需要建立独立的财务核算。如果没有设置工会专用账户，则容易造成工会经费支出混乱，需要重点关注。

3. 税务干部需要清晰地区分缴费单位的福利性支出与单位的工会组织支出，不能混淆。由于两者的支出范围没有明确的界限，容易造成混乱。在实际工作中，严格按照财务核算的要求，区分两者的支出。

4. 工会经费优惠政策中的“返还支持政策”要求先全额缴纳，再由上级工会组织返还。这就会产生两个注意事项：①全额缴纳工会经费，可以在企业所得税税前扣除，造成少缴纳企业所得税；②全额返还，要求工会组织有工会专用账户。

（三）案例分析

某地区，一般情况下企业应按照工资总额的2%缴纳工会经费。某企业当月工资总额为100万元。该地区为了鼓励小微企业发展，对符合条件的小微企业实行工会经费减半征收政策。该企业符合小微企业的优惠政策。请问，当月该企业应缴纳的工会经费是多少？

【分析】（1）无优惠政策情况。

该企业当月应缴纳的工会经费＝100×2%＝2（万元）

（2）享受优惠政策情况。

享受减半征收政策后，实际缴纳的工会经费＝2×50%＝1（万元）。

工会经费的优惠政策可以在一定程度上减轻企业负担，特别是对于小微企业和新成立的企业有一定的扶持作用。具体的优惠政策和计算方式会因地区和政策的不同而有所差异。

五、水利建设基金的优惠政策

（一）政策规定

1. 根据《财政部 国家税务总局关于扩大有关政府性基金免征范围的通知》（财税〔2016〕12 号）的规定，自 2016 年 2 月 1 日起将免征水利建设基金的范围，由现行按月纳税的月销售额或营业额不超过 3 万元（按季度纳税的季度销售额或营业额不超过 9 万元）的缴纳义务人，扩大到按月纳税的月销售额或营业额不超过 10 万元（按季度纳税的季度销售额或营业额不超过 30 万元）的缴纳义务人。

2. 根据《财政部关于取消、调整部分政府性基金有关政策的通知》（财税〔2017〕18 号）第三条的规定，“十三五”期间，省、自治区、直辖市人民政府可以结合当地经济发展水平、相关公共事业和设施保障状况、社会承受能力等因素，自主决定免征、停征或减征地方水利建设基金。各省、自治区、直辖市财政部门应当将本地区出台的减免政策报财政部备案。

3. 根据《财政部关于民航发展基金等 3 项政府性基金有关政策的通知》（财税〔2020〕72 号）第四条的规定，2020 年 12 月 31 日前已开征地方水利建设基金的省、自治区、直辖市，省级财政部门可提出免征、停征或减征地方水利建设基金的方案，报省级人民政府批准后执行。

（二）政策解读

1.《财政部 国家税务总局关于扩大有关政府性基金免征范围的通知》（财税〔2016〕12 号）第一条规定中的“缴纳义务人”包括增值税一般纳税人、增值税小规模纳税人、自然人（包括按次纳税的自然人）、缴纳消费税的纳税人。

将教育费附加、地方教育附加、水利建设基金的免征范围由月销售额或营业额不超过 3 万元的缴纳义务人，扩大到不超过 10 万元。免征政策长期有效。

上述措施预计每年可为企业减负约 260 亿元。今后一般不再新设政府性基金项目，保留的全部进入目录清单，公开预决算，接受社会监督。

2. 由于水利建设基金中面向企事业单位和个体经营者的征收政策主要由地方政府规定，因此针对水利建设基金的优惠政策也主要由各地方政府规定。全国统一的优惠政策较少。

（三）案例分析

某地区正常情况下水利建设基金征收标准为销售收入的0.08%。某小型制造业企业在一个会计年度内的销售收入为500万元。该地区为鼓励小微企业发展，对年销售收入不超过1000万元的小微企业实行水利建设基金减半征收政策。该企业需要缴纳的水利建设基金是多少？

【分析】（1）无优惠政策情况。

该企业应缴纳的水利建设基金=500×0.08%×10000=4000（元）

（2）享受优惠政策情况。

享受减半征收政策后，可以减免的水利建设基金=4000×50%=2000（元）

该企业应缴纳的水利建设基金=4000-2000=2000（元）

因此，该企业需要缴纳的水利建设基金是2000元。

通过这个案例可以看出，优惠政策可以在一定程度上减轻企业负担，特别是对于小微企业和新成立企业。具体的优惠政策和计算方式会因地区和政策的不同而有所差异。

六、免税商品特许经营费的缴纳义务人与计算

（一）政策规定

1. 缴纳义务人。

根据《财政部关于印发〈免税商品特许经营费缴纳办法〉的通知》（财企〔2004〕241号）第五条的规定，征收免税商品特许经营费的企业包括：中国免税品（集团）总公司、深圳市国有免税商品（集团）有限公司、珠海免税企业（集团）有限公司、中国中旅（集团）公司、中国出国人员服务总公司、上海浦东国际机场免税店以及其他经营免税商品或代理销售免税

商品的企业。

因此，免税商品特许经营费的缴纳义务人为经营免税商品或代理销售免税商品的企业。

2. 免税商品特许经营费的计算。

根据《财政部关于印发〈免税商品特许经营费缴纳办法〉的通知》（财企〔2004〕241号）和《财政部关于印发〈免税商品特许经营费缴纳办法〉的补充通知》（财企〔2006〕70号）的规定，凡经营免税商品的企业，按经营免税商品业务年销售收入的1%，向国家上缴特许经营费。

根据《财政部 商务部 海关总署 国家税务总局关于印发〈海南离岛旅客免税购物商店管理暂行办法〉的通知》（财企〔2011〕429号）的规定，国家对离岛免税店实行特许经营政策。离岛免税店按经营免税商品业务年销售收入的4%，向国家上缴免税商品特许经营费。

（二）政策解读

1. 根据《国家税务总局关于国家重大水利工程建设基金等政府非税收入项目征管职责划转有关事项的公告》（国家税务总局公告2018年第63号）第一条的规定，自2019年1月1日起，原由财政部驻地方财政监察专员办事处负责征收的免税商品特许经营费划转至税务部门征收。征收范围、对象、标准及收入分成等仍按现行规定执行。

2. 免税商品特许经营费是国家为了进一步加强免税商品经营管理，体现免税业特许经营政策而征收的一项政府非税收入。

3. 免税商品是指免征关税、进口环节税的进口商品和实行退（免）税（增值税、消费税）进入免税店销售的国产商品。

4. 免税商品经营业务包括中国免税品（集团）总公司的免税商品经营业务，设立在机场、港口、车站、陆路边境口岸和海关监管特定区域的免税商店以及在出境飞机、火车、轮船上向出境的国际旅客、驻华外交官和国际海员等提供免税商品购物服务的特种销售业务。

随着改革开放的不断深入，免税商店会越来越多地出现在各大城市，需要税务人员及时关注。

5. 经营国产品的免税企业，应将享受出口退税政策的国产品及从境外以免税方式进口经营的国产品均视同免税商品，按规定缴纳特许经营费。企业经营完税国产品，不缴纳特许经营费。

6. 免税商品经营企业于年度终了5个月内，依据注册会计师的审计报告，清算当年应交免税商品特许经营费并上缴中央金库。

（三）案例分析

假设有一家免税品经营企业，获得了在某旅游城市特定区域经营免税业务的特许权，2024年该企业免税品销售收入15亿元，该区域的免税商品特许经营费按照1%征收，则该企业2024年需要缴纳多少免税商品特许经营费？

【分析】 该企业免税商品特许经营费=年销售总额×收取比例=15×1%=0.15（亿元）

七、水土保持补偿费的优惠政策

（一）政策规定

1. 根据《财政部 国家发展改革委 水利部 中国人民银行关于印发〈水土保持补偿费征收使用管理办法〉的通知》（财综〔2014〕8号）第十一条的规定，对下列情形免征水土保持补偿费：

（1）建设学校、幼儿园、医院、养老服务设施、孤儿院、福利院等公益性工程项目的；

（2）农民依法利用农村集体土地新建、翻建自用住房的；

（3）按照相关规划开展小型农田水利建设、田间土地整治建设和农村集中供水工程建设的；

（4）建设保障性安居工程、市政生态环境保护基础设施项目的；

（5）建设军事设施的；

（6）按照水土保持规划开展水土流失治理活动的；

（7）法律、行政法规和国务院规定免征水土保持补偿费的其他情形。

2. 各省（自治区、直辖市）政府也出台了各自省市的水土保持补偿费的优惠政策，可以查看所在地的具体优惠政策。

（二）政策解读

1. 水土保持补偿费的优惠政策主要是减轻企业和特定群体负担、促进特定行业或项目发展、优化营商环境、推动水土流失治理工作。目前，实施水土保持补偿费优惠政策的行业或项目主要有公益性工程项目、农田水利、田间土地整治、安居工程、军事设施等。

2. 水土保持补偿费的优惠政策既有全国统一性的规定，也有地方性规定，具体的优惠措施要结合当地规定执行。

（三）案例分析

某企业准备开发一个建设项目，占地面积为 10 万平方米。该地区水土保持补偿费收费标准为每平方米 1.2 元。同时，根据该地区颁布的优惠政策，该项目可以减征 30%。该项目应当缴纳多少水土保持补偿费？

【分析】（1）首先计算未享受优惠政策时的水土保持补偿费：

补偿费金额＝占地面积×收费标准＝100000×1.2＝120000（元）

（2）然后计算享受优惠政策后的水土保持补偿费：

优惠后金额＝未享受优惠政策时的金额×（1－减征比例）＝120000×（1－30%）＝84000（元）

八、防空地下室易地建设费的优惠政策

（一）政策规定

1. 根据《国家计委 财政部 国家国防动员委员会 建设部印发关于规范防空地下室易地建设收费的规定的通知》（计价格〔2000〕474 号）的规定，对以下新建民用建筑项目应适当减免防空地下室易地建设费：享受政府优惠政策建设的廉租房、经济适用房等居民住房，新建幼儿园、学校教学楼、养老院及为残疾人修建的生活服务设施等民用建筑，减半收取；临时民用建筑和不增加面积的危房翻新改造商品住宅项目，予以免收；因遭受水

灾、火灾或其他不可抗拒的灾害造成损坏后按原面积修复的民用建筑，予以免收。

2. 根据《财政部关于贯彻落实国务院关于解决城市低收入家庭住房困难若干意见的通知》（财综〔2007〕53 号）第四条第一项的规定，对廉租住房和经济适用住房建设、棚户区改造、旧住宅整治，免收防空地下室易地建设费。

3. 根据《财政部 国家发展改革委关于免收全国中小学校舍安全工程建设有关收费的通知》（财综〔2010〕57 号）的规定，对所有中小学校“校舍安全工程”建设所涉及的防空地下室易地建设费予以全额免收。

4. 根据《财政部 国家发展改革委关于减免养老和医疗机构行政事业性收费有关问题的通知》（财税〔2014〕77 号）的规定，对非营利性养老和医疗机构建设全额免征防空地下室易地建设费，对营利性养老和医疗机构建设减半收取防空地下室易地建设费。

5. 根据《财政部 税务总局 发展改革委 民政部 商务部 卫生健康委关于养老、托育、家政等社区家庭服务业税费优惠政策的公告》（财政部 税务总局 发展改革委 民政部 商务部 卫生健康委公告 2019 年第 76 号）的规定，用于提供社区养老、托育、家政服务的建设项目，确因地质条件等原因无法修建防空地下室的，免征防空地下室易地建设费。

（二）政策解读

1. 随着国家相关法律法规的不断调整和完善，对于防空地下室易地建设费的征收、管理和使用等方面有了更明确和细致的要求，需要依据新的规定对相关政策进行梳理和优化，以确保防空地下室建设工作的合法合规推进，优惠政策也在此背景下应运而生，使其更加符合法律法规的要求。

2. 对于一些涉及民生保障的项目，如保障性住房、中小学（含幼儿园）校舍安全工程、养老和医疗机构建设等，给予防空地下室易地建设费优惠政策，体现了政府对民生工程的支持，有利于加快这些项目的建设进度，提高民生保障水平，促进社会事业的发展。

3. 不同地区的优惠政策可能会有所差异，具体的优惠内容和适用范围应以当地的政策法规为准。

（三）案例分析

某企业计划建设一个工业项目，建筑总面积为15000平方米。当地防空地下室易地建设费收费标准为每平方米1200元。该企业的项目符合当地一项优惠政策，即对于工业项目可享受减半征收的优惠。则该工业项目应缴纳的防空地下室易地建设费为多少？

【分析】（1）计算未享受优惠政策时的易地建设费：

未优惠金额=建筑总面积×收费标准=15000×1200=1800（万元）

（2）计算享受优惠政策后的易地建设费：

优惠后金额=未享受优惠政策时的金额×（1−优惠比例）=1800×（1−50%）=900（万元）

该工业项目应缴纳的防空地下室易地建设费为900万元。

九、土地闲置费的优惠政策

（一）政策规定

根据《财政部 税务总局 发展改革委 民政部 商务部 卫生健康委关于养老、托育、家政等社区家庭服务业税费优惠政策的公告》（财政部 税务总局 发展改革委 民政部 商务部 卫生健康委公告2019年第76号，以下简称2019年第76号公告）第一条第四项的规定，用于提供社区养老、托育、家政服务的房产、土地，免征土地闲置费。

（二）政策解读

1. 2019年政府工作报告中多次提及社区养老、托育、家政等民生问题，并提出了明确的工作要求。国务院常务会议也围绕这些社区家庭服务业提出多项税费优惠政策，2019年第76号公告是对相关政策要求的进一步细化和落实，体现了政府对社区家庭服务业的高度重视和政策支持力度。

2. 土地闲置费是指在城市规划区范围内，以出让方式取得土地使用权，闲置一年以上的闲置土地需要交纳的一种费用。

3. 在城市规划区范围内，以出让方式取得土地使用权，闲置一年以上按出让金的20%以下征收土地闲置费。

4. 由于土地闲置费应在经相关部门认定土地闲置后才需要缴纳，因此，各地区在政策执行中存在一定的差异。

5. 如果出现可能导致土地闲置的情况，如不可抗力事件、规划调整等，应及时与土地管理部门沟通，提供相关证明材料，争取豁免或减免土地闲置费。

（三）案例分析

某企业在2023年通过出让方式取得一块商业用地，土地出让金总额为8000万元。由于资金出现问题，该企业迟迟没有实施土地开发。按照当地规定，正常情况下土地闲置费为合同出让金总额的1.5%。但由于该企业所开发项目涉及当地重点扶持的新兴产业，且企业积极与政府沟通并制定了详细的开发计划，当地政府决定给予该企业一定的优惠政策，将土地闲置费征收比例降为合同出让金总额的1%。那么该企业应缴纳的土地闲置费是多少？

【分析】（1）未享受优惠政策时的土地闲置费：

未优惠金额=土地出让金×正常征收比例=8000×1.5%=120（万元）

（2）享受优惠政策后的土地闲置费：

优惠后金额=土地出让金×优惠后征收比例=8000×1%=80（万元）

因此，该企业应缴纳的土地闲置费是80万元。

十、矿产资源专项收入的优惠政策

（一）政策规定

1. 根据《探矿权采矿权使用费减免办法》（国土资发〔2000〕174号）第三条的规定，在我国西部地区、国务院确定的边远贫困地区和海域从事符合下列条件的矿产资源勘查开采活动，可以依照该办法的规定申请探矿权、采矿权使用费的减免：

（1）国家紧缺矿产资源的勘查、开发；

（2）大中型矿山企业为寻找接替资源申请的勘查、开发；

（3）运用新技术、新方法提高综合利用水平的（包括低品位、难选冶的矿产资源开发及老矿区尾矿利用）矿产资源开发；

（4）国务院地质矿产主管部门和财政部门认定的其他情况。

国家紧缺矿产资源由国土资源部确定并发布。

2. 根据《国务院办公厅转发国务院西部开发办关于西部大开发若干政策措施实施意见的通知》（国办发〔2001〕73 号）第九条的规定，在西部地区勘查、开采矿产资源，符合下列条件的，可以申请减缴或免缴探矿权使用费、采矿权使用费：石油、天然气、煤层气、铀、富铁矿、优质锰矿、铬铁矿、铜、钾盐、铂族金属、地下水等矿产资源的勘查、开发，大中型矿山企业为寻找接替资源申请的勘查、开发，运用新技术、新办法提高综合利用水平（包括低品位、难选冶的矿产资源开发及老矿区尾矿利用）的矿产资源开发，政府主管部门认定的其他情形。探矿权使用费，第一个勘查年度可以免缴，第二个至第三个勘查年度可以减缴 50%，第四个至第七个勘查年度可以减缴 25%。采矿权使用费，矿山基建期和矿山投产第一年可以免缴，矿山投产第二年至第三年可以减缴 50%，第四年至第七年可以减缴 25%，矿山闭坑当年可以免缴。

（二）政策解读

1. 矿产资源是经济社会发展的重要物质基础，但矿产资源的储量是有限的。为了促进矿产资源的合理开发与利用，提高资源的利用效率，避免过度开采和浪费，需要通过优惠政策引导企业采用更科学、更高效的开采技术和管理模式，实现矿产资源的可持续开发。

2. 探矿权、采矿权使用费的减免，实行两级审批制。

3. 在中华人民共和国领域及管辖的其他海域勘查开采矿产资源遇有自然灾害等不可抗力因素的，在不可抗力期间可以申请探矿权、采矿权使用费减免。

4. 申请减免探矿权、采矿权使用费的矿业投资人，应在收到矿业权领证通知后的 10 日内填写探矿权、采矿权使用费减免申请书。

（三）案例分析

某矿业公司在国家鼓励勘查的特定区域内进行铜矿勘查活动，该公司探矿面积为 10 平方公里，该区域规定探矿权使用费正常标准为每年每平方公里 100 元。由于该公司在国家鼓励勘查的特定区域内进行探矿活动，根据优惠政策可享受探矿权使用费减半征收。同时，该公司在某边远贫困地区开采铁矿，该地区采矿权使用费正常标准为每年每吨矿石产量 5 元，该公司一年的矿石产量为 10000 吨。该公司在边远贫困地区开采铁矿，经申请批准可减缴 30%的采矿权使用费。

该企业每年应缴纳的探矿权、采矿权使用费是多少？

【分析】（1）计算探矿权优惠前的费用，一年的探矿权使用费＝100×10＝1000（元）。

（2）计算探矿权享受优惠后的费用＝1000×50%＝500（元）

（3）计算采矿权优惠前的费用，一年的采矿权使用费＝5×10000＝50000（元）。

（4）享受优惠后，采矿权使用费＝50000×（1−30%）＝35000（元）。

通过这个案例可以看出，在符合优惠政策的情况下，该矿业公司的探矿权使用费从 1000 元降低到 500 元，采矿权使用费从 50000 元降低到 35000 元。这体现了优惠政策对在特定区域和边远贫困地区进行矿产资源开发企业的支持，有助于降低企业成本，促进矿产资源的合理开发利用。

需要注意的是，不同地区的优惠政策和计算方式可能会有所不同，实际案例中应根据当地具体政策规定准确计算。

十一、排污权出让收入的优惠政策

（一）政策规定

根据《财政部 国家发展改革委 环境保护部关于印发〈排污权出让收入管理暂行办法〉的通知》（财税〔2015〕61 号）第十三条的规定，缴纳排污权使用费金额较大、一次性缴纳确有困难的排污单位，可在排污权有效期内分次缴纳，首次缴款不得低于应缴总额的40%。分次缴纳排污权使用费的具体办法由试点地区确定。

根据该办法第十五条的规定，对现有排污单位取得排污权，考虑其承受能力，经试点地区省级人民政府批准，在试点初期可暂免缴纳排污权使用费。现有排污单位将无偿取得的排污权进行转让、抵押的，应当按规定征收标准补缴转让、抵押排污权的使用费。

（二）政策解读

1. 党的十九届五中全会提出要“推进排污权市场化交易”，党的二十大报告提出要“健全资源环境要素市场化配置体系”。这些政策要求为排污权出让收入优惠政策的制定和实施提供了明确的导向，推动了相关制度的建设和完善，以更好地发挥市场在资源环境要素配置中的决定性作用。

2. 排污权出让收入的优惠政策主要是鼓励和促进节能减排技术推广应用，各地区的优惠政策差异较大，具体内容请参看当地政府规定。

（三）案例分析

某地区为鼓励企业节能减排，对排污权出让收入实行优惠政策。该地区规定，对于采取先进减排技术且污染物排放量低于一定标准的企业，给予排污权出让收入30%的减免。

某工业企业，因新建项目需要购买化学需氧量（COD）、二氧化硫（SO_2）和氮氧化物（NO_X）三种污染物的排污权。根据项目环境影响评价报告，该项目若不采取优惠政策，预计每年排放COD10吨、$SO_2$15吨、NO_X12吨。该地区COD排污权出让单价为每吨5000元，SO_2排污权出让单价为每吨4000元，NO_X排污权出让单价为每吨4500元。

该企业积极采用先进减排技术，使项目实际污染物排放量降低，最终经评估，实际排放COD8吨、$SO_2$12吨、NO_X10吨，且符合优惠政策条件。则该工业企业应缴纳的排污权出让收入是多少？

【分析】（1）未享受优惠政策时的排污权出让收入计算。

COD排污权：出让单价为每吨5000元，排放量为10吨。

排污权出让收入 = 5000×10 = 50000（元）

SO_2 排污权：出让单价为每吨 4000 元，排放量为 15 吨。

排污权出让收入＝4000×15＝60000（元）

NO_X 排污权：出让单价为每吨 4500 元，排放量为 12 吨。

排污权出让收入＝4500×12＝54000（元）

未享受优惠政策时，新建项目排污权出让总收入＝50000＋60000＋54000＝164000（元）

（2）享受优惠政策后的排污权出让收入计算。

COD 排污权出让单价为每吨 5000 元，实际排放量为 8 吨。

出让收入＝5000×8＝40000（元）

享受 30%减免后的收入＝40000×（1－30%）＝28000（元）

SO_2 排污权出让单价为每吨 4000 元，实际排放量为 12 吨。

出让收入＝4000×12＝48000（元）

享受 30%减免后的收入＝48000×（1－30%）＝33600（元）

NO_X 排污权出让收入：出让单价为每吨 4500 元，实际排放量为 10 吨。

出让收入＝4500×10＝45000（元）

享受 30%减免后的收入＝45000×（1－30%）＝31500（元）

享受优惠政策后，新建项目排污权出让总收入＝28000＋33600＋31500＝93100（元）。

因此，该工业企业应缴纳的排污权出让收入是 93100 元。

通过这个案例可以看出，该企业由于积极采用先进减排技术并符合优惠政策条件，排污权出让收入从 164000 元降低到了 93100 元，有效降低了企业的成本，同时也鼓励了企业更加积极地进行节能减排，推动了环境保护和可持续发展。

需要注意的是，不同地区的排污权出让收入优惠政策和计算方法可能会有所不同，实际计算应依据当地具体政策规定进行。

十二、森林植被恢复费的优惠政策

（一）政策规定

根据《财政部 国家林业局关于调整森林植被恢复费征收标准引导节约

集约利用林地的通知》（财税〔2015〕122号）的规定，对农村居民按规定标准建设住宅，农村集体经济组织修建乡村道路、学校、幼儿园、敬老院、福利院、卫生院等社会公益项目以及保障性安居工程，免征森林植被恢复费。

各地区对于森林植被恢复费的优惠政策存在一定的差异，详细优惠政策请查看当地政府具体规定。

（二）政策解读

1. 国家在生态文明建设、乡村振兴、脱贫攻坚等战略中，强调了生态保护与经济社会协调发展的重要性，并出台了一系列支持政策。森林植被恢复费优惠政策作为其中的一部分，旨在鼓励和支持符合国家战略方向的建设项目，推动相关政策目标的实现，如对扶贫开发县的民生建设项目免征森林植被恢复费，助力精准扶贫和改善民生条件。

2. 由占用征收林地的建设单位依法缴纳森林植被恢复费，是促进节约集约利用林地、培育和恢复森林植被、实现森林植被占补平衡的一项重要制度保障。

3. 森林植被恢复费、草原植被恢复费入库后需要办理退库的，由缴纳义务人向税务部门申请办理，税务部门经严格审核并商有关财政、林草部门复核同意后，按照财政部门有关退库管理规定办理退付手续。

（三）案例分析

在某地区，一般建设项目占用林地的森林植被恢复费征收标准为每平方米20元。一家企业计划投资一项水资源综合开发利用项目，既可以部分开发当地独特水资源，更好保护生态环境，又可以解决当地财政困难与农民就业问题。因此，当地政府规定对符合一定条件的建设项目给予30%的额外减免。该项目需要缴纳的森林植被恢复费是多少？

【分析】（1）无优惠政策情况。

如果没有任何优惠政策，该企业应缴纳的森林植被恢复费 = 20×8000 = 160000（元）。

（2）有优惠政策情况。

享受优惠政策后，该企业实际应缴纳的森林植被恢复费＝160000×（1－30%）＝112000（元）。

通过这个案例可以看出，森林植被恢复费的优惠政策可以在一定程度上减轻企业的经济负担，同时也鼓励了生态环保产业的发展和对贫困地区的投资建设。但需要注意的是，具体的优惠政策和计算方式会因地区和项目的不同而有所差异。

十三、草原植被恢复费的优惠政策

（一）政策规定

根据《财政部 国家发展和改革委员会关于同意收取草原植被恢复费有关问题的通知》（财综〔2010〕29号）第一条的规定，在草原上修建直接为草原保护和畜牧业生产服务的工程设施，以及农牧民按规定标准建设住宅使用草原的，不缴纳草原植被恢复费。

各地区对于草原植被恢复费的优惠政策存在一定的差异，详细优惠政策请查看当地政府具体规定。

（二）政策解读

1. 草原作为重要的生态系统，在保持水土、防风固沙、涵养水源、调节气候、维护生物多样性等方面发挥着不可替代的作用。随着人们对生态环境认识的不断深入，保护草原植被、维护草原生态平衡成为生态保护的重要内容，这促使政府出台相关政策来加强草原资源的管理和保护，草原植被恢复费优惠政策便是其中之一。

2. 不同地区的草原资源状况和经济发展水平存在差异，一些地区在生态保护方面面临着更大的压力和挑战，需要更多的政策支持来促进草原植被恢复和生态建设。同时，为了推动区域协调发展，实现经济发展与生态保护的良性互动，有必要根据不同地区的实际情况，制定相应的草原植被恢复费优惠政策，引导资源向草原生态保护和建设领域倾斜，促进区域生态环境的整体改善。

3. 不同类型的草原（如草甸草原、典型草原、荒漠草原等）以及不同等级的草原，其生态价值和恢复难度不同，收费标准也会有所差异。

（三）案例分析

在某地区，草原植被恢复费的征收标准为每平方米 15 元。某企业计划进行一项旅游开发项目，需要占用草原面积为 6000 平方米。该旅游开发项目承诺在开发过程中同步进行一定面积的草原生态修复工作，当地政府根据政策给予 30%的费用减免。该项目需要缴纳的草原植被恢复费是多少？

【分析】（1）无优惠政策情况。

该企业应缴纳的草原植被恢复费为＝15×6000＝90000（元）

（2）享受部分优惠政策情况。

减免后的费用＝90000×（1−30%）＝63000（元）

优惠政策可以在一定程度上降低企业的费用负担，同时也鼓励企业积极参与草原生态保护和修复工作。需要注意的是，不同地区的草原植被恢复费征收标准和优惠政策可能会有所不同。